O livro dos médiuns

EDITORA EME

Solicite nosso catálogo completo, com mais de 500 títulos, onde você encontra as melhores opções do bom livro espírita: literatura infantojuvenil, contos, obras biográficas e de autoajuda, mensagens espirituais, romances, estudos doutrinários, obras básicas de Allan Kardec, e mais os esclarecedores cursos e estudos para aplicação no centro espírita - iniciação, mediunidade, reuniões mediúnicas, oratória, desobsessão, fluidos e passes.

E caso não encontre os nossos livros na livraria de sua preferência, solicite o endereço de nosso distribuidor mais próximo de você.

Edição e distribuição

EDITORA EME

Avenida Brigadeiro Faria Lima, 1080 - Vila Fátima
CEP 13369-040 - Capivari-SP
Telefones: (19) 3491-7000 | 3491-5449
Vivo (19) 9 9983-2575 | Claro (19) 9 9317-2800
vendas@editoraeme.com.br - www.editoraeme.com.br

@editoraeme   /editoraeme   editoraemeoficial   @EditoraEme

Esse livro foi composto, impresso e costurado
nas oficinas da Gráfica e Editora EME.
Avenida Brigadeiro Faria Lima, 1072/1080 - Vila Fátima - Capivari-SP.

Allan Kardec

O livro dos médiuns

ou

Guia dos médiuns e dos evocadores

(Espiritismo experimental)

Contendo o ensinamento específico dos espíritos sobre a teoria de todos os tipos de manifestações, sobre os meios de comunicar-se com o mundo invisível, o desenvolvimento da mediunidade, as dificuldades e os obstáculos que se pode encontrar na prática do espiritismo, para servir de continuação a **O Livro dos Espíritos**.

Tradução atualizada e revisada pela Editora EME:
Matheus Rodrigues de Camargo

Capivari-SP
— 2025 —

Os direitos autorais desta obra foram cedidos para a Editora EME, o que propicia a venda dos livros com preços mais acessíveis e a manutenção de campanhas com preços especiais a Clubes do Livro de todo o Brasil.

A Editora EME mantém, ainda, o Centro Espírita Mensagem de Esperança e patrocina, com outras empresas, instituições de atendimento social de Capivari-SP.

10ª reimpressão - setembro/2025 - de 23.501 a 25.500 exemplares

TRADUÇÃO DOS ORIGINAIS | Matheus Rodrigues de Camargo
(com base na 11ª edição francesa, de 1869)

TÍTULO ORIGINAL | Le Livre des Mediums

REVISÃO | Maria Izabel Braghero de Camargo

CAPA | André Stenico

DIAGRAMAÇÃO E ARTE-FINAL | Editora EME

Ficha catalográfica

Kardec, Allan, 1804-1869
O Livro dos Médiuns / Allan Kardec; tradução de Matheus Rodrigues de Camargo - 10ª reimp. set. 2025 - Capivari, SP : Editora EME.
320 p.

1ª edição: julho/2017

ISBN 978-85-9544-012-8 (espiral)
978-85-9544-013-5 (brochura)

1. Espiritismo. 2. Mediunidade: prática. 3. Médiuns. I. Título.

CDD 133.9

SUMÁRIO

INTRODUÇÃO

A experiência nos confirma todos os dias que as dificuldades e os enganos encontrados na prática do espiritismo têm sua origem na ignorância dos princípios dessa ciência, e ficamos felizes ao constatar que o trabalho que fizemos para prevenir os adeptos contra os obstáculos de uma iniciação em seu estudo produziu frutos, e que muitos puderam evitá-los graças à leitura desta obra.

Um desejo muito natural entre as pessoas que se ocupam do espiritismo é o de elas próprias poderem entrar em comunicação com os espíritos; esta obra é destinada a lhes facilitar o caminho, permitindo-lhes aproveitar o fruto de nossos longos e laboriosos estudos, pois teria uma ideia muito falsa quem pensasse que, para ser conhecedor desta matéria, bastaria saber colocar os dedos sobre uma mesa para fazê-la girar, ou segurar um lápis para que ele se pusesse a escrever.

Igualmente se enganaria quem acreditasse encontrar nesta obra uma receita universal e infalível para formar médiuns. Ainda que cada um tenha em si o gérmen das qualidades necessárias para se tornar médium, essas qualidades são de níveis muito diferentes em cada indivíduo, e seu desenvolvimento vincula-se a causas que, para existir, não dependem da vontade das pessoas. Com as regras da poesia, da pintura e da música não se fazem poetas, pintores ou músicos, se estes não possuem o dom: elas guiam a aplicação das faculdades naturais. O mesmo ocorre com este nosso trabalho: seu objetivo é indicar os meios para desenvolver a faculdade mediúnica conforme as condições de cada um, e sobretudo dirigir seu emprego de uma maneira útil, quando a faculdade existir. Mas esse não é o único objetivo ao qual nos propomos.

Ao lado dos médiuns propriamente ditos há uma multidão, que cresce a cada dia, de pessoas que se ocupam das manifestações espíritas: guiá-las em suas observações, assinalar os obstáculos que elas podem (e devem necessariamente) encontrar em uma coisa nova, iniciá-las na maneira de conversar com os espíritos, indicar-lhes os meios para obter boas comunicações – eis o âmbito que devemos abranger, sob pena de fazer algo incompleto. Assim, não deve causar surpresa o fato de encontrar em nosso trabalho ensinamentos que, à primeira vista, poderiam parecer estranhos a ele: a experiência mostrará sua utilidade. Depois de estudá-los com cuidado, os fatos que se vai testemunhar serão melhor compreendidos; a linguagem de certos espíritos parecerá menos estranha. Como instrução prática, este trabalho não se dirige exclusivamente aos médiuns, mas a todos aqueles que se dispõem a observar os fenômenos espíritas.

Algumas pessoas desejariam que publicássemos um manual prático bastante sucinto, contendo em poucas palavras a indicação dos procedimentos que se devem seguir para entrar em comunicação com os espíritos; acreditam que um livro desta natureza poderia, por um preço módico, ser difundido em profusão, tornando-se um poderoso meio de propaganda e multiplicando o número de médiuns. Quanto a nós, vemos tal obra antes como nociva do que útil, ao menos no momento. A prática do espiritismo é cercada de muitas dificuldades e nem sempre está isenta de inconvenientes que só podem ser evitados por um estudo sério e completo. Portanto, seria temeroso que instruções demasiado sucintas ocasionassem experiências feitas de maneira superficial, instruções das quais poderíamos vir a nos arrepender. Estas são coisas com as quais não é *adequado* nem prudente brincar, e acreditamos que prestaríamos um mau serviço em colocá-las à disposição do primeiro tolo que aparecesse e quisesse se divertir conversando com os mortos. Dirigimo-nos às pessoas que veem no espiritismo uma finalidade séria, que compreendem toda sua gravidade e não fazem das comunicações com o mundo invisível uma brincadeira.

Já havíamos publicado uma *Instrução prática* com o objetivo de guiar os médiuns; hoje essa obra está esgotada e, embora tivesse um objetivo eminentemente sério e profundo, não voltaremos a imprimi-la, pois não a consideramos completa o bastante para esclarecer todas as dificuldades que se pode encontrar. Nós a substituímos por esta, na qual reunimos todos os dados que somente uma longa experiência e um estudo consciencioso nos tornaram capazes de alcançar. Ela contribuirá, ao menos é o que esperamos, para dar ao espiritismo o caráter sério que é de sua essência e para evitar que se veja nele um assunto frívolo, um mero divertimento.

A essas considerações acrescentaremos outra muito importante: a má impressão que causa aos iniciantes ou a pessoas despreparadas a visão de experiências feitas de maneira fútil e superficial, sem conhecimento de causa; essas experiências têm o inconveniente de dar uma ideia muito falsa do mundo dos espíritos e de expô-los à zombaria e a uma crítica que quase sempre terá fundamento. É por isso que os incrédulos raramente saem convertidos dessas reuniões, e sim pouco dispostos a enxergar o lado sério do espiritismo. A ignorância e a leviandade de certos médiuns têm ocasionado mais prejuízos do que se pode imaginar à opinião de muita gente.

O espiritismo tem feito grandes progressos de uns anos para cá, mas fez progressos imensos sobretudo depois que entrou na via filosófica, pois então passou a ser analisado por pessoas mais esclarecidas. Hoje não é mais um espetáculo:

é uma doutrina, da qual não mais se riem os que zombavam das mesas girantes. Esforçando-nos para conduzi-lo e mantê-lo nesse terreno, temos convicção de conquistar-lhe mais partidários úteis do que provocando a torto e direito manifestações das quais certas pessoas poderiam se aproveitar. Temos a prova disso todos os dias pelo número de adeptos atraídos por uma simples leitura d'*O Livro dos Espíritos.*

Após ter exposto n'*O Livro dos Espíritos* a parte filosófica da ciência espírita, oferecemos nesta obra a parte prática, para uso daqueles que querem se ocupar das manifestações, seja para si mesmos, seja para entender os fenômenos a que podem ser chamados a assistir. Eles verão aqui os obstáculos que se pode encontrar, e terão assim um meio de evitá-los. Essas duas obras, embora uma sendo o complemento da outra, são até certo ponto independentes entre si; mas a quem quiser se ocupar seriamente do assunto sugerimos ler primeiro *O Livro dos Espíritos*, porque ele contém os princípios fundamentais sem os quais algumas partes deste talvez dificilmente fossem compreendidas.

Aprimoramentos importantes foram feitos para esta segunda edição, muito mais completa que a primeira; ela foi corrigida com um cuidado todo especial pelos espíritos, que acrescentaram um grande número de observações e instruções do mais alto interesse. Como eles reviram tudo, aprovando ou modificando à vontade, pode-se dizer que a obra, em grande parte, é deles, pois sua intervenção não se limitou a alguns artigos assinados; no entanto, só indicamos os nomes quando isso nos pareceu necessário para caracterizar certas citações um pouco mais extensas, como provindas textualmente dos espíritos, caso contrário seria preciso citá-los quase a cada página, sobretudo nas respostas às questões propostas, o que não nos pareceu útil. Os nomes, como se sabe, pouco importam neste assunto; o essencial é que o conjunto do trabalho responda à finalidade a que nos tínhamos proposto. A acolhida que a primeira edição, embora imperfeita, recebeu nos faz acreditar que esta não será vista menos favoravelmente.

Como acrescentamos muitas coisas, até capítulos inteiros, suprimimos alguns artigos repetidos, entre outros a "Escala espírita", que já se encontra em *O Livro dos Espíritos.* Suprimimos também, do "Vocabulário", aquilo que não cabia propriamente no quadro desta obra, e que foi substituído por coisas mais úteis e práticas. Esse vocabulário, aliás, não era suficientemente completo; nós o publicaremos mais tarde sob a forma de um pequeno dicionário de filosofia espírita[1]; conservamos aqui apenas as palavras novas ou especificamente relacionadas ao objeto de que ora nos ocupamos.

---

1 Nota da Editora (NE): este dicionário não foi concluído por Kardec.

Primeira Parte

NOÇÕES PRELIMINARES

Capítulo I

EXISTEM ESPÍRITOS?

1. A dúvida sobre a existência dos espíritos tem como causa primeira a ignorância de sua verdadeira natureza. Geralmente se imaginam os espíritos como seres à parte na criação, e a necessidade de existirem não é demonstrada. Muitas pessoas só os conhecem por meio dos contos fantásticos com que foram embaladas, mais ou menos como se toma conhecimento da História por meio de romances – sem tentar descobrir se esses contos, despojados de seus ornamentos ridículos, repousam sobre um fundo de verdade, apenas o lado absurdo impressiona essas pessoas; não se dando ao trabalho de quebrar a casca para encontrar a amêndoa, rejeitam o todo, assim como fazem, em se tratando de religião, aqueles que, chocados por certos abusos, misturam tudo numa mesma reprovação.

Seja qual for a ideia que se faça dos espíritos, essa crença é necessariamente fundada na existência de um princípio inteligente fora da matéria, sendo incompatível com a negação absoluta desse princípio. Assim, tomamos como nosso ponto de partida a existência, sobrevivência e individualidade da alma, da qual o *espiritualismo* é a demonstração teórica e dogmática, e o *espiritismo*, a demonstração patente.

Façamos, por um instante, abstração das manifestações propriamente ditas, e, raciocinando por indução, vejamos a que consequências chegaremos.

2. Desde que se admita a existência da alma e sua individualidade após a morte, é preciso admitir também: 1) que ela é de natureza diferente do corpo, pois, uma vez separada, não possui mais as propriedades dele; 2) que goza da consciência de si mesma, uma vez que a alegria ou a tristeza são atribuídas a ela – de outra forma, seria um ser inerte, e tanto faria para nós tê-la ou não. Isso posto, a alma vai a algum lugar. Em que se transforma e para onde vai? Segundo a crença comum, ela vai para o céu ou para o inferno – mas onde ficam o céu e o inferno? Dizia-se antigamente que o céu ficava no alto, e o inferno, embaixo;

mas o que é “no alto”e “embaixo”no Universo, desde que sabemos que a Terra é redonda, que os astros se movimentam (fazendo aquilo que está em cima num dado momento passar para baixo em doze horas) e que o espaço é infinito (no qual o olhar mergulha a distâncias incomensuráveis)? É verdade que por “lugares baixos” entendem-se também as profundezas da Terra; mas em que se transformaram essas profundezas desde que foram escavadas pela Geologia? Igualmente, em que se transformaram essas esferas concêntricas a que se chamam “luzes do céu”, “estrelas do céu”, desde que se sabe que a Terra não é o centro dos mundos, e que nosso próprio Sol não é senão um dos milhões de sóis que brilham no espaço, cada um deles sendo o centro de um turbilhão planetário? Em que se transforma a importância da Terra, perdida nessa imensidão? Por qual privilégio injustificável este grão de areia imperceptível, que não se destaca nem por seu volume, nem por sua posição, nem por um papel particular, seria o único povoado por seres racionais? A razão se recusa a admitir essa inutilidade do infinito, e tudo nos diz que esses mundos são habitados. Se eles são povoados, então fornecem seu contingente ao mundo das almas; assim, mais uma vez: em que se transformam essas almas, sendo que a Astronomia e a Geologia destruíram as moradas que antes lhes eram assinaladas, e sobretudo depois que a teoria tão racional da pluralidade dos mundos multiplicou-as ao infinito? Uma vez que a doutrina de que as almas vão para locais específicos não pode se compatibilizar com os dados da ciência, outra doutrina mais lógica lhes assinala por domínio não um lugar determinado e circunscrito, mas o espaço universal: é todo um mundo invisível em meio ao qual vivemos, que nos rodeia e está junto de nós todo o tempo. Há nisso alguma impossibilidade, algo que repugne à razão? De maneira nenhuma; ao contrário, tudo nos diz que não pode ser de outra forma. Mas, então, em que se transformam as penas e as recompensas futuras, se lhes tiram sua localização específica? Observem que a incredulidade a respeito dessas penas e recompensas geralmente é provocada pelo fato de se apresentarem sob condições inadmissíveis: digam, em vez disso, que as almas extraem sua bem-aventurança ou seu sofrimento de si mesmas; que seu destino está subordinado à sua condição moral; que o encontro das almas simpáticas e boas é uma fonte de felicidade; que, conforme seu grau de depuração, elas penetram e entreveem coisas que desaparecem diante das almas grosseiras – e todo mundo compreenderá isso sem dificuldade. Digam ainda que as almas só chegam ao grau supremo pelos esforços que fazem para melhorar e após uma série de provas que servem à sua depuração; que os anjos são as almas que alcançaram o último grau, ao qual todos podem chegar com sua boa vontade; que os anjos são os mensageiros de Deus, encarregados de velar pela execução de Seus desígnios em todo o Universo, e que são felizes com essas missões gloriosas, e vocês darão à felicidade deles uma finalidade mais útil e atraente que a da contemplação perpétua, a qual seria apenas uma inutilidade perpétua. Digam, enfim, que os demônios não são outros senão as almas dos maus ainda não depuradas, mas que podem alcançar, como as outras, a depuração – e isso parecerá mais conforme à justiça e à bondade de Deus do que a doutrina de seres criados para o mal e perpetuamente devotados ao mal. Ainda uma vez: eis aí o que a razão mais severa, a lógica mais rigorosa – numa palavra, o bom-senso – podem admitir.

Ora, essas almas que povoam o espaço são justamente o que se chama de *espíritos*; os *espíritos* não são, portanto, outra coisa senão as almas dos homens despojadas de seu envoltório corporal. Se os espíritos fossem seres à parte, sua existência seria mais hipotética; porém, admitindo-se que há almas, é preciso admitir também os espíritos, que não são outros senão as almas; e admitindo-se que as almas estão em toda parte, também é preciso admitir que os espíritos estão em toda parte. Não se poderia, pois, negar a existência dos espíritos sem negar a existência das almas.

3. Esta não é, na verdade, nada além de uma teoria, mais racional que a outra que existia; mas já é bastante coisa o fato de uma teoria não contradizer nem a razão, nem a ciência; se, além disso, ela for corroborada pelos fatos, tem para si não só a sanção do raciocínio como também a da experiência. Encontramos esses fatos no fenômeno de manifestações espíritas, que são assim a prova patente da existência e da sobrevivência da alma. Porém, para muitas pessoas a crença se detém aí; elas até admitem a existência das almas e, por consequência, a dos espíritos, mas negam a possibilidade de se comunicar com eles, pelo motivo, dizem, de que seres imateriais não podem agir sobre a matéria. Essa dúvida se baseia na ignorância da verdadeira natureza dos espíritos, dos quais geralmente se faz uma ideia muito falsa, pois são erroneamente imaginados como seres abstratos, vagos e indefinidos, o que não é verdade.

Imaginemos, primeiramente, o espírito em sua união com o corpo; o espírito é o ser principal, uma vez que é o ser *pensante e sobrevivente*; o corpo, assim, é apenas um *acessório* do espírito, um envoltório, uma vestimenta que ele deixa quando está gasta. Além desse envoltório material, o espírito tem um segundo, semimaterial, que o une ao primeiro; na morte, o espírito se despoja do corpo material, mas não do segundo envoltório, ao qual damos o nome de *perispírito*. Esse envoltório semimaterial, que toma o aspecto humano, constitui um corpo fluídico, vaporoso, mas que, mesmo sendo invisível para nós em seu estado normal, não deixa de possuir algumas propriedades da matéria. Portanto, o espírito não é algo vago, uma abstração, mas um ser delimitado, circunscrito, ao qual falta apenas ser visível e palpável para assemelhar-se aos seres humanos. Sendo assim, por que não agiria sobre a matéria? Pelo fato de seu corpo ser fluídico? Mas não é entre os fluidos mais rarefeitos, aqueles que se entendem como imponderáveis (a eletricidade, por exemplo), que o homem encontra seus motores mais potentes? A luz, imponderável, não exerce uma ação química sobre a matéria ponderável? Nós não conhecemos a natureza íntima do perispírito; porém, supondo-o formado de matéria elétrica, ou qualquer outra tão sutil quanto, por que não teria a mesma propriedade desta, sendo dirigido por uma vontade?

4. Como a existência da alma e a de Deus, consequência uma da outra, são a base de todo o edifício, antes de começar qualquer discussão espírita é importante saber se o interlocutor admite essa base. Se a estas questões: "Você acredita em Deus?", "Acredita que há uma alma?", "Acredita na sobrevivência da alma após a morte?", ele responde negativamente, ou se diz apenas: "Não sei; gostaria que fosse assim, mas não estou certo disso" (o que, frequentemente, equivale a uma negação polida, disfarçada sob uma forma menos incisiva, para evitar que se fira de maneira muito dura o que ele chama de *conjecturas respeitáveis*), então seria tão inútil prosseguir quanto tentar demonstrar as propriedades da luz a um cego que não admitisse a luz; pois, definitivamente, as manifestações espíritas não são outra coisa senão os efeitos das propriedades da alma; com um tal interlocutor, se não quisermos perder nosso tempo, teremos de seguir outra ordem de ideias.

Porém, se aquela base é admitida, não a título de *probabilidade,* mas como coisa certa, incontestável, a existência dos espíritos dela decorre naturalmente.

5. Resta agora saber se o espírito pode se comunicar com o homem, isto é, se pode trocar pensamentos com ele. E por que não? O que é o homem senão um espírito preso em um corpo? Por que o espírito livre não poderia se comunicar com o espírito cativo, como o homem livre se comunica com aquele que está encarcerado? Desde que vocês admitem a sobrevivência da alma, seria racional não admitir a sobrevivência das afeições? Uma vez que as almas estão em toda parte, não é natural pensar que a alma de um ser que nos amou durante sua vida venha perto de nós, que deseje se comunicar conosco e para isso se sirva dos meios que estão à sua disposição? Durante a vida, ele não agia sobre a matéria de seu corpo? Não era ele quem dirigia seus movimentos? Por que então após sua morte, entrando em sintonia com outro espírito ligado a um corpo, não emprestaria esse corpo vivo para manifestar seu pensamento, como um mudo pode se servir de uma pessoa que fala para se fazer compreender?

6. Façamos por um instante abstração dos fatos que, para nós, tornam a coisa incontestável; admitamos que essa comunicação seja mera hipótese; peçamos então aos incrédulos que nos provem, não com uma simples negação, pois sua opinião pessoal não pode constituir lei, mas com razões concludentes, que isso não é possível. Colocamo-nos assim em seu terreno, e uma vez que eles querem apreciar os fatos espíritas com o auxílio das leis da matéria, que encontrem nesse arsenal alguma demonstração matemática, física, química, mecânica, fisiológica, e provem por *a* mais *b*, sempre partindo do princípio da existência e da sobrevivência da alma, que:

1º) o ser que pensa em nós durante a vida não deve mais pensar após a morte;

2º) se pensa, não deve mais pensar naqueles que amou;

3º) se pensa naqueles que amou, não deve mais querer se comunicar com eles;

4º) se pode estar em toda parte, não pode estar ao nosso lado;

5º) se está ao nosso lado, não pode se comunicar conosco;

6º) por seu envoltório fluídico, não pode agir sobre a matéria inerte;

7º) se pode agir sobre a matéria inerte, não pode agir sobre um ser animado;

8º) se pode agir sobre um ser animado, não pode dirigir sua mão para fazê-lo escrever;

9º) podendo fazê-lo escrever, não pode responder às suas perguntas e transmitir-lhe o pensamento.

Quando os adversários do espiritismo nos tiverem demonstrado que isso não pode ser, por razões tão patentes quanto aquelas como as quais Galileu demonstrou que não é o sol que gira em torno da Terra, então poderemos dizer que sua desconfiança tem fundamento. Desaventuradamente, até hoje toda sua argumentação se resume nestas palavras: "Não acredito, logo isso é impossível". Eles nos dirão, sem dúvida, que cabe a nós provar a realidade das manifestações; nós lhes provamos, pelos fatos e pelo raciocínio; se eles não admitem nem um nem outro, se negam mesmo o que veem, cabe a eles provar que nosso raciocínio é falso e que os fatos são impossíveis.

Capítulo II

O MARAVILHOSO E O SOBRENATURAL

7. Se a crença nos espíritos e em suas manifestações fosse uma concepção isolada, produto de uma doutrina, poder-se-ia suspeitar, com alguma aparente razão, que ela fosse ilusória; mas então que nos digam por que encontramos essa crença de forma tão vivaz entre todos os povos antigos e modernos, nos livros santos de todas as religiões conhecidas. Isso acontece, dizem alguns críticos, porque em todos os tempos o homem amou o maravilhoso. "E o que é, para você, o maravilhoso?" "O que é sobrenatural." "E o que entende por sobrenatural?" "O que é contrário às leis da natureza." "E você conhece tão bem essas leis que é possível assinalar um limite ao poder de Deus?" Pois bem! Prove, então, que a existência dos espíritos e suas manifestações são contrárias às leis da natureza; que não é, e não pode ser, uma dessas leis. Acompanhe a doutrina espírita e verá se o encadeamento de seus elos não tem todas as características de uma lei admirável, que resolve tudo o que as leis filosóficas não puderam solucionar até hoje. O pensamento é um dos atributos do espírito; a possibilidade de agir sobre a matéria, de provocar impressões em nossos sentidos e, por consequência, de transmitir seu pensamento, resulta, se assim podemos nos expressar, de sua constituição fisiológica: portanto, não há nesse fato nada de sobrenatural, nada de maravilhoso. Que um homem morto, realmente morto, reviva corporalmente; que seus membros dispersos se reúnam para refazer seu corpo – eis aí o maravilhoso, o sobrenatural, o fantástico; isso sim seria uma verdadeira revogação das leis da natureza, o que Deus não realizaria senão por milagre, mas não há nada semelhante na doutrina espírita.

8. No entanto, dirão, vocês admitem que um espírito possa erguer uma mesa e mantê-la no espaço sem ponto de apoio; não é isso uma revogação da lei da gravidade? – Sim, da lei conhecida; mas a natureza já deu sua última palavra? Antes que se tivesse comprovado a força ascensional de certos gases, quem diria que uma máquina pesada, levando vários homens, pudesse superar a força da gravidade? Aos olhos do vulgo, isso não deve ter parecido maravilhoso, diabólico? Aquele que tivesse proposto, há um século, transmitir uma mensagem a quinhentas léguas de distância e receber a resposta em alguns minutos teria passado por louco; se o tivesse feito, acreditariam que tinha o diabo às suas ordens, pois só o diabo seria capaz de ir tão rápido. Por que então um fluido desconhecido não teria a propriedade, em determinadas circunstâncias, de contrabalançar o efeito da gravidade, como o hidrogênio contrabalança o peso do balão? Isso, observemos de passagem, é apenas uma comparação, não uma assimilação absoluta, e unicamente para mostrar, por analogia, que o fato não é fisicamente impossível. Ora, foi justamente quando os estudiosos quiseram, na observação desse tipo de fenômeno, proceder por meio da assimilação, que eles se perderam. De resto, o fato existe, e todas as negações não poderão fazer com que não exista, pois negar não é provar; para nós, não há nada de sobrenatural. Isso é tudo o que podemos dizer a respeito no momento.

9. Se o fato for constatado, dirão, nós o aceitaremos, aceitaremos até mesmo a causa que acabam de assinalar, a de um fluido desconhecido; mas quem prova a intervenção dos espíritos? Aí está o maravilhoso, o sobrenatural.

Para isso seria preciso fazer toda uma demonstração que estaria deslocada aqui, o que aliás seria um trabalho dobrado, pois a demonstração advém de todas as outras partes destes preceitos. Todavia, para resumi-la em algumas palavras, diremos que, na teoria, ela está fundamentada sobre o princípio de que todo efeito inteligente deve ter uma causa inteligente e, na prática, sobre a observação de que os fenômenos ditos *espíritas*, tendo dado provas de inteligência, devem ter sua causa fora da matéria; e que, não sendo essa inteligência a dos assistentes – e este é um resultado da experiência –, deve estar fora deles; e como não se vê o ser que age, seria então um ser invisível. Assim, de observação em observação, fomos levados a reconhecer que o elemento invisível, ao qual demos o nome de *espírito*, não é senão a alma daqueles que viveram corporalmente, e a quem a morte despojou de seu grosseiro envoltório visível, não lhes deixando senão um envoltório etéreo, invisível em seu estado normal. Eis, portanto, o maravilhoso e o sobrenatural reduzidos à sua mais simples expressão. Uma vez constatada a existência de seres invisíveis, sua ação sobre a matéria resulta da natureza de seu envoltório fluídico; e essa ação é inteligente porque, ao morrer, perderam apenas seus corpos, mas conservaram a inteligência que é sua essência; aí está a chave explicativa de todos os fenômenos erroneamente tidos como sobrenaturais. A existência dos espíritos não é, portanto, uma doutrina preconcebida, uma hipótese imaginada para explicar os fatos: é o resultado de observações, e a consequência natural da existência da alma – negar essa causa é negar a alma e seus atributos. Aqueles que pensam poder dar a esses efeitos inteligentes uma solução mais racional, desde que consigam dar conta de *todos os fatos*, que o façam, e então poderemos discutir o mérito de cada demonstração.

10. Aos olhos daqueles que veem a matéria como o único poder da natureza, *tudo o que não pode ser explicado pelas leis da matéria é maravilhoso ou sobrenatural*; e, para eles, *maravilhoso* é sinônimo de *superstição*. Dessa forma, a religião, fundada sobre a existência de um princípio imaterial, seria uma rede de superstições; eles não ousam dizê-lo em voz alta, mas o dizem em voz baixa, e acreditam salvar as aparências fazendo concessão ao fato de que a religião é necessária para o povo e para fazer com que as crianças sejam obedientes. Ora, de duas uma: ou o princípio religioso é verdadeiro, ou é falso; se é verdadeiro, ele o é para todo mundo; se é falso, não é melhor para os ignorantes do que para os esclarecidos.

11. Os que atacam o espiritismo em nome do maravilhoso, portanto, geralmente se apoiam no princípio materialista, uma vez que, recusando todo efeito extramaterial, negam por isso mesmo a existência da alma; sondem a fundo o pensamento deles, perscrutem bem o sentido de suas palavras, e verão quase sempre esse princípio, que, se não está categoricamente formulado, desponta sob as aparências de uma pretensa filosofia racional, com a qual o recobrem. Rejeitando, na conta do maravilhoso, tudo o que decorre da existência da alma, eles são consequentes consigo mesmos; não admitindo a causa, não podem admitir os efeitos; daí sua opinião preconcebida, que os torna incapazes de julgar claramente o espiritismo, pois partem do princípio da negação de tudo o que não é material. E quanto a nós? Pelo fato de admitirmos os efeitos que são consequência da existência da alma, segue-se que aceitamos todos os fatos qualificados como maravilhosos? Que somos os campeões de todos os sonhadores, os adeptos de todas as utopias, de todas as excentricidades sistemáticas? Seria preciso conhecer bem pouco o espiritismo para pensar assim; mas nossos adversários não o examinam tão de perto; a necessidade de conhecer aquilo sobre o que falam é a menor de suas preocupações. Segundo eles, o maravilhoso é absurdo. Ora, o espiritismo se apoia sobre fatos maravilhosos, logo o espiritismo é absurdo – para eles, este é um julgamento sem apelação. Acreditam opor um argumento sem réplica quando, após terem feito pesquisas eruditas sobre as *convulsionárias* de Saint-Médard[2], os *camisards* de Cévennes[3], ou as religiosas de Loudun[4], des-

---

2 "*Les convulsionnaires*" é como ficou conhecida uma espécie de movimento de contestação à dogmática da Igreja no século XVIII, após a ocorrência de curas e convulsões em fiéis que visitavam o túmulo de um padre no cemitério de Saint-Médard (oeste da França), o que depois se transformou em sessões em que freiras e beatas se fustigavam ou se submetiam voluntariamente a torturas aparentando nada sentir nem sofrer, pois estavam em transe místico. (NE)

3 *Camisards* eram protestantes de Cévennes (centro-sul da França) que se insurgiram contra perseguições do papado da época (séculos XVII-XVIII); eram assim chamados pela camisa branca que usavam por baixo da vestimenta a fim de serem reconhecidos entre si; aqui, Kardec parece referir-se a eventos extremos nesse movimento, quando se teria usado de manifestações espirituais como meio de resistência, diante do acirramento da posição católica e da monarquia. (NE)

4 "As religiosas de Loudun" é como ficaram conhecidas 17 freiras de um monastério dessa pequena cidade francesa, as quais, ao longo da década de 1630, manifestavam sinais de obsessão, sendo

cobriram fatos patentes de fraude, que ninguém contesta; mas essas histórias constituem o evangelho do espiritismo? Os partidários do espiritismo negaram que o charlatanismo tenha explorado certos fatos em seu benefício, que a imaginação tenha criado outros, que o fanatismo tenha exagerado muito? O espiritismo não é solidário às extravagâncias que se pode cometer em seu nome, assim como a verdadeira Ciência não o é aos abusos da ignorância, nem a verdadeira Religião aos excessos do fanatismo. Muitos críticos julgam o espiritismo apenas pelos contos de fadas e as lendas populares, que são ficções desse tema; seria o mesmo que julgar a História com base nos romances históricos ou nas tragédias.

12. Em Lógica Elementar, para discutir uma coisa é preciso conhecê-la, pois a opinião de um crítico não tem valor a não ser que ele fale com perfeito conhecimento de causa; somente assim sua opinião, mesmo que esteja errada, pode ser levada em consideração; mas que peso tem ela em relação a uma matéria que o crítico não conhece? A verdadeira crítica deve dar provas não somente de erudição, mas de um saber profundo a respeito do objeto de que trata, além de mostrar um julgamento claro e uma imparcialidade a toda prova; de outra forma, o primeiro rabequista que chegasse poderia se arrogar o direito de julgar Rossini[5], e um aprendiz de pintura o de censurar Rafael[6].

13. O espiritismo, portanto, não aceita todos os fatos tidos como maravilhosos ou sobrenaturais; longe disso, demonstra a impossibilidade de um grande número deles e o ridículo de certas crenças que são, propriamente falando, superstições. É verdade que, entre as coisas que ele admite, há aquelas que, para os incrédulos, são o maravilhoso puro e simples, ou, em outras palavras, superstição; que seja. Mas ao menos que os incrédulos se limitem a esses pontos, pois sobre os outros não há nada a dizer, e estariam tentando convencer os já convertidos. Fixando-se naquilo que o próprio espiritismo refuta, não fazem mais do que provar sua ignorância do assunto, e seus argumentos caem no vazio. Mas, dirão, qual é o limite da crença do espiritismo? Que leiam, observem, e saberão. Toda e qualquer ciência só se adquire com tempo e estudo; ora, o espiritismo, que toca nas questões mais graves da filosofia, em todos os ramos da ordem social, e que abrange ao mesmo tempo o homem físico e o homem moral, é ele próprio toda uma ciência, toda uma filosofia, que não pode ser apreendida em algumas horas, assim como ocorre com todas as outras ciências; seria tão pueril resumir todo o espiritismo apenas a uma mesa girante, quanto resumir toda a Física a alguns brinquedos infantis. Para quem não quer se limitar à superfície do espiritismo, são necessários não horas, mas meses e anos para sondar-lhe todos os mistérios. Com base nisso,

---

submetidas a sessões públicas de exorcismo e visitadas por curiosos e padres de todo o país. Loudun, de 14 mil habitantes, acabava de enfrentar uma epidemia de peste e perdera um terço da população, vivendo um ambiente de "fim de mundo"sob o qual surgiram essas crises, fenômeno que foi manipulado política e clericalmente para se levar a julgamento, torturar e condenar à fogueira um pároco local, Urbain Grandier, sob a acusação de feitiçaria. (NE)

5 Gioachino Rossini (1792-1868), compositor e maestro italiano, autor de *O barbeiro de Sevilha*. (NE)

6 Rafael Sanzio (1483-1520), pintor italiano, mestre do Renascimento. (NE)

avalie-se o grau de conhecimento e o valor da opinião daqueles que se arrogam o direito de julgar porque viram uma ou duas experiências, quase sempre realizadas como distração ou passatempo. Dirão, sem dúvida, que não têm o tempo ocioso necessário a esse estudo; que seja. Nada os obriga a isso; mas então, se não têm tempo para aprender uma coisa, que não se metam a falar sobre ela, e menos ainda a julgá-la, se não quiserem ser acusados de leviandade. Ora, quanto mais elevada a posição que se ocupa na Ciência, menos se é desculpado por tratar levianamente um assunto que não se conhece.

14. Resumimo-nos nas proposições que seguem:

1ª) todos os fenômenos espíritas têm por princípio a existência da alma, sua sobrevivência ao corpo e suas manifestações;

2ª) sendo esses fenômenos fundados sobre uma lei da natureza, não têm nada de *maravilhoso* nem de *sobrenatural*, no sentido vulgar dessas palavras;

3ª) muitos fatos são tidos como sobrenaturais apenas porque não se conhece sua causa; o espiritismo, tendo-lhes assinalado uma causa, os fez entrar no domínio dos fenômenos naturais;

4ª) entre os fatos qualificados como sobrenaturais, há muitos de que o espiritismo demonstra a impossibilidade, classificando-os entre as crenças supersticiosas;

5ª) ainda que o espiritismo reconheça em muitas crenças populares um fundo de verdade, não aceita nenhum compromisso com qualquer conto fantástico criado pela imaginação;

6ª) julgar o espiritismo com base em fatos que ele não admite é dar prova de ignorância e desvalorizar sua própria opinião;

7ª) a explicação dos fatos admitidos pelo espiritismo, suas causas e suas consequências morais constituem toda uma ciência e toda uma filosofia, que requer um estudo sério, perseverante e aprofundado;

8ª) o espiritismo só pode ver como crítico sério aquele que tiver observado tudo, estudado tudo, se aprofundado em tudo, com a paciência e a perseverança de um observador consciencioso; aquele que soubesse tanto sobre esse assunto quanto o adepto mais esclarecido; que, por consequência, tivesse buscado seus conhecimentos além dos romances de fundo científico; aquele a quem não se pudesse opor *nenhum fato* do qual não tivesse conhecimento, nenhum argumento sobre o qual não tivesse meditado; que refutasse não por negações, mas por outros argumentos mais concludentes; que pudesse, enfim, assinalar uma causa mais lógica para os fatos averiguados. Este crítico ainda não foi encontrado.

15. Referimo-nos há pouco à palavra *milagre*, e uma breve observação a esse respeito não ficará deslocada neste capítulo sobre o maravilhoso.

Em sua acepção primitiva, e em sua etimologia, a palavra milagre significa *coisa extraordinária, coisa admirável de ver*; no entanto, essa palavra, assim como tantas outras, afastou-se do sentido original, e hoje se refere (segundo a Academia[7]) a

7 Referência à Academia Francesa (de Letras); fundada em 1635, é a instituição encarregada de produzir o dicionário normativo da língua francesa. (NE)

um *ato do poder divino contrário às leis comuns da natureza.* Tal é, com efeito, sua acepção usual, e é apenas como comparação ou metáfora que a aplicamos às coisas vulgares que nos surpreendem e cuja causa é desconhecida. Não faz parte de nossos objetivos, de modo algum, examinar se Deus julgou útil, em certas circunstâncias, revogar leis estabelecidas por Ele mesmo; nosso objetivo é unicamente demonstrar que os fenômenos espíritas, por mais extraordinários que sejam, não revogam de modo algum essas leis, não têm nenhum caráter milagroso, assim como não são maravilhosos ou sobrenaturais. O milagre não se explica; os fenômenos espíritas, ao contrário, explicam-se da forma mais racional; logo, não são milagres, mas simples efeitos que têm sua razão de ser nas leis gerais. O milagre tem ainda outra característica, que é o de ser insólito e isolado. Ora, uma vez que um fato se reproduz, por assim dizer, à vontade e por diversas pessoas, não pode ser um milagre.

A ciência faz, todos os dias, milagres aos olhos dos ignorantes; é por isso que, outrora, aqueles que conheciam essas circunstâncias mais que o vulgo eram considerados feiticeiros; e, como se acreditava que toda ciência sobre-humana vinha do diabo, eram queimados. Hoje em dia, que se está bem mais civilizado, contenta-se em mandá-los aos manicômios.

Se um homem realmente morto voltar à vida, como dissemos no início, por uma intervenção divina, isto será um verdadeiro milagre, porque é contrário às leis da natureza. Mas se esse homem não tem senão a aparência da morte, se ainda há nele um resto de *vitalidade latente,* e a ciência ou uma ação magnética conseguem reanimá-lo, para as pessoas instruídas tratar-se-á de um fenômeno natural, mas aos olhos do vulgo ignorante o fato passará por milagroso, e o responsável por isso será perseguido a pedradas, ou venerado, conforme o caráter dos indivíduos. Se, em certas áreas rurais, um físico empina um papagaio elétrico num descampado e faz cair um raio sobre uma árvore, esse novo Prometeu certamente será visto como dotado de um poder diabólico – e, seja dito de passagem, Prometeu nos parece ter antecipado singularmente a Franklin[8]; por outro lado, Josué, detendo o movimento do Sol, ou antes, da Terra – eis o verdadeiro milagre, pois não conhecemos nenhum magnetizador dotado de tão grande poder para realizar semelhante prodígio. De todos os fenômenos espíritas, um dos mais extraordinários é, sem dúvida, o da escrita direta, pois é um dos que demonstram de maneira mais patente a ação das inteligências ocultas; mas o fato de ele ser produzido por seres ocultos não permite dizer que é mais milagroso que quaisquer outros fenômenos provocados por agentes invisíveis, pois esses seres ocultos, que povoam os espaços, são uma das forças da natureza, força cuja ação é incessante sobre o mundo material, assim como sobre o mundo moral.

8 Benjamin Franklin (1706-1790), além de ser um dos líderes da Independência norte-americana (1776), foi um pensador e pesquisador de grande versatilidade; entre outras coisas, inventou em 1752 o para-raios com base em experimentos eletroatmosféricos feitos com uso de um papagaio (no Brasil, também chamado de pipa, arraia, candonga, etc.) preparado para atrair cargas elétricas; a expressão "papagaio elétrico"utilizada por Kardec faz menção a esses experimentos. (NE)

O espiritismo, esclarecendo-nos sobre essa força, dá-nos a chave de uma grande quantidade de coisas inexplicadas e inexplicáveis por qualquer outro meio, e que, em tempos remotos, puderam passar por prodígios. Como ocorreu com o magnetismo, o espiritismo revela uma lei, senão desconhecida, ao menos mal compreendida; ou, melhor dizendo, conheciam-se os efeitos, pois foram produzidos em todos os tempos, mas não se conhecia a lei, e foi a ignorância dessa lei que engendrou a superstição. Conhecida essa lei, o maravilhoso desaparece, e os fenômenos voltam à ordem das coisas naturais. Eis por que os espíritas não fazem algo mais milagroso, ao fazer uma mesa girar ou finados escreverem, do que o médico que faz um moribundo reviver, ou o físico que faz um raio cair. Aquele que pretendesse, com ajuda da ciência espírita, *fazer milagres*, seria ou um ignorante no assunto, ou um enganador.

16. Os fenômenos espíritas, como os fenômenos magnéticos antes de se conhecer sua causa, acabaram passando por prodígios. Ora, assim como os céticos, as pessoas irreligiosas[9], ou melhor, aquelas que querem ter o privilégio exclusivo da razão e do bom-senso, não acreditam que uma coisa seja possível se não a compreendem; por isso todos os fatos tidos como prodigiosos são motivo para sua zombaria; e como a religião contém um grande número de fatos desse gênero, elas não acreditam na religião, e daí à incredulidade absoluta não há senão um passo. O espiritismo, explicando a maior parte desses fatos, dá a eles uma razão de ser. Ele vem, assim, em auxílio da religião, demonstrando a possibilidade de certos fatos que, mesmo não tendo mais um caráter miraculoso, não deixam de ser extraordinários, e com isso Deus não fica menor nem menos poderoso, pois não revogou Suas leis. De quanto gracejo as levitações de São Cupertino[10] não foram objeto? Ora, a suspensão etérea de corpos que têm peso é um fato explicado pela lei espírita; nós fomos *pessoalmente testemunhas oculares* disso, e o Sr. Home[11], bem como outras pessoas de nosso conhecimento, repetiu diversas vezes o fenômeno produzido por São Cupertino. Assim, esse fenômeno volta à ordem das coisas naturais.

17. Ao conjunto de fatos desse tipo é preciso acrescentar, na linha de frente, as aparições, porque estas são as mais frequentes. A aparição ocorrida em

---

9 Em francês, *esprits forts*; expressão idiomática, refere-se às pessoas que reivindicam um pensamento avesso às ideias religiosas. (NE)

10 José de Cupertino (1603-1663) foi um frei capuchinho que ficou famoso, conforme os relatos, por levitar (atraindo multidões) quando rezava ou se devotava a Jesus ou a Maria. Nascido em um povoado homônimo em Nápoles, Itália, e de origem bastante humilde, foi tido como "idiota" ao longo da vida (não conseguia aprender a ler e era muito distraído e atrapalhado, sendo encarregado de cuidar da mula do convento); porém, devido aos dons que nele teriam presenciado dois papas, bem como pelo clamor público, seria canonizado pela Igreja um século após a sua morte. (NE)

11 Daniel Dunglas Home (1833-1886) foi um médium escocês famoso e respeitado em seu tempo – viajou por toda a Europa produzindo diversos fenômenos mediúnicos, que causavam admiração em públicos variados, sendo submetidos a avaliações científicas, como o fenômeno da levitação de seu próprio corpo e de objetos. (NE)

La Salette[12], que dividiu o próprio clero, não tem para nós nada de insólito. Não podemos afirmar com garantia que o fato aconteceu, porque não temos a prova material dele. Mas, para nós, é um fato possível, visto que milhares de fatos análogos *recentes* nos são conhecidos; acreditamos neles não somente porque averiguamos sua realidade, mas sobretudo porque levamos em conta, com minúcia, a maneira como foram produzidos. Quem se reportar à teoria que apresentamos mais adiante sobre as aparições verá que esse fenômeno se torna tão simples e plausível quanto uma grande quantidade de fenômenos físicos que só são vistos como prodigiosos quando não se tem a chave de sua explicação. Quanto à personagem que se apresentou em La Salette, trata-se de outra questão; sua identidade não nos foi demonstrada de forma alguma. Simplesmente constatamos que uma aparição pode ter acontecido; o resto não é de nossa competência. Cada qual pode ter a esse respeito suas convicções; o espiritismo não tem que se ocupar disso. Dizemos apenas que os fatos produzidos pelo espiritismo nos revelam leis novas, e que ele nos dá a chave para explicar uma grande quantidade de coisas que pareciam sobrenaturais; se algumas das que se passavam por miraculosas encontram nele uma explicação lógica, este é mais um motivo para não se apressar em negar o que não se compreende.

Os fenômenos espíritas são contestados por algumas pessoas justamente porque parecem escapar à lei comum, e não se dá conta de entendê-los. Deem-lhes uma base racional, e a dúvida cessa. A explicação, neste século em que as pessoas não se satisfazem com palavras vazias, é uma poderosa fonte de convicção; assim, vemos todos os dias pessoas que não foram testemunhas de fato algum, que não viram nenhuma mesa girar, nenhum médium escrever, e que estão tão convencidas quanto nós, apenas porque leram e compreenderam. Se devêssemos crer somente no que vemos com os olhos, nossas convicções se reduziriam a bem pouca coisa.

---

12 La Salette-Fallavoux é um povoado localizado nos Alpes Franceses onde, em 1846, um menino e uma garota (de 11 e 14 anos, respectivamente), após um passeio pela montanha, disseram ter visto uma "Bela Dama"em lágrimas, com um crucifixo no peito (que os iluminava aos três), uma pesada corrente nos ombros e, ao lado, rosas. As crianças a descreveram como sendo Maria, mãe de Jesus (a aparição ficaria conhecida como Nossa Senhora de La Salette), e ela lhes teria transmitido mensagens e dois segredos, um para cada, sem que o outro o soubesse.
Vale observar que esse fato, em torno do qual se alimentou uma grande controvérsia pública, é contemporâneo ao trabalho de codificação da doutrina espírita (este livro, por exemplo, teve sua primeira edição em 1861). (NE)

Capítulo III

MÉTODO

18. O desejo natural e muito louvável de todo adepto, desejo que nem seria preciso encorajar mais, é o de fazer prosélitos. Com o propósito de facilitar essa tarefa, propomo-nos a examinar aqui o caminho mais seguro, segundo pensamos, para atingir esse objetivo, poupando esforços inúteis.

Dissemos que o espiritismo é toda uma ciência, toda uma filosofia. Aquele que quer conhecê-lo seriamente deve, pois, como condição primeira, submeter-se a um estudo sério e convencer-se de que, assim como ocorre com qualquer outra ciência, não se pode aprendê-lo brincando. O espiritismo, já o dissemos, toca em todas as questões que interessam à humanidade; seu campo é imenso, e é sobretudo em suas consequências que convém analisá-lo. A crença nos espíritos forma, sem dúvida, sua base, mas ela não basta para formar um espírita esclarecido, assim como a crença em Deus não basta para formar um teólogo. Vejamos, pois, de que maneira convém proceder no seu ensino, para se alcançar de maneira mais segura a convicção.

Que os adeptos não se assustem com esta palavra, *ensino*. Não existe apenas o ensino dado do alto da cátedra ou da tribuna; há também aquele da simples conversação. Toda pessoa que busca persuadir outra, seja pela via das explicações, seja pela via das experiências, está ensinando; o que desejamos é que seu esforço obtenha frutos, e é por isso que acreditamos ser necessário dar alguns conselhos, dos quais também poderão aproveitar-se aqueles que querem instruir-se por si mesmos; eles encontrarão aqui o meio de chegar de forma mais segura e rápida ao objetivo.

19. Em geral, acredita-se que para convencer basta mostrar fatos; este parece, com efeito, o caminho mais lógico; no entanto, a experiência mostra que nem sempre é o melhor, pois frequentemente se encontram pessoas a quem nem mesmo os fatos mais patentes convencem. A que se deve isso? É o que vamos tentar demonstrar.

No espiritismo, a questão dos espíritos é secundária, é uma consequência; não é o ponto de partida, e justamente aí está o erro em que se cai, o qual muitas vezes leva ao fracasso com certas pessoas. Como os espíritos não são outra coisa senão as almas dos homens, o verdadeiro ponto de partida é, pois, a existência da alma. Ora, como o materialista pode admitir que seres vivam fora do mundo material, se acredita que ele mesmo é apenas matéria? Como pode acreditar em espíritos ao redor de si, quando não acredita ter um em si mesmo? Em vão se acumulariam diante de seus olhos as provas mais palpáveis; ele as contestaria todas, porque não admite o princípio. Todo ensino metódico deve proceder do conhecido ao desconhecido: para o materialista, o conhecido é a matéria. Partam, pois, da matéria, e esforcem-se, antes de mais nada, por convencê-lo de que há nele (fazendo com que ele a observe) alguma coisa que escapa às leis da matéria; em uma palavra, *antes de torná-lo ESPÍRITA, esforçai-vos por torná-lo ESPIRITUALISTA*. Mas, para isso, é preciso recorrer a outra ordem de fatos, a um ensino todo especial, a que se chega por outros meios; falar-lhe de espíritos antes que esteja convencido de haver alma é começar pelo fim, pois ele não pode admitir a conclusão se não admite as premissas. Assim, antes de tentar convencer um incrédulo, mesmo por meio de fatos, convém certificar-se de sua opinião sobre a alma, isto é, se ele crê na existência dela, em sua sobrevivência ao corpo, em sua individualidade após a morte. Se a resposta dele é negativa, seria perda de tempo falar-lhe de espíritos. Esta é a regra geral; não dizemos que não haja exceções, mas, nesses casos, provavelmente há outra razão que torna o incrédulo menos refratário.

20. Entre os materialistas, é preciso distinguir duas classes: na primeira estão aqueles que o são *dogmaticamente*; para eles, não há a dúvida, há negação absoluta, cujo raciocínio desenvolvem à sua maneira; a seus olhos, o homem é apenas uma máquina, que funciona enquanto está montada, até se desarranjar, e da qual, após a morte, não resta senão a carcaça. Esses, felizmente, são em número muito reduzido e não constituem em parte alguma uma escola altamente reconhecida; não precisamos assinalar os efeitos deploráveis que a vulgarização de semelhante doutrina causaria para a ordem social; aprofundamos suficientemente esse assunto n'*O Livro dos Espíritos* (n° 147-148, e "Conclusão", § III).

Quando dissemos que a dúvida dos incrédulos cessa diante de uma explicação racional, é preciso fazer exceção aos materialistas absolutos, os que negam qualquer força e qualquer princípio inteligente fora da matéria; a maior parte deles se obstina em sua opinião por orgulho, e acredita ter afiançado seu amor-próprio na atitude de persistir nela; e eles persistem contra todas as provas contrárias, porque não querem rebaixar-se. Com relação a essas pessoas, não há nada a fazer; também não devemos nos deixar levar pela falsa aparência de sinceridade dos que dizem "Façam-me ver e eu acreditarei"; há os que são mais francos e dizem abertamente: "Mesmo se visse, não acreditaria".

21. A segunda classe de materialistas, de longe a mais numerosa, porque o verdadeiro materialismo é um sentimento antinatural, compreende aqueles que o são por indiferença e, pode-se dizer, *por falta de algo melhor*. Não são materialistas por um propósito deliberado, e querem muito acreditar, pois a incerteza é um tormento para eles. Têm uma vaga aspiração a respeito do que há de vir, mas esse além lhes foi apresentado com cores que sua razão não pode aceitar, daí sua dúvida e, como consequência, a incredulidade. Sua incredulidade, portanto, não é sistemática. Assim, apresentem-lhes algo racional, e eles aceitarão prontamente. Estes, portanto, podem compreender-nos, porque não há dúvida de que estão mais próximos de nós do que eles próprios acreditam. Com a primeira classe de materialistas, não falem nem de revelação, nem de anjos, nem do paraíso – eles não os compreenderiam; porém, colocando-se no terreno deles, provem-lhes primeiro que as leis da fisiologia são incapazes de explicar tudo; o resto virá como consequência. É diferente quando a incredulidade não é preconcebida, pois então a crença não foi totalmente anulada; está em germe latente, sufocada por ervas daninhas, mas que uma centelha pode reanimar – é o cego a quem se restitui a visão, e que se alegra ao rever a luz; é o náufrago a quem se oferece uma tábua de salvação.

22. Ao lado dos materialistas propriamente ditos há uma terceira classe de incrédulos que, ainda que espiritualistas, ao menos no nome, não são menos refratários; são os *incrédulos de má vontade*. Estes se incomodam com a ideia de acreditar, porque lhes perturbaria o deleite dos prazeres materiais; temem encontrar na crença a condenação de sua ambição, de seu egoísmo e das vaidades humanas que fazem suas delícias; fecham os olhos para não ver e tampam os ouvidos para não escutar. Não podemos senão lamentá-los.

23. Mencionaremos, apenas por lembrar, uma quarta categoria, que chamaremos de *incrédulos por interesse* ou *de má-fé*. Estes sabem muito bem o que esperar do espiritismo, mas o condenam ostensivamente em razão de interesses pessoais. Deles não há nada a dizer, como não há nada a fazer a seu respeito. Se o materialista puro se engana, tem pelo menos a desculpa da boa-fé; pode-se demovê-lo provando seu erro. No caso da má-fé, há uma decisão inflexível contra a qual quaisquer argumentos irão se quebrar. O tempo se encarregará de abrir seus olhos e de lhes mostrar, talvez às suas custas, onde estavam seus verdadeiros interesses; não podendo impedir que a verdade se espalhe, serão arrastados pela corrente, e com eles os interesses que acreditavam salvaguardar.

24. Além dessas diversas categorias de opositores, há uma infinidade de nuances, entre as quais se podem contar *os incrédulos por pusilanimidade* – a coragem lhes virá quando virem que os outros não se queimam; *os incrédulos por escrúpulos religiosos* – um estudo esclarecido lhes ensinará que o espiritismo se apoia nas bases fundamentais da religião e respeita todas as crenças, e mostrará que um dos seus efeitos é o de dar sentimentos religiosos àqueles que não os possuem, e o de fortalecê-los naqueles que estão vacilantes; depois vêm *os incrédulos por orgulho*, *por espírito de contradição*, *por negligência*, *por leviandade*, etc.

25. Não podemos deixar de mencionar uma categoria que chamaremos de *incrédulos pelas decepções.* Ela compreende os que passaram de uma confiança exagerada à incredulidade porque sofreram desilusões; então, desencorajados, abandonam tudo, tudo rejeitam. São como uma pessoa que negasse a possibilidade da boa-fé por já ter sido enganada. Isso também é resultado de um estudo incompleto do espiritismo e da falta de experiência. Aquele a quem os espíritos conseguem mistificar geralmente o foi porque lhes pediu aquilo que eles não devem ou não podem dizer, ou porque não estava suficientemente esclarecido sobre o assunto para discernir a verdade da impostura. Muitos, aliás, só veem no espiritismo um novo meio de adivinhação, e se iludem acreditando que os espíritos são feitos para ler a sorte. Ora, os espíritos levianos e zombeteiros não perdem a oportunidade de se divertir à custa dessas pessoas: assim, anunciarão maridos às jovens; ao ambicioso, honrarias, heranças, tesouros ocultos, etc. – disso advêm, quase sempre, as decepções desagradáveis, mas das quais o homem sério e prudente sempre sabe se preservar.

26. Uma classe muito numerosa, e mesmo a mais numerosa de todas, mas que não poderia ser colocada entre os opositores, é a dos *hesitantes*; eles geralmente são *espiritualistas por princípio*; em sua maioria, possuem uma vaga intuição das ideias espíritas, uma aspiração a algo que não conseguem definir; falta-lhes somente coordenar e formular seus pensamentos. Para eles, o espiritismo é como um raio de luz: é a claridade que dissipa o nevoeiro; por isso o aceitam prontamente, pois ele os liberta das angústias da incerteza.

27. Se, agora, lançamos um olhar para as diversas categorias dos *crentes*, encontraremos primeiramente *os que são espíritas sem sabê-lo*; são, na verdade, uma variação ou nuance da classe anterior. Sem jamais ter ouvido falar da doutrina espírita, têm o sentimento inato dos grandes princípios que dela decorrem, e esse sentimento se reflete em certas passagens de suas falas e de seus escritos, a tal ponto que, ouvindo-os, acreditar-se-ia serem iniciados. Encontram-se numerosos exemplos entre autores sacros e profanos, entre poetas, oradores, moralistas, filósofos antigos e modernos.

28. Entre os que se convenceram estudando diretamente o assunto, podemos distinguir:

1°) Aqueles que acreditam pura e simplesmente em manifestações. Para eles, o espiritismo é uma simples ciência de observação, uma série de fatos mais ou menos curiosos. Vamos chamá-los de *espíritas experimentadores*.

2°) Aqueles que veem no espiritismo mais do que fatos; eles compreendem sua parte filosófica. Admiram a moral que dele decorre, mas não a praticam. A influência dessa moral sobre seu caráter é insignificante ou nula; eles não mudam em nada seus hábitos, e não se privariam de um só prazer; o avaro continua sendo sovina, o orgulhoso continua cheio de si, o invejoso e o ciumento continuam hostis. Para eles, a caridade cristã é apenas uma bela máxima; esses são os *espíritas imperfeitos.*

3°) Aqueles que não se contentam apenas em ficar admirando a moral espírita, mas que a praticam e aceitam todas as suas consequências. Convencidos de que a existência terrena é uma prova passageira, aplicam-se em aproveitar esses curtos instantes para caminhar na única via de progresso que pode elevá-los na hierarquia do mundo dos espíritos, esforçando-se por fazer o bem e reprimindo suas más tendências; os vínculos com eles são sempre confiáveis, pois sua convicção os distancia de qualquer pensamento do mal. A caridade é, em todas as coisas, a regra de sua conduta; esses são os *espíritas verdadeiros*, ou melhor, os *espíritas cristãos*.

4°) Há, por fim, os *espíritas exaltados*. A espécie humana seria perfeita se somente visse o lado bom das coisas. O exagero é nocivo em tudo; no espiritismo, traz uma confiança cega demais, e frequentemente pueril, nas coisas do mundo invisível, e faz aceitar muito facilmente e sem precaução aquilo que a reflexão e o exame demonstrariam ser absurdo ou impossível; mas o entusiasmo não reflete, e sim ofusca. Esse tipo de adeptos é mais nocivo do que útil à causa do espiritismo; são os mais inadequados à tarefa de convencer, pois as pessoas desconfiam com razão de seu julgamento; com sua boa-fé exagerada, acabam enganados, seja por espíritos mistificadores, seja por homens que procuram explorar sua credulidade. Se as consequências viessem só para eles, o mal seria menor; o pior é que, sem querer, dão armas aos incrédulos que antes buscam ocasião para zombar que para tentar se convencer, e que não perdem a oportunidade de estender a todos o ridículo de alguns. Isto sem dúvida não é justo nem racional; porém, como sabemos, os adversários do espiritismo reconhecem como razão autêntica apenas a sua, e a menor de suas preocupações é conhecer a fundo aquilo de que falam.

29. Os meios de convencimento mudam muito conforme os indivíduos; aquilo que convence alguns não produz nenhum efeito sobre outros; um é persuadido por certas manifestações materiais, outro por comunicações inteligentes, e a grande maioria pela razão. Podemos até afirmar que, para a maior parte dos que não estão preparados para o entendimento racional, os fenômenos materiais têm pouco peso. Quanto mais extraordinários são esses fenômenos e mais se afastam das leis comuns, mais oposição encontram, e isso por uma razão muito simples – a de que somos naturalmente levados a duvidar daquilo que não tem uma sanção racional. Cada pessoa encara os fenômenos conforme seu ponto de vista, e os explica à sua maneira: o materialista vê neles uma causa puramente física ou uma fraude, o ignorante e o supersticioso, uma causa diabólica ou sobrenatural, enquanto uma explicação prévia tem por efeito separar as ideias preconcebidas e mostrar, senão a realidade, ao menos sua possibilidade; com isso, compreende-se o fenômeno antes de tê-lo visto. Ora, desde que a possibilidade é reconhecida, três quartos do convencimento foram alcançados.

30. É inútil tentar convencer um incrédulo obstinado? Já dissemos que isso depende das causas e da natureza de sua incredulidade; muitas vezes a insistência em persuadi-lo o faz acreditar que é particularmente importante, e isso o torna mais obstinado ainda. Quem não se convence nem pelo raciocínio, nem pelos fatos, é porque ainda tem de pôr sua incredulidade à prova; precisamos deixar à Providência o cuidado de lhe proporcionar circunstâncias mais favoráveis. É enorme o número de pessoas que não desejam outra coisa senão receber a luz, por isso não vale a pena perder tempo com os que a rejeitam. Dirijam-se, pois, aos homens de boa vontade, cujo número é maior do que se imagina, e o exemplo deles, multiplicando-se, vencerá as resistências, mais do que se poderia fazer com palavras. Ao verdadeiro espírita, jamais faltará o bem a fazer. Aliviar corações aflitos, dar consolo, acalmar o desespero, promover reformas morais, aí está sua missão; é também aí que encontrará satisfação verdadeira. O espiritismo está no ar; ele se espalha pela força das coisas, e porque torna bem-aventurados aqueles que o professam. Quando os adversários sistemáticos do espiritismo o ouvirem ressoar em torno de si, entre seus próprios amigos, compreenderão seu isolamento e serão forçados ou a se calar, ou a se render.

31. Para ensinar espiritismo como se faz com as ciências em geral, seria necessário passar em revista toda a série de fenômenos que se podem produzir, começando pelos mais simples para chegar, sucessivamente, aos mais complexos; ora, não se pode fazer isso, pois seria impossível dar um curso de espiritismo experimental da mesma forma que se dá um curso de Física ou de Química. Nas ciências naturais, opera-se com a matéria bruta, que se manipula à vontade, e é quase sempre garantida a possibilidade de controlar os efeitos; no espiritismo, tratamos com inteligências que têm liberdade e nos provam a cada instante que não se submetem aos nossos caprichos; é preciso, pois, observar, esperar os resultados, apreendê-los quando ocorrem; além disso, afirmamos expressamente que *qualquer um que se gabar de obtê-los à vontade só pode ser ignorante ou impostor*; por isso o verdadeiro espiritismo nunca se apresentará como um espetáculo e nunca subirá em palcos. É até ilógico supor que os espíritos venham desfilar e se submeter à investigação como objetos de curiosidade. Tanto os fenômenos podem não ocorrer conforme o esperado, como podem se apresentar numa ordem completamente diversa da desejada. Acrescentemos ainda que, para obtê-los, são necessárias pessoas dotadas de faculdades especiais, e essas faculdades variam ao infinito, conforme a aptidão dos indivíduos; ora, como é extremamente raro que uma mesma pessoa possua todas as faculdades, essa é uma dificuldade a mais, pois seria preciso ter sempre à mão uma verdadeira assembleia de médiuns, o que seria muito difícil.

A forma de se prevenir contra esse inconveniente é muito simples: começar pela teoria; por meio dela, todos os fenômenos são passados em revista; eles são explicados, pode-se apreendê-los, compreender sua possibilidade, conhecer as condições em que podem ser produzidos, e os obstáculos que se pode encontrar; com isso, ainda, qualquer que seja a ordem em que forem conduzidos pelas circunstâncias, não terão nada que possa surpreender. Esse caminho oferece ainda outra vantagem: a de poupar uma série de enganos àquele que quer realizá-los; precavendo-se contra as dificuldades, ele pode manter-se vigilante, e não precisará adquirir experiência por conta própria.

Desde que nos ocupamos com o espiritismo, seria difícil dizer o número de pessoas que já vieram até nós e, entre elas, quantas vimos manter-se indiferentes ou incrédulas diante dos fatos mais patentes, não sendo convencidas senão mais tarde, por uma explicação racional; quantas se tornaram predispostas à convicção pelo raciocínio; e quantas, enfim, foram persuadidas sem nada ter visto, unicamente por ter compreendido. Falamos, portanto, por experiência, e também por isso afirmamos que o melhor método de ensino espírita é o de dirigir-se à razão antes de dirigir-se aos olhos. É ela que nos conduz em nossas lições, e com isso só temos tido motivos de aplauso.[13]

32. O estudo prévio da teoria tem outra vantagem: mostrar de modo imediato a grandeza do objetivo e o alcance desta ciência; quem começa observando uma mesa girar ou bater fica mais inclinado à zombaria, porque lhe parece difícil que de uma mesa possa sair uma doutrina regeneradora da humanidade. Temos sempre ressaltado que os que creem antes de ter visto, por ter lido e compreendido, longe de ser superficiais, são, ao contrário, os que mais refletiram sobre o assunto. Atendo-se antes ao fundo que à forma, para eles o aspecto filosófico é o principal; os fenômenos em si são acessórios. Afirmam que, mesmo se não existissem os fenômenos, restaria uma filosofia, a única que resolve problemas até hoje insolúveis, a única que oferece do passado do homem e de seu futuro a teoria mais racional. Preferem uma doutrina que explica àquelas que não explicam ou explicam mal. Quem refletiu a respeito compreende muito bem que se poderia fazer abstração das manifestações, e a doutrina subsistiria ainda assim; as manifestações vêm corroborá-la, confirmá-la, mas não são a base essencial. O observador sério não as rejeita, mas espera as circunstâncias favoráveis que lhe permitirão testemunhá-las. A prova de que avançamos é que, antes de ter ouvido falar das manifestações, um grande número de pessoas já tinha a intuição desta doutrina, a qual apenas deu um corpo, um conjunto, a suas ideias.

33. Por outro lado, não seria exato dizer que faltam subsídios de observação prática aos que começam pela teoria; ao contrário, eles os possuem, e estes talvez tenham, a seus olhos, um valor bem maior que o dos fenômenos que pudéssemos produzir diante deles; referimo-nos aos inúmeros fatos de *manifestações espontâneas,* sobre os quais falaremos em capítulos posteriores[14]. São poucas as pessoas que não têm conhecimento desses fatos, pelo menos de ouvir falar; muitas as tiveram pessoalmente, porém não lhes deram maior atenção. Um dos efeitos da teoria é dar uma explicação a esses fatos, e afirmamos que eles têm um grande valor, pois se apoiam em testemunhos irrecusáveis, uma vez que não se lhes pode supor nem preparação nem arranjos secretos. Mesmo se não existissem fenômenos provocados, os espontâneos continuariam a existir, e se o espiritismo só tivesse como resultado dar a eles uma solução racional, já seria bastante. Por isso, a maior parte dos que leem previamente relaciona suas lembranças a esses fatos, os quais são, para eles, a confirmação da teoria.

---

13 Nosso ensino teórico e prático é sempre gratuito. (Nota de Kardec.)

14 Ver a seguir, por exemplo, o Capítulo V da Parte II. (NE)

34. Seria um enorme engano, a respeito da nossa maneira de ver as coisas, supor que aconselhamos negligenciar os fenômenos; é por meio dos fatos que chegamos à teoria; é verdade que, para isso, tivemos de realizar um trabalho cuidadoso de muitos anos e de milhares de observações; ademais, uma vez que os fenômenos nos serviram e nos servem todos os dias, estaríamos sendo inconsequentes conosco mesmos se contestássemos sua importância, sobretudo quando elaboramos um livro destinado a dar-lhes publicidade. Apenas estamos dizendo que, sem a razão, os fenômenos não são suficientes para determinar a convicção; e que uma explicação prévia, destruindo preconceitos e mostrando que aqueles fatos nada têm de contrário à razão, *predispõe* a que sejam aceitos. Isto é tão verdadeiro que, de dez pessoas completamente leigas que assistissem a uma sessão de experimentação (mesmo sendo esta a mais satisfatória para os adeptos), nove sairiam sem ser convencidas, e algumas mais incrédulas do que antes, porque as experiências não corresponderão às suas expectativas. Bem diferente ocorrerá com aquelas que puderem observar tendo um conhecimento teórico antecipado; para elas, este será um meio de avaliação, e nada as surpreenderá, nem mesmo o insucesso, porque conhecem as condições em que os fatos se produzem, e sabem que não se deve exigir deles algo que não podem dar. O conhecimento prévio dos fatos dá às pessoas condição de perceber todas as anomalias, e também de captar uma quantidade de detalhes, nuances frequentemente muito sutis, que escapam ao observador ignorante. São essas as razões que não nos permitem admitir, em nossas sessões experimentais, senão pessoas com noções preparatórias suficientes para compreender o que está sendo feito, pois estamos convencidos de que as outras perderiam seu tempo ou nos fariam perder o nosso.

35. Para aqueles que querem adquirir esses conhecimentos preliminares através da leitura de nossas obras, eis a ordem que lhes aconselhamos:

1°) *O que é o espiritismo?* – esta brochura, de apenas cem páginas, é uma exposição sumária dos princípios da doutrina espírita, uma visão geral que permite abranger o conjunto num quadro menor. Divisa-se o objetivo em poucas palavras, e com isso se pode julgar seu alcance. Nela também se encontram respostas às principais questões ou objeções que os iniciantes naturalmente se fazem. Esta primeira leitura, que exige bem pouco tempo, é uma introdução que facilitará um estudo mais aprofundado.

2°) O *Livro dos Espíritos* – contém a doutrina completa, ditada pelos próprios espíritos, com toda sua filosofia e todas as suas consequências morais. É o destino do homem revelado, a iniciação ao conhecimento da natureza dos espíritos e aos mistérios da vida além-túmulo. Lendo-o, compreender-se-á que o espiritismo tem uma finalidade séria, e não é um passatempo frívolo.

3°) *O Livro dos Médiuns* – é destinado a orientar a prática das manifestações, pelo conhecimento dos meios mais adequados à comunicação com os espíritos; é um guia tanto para os médiuns como para os evocadores, e o complemento d'*O Livro dos Espíritos*.

4°) *A Revista Espírita* – trata-se de uma variada coletânea de fatos, explicações teóricas e trechos destacados que completam o que foi dito nas duas últimas obras mencionadas, sendo, de certa forma, sua aplicação. A leitura da *Revista* pode ser simultânea à dessas obras, mas será mais proveitosa e inteligível após a leitura d'*O Livro dos Espíritos*.[15]

Essa é a parte que diz respeito a nosso trabalho. Aqueles que querem conhecer tudo sobre uma ciência devem necessariamente ler tudo o que foi escrito sobre o assunto, ou pelo menos as questões principais, e não se limitar a um só autor. Devem ler mesmo os prós e contras, as críticas e as apologias, e iniciar-se em diferentes teorias a fim de poder julgar pela comparação. Nesse aspecto, não preconizamos nem criticamos nenhuma obra, pois não queremos influenciar em nada a opinião que dela se poderá formar. Trazendo nossa pedra ao edifício, assumimos nossa posição: não nos cabe ser juiz e parte, e não temos a ridícula pretensão de ser os únicos a distribuir a luz. Cabe ao leitor separar o bom do mau, o verdadeiro do falso.

---

15 Além de *O Livro dos Espíritos* (1857) e *O Livro dos Médiuns* (cuja primeira edição é de 1861), Allan Kardec publicou *O Evangelho segundo o Espiritismo* (1864), *O Céu e o Inferno ou a Justiça Divina segundo o Espiritismo* (1865) e *A Gênese – Os Milagres e as Predições segundo o Espiritismo* (1868); após seu falecimento ainda viria à luz *Obras Póstumas* (1869). Além dessas obras, há a pequena brochura *O Espiritismo em sua mais simples expressão* (1862), *A viagem espírita em 1862* e *A obsessão*, além, evidentemente, das edições da *Revista Espírita* – de 1858 a 1869. (NE)

Capítulo IV

TEORIAS

Teoria do charlatanismo; da loucura; da alucinação; do músculo estalante; de causas físicas; de reflexo; de alma coletiva; de sonambulismo; pessimista, diabólica ou demoníaca; otimista; de uniespírito ou monoespírito; de multiespírito ou poliespírito; da alma material

36. Quando os estranhos fenômenos do espiritismo começaram a se produzir ou, melhor dizendo, quando foram renovados nestes últimos tempos, o primeiro sentimento despertado foi o de dúvida sobre sua realidade, e mais ainda sobre suas causas. Quando foram confirmados por testemunhos irrecusáveis e pelas experiências que as pessoas realizaram por si, cada qual passou as interpretá-los à sua maneira, conforme suas ideias pessoais, suas crenças ou desconfianças; dessa situação resultaram teorias diversas, que uma observação mais atenta deveria reduzir a seu justo valor.

Os adversários do espiritismo acreditaram ter encontrado um argumento nessa divergência de opiniões, dizendo que os próprios espíritas não estão de acordo entre si. É uma razão bem pobre esta, se pensarmos que os passos de qualquer ciência recém-nascida são necessariamente incertos, até que o tempo permita reunir e coordenar os fatos que possam firmar a opinião. À medida que os fatos se completam e são mais bem observados, as ideias prematuras se desfazem, e a unidade se estabelece, ao menos sobre os pontos fundamentais, quando não em todos os seus detalhes. É o que ocorreu com o espiritismo; ele não poderia escapar a essa lei comum e, por sua natureza, iria mesmo, mais que qualquer outra ciência, prestar-se à diversidade de interpretações. Nesse aspecto, podemos até dizer que seu desenvolvimento foi mais rápido que o de outras ciências, suas irmãs mais velhas, como a medicina, que ainda divide os maiores sábios.

37. Seguindo uma ordem metódica, conforme a marcha progressiva das ideias, convém colocar em primeiro lugar as teorias chamadas *de negação*, quer dizer, aquelas dos adversários do espiritismo. Já refutamos suas objeções na introdução e na conclusão d'*O Livro dos Espíritos*, assim como no livreto intitulado *O que é o espiritismo?*. Seria redundante voltar a esse assunto aqui; limitar-nos-emos, pois, a relembrar em poucas palavras as razões sobre as quais eles se fundamentam.

Os fenômenos espíritas são de dois tipos: os de efeitos físicos e os de efeitos inteligentes. Não admitindo a existência dos espíritos, por não admitirem nada fora da matéria, entende-se que os opositores neguem os efeitos inteligentes. Quanto aos efeitos físicos, eles os explicam segundo seu ponto de vista, e seus argumentos podem ser resumidos em quatro teorias, como segue.

TEORIA DO CHARLATANISMO

38. Entre os antagonistas, muitos atribuem os efeitos físicos à fraude, pelo fato de que certos fenômenos podem ser imitados. Essa suposição transformaria todos os espíritas em pessoas enganadas, e todos os médiuns em enganadores, sem considerar a posição, o caráter, o saber e a honestidade das pessoas. Se isso merecesse uma resposta, diríamos que alguns fenômenos da física também são imitados por prestidigitadores, o que nada prova contra a ciência verdadeira. Além do mais, há pessoas cujo caráter descarta qualquer suspeita de fraude, e é preciso ser desprovido de toda civilidade e boas maneiras para se ousar dizer-lhes na face que são cúmplices de charlatanismo. Em uma reunião bastante respeitável, um senhor que se dizia muito instruído, tendo-se permitido uma reflexão dessa natureza, ouviu como resposta da dona da casa: "Senhor, como não está contente, devolveremos seu dinheiro à porta", e com um gesto fez o homem compreender o melhor que tinha a fazer.

Quer-se dizer, com isso, que jamais houve abuso? Seria preciso, para acreditar nisso, admitir que os homens são perfeitos. Abusa-se de tudo, mesmo das coisas mais santas. Por que não se abusaria do espiritismo? Mas o mau uso que se pode fazer de uma coisa não deve fazer com que prejulguemos a coisa em si; para avaliar a boa-fé das pessoas, busquemos as motivações que as fazem agir. Onde não há especulação, o charlatanismo nada tem a fazer.

TEORIA DA LOUCURA

39. Alguns, por condescendência, querem descartar a suspeita de fraude, e declaram que aqueles que não enganam são eles próprios os enganados, o que equivale a dizer que são imbecis. Quando esses incrédulos deixam de lado a formalidade, dizem abertamente que aquelas pessoas são loucas, atribuindo a si mesmos, sem cerimônia, o privilégio do bom-senso. Este é o grande argumento dos que não têm nenhuma boa razão para apresentar. Ademais, esse tipo de ataque tornou-se ridículo pela própria banalidade, e não merece que se perca tempo em refutá-lo. Os espíritas, aliás, pouco se importam com isso; defendem valentemente suas posições e se consolam com o pensamento de que têm, como companheiros de infortúnio, muita gente cujo mérito não poderia ser contestado. É preciso ainda convir que essa loucura, se loucura fosse, teria um caráter bem singular – ela atingiria preferencialmente a classe esclarecida, na qual o espiritismo conta, até o presente, a imensa maioria de seus adeptos. Se entre esses se encontram algumas excentricidades, elas provam contra a doutrina tanto quanto os fanáticos religiosos provam contra a religião, ou os melomaníacos contra a música, ou os matemáticos alienados contra a matemática. Todas as ideias têm os seus adeptos extremados, e seria preciso ter um julgamento muito obtuso para confundir o exagero de uma coisa com a coisa em si.

Remetemos, para explicações mais amplas sobre o assunto, ao nosso opúsculo *O que é o espiritismo?*, bem como a *O Livro dos Espíritos* ("Introdução", XV).

TEORIA DA ALUCINAÇÃO

40. Outra opinião, menos ofensiva e com um certo ar científico, consiste em colocar os fenômenos na conta de uma ilusão dos sentidos; assim, o observador seria pessoa de muito boa-fé, mas acreditaria ver aquilo que não vê. Quando vê uma mesa se elevar e se manter no espaço sem ponto de apoio, a mesa não teria se movido do lugar; ele a vê no ar por uma espécie de miragem ou um efeito de refração, como o que faz ver um astro, ou um objeto na água, fora de sua posição real. A rigor, isso seria mesmo possível; todavia, aqueles que testemunharam esse fenômeno puderam constatar a separação passando sob a mesa suspensa, o que seria difícil se ela não tivesse deixado o solo. Por outro lado, aconteceu muitas vezes de a mesa quebrar-se ao cair: dir-se-á também que isso não é mais que uma ilusão de óptica?

Uma causa fisiológica bem conhecida pode, sem dúvida, fazer com que se acredite ver girando algo que não se move, ou fazer com que a pessoa acredite ela própria estar girando, quando está imóvel; mas quando diversas pessoas ao redor de uma mesa são arrastadas por um movimento tão rápido que elas têm dificuldade de acompanhá-lo, ou mesmo quando são lançadas por terra, dir-se-á que todas foram tomadas por uma vertigem, como o ébrio que acredita ver sua casa passar diante de si?

TEORIA DO MÚSCULO ESTALANTE

41. Se isso acontecesse com a visão, o mesmo não poderia se passar com a audição: quando batidas são ouvidas por toda uma assembleia, não se pode racionalmente atribuí-las a uma ilusão. Descartamos aqui, bem entendido, qualquer possibilidade de fraude, e supomos que uma observação atenta constatou que os sons não eram devidos a nenhuma causa fortuita ou material.

É verdade que um sábio médico[16] deu uma explicação definitiva para isso,

16 O senhor Jobert (de Lamballe). Para sermos justos, é preciso dizer que essa descoberta se deve ao senhor Schiff: o senhor Jobert desenvolveu suas consequências diante da Academia de Medicina, a fim de dar o mais duro golpe nos espíritos batedores. Todos os detalhes podem ser

segundo ele: "A causa", diz, "está nas contrações voluntárias ou involuntárias do tendão do músculo fibular curto". Ele entra nos mais completos detalhes anatômicos para demonstrar por qual mecanismo esse tendão pode produzir os ruídos, imitar as batidas de um tambor e até executar árias rítmicas: daí conclui que aqueles que acreditam ouvir batidas numa mesa são enganados ou por mistificação ou por ilusão. A ideia não é nova; porém, e infelizmente para o autor dessa pretensa descoberta, sua teoria não pode explicar todos os casos. Primeiramente, as pessoas que desfrutassem da singular faculdade de fazer estalar à vontade o seu músculo fibular curto, ou outro qualquer, e de tocar árias por esse meio, seriam excepcionais, ao passo que a faculdade de fazer bater as mesas é bastante comum, e nem todos que a possuem, ou bem poucos, iriam usufruir da primeira. Em segundo lugar, o sábio doutor se esqueceu de explicar como o estalo muscular de uma pessoa imóvel e distante da mesa pode produzir, nesta, vibrações sensíveis ao tato; como esse ruído pode repercutir conforme a vontade dos assistentes nas diferentes partes da mesa, em outros móveis, nas paredes, no teto, etc.; como, enfim, a ação desse músculo pode se estender a uma mesa na qual não se toca, e fazê-la mover-se. Além disso, a explicação, se explicasse mesmo algo, invalidaria apenas o fenômeno das batidas, e não pode ser relacionada a todas as outras formas de comunicação. Concluímos que ele julgou sem ter visto, ou sem ter visto tudo, e visto detidamente. É sempre lamentável que homens de ciência se apressem em dar, sobre o que não conhecem, explicações que os fatos podem desmentir. O próprio saber deveria torná-los mais circunspectos em seus julgamentos, na medida em que expande, para eles, os limites do desconhecido.

TEORIA DE CAUSAS FÍSICAS

42. A partir daqui, saímos das teorias de negação absoluta. Tendo sido atestada a realidade dos fenômenos, o primeiro pensamento que naturalmente ocorreu ao espírito dos que os presenciaram foi o de atribuir os movimentos ao magnetismo, à eletricidade ou à ação de um fluido qualquer – em resumo, a uma causa exclusivamente física e material. Essa opinião nada tem de irracional e teria prevalecido se o fenômeno se limitasse aos efeitos puramente mecânicos. E uma circunstância parecia até corroborá-la: o crescimento da força em razão do número de pessoas, em certos casos; cada uma dessas pessoas poderia ser considerada, assim, como um dos elementos de uma pilha elétrica humana. O que caracteriza uma teoria como verdadeira, já o dissemos, é a capacidade de dar a explicação de tudo; porém, se um único fato vem contradizê-la, é porque era falsa, incompleta ou idealizada demais. Ora, isso logo se torna evidente no caso desta explicação: os movimentos e as batidas deram sinais de inteligência, obedecendo à vontade e respondendo ao pensamento; deviam, pois, ter uma causa inteligente. Uma vez que o efeito deixa de ser puramente físico, a causa, por isso mesmo, deve ter outra origem; eis porque

---

encontrados na *Revista Espírita* do mês de junho de 1859. (Nota de Kardec)

a teoria de ação *exclusiva* de um agente material foi abandonada, e só voltamos a encontrá-la entre os que julgam *a priori* e sem ter visto. O ponto capital, portanto, está em constatar a ação inteligente, e é com ela que se poderá convencer toda e qualquer pessoa que se dê ao trabalho de observar.

TEORIA DE REFLEXO

43. Uma vez reconhecida a ação inteligente, restava saber a fonte dessa inteligência. Pensou-se que poderia ser a do médium ou a dos assistentes, que se refletiria como a luz ou as ondas sonoras. Isso seria possível; só a experiência poderia dar a última palavra. Mas assinalemos, primeiramente, que essa teoria já descarta a ideia puramente materialista; para que a inteligência dos assistentes pudesse se reproduzir por via indireta, seria preciso admitir no homem um princípio fora do organismo.

Se o pensamento manifestado fosse sempre o dos assistentes, a teoria da reflexão teria sido confirmada; ora, o fenômeno, mesmo reduzido a essa proporção, não seria do mais alto interesse? O pensamento repercutindo num corpo inerte e se traduzindo em movimento e ruído não seria uma coisa notável? Não havia nisso algo a cutucar a curiosidade dos sábios? Por que então desdenharam do fenômeno, eles que se esgotam na pesquisa de uma única fibra nervosa?

Como dissemos, só a experiência pode negar ou dar razão a essa teoria, e a experiência a negou, pois demonstra a todo instante, e pelos fatos mais positivos, que o pensamento manifestado pode não só ser alheio mas com frequência totalmente contrário ao dos assistentes; esse pensamento vem contradizer todas as ideias preconcebidas, frustrar todas as previsões; com efeito, quando eu penso branco e me é respondido preto, é difícil acreditar que a resposta venha de mim. Há quem se apoie em alguns casos de identidade entre o pensamento manifestado e o dos assistentes; mas o que isso prova, senão que os assistentes podem pensar como a inteligência que se comunica? Não se disse que eles devem ter sempre opinião oposta. Quando, numa conversa, o interlocutor emite um pensamento análogo ao seu, você dirá por isso que ele vem de você? Bastam alguns exemplos em contrário, cuidadosamente examinados, para provar que essa teoria não pode abranger todos os casos. Além disso, como explicar, pela teoria do pensamento refletido, a escrita produzida por pessoas que não sabem escrever, as respostas de elevado alcance filosófico obtidas por pessoas iletradas, as respostas dadas às questões mentais ou num idioma desconhecido do médium, e mil outros fatos que não deixam dúvida sobre a independência da inteligência manifestante? A opinião contrária só pode ser resultado de uma falha na observação.

Se a presença de uma inteligência alheia é provada *moralmente* pela natureza das respostas, *materialmente* ela é comprovada pela escrita direta, isto é, pela escrita obtida espontaneamente, sem pena nem lápis, sem contato, e não obstante todas as precauções tomadas para evitar qualquer subterfúgio. O caráter inteligente do fenômeno não poderia ser posto em dúvida; logo, há outra coisa além de uma ação fluídica. Enfim, a espontaneidade do pensamento manifestado fora de qualquer expectativa, de qualquer questão proposta, não permite que se veja aí um reflexo do pensamento dos assistentes.

A teoria do reflexo é bastante indelicada em alguns casos; quando, em uma reunião de pessoas idôneas, surge inesperadamente uma dessas comunicações repugnantes repletas de grosserias, seria muito descortês para com os assistentes pensar que ela partiu de um deles, e o mais provável é que todos se apressem em repudiá-la. (Ver *O Livro dos Espíritos,* "Introdução", XVI.)

TEORIA DE ALMA COLETIVA

44. É uma variação da precedente. De acordo com essa teoria, apenas a alma do médium se manifesta, mas ela se identifica com a de diversas pessoas vivas, presentes ou ausentes, e forma um *todo coletivo* reunindo as aptidões, a inteligência e os conhecimentos de cada uma dessas pessoas. Embora a brochura que expõe essa teoria seja intitulada *A luz*[17], ela nos pareceu de um estilo muito obscuro; confessamos tê-la compreendido pouco, e mencionamos apenas a título de informação. Esta teoria é, aliás, como muitas outras, uma opinião individual que fez poucos adeptos. O autor toma o nome de *Emah Tirpsé* para designar o ser coletivo que ele representa. Toma por epígrafe *Não há nada oculto que não deva ser conhecido*; essa proposição é evidentemente falsa, pois há uma enormidade de coisas que o homem não pode e não deve saber; bem presunçoso seria aquele que pretendesse penetrar todos os segredos de Deus.

TEORIA DE SONAMBULISMO

45. Esta teve mais partidários, e ainda conta com alguns. Como a teoria precedente, admite que todas as comunicações inteligentes tenham sua origem na alma ou espírito do médium; mas, para explicar a aptidão deste em tratar de assuntos fora de seu conhecimento, em vez de supor nele uma alma múltipla, atribui essa aptidão a uma superexcitação momentânea das faculdades mentais, uma espécie de estado sonambúlico ou de êxtase que eleva e expande sua inteligência. Não se pode negar, em certos casos, a influência dessa causa; mas basta ter visto como a maior parte dos médiuns opera para se convencer de que ela não pode resolver todos os fatos, sendo uma exceção, e não a regra. Poderíamos acreditar que isso acontece se o médium tivesse sempre os ares de um inspirado ou de um extático, aparência, aliás, que ele poderia perfeitamente simular se quisesse representar uma comédia; mas como acreditar na inspiração quando o médium escreve como uma máquina, sem ter a menor consciência do que obtém, sem a menor emoção, sem prestar atenção naquilo que faz, ou olhando para outro lado, rindo e conversando sobre outras coisas? Concebe-se a superexcitação das ideias, mas não se com-

17 O livro *A luz: comunhão. A luz do fenômeno do espírito. Mesas falantes, sonâmbulos, médiuns, milagres. Magnetismo espiritual: poder da prática da fé*, por Emah Tirpsé, uma alma coletiva que escreve por intermédio de uma prancheta; Bruxelas, 1858, Editora Devroye. (Nota de Kardec.)

preende que possa fazer escrever aquele que não sabe escrever, e menos ainda quando as comunicações são transmitidas por batidas, ou com o auxílio de uma prancheta ou de uma cesta. Analisaremos, ao longo desta obra, a parte que cabe à influência das ideias do médium; mas os fatos em que uma inteligência alheia se revela por sinais incontestáveis são tão numerosos e tão evidentes que não podem deixar dúvida a esse respeito. O erro da maior parte das teorias surgidas na origem do espiritismo é o de tirar conclusões gerais com base em alguns fatos isolados.

TEORIA PESSIMISTA, DIABÓLICA OU DEMONÍACA

46. Entramos aqui em outra ordem de ideias. Tendo sido constatada a intervenção de uma inteligência independente, tratava-se então de saber qual era a natureza dessa inteligência. O meio mais simples seria, sem dúvida, perguntar a ela; mas algumas pessoas não acharam que isso seria uma garantia suficiente, e quiseram ver todas as manifestações como obra diabólica; segundo elas, somente o diabo ou os demônios podem se comunicar. Embora essa teoria tenha pouca repercussão atualmente, chegou a gozar de certo crédito graças mesmo ao caráter dos que tentaram fazê-la prevalecer. Todavia, queremos ressaltar que os partidários da teoria demoníaca de forma alguma devem ser colocados entre os adversários do espiritismo – ao contrário. Sejam os seres que se comunicam demônios ou anjos, ainda assim são seres incorpóreos. Ora, admitir a manifestação de demônios ainda é admitir a possibilidade de se comunicar com o mundo invisível, ou pelo menos com uma parte desse mundo.

A crença na comunicação exclusiva de demônios, por mais irracional que seja, não pareceria impossível se os espíritos fossem considerados seres criados fora da humanidade; mas desde que sabemos que os espíritos não são outros senão as almas dos que viveram, a teoria perdeu todo seu prestígio e, pode-se dizer, toda verossimilhança; afinal, essa ideia levaria à conclusão de que todas as almas são demônios, seja ela a de um pai, de um filho ou de um amigo, e de que nós mesmos, ao morrer, nos tornaríamos demônios, tese pouco lisonjeira e pouco consoladora para muita gente. Será muito difícil persuadir uma mãe de que o filho querido que ela perdeu, e que após a morte vem lhe dar provas de sua afeição e de sua identidade, seja um servo de Satã. É verdade que há espíritos muito maus, e que não valem mais do que aqueles a quem chamamos *demônios*, e isto por uma razão muito simples: a de que há homens muito maus, e a morte não os torna melhores, imediatamente; a questão é saber se são os únicos que podem se comunicar.

Aos que pensam assim, dirigimos as seguintes questões:

1ª) Existem espíritos bons e maus?

2ª) Deus é mais poderoso que os espíritos maus, ou do que os *demônios*, se quiserem chamá-los assim?

3ª) Afirmar que apenas os maus se comunicam é dizer que os bons não podem fazê-lo. Se assim fosse, de duas uma: isso acontece ou pela vontade de Deus, ou contra Sua vontade. Se é contra Sua vontade, é porque os espíritos maus são mais poderosos que Ele. Se é por Sua vontade, por que, em Sua bondade, Ele não permitiria a mesma coisa aos bons, para contrabalançar a influência dos outros?

4ª) Que provas podem dar da impossibilidade dos espíritos bons em se comunicar?

5ª) Quando lhes opomos a sabedoria de certas comunicações, vocês respondem que o demônio toma todas as máscaras para melhor seduzir. Sabemos, com efeito, haver espíritos hipócritas que dão à sua linguagem um falso verniz de sabedoria. Mas vocês aceitam que a ignorância possa imitar o verdadeiro saber, e que uma natureza má possa imitar a verdadeira virtude, sem deixar passar nada que possa revelar sua fraude?

6ª) Sendo o demônio o inimigo de Deus e dos homens, se apenas ele se comunica, por que recomendaria orar a Deus, submeter-se à vontade d'Ele, sofrer as tribulações da vida sem se lamentar, não ambicionar nem as honras nem as riquezas, praticar a caridade e todas as máximas do Cristo – em uma palavra, fazer tudo o que é necessário para destruir seu próprio império? Se é o demônio quem dá tais conselhos, é preciso convir que, por mais ardiloso que seja, acaba sendo bastante atrapalhado, uma vez que fornece armas contra si próprio.[18]

7ª) Se os espíritos se comunicam, é porque Deus o permite. Tendo em vista haver comunicações boas e más, não é mais lógico pensar que Deus permite estas últimas para nos experimentar, e as primeiras para nos aconselhar o bem?

8ª) O que vocês pensariam de um pai que deixasse seu filho à mercê de exemplos e conselhos perniciosos, que se afastasse dele e o proibisse de ver pessoas que pudessem desviá-lo do mal? O que um bom pai não faria, devemos pensar que Deus faria? Pensar que Ele, a bondade por excelência, faria pior que um homem?

9ª) A Igreja reconhece como autênticas certas manifestações da Virgem e de outros santos, em aparições, visões, comunicações orais, etc. Essa crença não é contrária à doutrina da comunicação exclusiva dos demônios?

Acreditamos que certas pessoas professaram esta teoria de boa-fé; mas acreditamos também que muitas o fizeram apenas para evitar que mais pessoas se ocupassem com essas coisas, por causa das comunicações maldosas que todos estão sujeitos a receber; afirmando que só o diabo se manifesta, quiseram assustar, mais ou menos como se diz a uma criança: "Não toque nisso, porque isso queima". A intenção pode ser louvável, mas não atinge o objetivo, pois a proibição só excita a curiosidade, e poucas pessoas se detêm por temor ao diabo:

18 Esta questão foi tratada n'*O Livro dos Espíritos* (nº 128 e seguintes); mas recomendamos, sobre esse assunto, e em relação a tudo que toca à parte religiosa, a brochura intitulada *Carta de um católico sobre o espiritismo* (Ledoyen, formato in-18, preço 1 franco), do doutor Grand, antigo cônsul da França, assim como o texto que vamos publicar sob o título de *Os contraditores do espiritismo do ponto de vista da religião, da ciência e do materialismo*. (Nota de Kardec.) [Nota da Editora: Allan Kardec não chegou a compilar em vida, num só livro, seus textos sobre esses temas; no entanto, além da obra citada (*O Livro dos Espíritos*), essa temática é retomada em diversos momentos nas edições da *Revista Espírita* (1858-1869).]

desejam vê-lo, nem que seja para saber como é ele, e ficam espantadas de não encontrá-lo tão tenebroso quanto imaginavam.

Poderíamos achar ainda outro motivo para esta teoria de comunicação exclusiva do demônio? Há pessoas que consideram errados todos os que não têm sua opinião; ora, as que pretendem que todas as comunicações são obra do demônio não seriam movidas antes pelo temor de encontrar espíritos que não concordem com elas em todos os pontos, sobretudo naqueles que dizem respeito mais aos interesses deste mundo que aos do outro? Não podendo negar os fatos, quiseram apresentá-los de uma maneira assustadora, mas essa estratégia não deteve mais pessoas que as outras. Onde o temor do ridículo é impotente, é preciso resignar-se em deixar as coisas para lá.

O muçulmano que ouvisse um espírito falar contra certas leis do *Alcorão* pensaria certamente que se trata de um espírito mau; o mesmo ocorreria a um judeu no que se refere a certas práticas da lei de Moisés; quanto aos católicos, ouvimos um afirmar que o espírito que se comunicava certamente era o *diabo* por se permitir pensar de forma diferente da dele sobre o poder temporal, embora só tivesse pregado a caridade, a tolerância, o amor ao próximo, o desprendimento das coisas deste mundo, todas máximas ensinadas pelo Cristo.

Como os espíritos não são outra coisa senão as almas dos homens, e como os homens não são perfeitos, o resultado é que também há espíritos imperfeitos, cujo caráter se reflete em suas comunicações. É incontestável que há espíritos maus, astuciosos, totalmente hipócritas, contra os quais devemos nos manter alertas; mas o fato de encontrar homens perversos no mundo é razão para fugir de toda e qualquer relação social? Deus nos deu a razão e o julgamento para avaliar os espíritos, assim como aos homens. O melhor meio de se prevenir contra os inconvenientes que a prática do espiritismo pode apresentar não é proibi-lo, mas fazer com que seja compreendido. Um temor imaginário só impressiona por um instante, e não afeta todo mundo; já a realidade claramente demonstrada será compreendida por todos.

TEORIA OTIMISTA

47. Ao lado dos que só veem nesses fenômenos a ação de demônios estão as pessoas que só veem neles a ação de espíritos bons; supõem que, estando a alma liberta da matéria, nada mais estaria velado para ela, pois então possuiria a suprema ciência e a suprema sabedoria. A confiança cega nessa superioridade absoluta dos seres do mundo invisível foi, para muitos, fonte de grandes decepções. Aprenderam às próprias custas a desconfiar de certos espíritos tanto quanto de certos homens.

TEORIA DE UNIESPÍRITO OU MONOESPÍRITO

48. Uma variante da teoria otimista consiste na crença de que só um espírito se comunica com os homens, e que este espírito é *Cristo*, o protetor da Terra. Quando se veem comunicações da mais baixa vulgaridade, de uma grosseria repugnante, marcadas pela malevolência e a maldade, seria ímpio e profano supor que pudessem emanar do espírito do bem por excelência. Se os que acreditam nisso só tivessem obtido comunicações irrepreensíveis, poderíamos compreender sua ilusão; mas a maior parte concorda em ter recebido comunicações de teor muito ruim, e as explicam dizendo ser uma prova a que o bom espírito as submete, ditando-lhes coisas absurdas. Assim, enquanto uns atribuem todas as comunicações ao diabo, que diria coisas boas para tentá-los, outros pensam que só Jesus se manifesta, e que diria coisas más para experimentá-los. Entre essas duas opiniões tão contrárias, quem decidirá? O bom-senso e a experiência. E dizemos experiência porque é impossível que aqueles que professam ideias tão exclusivas tenham visto tudo, e observado bem.

Quando lhes fazemos objeção com os fatos de identidade que atestam a presença de parentes, amigos ou conhecidos através de manifestações escritas, visuais ou outras, respondem que é sempre o mesmo espírito: o diabo segundo alguns, Cristo segundo outros, e seria este ou aquele quem tomaria todas as formas. Mas não nos dizem por que os outros espíritos não podem se comunicar, nem com que finalidade o Espírito de Verdade viria nos enganar apresentando-se sob falsas aparências, abusando de uma pobre mãe com a mentira de fazê-la acreditar que é o filho por quem ela chora. A razão se recusa a admitir que o mais santo entre todos os espíritos se rebaixe a representar semelhante comédia. Além disso, negar a possibilidade de qualquer outra comunicação não é tirar do espiritismo o que de mais terno ele tem: a consolação aos aflitos? Afirmamos simplesmente que tal teoria é irracional e não resiste a um exame sério.

TEORIA DE MULTIESPÍRITO OU POLIESPÍRITO

49. Todas as teorias que acabamos de passar em revista, sem exceção daquelas de teor negativo, apoiam-se na observação de alguns casos, mas observações incompletas ou mal interpretadas. Se uma casa é vermelha de um lado e branca de outro, aquele que a tiver visto somente de um lado afirmará que é vermelha, e outro, que é branca: ambos estarão certos e errados. Mas aquele que tiver visto a casa de todos os lados dirá que ela é vermelha e branca, e só este estará com a verdade. O mesmo acontece em relação à opinião que se tem sobre o espiritismo: ela pode ser verdadeira sob certos aspectos e falsa se generaliza o que é parcial, se toma como regra o que não passa de exceção, ou como todo o que é apenas uma parte. Por isso afirmamos que quem quer estudar seriamente esta ciência deve observar muito e durante um longo tempo; somente o tempo lhe permitirá apreender os detalhes, notar as nuances delicadas, observar uma grande quantidade de fatos característicos, que serão para ele lampejos de luz. Mas se a pessoa se prende à superfície, arrisca fazer um julgamento prematuro e, por consequência, errado.

Eis as consequências gerais obtidas de uma observação completa, as quais constituem hoje, pode-se dizer, a crença da universalidade dos espíritas, pois as teorias restritivas não são mais que opiniões isoladas:

1ª) Os fenômenos espíritas são produzidos por inteligências extracorporais, ou, dito de outra forma, por espíritos.

2ª) Os espíritos constituem o mundo invisível; eles estão em toda parte; povoam os espaços ao infinito; há incessantemente espíritos em torno de nós, com os quais estamos em contato.

3ª) Os espíritos atuam sem cessar sobre o mundo físico e sobre o mundo moral, e são uma das forças da natureza.

4ª) Os espíritos não são seres à parte na criação; são as almas dos que viveram na Terra ou em outros mundos, mas libertas de seu envoltório corporal; disso resulta que as almas dos homens são espíritos encarnados, e que ao morrer nos tornamos espíritos.

5ª) Há espíritos de todos os graus de bondade e malícia, de saber e ignorância.

6ª) Todos eles estão submetidos à lei do progresso e todos podem chegar à perfeição; mas, como têm seu livre-arbítrio, alcançam-no em mais ou menos tempo conforme seus esforços e sua vontade.

7ª) São felizes ou infelizes conforme o bem ou o mal que fizeram durante sua vida e o grau de avanço a que chegaram. A felicidade perfeita e imperturbada só é partilhada pelos espíritos que alcançaram o grau supremo de perfeição.

8ª) Todos os espíritos, em dadas circunstâncias, podem manifestar-se aos homens; o número dos que podem se comunicar é indefinido.

9ª) Os espíritos se comunicam por intermédio dos médiuns, que lhes servem de instrumento e intérprete.

10ª) Reconhece-se a superioridade ou a inferioridade dos espíritos por sua fala. Os bons só aconselham o bem e só dizem coisas boas: tudo neles atesta sua elevação. Os maus enganam, e todas as suas palavras trazem o selo da imperfeição e da ignorância.

Os diferentes graus que os espíritos percorrem estão indicados na *escala espírita* (*O Livro dos Espíritos*, Livro Segundo, Capítulo 1, nº 100). O estudo dessa classificação é indispensável para avaliar a natureza dos espíritos que se manifestam, suas boas e más qualidades.

TEORIA DA ALMA MATERIAL

50. Trata-se apenas de uma opinião específica sobre a natureza íntima da alma. Segundo essa opinião, a alma e o perispírito não seriam duas coisas distintas, ou, melhor dizendo, o perispírito não seria outra coisa senão a própria alma depurando-se gradualmente por meio das diversas transmigrações, como o álcool se depura por meio de diversas destilações, ao passo que a doutrina espírita considera o perispírito como o envoltório fluídico da alma ou do espírito. Como o perispírito é uma matéria, embora muito etérea, para os que partilham dessa opinião também a alma teria uma natureza material mais ou menos essencial, segundo o grau de sua depuração.

Essa teoria não invalida nenhum dos princípios fundamentais da doutrina espírita, pois não muda em nada o destino da alma; as condições de sua felicidade futura continuam as mesmas. Uma vez que a alma e o perispírito formam um todo sob o nome de *espírito*, assim como a semente e o perisperma formam um todo sob o nome de *fruto*, a questão se reduz a considerar esse todo como homogêneo em vez de formado por duas partes distintas.

Como se vê, isso não traz nenhuma outra consequência, e não teríamos falado a respeito se não tivéssemos encontrado pessoas inclinadas a enxergar uma nova escola em algo que, definitivamente, não é senão uma simples interpretação de palavras. Essa opinião, aliás bem restrita, mesmo que fosse mais geral, não constituiria uma cisão entre os espíritas, assim como as teorias de emissão ou de ondulação da luz não causaram uma cisão entre os físicos[19]. Aqueles que quisessem criar um grupo dissidente por causa de questão tão pueril só provariam que dão mais importância ao acessório que ao principal, e que são levados à desunião por espíritos que não podem ser bons, pois os espíritos bons jamais insuflam animosidade e cizânia. É por isso que conclamamos todos os verdadeiros espíritas a se manter em guarda contra semelhantes sugestões, e a não atribuir a certos detalhes mais importância do que merecem; o essencial é o fundo.

Todavia, acreditamos que devemos dizer, em algumas palavras, em que se apoia a opinião dos que consideram a alma e o perispírito duas coisas distintas. Esse ponto de vista está fundado no ensinamento de espíritos que jamais mudaram sua posição a esse respeito; referimo-nos a espíritos esclarecidos, pois entre os espíritos há os que não sabem mais do que os homens, ou sabem até menos; já a teoria contrária é uma concepção humana. Nós não inventamos nem imaginamos o perispírito para explicar os fenômenos; sua existência nos foi revelada pelos espíritos, e a observação nos confirmou isso (*O Livro dos Espíritos*, nº 93). Essa teoria se apoia ainda no estudo da sensibilidade dos espíritos (*O Livro dos Espíritos*, nº 257) e, sobretudo, no fenômeno das aparições tangíveis; esses fenômenos, se seguíssemos a outra opinião, implicariam a solidificação e a desagregação de partes constitutivas da alma e, por consequência, sua desorganização. Seria necessário, além disso, admitir que essa matéria percebida pelos sentidos é ela própria o princípio inteligente, o que é tão irracional quanto confundir o corpo com a alma, ou a roupa com o corpo. Quanto à natureza íntima da alma, ela nos é desconhecida. Quando se diz que é *imaterial,* é preciso entender isso no sentido relativo, e não absoluto, pois a imaterialidade absoluta seria o nada; ora, a alma, ou espírito, é alguma coisa; o que queremos dizer é que sua essência é de tal forma superior que não tem nenhuma analogia com o que chamamos matéria, e por isso ela é imaterial para nós (*O Livro dos Espíritos,* nº 23 e 82).

---

19 Refere-se aqui à teoria da luz ou como fluxo (emissão) de partículas, ou como propagação de ondas. (NE)

51. Eis a resposta dada por um espírito sobre esse assunto:

"O que alguns chamam de *perispírito* não é outra coisa senão o que outros chamam de *envoltório material fluídico*. Direi, para me fazer compreender de uma forma mais lógica, que esse fluido é o aperfeiçoamento dos sentidos, expansão da vista e do pensamento; refiro-me, aqui, aos espíritos elevados. Quanto aos espíritos inferiores, os fluidos terrestres ainda estão completamente impregnados neles; logo, trata-se de matéria, como vocês podem entender; por isso têm de suportar a fome, o frio, etc., sofrimentos que não afetam os espíritos superiores, visto que os fluidos terrenos são depurados no nível do pensamento, isto é, da alma. A alma, para seu progresso, tem sempre necessidade de um agente; a alma, sem esse agente, não é nada para vocês, ou, melhor dizendo, não pode ser concebida por vocês. O perispírito, para nós, espíritos errantes, é o agente pelo qual nos comunicamos com vocês, seja indiretamente, por meio de seu corpo ou de seu perispírito, seja diretamente com suas almas; daí as infinitas nuances de médiuns e de comunicações. Restaria abordar o perispírito do ponto de vista científico, isto é, em relação à sua essência, o que é outro assunto. Compreendam primeiro o aspecto moral; restará somente a discussão sobre a natureza dos fluidos, o que é inexplicável no momento; a ciência não conhece o bastante, mas chegaremos a isso se a ciência quiser caminhar com o espiritismo. O perispírito pode variar e mudar ao infinito; a alma é o pensamento: ela não muda de natureza. A esse respeito, não vão mais longe, pois é um aspecto que não pode ser explicado. Pensam que eu não cogito, assim como vocês? Vocês buscam descobrir o perispírito; já nós, hoje, buscamos a alma. Portanto, esperem." (*Lamennais*)

Assim, se espíritos que podem ser considerados avançados ainda não puderam sondar a natureza da alma, como poderíamos nós fazê-lo? Logo, é perder tempo querer perscrutar o princípio das coisas, o qual, como é dito n'*O Livro dos Espíritos* (nº 17 e 49), está entre os segredos de Deus. Pretender, com auxílio do espiritismo, perscrutar o que ainda não compete à humanidade é desviá-lo de seu verdadeiro objetivo; é fazer como uma criança que quisesse saber tanto quanto um velho. O essencial é que o homem direcione o espiritismo para o aperfeiçoamento moral dele mesmo, homem. O mais é apenas curiosidade estéril e, muitas vezes, orgulhosa, cuja satisfação não lhe fará dar um passo adiante; o único meio de avançar é tornar-se melhor.

Os espíritos que ditaram o livro que traz o seu nome provaram sua sabedoria concentrando-se, no que diz respeito ao princípio das coisas, aos limites que Deus não permite transpor, deixando aos espíritos sistemáticos e presunçosos a responsabilidade pelas teorias prematuras e errôneas, mais sedutoras que sólidas, as quais um dia sucumbirão diante da razão, como tantas outras oriundas de cérebros humanos. Esses espíritos disseram apenas o que era necessário para fazer o homem compreender o futuro que o espera, e com isso encorajá-lo ao bem. (Ver, a seguir, na Segunda Parte, Capítulo 1, "Ação dos espíritos sobre a matéria").

Segunda Parte

DAS MANIFESTAÇÕES ESPÍRITAS

Capítulo I

AÇÃO DOS ESPÍRITOS SOBRE A MATÉRIA

52. Tendo sido descartada a opinião materialista, condenada ao mesmo tempo pela razão e pelos fatos, tudo se resume a saber se a alma, após a morte, pode manifestar-se aos vivos. Reduzida assim à sua mais simples expressão, a questão se mostra singularmente desimpedida. Em primeiro lugar, poderíamos perguntar por que seres inteligentes, que de certa forma vivem em nosso meio, embora invisíveis por sua natureza, não poderiam comprovar sua presença de uma maneira qualquer. A simples razão diz que, para isso, nada há de absolutamente impossível, o que já é alguma coisa. Essa crença tem também a seu favor a anuência de todos os povos, pois a encontramos em toda parte e em todas as épocas. Ora, uma intuição não poderia ser tão generalizada, nem sobreviver ao tempo, sem apoiar-se sobre alguma coisa. Além do mais, ela é sancionada pelo testemunho dos livros sagrados e dos Pais da Igreja, e foi preciso o ceticismo e o materialismo de nosso século para relegá-la às ideias supersticiosas; se estamos errados, essas autoridades também estão.

Mas estas são apenas considerações morais. Uma causa mais que todas as outras contribuiu para fortalecer a dúvida, numa época tão positiva como a nossa, em que se deseja explicar tudo, em que se quer saber o porquê e o como de cada coisa: a ignorância sobre a natureza dos espíritos e sobre os meios pelos quais eles podem se manifestar. Uma vez adquirido esse conhecimento, as manifestações nada mais têm de surpreendente, e entram na ordem dos fatos naturais.

53. A ideia que se faz de espíritos torna, num primeiro momento, incompreensível o fenômeno das manifestações. Essas manifestações só podem ocorrer pela ação do espírito sobre a matéria; por isso aqueles que acreditam que o espírito é ausência de toda matéria se perguntam, com uma aparente razão, como ele pode agir materialmente. Ora, aí está o erro, pois o espírito não é uma abstração, é um ser definido, limitado, circunscrito. O espírito encarnado no corpo constitui a alma; quando o deixa, ao morrer, não sai desprovido de envoltório. Todos os espíritos nos dizem que conservam a forma humana e, com efeito, quando aparecem para nós, é sob esta forma que os reconhecemos.

Observemo-los atentamente no momento em que acabam de deixar a vida: estão em um estado de perturbação; tudo lhes parece confuso ao seu redor; veem seu corpo em estado perfeito ou mutilado, dependendo do tipo de morte; por outro lado, veem a si próprios e se sentem vivos; algo lhes diz que esse corpo é o seu, e não compreendem que estejam separados. Continuam a ver-se sob sua forma primitiva, e essa visão produz em alguns, durante certo tempo, uma ilusão singular: a de acreditar-se ainda vivos; ser-lhes-á necessária a experiência de seu novo estado para se convencer da realidade. Dissipado esse primeiro momento de perturbação, o corpo se torna para eles uma velha vestimenta da qual se despojaram e que não lamentam; sentem-se mais leves e como que livres de um fardo; não experimentam mais as dores físicas e sentem-se felizes de poder suspender-se, transpor o espaço, assim como, quando vivos, o fizeram muitas vezes em seus sonhos[20]. Entretanto, apesar da ausência do corpo, constatam sua personalidade; têm uma forma, mas uma forma que não os incomoda nem atrapalha; enfim, têm a consciência de seu *eu* e de sua individualidade. O que devemos concluir disso? Que a alma não deixa tudo no túmulo, e que leva alguma coisa consigo.

54. Numerosas observações e fatos irrecusáveis, dos quais falaremos mais tarde, nos levam a esta conclusão, de que há no homem três coisas: 1) a alma ou espírito, princípio inteligente no qual reside o senso moral; 2) o corpo, envoltório grosseiro, material, com o qual está temporariamente revestido para o cumprimento de certos objetivos providenciais; 3) o perispírito, envoltório fluídico, semimaterial, que serve de ligação entre a alma e o corpo.

A morte é a destruição, ou melhor, a desagregação do envoltório grosseiro, daquilo que a alma abandona; o outro envoltório se desprende e acompanha a alma, que, assim, sempre tem um envoltório; este último, ainda que fluídico, etéreo, vaporoso, invisível para nós em seu estado normal, não deixa de ser matéria, embora até o presente não tenhamos conseguido captá-lo e submetê-lo à análise.

Assim, esse segundo envoltório da alma, ou *perispírito*, existe durante a vida corporal; é o intermediário de todas as percepções que o espírito tem, aquilo por meio do qual o espírito transmite sua vontade ao exterior e age sobre os órgãos e membros do corpo. Para usar uma comparação material, o perispírito é o fio

---

20 Quem puder reportar-se ao que já dissemos n'*O Livro dos Espíritos* a respeito dos sonhos e do estado do espírito durante o sono (nº 400 a 418) compreenderá que aqueles sonhos que quase todos tiveram, em que nos vemos transportados através do espaço, e como que voando, não são outra coisa senão uma lembrança da sensação experimentada pelo espírito que, durante o sono, havia deixado momentaneamente seu corpo material, levando consigo apenas seu corpo fluídico, aquele que conservará após a morte. Esses sonhos, portanto, podem nos dar uma ideia do estado do espírito quando ele se liberta das amarras que o prendem ao solo. (Nota de Kardec.)

condutor elétrico que serve à recepção e transmissão do pensamento; é, enfim, este agente misterioso, inapreensível, designado com o nome de fluido nervoso, que desempenha um papel tão importante na economia do organismo, e ao qual não se dá suficiente importância nos fenômenos fisiológicos e patológicos. A medicina, ao levar em conta apenas o elemento material ponderável, priva-se, na apreciação dos fatos, de uma causa incessante de ação. Mas aqui não é o lugar de examinarmos essa questão; apenas faremos notar que conhecer o perispírito é a chave para uma grande quantidade de problemas até agora inexplicados.

O perispírito não é uma destas hipóteses às quais algumas vezes se recorre em ciência para explicar um fato, e sua existência não é apenas revelada pelos espíritos: é resultado de observações, como teremos oportunidade de demonstrar. No momento, e para não antecipar os fatos que iremos relatar, limitamo-nos a dizer que, seja durante sua união com o corpo, seja após sua separação, a alma nunca está separada de seu perispírito.

55. Já se disse que o espírito é uma chama, uma centelha; assim se deve compreender o espírito propriamente dito, como princípio intelectual e moral, ao qual não poderíamos atribuir uma forma determinada; no entanto, em qualquer grau que se encontre, o espírito está sempre revestido de um envoltório, ou perispírito, cuja natureza se torna cada vez mais etérea à medida que o espírito se purifica e se eleva na hierarquia, de tal modo que, para nós, a ideia de forma é inseparável da ideia de espírito, e não concebemos um sem o outro. O perispírito, portanto, é parte integrante do espírito, como o corpo é parte integrante do homem; mas o perispírito sozinho não é o espírito, assim como o corpo sozinho não é o homem, pois o perispírito não pensa; ele é para o espírito o que o corpo é para o homem: o agente ou instrumento de sua ação.

56. A forma do perispírito é a forma humana, e quando o espírito nos aparece geralmente o faz com a forma com que o conhecemos quando vivo. Poder-se-ia crer, com base nisso, que o perispírito, mesmo desprendido de todas as partes do corpo, de certa maneira se molda nele e conserva seu formato, mas não parece ser assim. Com algumas nuances e particularidades, e salvo as modificações orgânicas exigidas pelo meio em que o ser é chamado a viver, a forma humana se encontra nos habitantes de todos os globos; ao menos é isso o que dizem os espíritos; e é essa também a forma de todos os espíritos não encarnados, que só têm o perispírito; é aquela sob a qual, em todos os tempos, representaram-se os anjos ou espíritos puros; daí devemos concluir que a forma humana é a forma típica de todos os seres humanos, qualquer que seja o grau ao qual pertençam.

Mas a matéria sutil do perispírito não tem a tenacidade nem a rigidez da matéria compacta do corpo; ela é, se assim podemos dizer, flexível e expansível; por isso a forma que toma, embora calcada naquela do corpo, não é absoluta; ela se dobra à vontade do espírito, que pode lhe dar esta ou aquela aparência a seu gosto, ao passo que o envoltório sólido oferecia ao espírito uma resistência insuperável. Desembaraçado desse entrave que o comprimia, o perispírito se expande ou se contrai, se transforma – numa palavra, presta-se a todas as metamorfoses, conforme a vontade que age sobre ele. Graças a essa propriedade de seu envoltório fluídico, o espírito que quer ser reconhecido pode, quando necessário, tomar exatamente a aparência que tinha quando vivo, até mesmo com marcas corporais que sirvam como sinais de identificação.

Como se vê, os espíritos são seres semelhantes a nós, formando ao nosso redor toda uma população invisível em seu estado normal; dizemos estado normal porque, como veremos, essa invisibilidade não é absoluta.

57. Voltemos à natureza do perispírito, pois ela é essencial à explicação que temos a dar. Dissemos que, embora fluídico, o perispírito não deixa de ser uma espécie de matéria, e isso com base nas aparições tangíveis, sobre as quais retornaremos. Vimos, sob a influência de certos médiuns, aparecer mãos com todas as propriedades de mãos vivas, que têm calor, que se pode apalpar, que oferecem a resistência de um corpo sólido, que agarram e, de repente, se desvanecem como uma sombra. A ação inteligente dessas mãos, que claramente obedeciam a uma vontade ao executar certos movimentos, até mesmo tocando árias num instrumento musical, prova que elas são a parte visível de um ser inteligente invisível. Sua tangibilidade, sua temperatura, numa palavra, a impressão que exercem sobre os sentidos (uma vez que as vimos deixar marcas sobre a pele, dar golpes dolorosos ou acariciar delicadamente) prova que elas são de algum tipo de matéria. Por outro lado, seu desaparecimento instantâneo prova que essa matéria é eminentemente sutil e se comporta como certas substâncias que podem passar do estado sólido ao estado fluídico, e vice-versa.

58. A natureza íntima do espírito propriamente dito, isto é, do ser pensante, nos é inteiramente desconhecida; ele só se revela para nós por seus atos, e seus atos só podem ser percebidos por nossos sentidos materiais através de um intermediário material. Portanto, o espírito precisa de matéria para agir sobre a matéria. Ele tem como instrumento direto seu perispírito, da mesma forma que o homem tem o corpo; ora, seu perispírito é matéria, como acabamos de ver. Em segundo lugar, ele tem como agente intermediário o fluido universal, espécie de veículo sobre o qual age, assim como agimos sobre o ar para produzir certos efeitos, com o auxílio da dilatação, da compressão, da propulsão ou das vibrações.

Vista dessa maneira, a ação do espírito sobre a matéria é facilmente concebida; compreende-se, então, que todos os efeitos que resultam dessa ação são da ordem dos fatos naturais, e nada têm de maravilhoso. Pareceram sobrenaturais apenas porque não se conhecia sua causa; uma vez conhecida a causa, o que há de maravilhoso desaparece, e essa causa se encontra nas propriedades semimateriais do perispírito. Trata-se de uma nova ordem de fatos que uma nova lei vem explicar, fatos com os quais, dentro de algum tempo, não nos surpreenderemos mais, assim como não nos surpreendemos hoje com o fato de corresponder-nos à distância em poucos minutos, pela eletricidade.

59. Questionar-se-á, talvez, como o espírito, com o auxílio de uma matéria tão sutil, pode agir sobre corpos pesados e compactos, erguer mesas, etc. Certamente, não seria um homem de ciência quem faria semelhante objeção, pois, sem falar das propriedades desconhecidas que esse novo agente pode ter, não temos diante de nossos olhos exemplos análogos? Não é nos gases mais rarefeitos, nos fluidos imponderáveis que a indústria encontra seus motores mais poderosos? Quando se vê o ar derrubar edifícios, o vapor arrastar massas enormes, a pólvora gaseificada alçar rochedos, a eletricidade partir árvores e perfurar muralhas, o que há de estranho em admitir que o espírito, com o auxílio de seu perispírito, possa erguer uma mesa, sobretudo quando se sabe que esse perispírito pode tornar-se visível, tangível e se comportar como um corpo sólido?

Capítulo II

MANIFESTAÇÕES FÍSICAS. MESAS GIRANTES

60. Dá-se o nome de manifestações físicas àquelas que se traduzem em efeitos sensíveis, tais como ruídos, movimento e deslocamento de corpos sólidos. Algumas são espontâneas, isto é, independentes de qualquer vontade; outras podem ser provocadas. Inicialmente falaremos apenas destas últimas.

O efeito mais simples, e um dos primeiros a serem observados, consiste no movimento circular que se imprime a uma mesa. Esse efeito também se produz sobre quaisquer outros objetos; porém, sendo a mesa aquele sobre o qual foi exercido com mais frequência, por ser o mais cômodo, o nome *mesas girantes* prevaleceu para designar esse tipo de fenômeno.

Quando afirmamos que esse efeito foi um dos primeiros a serem observados, quisemos dizer nestes últimos tempos, pois é certo que todos os tipos de manifestações já eram conhecidos desde os tempos mais remotos, e não poderia ser diferente: uma vez que são efeitos naturais, devem ter-se produzido em todas as épocas. Tertuliano[21] fala em termos explícitos das mesas girantes e falantes.

Esse fenômeno alimentou durante algum tempo a curiosidade dos salões[22]; depois o deixaram para passar a outras distrações, pois, para essas pessoas, não era mais que um objeto de distração. Duas causas contribuíram para o abandono das mesas girantes: a moda, para as pessoas frívolas, que raramente chegam a consagrar dois invernos a um mesmo divertimento, mas que (coisa prodigiosa em se tratando delas!), gastaram três ou quatro com este; para as pessoas sérias e

21 Tertuliano (cerca de 155-220 d.C.) foi um teólogo cristão, ainda no Império Romano. (NE)

22 Os "salões" eram eventos tradicionais e disseminados na alta sociedade francesa; tratava-se originalmente de reuniões organizadas por cortesãs e cortesãos, mais tarde também promovidos pela burguesia ascendente, com a presença de intelectuais, políticos, artistas, etc. (NE)

observadoras, restou algo mais profundo, que foi o que acabou prevalecendo; se elas abandonaram as mesas girantes, foi para se ocupar de suas consequências, muito mais importantes: trocaram o alfabeto pela ciência. Eis todo o segredo desse aparente abandono, do qual os zombadores fazem tanto barulho.

De qualquer forma, as mesas girantes não deixam de ser o ponto de partida para a doutrina espírita, e nesse sentido nós lhes devemos alguns avanços, sobretudo porque, apresentando os fenômenos em toda sua simplicidade, o estudo de suas causas se torna mais fácil. E uma vez estabelecida a teoria que as explica, esta nos dará a chave de efeitos mais complexos.

61. Para a produção do fenômeno, é necessária a intervenção de uma ou mais pessoas dotadas de uma aptidão especial, as quais designamos sob o nome de *médiuns*. O número de participantes é indiferente, a não ser que, entre eles, encontrem-se alguns médiuns não conhecidos. Quanto àqueles cuja mediunidade é nula, sua presença não traz consequências e é até mais prejudicial que útil, devido à disposição de espírito que frequentemente apresentam.

Os médiuns possuem maior ou menor poder e produzem, por consequência, efeitos mais ou menos acentuados; muitas vezes determinada pessoa, um médium potente, produzirá sozinha muito mais que vinte outras reunidas; bastar-lhe-á colocar as mãos sobre a mesa para que, no mesmo instante, esta se mova, se eleve, caia, dê saltos ou gire com violência.

62. Não existe nenhum sinal da faculdade mediúnica; só a experiência permite que seja reconhecida. Se, numa reunião, alguém quiser experimentar, basta simplesmente sentar ao redor de uma mesa e colocar as mãos espalmadas sobre ela, sem pressão nem contração muscular. Antes, no princípio dessas experiências, como se ignoravam as causas do fenômeno, aconselhavam-se numerosas precauções hoje reconhecidas como absolutamente inúteis, como, por exemplo, a alternância de sexos, ou ainda o contato entre os dedos mínimos das diferentes pessoas, de maneira a formar uma cadeia ininterrupta. Esta última medida parecia necessária quando se acreditava na ação de uma espécie de corrente elétrica; mais tarde, a experiência demonstrou sua inutilidade. A única prescrição rigorosamente obrigatória é o recolhimento, o silêncio absoluto e, sobretudo, paciência se o efeito se fizer esperar. É possível que ele se produza em poucos minutos, como pode demorar meia hora, uma hora; isto depende do poder mediúnico dos participantes.

63. Acrescentemos ainda que a forma da mesa, a matéria de que é feita, a presença de metais, de seda nas roupas dos assistentes, o dia, a hora, a escuridão ou a luz, etc., são tão indiferentes quanto a chuva ou o bom tempo. Somente o volume da mesa tem alguma importância nisso, e apenas nos casos em que o poder mediúnico é insuficiente para vencer a resistência; caso contrário, uma só pessoa, até mesmo uma criança, pode fazer levantar uma mesa de cem quilos, ao passo que, em condições menos favoráveis, doze pessoas não fariam se mover a menor mesinha de centro.

Estabelecidas essas condições, quando o efeito começa a se manifestar, ouve-se muito frequentemente um pequeno estalo na mesa; sente-se como que um estremecimento, que é o prelúdio do movimento; a mesa parece fazer esforços para se desprender, e logo o movimento de rotação se acentua; ele acelera até adquirir uma rapidez tal que os assistentes têm grande dificuldade para acompanhá-lo. Uma vez desencadeado o movimento, é possível até afastar-se da mesa, que ela continuará a se mover em diversos sentidos, sem contato algum.

Em outras circunstâncias, a mesa se ergue e se firma ora sobre um pé, ora sobre outro, depois retoma lentamente sua posição natural. Outras vezes, ela balança imitando o movimento de arfagem[23] ou de ondulação. Outras vezes, por fim (mas para isso é necessário um poder mediúnico considerável), ela se desprende inteiramente do solo e se mantém em equilíbrio no espaço, sem ponto de apoio, levantando-se às vezes até o teto, de maneira que se possa passar por baixo dela; depois desce lentamente balançando como uma folha de papel, ou então cai violentamente e se quebra, o que prova de maneira patente que as pessoas não estavam sendo vítimas de uma ilusão de óptica.

64. Outro fenômeno que se produz muito frequentemente, conforme a natureza do médium, é o das pancadas no próprio cerne da madeira, sem nenhum movimento da mesa; esses golpes, algumas vezes bem fracos, outras muito fortes, também se fazem ouvir em outros móveis do aposento, nas portas, nas paredes, no teto. Voltaremos a tratar disso em um instante. Quando as pancadas ocorrem na mesa, produzem uma vibração facilmente perceptível pelos dedos, e sobretudo bem distinta quando se põe a orelha sobre ela.

23 Balanço produzido pelo mar em um navio, no sentido de seu comprimento. (NE)

Capítulo III

MANIFESTAÇÕES INTELIGENTES

65. Nos efeitos que acabamos de observar, nada revela com garantia a intervenção de um poder oculto, e eles poderiam perfeitamente ser explicados pela ação de uma corrente magnética, ou elétrica, ou a de um fluido qualquer. Esta foi, com efeito, a primeira explicação dada a esses fenômenos, a qual poderia passar com razão por muito lógica. E teria prevalecido incontestável se outros fatos não viessem demonstrar sua insuficiência; esses fatos consistem nas provas de inteligência que foram dadas; ora, como todo efeito inteligente deve ter uma causa inteligente, ficou claro que, mesmo admitindo a eletricidade ou qualquer outro fluido desempenhando algum papel, havia outra causa envolvida. Qual seria ela? O que seria essa inteligência? Foi o que a sequência das observações nos fez conhecer.

66. Para que uma manifestação seja inteligente, não precisa ser eloquente, espirituosa ou sábia; basta que prove ser um ato livre e voluntário, expressando intenção ou respondendo a um pensamento. Quando vemos um catavento agitado pelo vento, temos certeza de que ele obedece apenas a um impulso mecânico; no entanto, se percebêssemos em seus movimentos sinais de intencionalidade, se ele virasse para a direita ou para a esquerda, rápida ou lentamente a um dado comando, seríamos forçados a admitir, não que o catavento é inteligente, mas que obedece a uma inteligência. Foi o que ocorreu no caso da mesa.

67. Vimos a mesa mover-se, levantar-se, dar pancadas sob a influência de um ou de vários médiuns. O primeiro efeito inteligente foi observado quando se viu que esses movimentos obedeciam a um comando; assim, sem mudar de lugar, a mesa se levantava alternadamente sobre o pé que era designado; depois, ao baixar, dava um número determinado de pancadas, respondendo a uma pergunta. Outras vezes a mesa, sem o contato de ninguém, passeava sozinha pelo aposento, indo para a direita ou para a esquerda, para frente ou para trás, executando movimentos diversos sob as ordens dos assistentes. Evidentemente, descartamos qualquer suposição de fraude, e confirmamos a total lisura dos assistentes, atestada por sua honradez e sua participação livre de qualquer interesse. Falaremos mais tarde das fraudes contra as quais é prudente resguardar-se.

68. Por meio de pancadas, sobretudo aquelas internas, de que acabamos de falar, obtêm-se efeitos ainda mais inteligentes, como a imitação de batidas de tambor, desde as de exercício de fuzilaria, em linha ou por pelotão, até as de descarga de canhão, e também o chiado de serra, batidas de martelo, ritmo de diferentes árias, etc. Como se percebe, tratava-se de um vasto campo aberto à exploração. Como havia aí uma inteligência oculta, levantou-se a hipótese de que ela poderia responder perguntas, e com efeito respondeu, com "sim" ou "não", por meio de um número de pancadas previamente combinado. Sendo essas respostas quase insignificantes, teve-se a ideia de pedir que fossem apontadas letras do alfabeto de modo a compor palavras e frases.

69. Esses fatos, repetidos à vontade por milhares de pessoas e em todos os países, não poderiam deixar dúvida quanto à natureza inteligente das manifestações. Foi então que surgiu uma nova teoria, segundo a qual essa inteligência seria a do médium, a do interrogador ou mesmo a dos assistentes. A dificuldade consistia em explicar como essa inteligência poderia refletir-se na mesa e traduzir-se em pancadas; tendo-se atestado que essas pancadas não eram dadas pelo médium, seriam então produzidas pelo pensamento; ora, o pensamento dando pancadas seria um fenômeno ainda mais prodigioso que todos aqueles que havíamos testemunhado. A experiência não tardou em demonstrar que essa opinião era inadmissível. Com efeito, as respostas muitas vezes estavam em expressa oposição ao pensamento dos assistentes, ou além do alcance intelectual do médium, ou mesmo em línguas ignoradas por ele, ou ainda relatando fatos desconhecidos por todos. Os exemplos são tão numerosos que é quase impossível encontrar alguém que se tenha ocupado com comunicações espíritas, por pouco que seja, e que não os tenha testemunhado muitas vezes. Citaremos apenas um, que nos foi relatado por uma testemunha ocular.

70. Num navio da marinha imperial francesa, em estadia nos mares da China, toda a tripulação, desde os marinheiros até o estado-maior, ocupava-se em fazer as mesas falarem. Teve-se então a ideia de evocar o espírito de um tenente desse mesmo navio, falecido havia dois anos. Ele veio e, após diversas comunicações que espantaram a todos, disse o que segue, por meio de pancadas: "Eu vos peço veementemente que pagueis ao capitão a quantia de... (ele indicou a cifra), que lhe devo, e da qual lamento não tê-lo podido reembolsar antes de minha morte". Ninguém conhecia o fato; o próprio capitão havia se esquecido desse empréstimo, aliás mínimo; porém, procurando em suas anotações, encontrou a menção à dívida do tenente, e o número indicado era exato. Perguntamos: do pensamento de quem essa indicação poderia ser o reflexo?

71. A arte da comunicação por meio das batidas alfabéticas foi sendo aperfeiçoada, mas esse meio era sempre muito demorado; ainda assim se obtiveram comunicações de certa extensão, bem como interessantes revelações sobre o mundo dos espíritos. Foram estes que nos indicaram outros meios, e é a eles que devemos as comunicações escritas.

As primeiras comunicações desse tipo aconteceram adaptando-se um lápis ao pé de uma mesa leve, pousada sobre uma folha de papel. A mesa, posta em movimento por influência de um médium, pôs-se a traçar caracteres, depois palavras e frases. Esse meio foi progressivamente simplificado, com as pessoas servindo-se de pequeninas mesas do tamanho de uma mão, feitas com essa finalidade, em seguida de cestas, caixas de papelão e, por fim, simples pranchetas. A escrita era tão corrente, rápida e fácil quanto a de nossa mão, mas percebeu-se mais tarde que todos esses objetos eram apenas acessórios, verdadeiros porta-lápis que se poderia dispensar, e o próprio médium tomar o lápis; sua mão, arrastada por um movimento involuntário, escrevia sob o impulso exercido pelo espírito, sem a participação da vontade nem do pensamento do médium. A partir daí as comunicações de além-túmulo não tiveram mais limites do que tem a correspondência rotineira entre os vivos. Voltaremos a esses diferentes meios, que explicaremos em detalhe; nós os esboçamos rapidamente para mostrar a sucessão dos fatos que nos levou a constatar, nesses fenômenos, a intervenção de inteligências ocultas – ou, em outras palavras, de espíritos.

Capítulo IV

TEORIA DAS MANIFESTAÇÕES FÍSICAS

Movimentos e suspensões – Ruídos – Aumento e diminuição do peso dos corpos

MOVIMENTOS E SUSPENSÕES – RUÍDOS

72. A existência dos espíritos tendo sido demonstrada, pela razão e pelos fatos, assim como a possibilidade de eles agirem sobre a matéria, resta agora saber como essa ação ocorre, e como eles fazem para mover mesas e outros corpos inertes.

A primeira explicação, que surge naturalmente, foi a que nós também tivemos; no entanto, ela foi contestada pelos espíritos, que nos deram uma explicação totalmente diferente, a qual estávamos longe de esperar, e esta é uma prova evidente de que sua teoria não era um pensamento nosso. Ora, qualquer um poderia ter tido esse primeiro pensamento, como aconteceu conosco; quanto à teoria dos espíritos, acreditamos que jamais pudesse ocorrer a alguém. É fácil reconhecer o quanto ela é superior à nossa, pois, embora menos simples, dá a solução de um grande número de outros fatos para os quais não se achava uma explicação satisfatória.

73. A partir do momento que se conhece a natureza dos espíritos, sua forma humana, as propriedades semimateriais do perispírito, a ação mecânica que ele pode exercer sobre a matéria e os fatos de aparição em que se veem mãos fluídicas e mesmo tangíveis apanhar objetos e transportá-los, seria natural acreditar que o espírito se servia simplesmente de suas mãos para fazer girar a mesa, e que a levantava no espaço com a força de seus braços. Mas, nesse caso, qual a necessidade de um médium? O espírito não pode agir sozinho? Afinal, o médium, que quase sempre dispõe suas mãos em sentido contrário ao do movimento, ou não as dirige em sentido algum, evidentemente não pode estar ajudando o espírito com uma ação muscular qualquer.

Deixemos falar, primeiro, os espíritos que interrogamos a esse respeito.

74. As respostas a seguir nos foram dadas pelo espírito São Luís; elas depois foram confirmadas por muitos outros.

1. O fluido universal é uma emanação da divindade?

"Não."

2. É uma criação da divindade?

"Tudo é criado, exceto Deus."

3. O fluido universal é ao mesmo tempo o elemento universal?

"Sim, é o princípio elementar de todas as coisas."

4. Ele tem alguma relação com o fluido elétrico do qual conhecemos os efeitos?

"É seu elemento."

5. Em que estado o fluido universal se nos apresenta em sua maior simplicidade?

"Para encontrá-lo em sua simplicidade absoluta, seria necessário remontar até os espíritos puros. Em seu mundo, ele está sempre mais ou menos modificado para formar a matéria compacta que os cerca; entretanto, vocês podem dizer que o estado que mais se aproxima dessa simplicidade é o do fluido que denominam *fluido magnético animal.*"

6. Afirmou-se que o fluido universal é a fonte da vida; ele é ao mesmo tempo a fonte da inteligência?

"Não; esse fluido anima apenas a matéria."

7. Uma vez que compõe o perispírito, esse fluido se encontraria, nele, em uma espécie de estado de condensação que o aproximaria, até certo ponto, da matéria propriamente dita?

"Até certo ponto, como disse, pois ele não tem todas as propriedades desta; ele é menos ou mais condensado conforme a natureza dos mundos."

8. Como um espírito pode movimentar um corpo sólido?

"Ele combina uma parte do fluido universal com o fluido que emana do médium, próprio para esse efeito."

9. Os espíritos levantam a mesa com auxílio de seus membros, de alguma forma, solidificados?

"Esta resposta ainda não lhes dará o que desejam. Quando uma mesa se move sob suas mãos, o espírito evocado vai buscar no fluido universal aquilo com que anima essa mesa com uma vida artificial. Estando a mesa assim preparada, o espírito a atrai e a move sob a influência de seu próprio fluido, liberado por sua vontade. Quando a massa da matéria que ele quer movimentar é muito pesada, convoca em seu auxílio espíritos que se encontram nas mesmas condições que ele. Em razão de sua natureza etérea, o espírito propriamente dito não pode agir sobre a matéria grosseira sem um intermediário, isto é, sem o vínculo que o une à matéria; esse vínculo, que constitui o que vocês chamam de perispírito, lhes dá a explicação de todos os fenômenos espíritas materiais. Creio ter me expressado de forma suficientemente clara para me fazer entender."

Observação. Chamamos a atenção para a primeira frase: *Esta resposta AINDA não lhes dará o que desejam.* O espírito claramente tinha compreendido que todas as questões precedentes foram feitas para chegar a esta, e fez alusão ao nosso pensamento, que esperava com efeito outra resposta, isto é, a confirmação de nossa ideia sobre a maneira como o espírito move as mesas.

10. Os espíritos que ele convoca em seu auxílio são inferiores a ele? Estão sob suas ordens?

"São quase sempre iguais a ele; frequentemente vêm por vontade própria."

11. Todos os espíritos estão aptos a produzir fenômenos desse tipo?

"Os espíritos que produzem efeitos desse tipo são sempre espíritos inferiores que ainda não estão totalmente libertos da influência material."

12. Compreendemos que os espíritos superiores não se ocupem de coisas que estão abaixo deles; mas perguntamos se, em razão de serem mais desmaterializados, não teriam o poder de fazê-lo se tivessem vontade?

"Eles têm a força moral, assim como aqueles outros têm a força física; quando têm necessidade desta última, servem-se dos que a possuem. Não lhes foi dito que eles se servem dos espíritos inferiores como vocês fazem, com carregadores?"

Observação. Foi dito que a densidade do perispírito, se assim podemos nos expressar, varia conforme o estado dos mundos; parece que ela varia também no mesmo mundo, conforme os indivíduos. Em espíritos avançados *moralmente*, o perispírito é mais sutil e está próximo daquele dos espíritos elevados; em espíritos inferiores, ao contrário, está próximo da matéria, e é o que faz os espíritos de estágio inferior conservarem por tão longo tempo as ilusões da vida terrena; eles pensam e agem como se ainda estivessem vivos; têm os mesmos desejos, e quase que se poderia dizer a mesma sensualidade. Essa rudeza do perispírito, dando-lhe mais *afinidade* com a matéria, torna os espíritos inferiores mais adequados às manifestações físicas. Por essa mesma razão, um homem do mundo habituado aos trabalhos intelectuais, cujo corpo é frágil e delicado, não consegue levantar um fardo pesado como faz um carregador. A matéria, nele, é de certa forma menos compacta, seus órgãos e membros, menos resistentes; ele tem menos fluido nervoso. Como o perispírito é para o espírito o mesmo que o corpo é para o homem, e como sua densidade está em razão da inferioridade do espírito, essa densidade substitui, neste, a força muscular, isto é, dá ao espírito inferior, em relação aos fluidos necessários às manifestações, um poder maior que entre aqueles cuja natureza é mais etérea. Se um espírito elevado quer produzir tais efeitos, age da mesma maneira que, entre nós, as pessoas delicadas – faz com que sejam realizados por um espírito *que domina o ofício.*

13. Se compreendemos bem o que disse, o princípio vital reside no fluido universal; o espírito retira desse fluido o envoltório semimaterial que constitui seu perispírito, e é por meio desse fluido que ele age sobre a matéria inerte. É isso mesmo?

"Sim; é o mesmo que dizer que ele anima a matéria com uma espécie de vida artificial: a matéria se anima de vida animal. A mesa que se move sob suas mãos vive como o animal; ela obedece por si mesma ao ser inteligente. Não é este que a move como o homem faz com um fardo; quando a mesa se eleva, não é o espírito que a levanta com a força dos braços, é a mesa animada que obedece ao impulso dado pelo espírito."

14. Qual o papel do médium nesse fenômeno?

"Já disse: o fluido do médium se combina com o fluido universal acumulado pelo espírito; é preciso a união desses dois fluidos, isto é, do fluido animalizado com o fluido universal, para dar vida à mesa. Mas notem bem: essa vida é apenas momentânea; ela se extingue com a ação, e frequentemente antes do fim da ação, assim que a quantidade de fluido não é mais suficiente para animá-la."

15. O espírito pode agir sem a participação de um médium?

"Ele pode agir à revelia do médium; muitas pessoas servem como auxiliares dos espíritos para certos fenômenos sem sabê-lo. O espírito extrai delas, como de uma fonte, o fluido animalizado do qual tem necessidade; assim, a participação de um médium tal como vocês o entendem nem sempre é necessária, o que ocorre sobretudo nos fenômenos espontâneos."

16. A mesa animada age com inteligência? Ela pensa?

"Pensa tanto quanto um bastão com o qual vocês fizessem um sinal inteligente; todavia, a vitalidade com a qual está animada lhe permite obedecer ao impulso de uma inteligência. Portanto, entendam bem: a mesa que se move não se torna *espírito*, e não tem, por si mesma, nem pensamento nem vontade."

Observação. Usamos com frequência uma expressão análoga na linguagem usual; dizemos, a respeito de uma roda que gira com rapidez, que ela está *animada* de um movimento rápido.

17. Qual é a causa preponderante na produção desse fenômeno: o espírito ou o fluido?

"O espírito é a causa, o fluido é o instrumento; as duas coisas são necessárias."

18. Nesse caso, que papel a vontade do médium desempenha?

"Convocar os espíritos e auxiliá-los no impulso dado ao fluido."

– A ação da vontade é sempre indispensável?

"Ela acrescenta força, mas não é sempre necessária, uma vez que o movimento pode ocorrer contra essa vontade e a despeito dela, e esta é uma prova de que há uma causa independente do médium."

Observação. O contato das mãos nem sempre é necessário para fazer um objeto se mover. Ele em geral é necessário para dar o primeiro impulso, porém, uma vez que o objeto esteja animado, pode obedecer à vontade sem contato material; isso depende tanto do poder do médium quanto da natureza dos espíritos. E nem mesmo o primeiro contato é sempre indispensável; temos a prova disso nos movimentos e deslocamentos espontâneos que sequer cogitamos provocar.

19. Por que nem todo mundo pode produzir o mesmo efeito, e por que nem todos os médiuns têm o mesmo poder?

"Isso depende do organismo e da maior ou menor facilidade com que se faz a combinação dos fluidos; além disso, o espírito do médium simpatiza menos ou mais com os espíritos estranhos que encontram nele o poder fluídico necessário. Ocorre com esse poder o mesmo que com o dos magnetizadores, que é maior ou menor em cada caso. No que diz respeito à afinidade para a combinação, há pessoas que são completamente refratárias; outras em que a combinação não se faz senão por um esforço de sua vontade; e outras, enfim, em que ocorre de forma tão fácil e natural que elas sequer a percebem, servindo de instrumento à sua revelia, como já dissemos." (Ver o capítulo a seguir, sobre as manifestações espontâneas.)

Observação. O magnetismo é, sem dúvida alguma, o princípio desses fenômenos, mas não como se costuma entendê-lo; a prova disso é que há magnetizadores muito poderosos que não conseguiriam mover uma mesinha de centro, enquanto há pessoas que não são capazes de magnetizar (e até mesmo as crianças) para quem basta pousar os dedos sobre uma mesa pesada para fazê-la agitar-se; logo, se o poder mediúnico não depende do poder magnético, é porque há uma outra causa.

20. As pessoas ditas elétricas podem ser consideradas médiuns?

"Essas pessoas extraem de si mesmas o fluido necessário à produção do fenômeno, e podem agir sem o auxílio de outros espíritos. Não são, portanto, médiuns no sentido que foi dado a essa palavra; mas também pode ocorrer de um espírito auxiliá-las e se aproveitar de suas disposições naturais."

Observação. Aconteceria com essas pessoas o mesmo que com os sonâmbulos, que podem agir com ou sem a participação de outro espírito. (Ver, no capítulo XIV, "Os médiuns", o item relativo aos médiuns sonâmbulos.)

21. O espírito que age sobre corpos sólidos para movê-los o faz na própria substância dos corpos, ou o faz fora dessa substância?

"Um e outro; já dissemos que a matéria não é nenhum obstáculo para os espíritos; eles penetram tudo; uma porção de seu perispírito se assimila, por assim dizer, ao objeto no qual penetra."

22. Como o espírito faz para dar pancadas? Ele se serve de algum objeto material?

"Tanto quanto de seus braços para levantar a mesa. Vocês sabem que não há nenhum martelo à disposição deles. Seu martelo é o fluido combinado, posto em ação por sua vontade para mover ou para dar pancadas. Quando ele move algo, a luz lhes transmite a visão dos movimentos; quando ele dá pancadas, o ar lhes transmite o som."

23. Compreendemos isso quando o espírito dá pancadas em um corpo duro; mas como ele pode nos fazer ouvir um ruído ou sons articulados através do ar?

"Uma vez que ele age sobre a matéria, pode agir sobre o ar assim como sobre a mesa. Quanto aos sons articulados, ele pode imitá-los, como a todos os outros ruídos."

24. Você diz que o espírito não se serve de suas mãos para mover a mesa; no entanto, em algumas manifestações visuais vimos aparecer mãos cujos dedos passeavam sobre um teclado, mexiam as teclas e produziam sons. Nesses casos, a impressão que se tem é de que o movimento das teclas é produzido pela pressão dos dedos, não? Essa pressão também não seria direta e real quando se faz sentir em nós mesmos, quando essas mãos deixam marcas sobre nossa pele?

"Vocês não são capazes de compreender a natureza dos espíritos e sua forma de agir senão por meio de comparações, que lhes dão apenas uma ideia incompleta, e é um erro sempre querer identificar os procedimentos deles com os seus. Os procedimentos dos espíritos devem estar em conformidade com sua constituição. Eu já não lhes disse que o fluido do perispírito penetra a matéria e se assimila a ela, e que ele a anima com uma vida artificial? Pois bem! Quando o espírito pousa os dedos sobre as teclas, ele os pousa mesmo, e realmente mexe nelas; porém, não é com a força muscular que ele pressiona a tecla; ele a anima como anima a mesa, e a tecla, obedecendo à sua vontade, se move e bate na corda. Também aqui ocorre algo que terão dificuldade de compreender – certos espíritos são tão pouco avançados e tão materiais, em comparação aos espíritos elevados, que ainda têm as ilusões da vida terrena, e acreditam agir da mesma maneira que quando tinham seus corpos; eles não se dão conta da verdadeira causa dos efeitos que produzem, assim como um camponês não se dá conta da teoria dos sons que ele articula. Perguntem a esses espíritos como tocam piano, e eles dirão que batem sobre as teclas com seus dedos, porque acreditam bater; o efeito se produz instintivamente no caso deles, sem que saibam como, mas por sua vontade. Quando se fazem ouvir por palavras, é a mesma coisa."

Observação. Conclui-se dessas explicações que os espíritos podem produzir todos os efeitos que nós produzimos, mas por meios adequados à sua constituição. Certas forças que lhes são próprias substituem os músculos de que precisamos para agir, assim como o gesto substitui, para um mudo, a palavra que lhe falta.

25. Entre os fenômenos que são citados como provas da ação de um poder oculto, há os que são claramente contrários a todas as leis conhecidas da natureza; nesses casos, não caberia então a dúvida?

"Ocorre que o homem está longe de conhecer todas as leis da natureza; se as conhecesse a todas, seria um espírito superior. Entretanto, cada dia que passa desmente aquelas pessoas que, acreditando saber tudo, pretendem impor limites à natureza, e nem assim elas ficam menos orgulhosas. Desvendando sem cessar novos mistérios, Deus adverte o homem a desconfiar de suas próprias luzes, pois chegará o dia em que *a ciência do mais sábio será confundida*. Vocês não veem todos os dias exemplos de corpos impelidos por um movimento capaz de superar a força da gravidade? A bala de canhão lançada ao ar não supera momentaneamente essa força? Pobres homens, que acreditam ser tão sábios, mas cuja tola vaidade é frustrada a cada instante – saibam que ainda são muito pequenos."

75. Essas explicações são claras, categóricas e sem ambiguidades; destaca-se nelas este ponto capital: o fluido universal, em que reside o princípio da vida, é o agente principal das manifestações, e esse agente recebe seu impulso do espírito, seja este encarnado ou errante. Esse fluido, condensado, constitui o perispírito ou envoltório semimaterial do espírito. Na condição de espírito encarnado, o perispírito está unido à matéria do corpo; na condição de erraticidade, está livre. Quando o espírito está encarnado, a substância do perispírito estará mais ou menos vinculada, mais ou menos aderente, se assim podemos nos expressar, à matéria do corpo. Em certas pessoas há uma espécie de emanação desse fluido em consequência de sua constituição, e é isso que, propriamente dito, constitui os médiuns de influências físicas. A emissão do fluido animalizado pode ser mais ou menos abundante, e sua combinação mais ou menos fácil, daí os médiuns serem mais ou menos potentes; essa emissão não é permanente, o que explica a intermitência dessa capacidade.

76. Façamos uma comparação. Quando se tem vontade de agir materialmente sobre um ponto qualquer colocado à distância, é o pensamento que o quer, mas o pensamento não conseguirá atingir esse ponto por si só; ele precisa de um intermediário que possa controlar: um bastão, um projétil, uma corrente de ar, etc. Observem ainda que o pensamento não age diretamente sobre o bastão, pois se não o tocarmos, ele não agirá sozinho. O pensamento, que não é outra coisa senão o espírito encarnado em nós, está unido ao corpo pelo perispírito; ora, o pensamento não pode agir sobre o corpo sem o perispírito, assim como não pode agir sobre o bastão sem o corpo; ele age sobre o perispírito porque é a substância com a qual tem maior afinidade; o perispírito age sobre os músculos, os músculos pegam o bastão e o bastão atinge o alvo. Quando o espírito não está encarnado, precisa de outro auxiliar; esse auxiliar é o fluido com ajuda do qual torna o objeto adequado a seguir o impulso de sua vontade.

77. Assim, quando um objeto é posto em movimento, quando é suspenso ou lançado no ar, não é o espírito que o pega, o empurra ou o levanta como faríamos com nossas mãos; ele o *satura*, por assim dizer, de seu fluido, combinado com o do médium, e o objeto, momentaneamente vivificado, age como faria um ser vivo, com a diferença de que, não tendo vontade própria, segue o impulso da vontade do espírito.

Uma vez que o fluido vital, impelido de um certo modo pelo espírito, dá uma vida artificial e momentânea a corpos inertes, e que o perispírito não é outra coisa senão esse mesmo fluido vital, segue-se que, quando encarnado, é o espírito quem dá vida a seu corpo, por meio de seu perispírito, e permanece unido ao corpo enquanto essa composição o permitir; quando o espírito se retira, o corpo morre. Assim, se em lugar de uma mesa talhássemos uma estátua de madeira, e se agíssemos sobre essa estátua como agimos sobre a mesa, teríamos uma estátua que se move, que dá pancadas e responde com seus movimentos e golpes; numa palavra, teríamos uma estátua momentaneamente animada por uma vida artificial. Hoje dizemos *mesas falantes*; poderíamos também dizer *estátuas falantes*. Quanta luz esta teoria não lança sobre uma enorme quantidade de fenômenos até agora sem solução! Quantos mitos e efeitos misteriosos ela não explica!

78. Os incrédulos ainda assim contestam afirmando que a suspensão das mesas sem um ponto de apoio é impossível, porque é contrária à lei da gravidade. Respondemos que, em primeiro lugar, sua negação não constitui uma prova; em segundo que, se o fato existe, mesmo contrário a todas as leis conhecidas, isto provaria o seguinte: que se baseia em uma lei desconhecida, e aqueles que o negam não podem ter a pretensão de conhecer todas as leis da natureza. Acabamos de explicar essa lei, mas isto não é razão suficiente para que eles a aceitem, justamente por ela ter sido apresentada por espíritos que deixaram seu traje terreno, e não por espíritos que ainda o possuem e que têm assento na Academia. De tal forma que, se o espírito de Arago[24], quando vivo, tivesse apresentado essa lei, eles a teriam aceitado de olhos fechados, mas seria uma utopia aceitá-la se apresentada pelo espírito de Arago morto. E por que isso? Porque acreditam que, estando Arago morto, tudo está morto nele. Não temos a pretensão de dissuadi-los disso; no entanto, como essa objeção poderia confundir certas pessoas, tentaremos respondê-la colocando-nos sob o ponto de vista desses opositores, isto é, fazendo abstração por um instante da teoria da animação artificial.

79. Quando se aplica o vácuo à campânula de uma máquina pneumática, essa campânula adere com tal força que é impossível levantá-la, devido à massa da coluna de ar que pesa sobre ela. Deixando entrar ar, levanta-se a campânula com a maior facilidade, porque o ar sob ela servirá como contrapeso do ar de cima; porém, deixada por si, permanecerá no suporte em virtude da lei da gravidade. Agora, se se comprimir o ar sob ela, se este ficar com uma densidade maior que a densidade de cima, a campânula será levantada a despeito da gravidade; se essa corrente de ar for rápida e violenta, a campânula poderá ser sustentada no espaço sem nenhum apoio *visível,* como esses bonecos que se faz voltear sobre jatos d'água. Logo, por que o fluido universal, *que é o elemento de toda a natureza*, estando acumulado em volta da mesa, não teria a propriedade de diminuir ou aumentar seu peso específico relativo, como o ar faz com a campânula de uma máquina pneumática, ou como o hidrogênio faz com os balões, sem que por isso

24 François Arago (1786-1853), físico e astrônomo francês célebre à época; descobriu a possibilidade de polarização cromática da luz e contribuiu para o avanço no estudo dos fenômenos eletromagnéticos. (NE)

sejam revogadas as leis da gravidade? Vocês conhecem todas as propriedades e todo o poder desse fluido? Não. Pois bem! Não neguem então um fato por não serem capazes de explicá-lo.

80. Voltemos à teoria do movimento da mesa. Se, pelo meio indicado, o espírito pode levantar uma mesa, poderá levantar qualquer outra coisa: uma poltrona, por exemplo. Se pode levantar uma poltrona, poderá também, com a força suficiente, levantá-la com uma pessoa sentada. Eis, portanto, a explicação do fenômeno que o senhor Home produziu mais de cem vezes consigo e com outras pessoas; ele voltou a fazê-lo durante uma viagem a Londres e, a fim de provar que os espectadores não eram joguete de uma ilusão de óptica, riscou no teto uma marca com um lápis, e também permitiu que as pessoas passassem por baixo de seu corpo. Sabe-se que o senhor Home é um poderoso médium de efeitos físicos; nesse caso, ele era tanto a causa eficiente quanto o objeto do efeito.

AUMENTO E DIMINUIÇÃO DO PESO DOS CORPOS

81. Falamos há pouco do aumento de peso de um objeto; de fato, é um fenômeno que às vezes se produz e que nada tem de anormal, não mais que a prodigiosa resistência da campânula sob a pressão da coluna atmosférica. Temos visto objetos bastante leves, sob a influência de certos médiuns, oferecer a mesma resistência, e em seguida ceder ao menor esforço. Na experiência acima mencionada, a campânula na verdade não pesa mais ou menos por si mesma, mas parece mais pesada pelo efeito da causa exterior que age sobre ela; provavelmente o mesmo ocorre aqui. A mesa tem sempre o mesmo peso intrínseco, pois sua massa não aumentou, mas uma força exterior se opõe ao seu movimento, e essa causa pode estar nos fluidos ambientes que a penetram, assim como a causa do aumento ou da diminuição do peso aparente da campânula está no ar. Façam a experiência da campânula pneumática diante de um camponês inculto; como ele não compreende ser o ar, que ele não vê, aquilo que está agindo, não será difícil persuadi-lo de que é o diabo.

Poder-se-á dizer que, sendo, esse fluido, imponderável, seu acúmulo não pode aumentar o peso de um objeto – de acordo. Mas notem que, se nos servimos da palavra *acúmulo*, foi por comparação, e não numa identificação absoluta com o ar. O fluido é imponderável – que seja. No entanto, nada comprova isso; sua natureza íntima nos é desconhecida, e estamos longe de conhecer todas as suas propriedades. Antes de fazer experiências com o peso do ar, não suspeitávamos dos efeitos desse peso. A eletricidade também é classificada entre os fluidos imponderáveis; no entanto, um corpo pode ser retido por uma corrente elétrica, e oferecer grande resistência a quem quiser levantá-lo; ele se torna, com isso, aparentemente mais pesado. Do fato de não se ver aquilo que retém, não seria lógico concluir que ele simplesmente não existe. O espírito pode ter alavancas que nos são desconhecidas; a natureza nos prova todos os dias que seu poder não é limitado ao testemunho dos sentidos.

Não se pode explicar senão por uma causa semelhante o singular fenômeno, do qual vimos diversos exemplos, de uma jovem pessoa frágil e delicada levantar com dois dedos, sem esforço e como se fosse uma pluma, a um homem pesado e robusto no assento em que estava. O que prova haver uma causa alheia à pessoa são as intermitências dessa capacidade.

Capítulo V

MANIFESTAÇÕES FÍSICAS ESPONTÂNEAS

Ruídos, tumultos e perturbações – Objetos arremessados – Fenômeno de aportar objetos – Dissertação de um espírito sobre os aportes

RUÍDOS, TUMULTOS E PERTURBAÇÕES

82. Os fenômenos de que acabamos de falar são provocados. Algumas vezes, porém, ocorrem espontaneamente, sem participação da vontade; ao contrário, até, pois com frequência se mostram muito importunos. Além disso, um aspecto que exclui o pensamento de que podem ser efeito da imaginação superexcitada por ideias espíritas é o de se produzirem com pessoas que nunca ouviram falar do assunto, e nos momentos em que menos esperam. Esses fenômenos, que poderíamos chamar de *espiritismo prático natural*, são muito importantes porque não permitem suspeitar de arranjos; por isso exortamos as pessoas que se ocupam dos fenômenos espíritas a recolher todos os fatos desse tipo que chegarem a seu conhecimento, mas verificando cuidadosamente sua realidade por meio do estudo minucioso de suas circunstâncias, a fim de assegurar que não estão sendo vítimas de ilusões ou mistificações.

83. De todas as manifestações espíritas, as mais simples e frequentes são os ruídos e as pancadas; é sobretudo em relação a estes que se deve temer a possibilidade de ilusão, pois uma grande quantidade de causas naturais pode produzi-los: o vento que silva ou agita um objeto, um corpo que nós mesmos movemos sem perceber, um efeito acústico, um animal escondido, um inseto, etc., além, é claro, das farsas e brincadeiras de mau gosto. Os ruídos espíritas, por sua vez, têm um caráter particular, pois deixam evidente uma intensidade e timbre variados e característicos, que os tornam facilmente reconhecíveis e não permitem confundi-los com o estalido da madeira, o crepitar do fogo ou o tique-taque monótono de um relógio de pêndulo; são golpes ora secos, ora surdos, fracos e leves, ora claros, distintos, às vezes ruidosos, mudando de lugar e repetindo-se sem ter uma regularidade mecânica. De todos os meios para avaliar sua legitimidade, o mais eficaz, aquele que não deixa dúvida sobre sua origem, é o de observar se obedecem à vontade. Se os golpes se fazem ouvir no local que designamos, se respondem ao pensamento pelo número de pancadas ou por sua intensidade, não se pode ignorar que têm uma causa inteligente. Por outro lado, o fato de não obedecer nem sempre é uma prova contrária.

84. Admitamos agora que, por meio de uma minuciosa comprovação, se adquirisse a certeza de que os ruídos ou outros efeitos são manifestações reais; seria racional temê-los? Certamente não, pois em nenhum desses casos haveria o menor perigo; somente as pessoas a quem se convence tratar-se do diabo podem se importunar ou se abalar com isso, como as crianças em quem se põe medo do lobisomem ou do bicho-papão. Por outro lado, é preciso convir que em certas circunstâncias essas manifestações adquirem proporções e uma persistência desagradáveis, das quais se tem o desejo muito natural de se livrar. Faz-se necessário um comentário a esse respeito.

85. Dissemos que as manifestações físicas têm por objetivo chamar nossa atenção para algo, e convencer-nos da presença de um poder superior ao homem. Também dissemos que os espíritos elevados não se ocupam desse tipo de manifestações; eles se servem de espíritos inferiores para produzi-los, assim como nos servimos de serviçais para os trabalhos pesados, e isso com o objetivo que acabamos de apontar. Uma vez alcançado o objetivo, a manifestação material cessa, porque não é mais necessária. Um ou dois exemplos farão com que se compreenda melhor a questão.

86. Há muitos anos, no início de meus estudos sobre o espiritismo, estando uma noite ocupado com um trabalho sobre o assunto, golpes se fizeram ouvir à minha volta durante quatro horas seguidas; era a primeira vez que tal coisa me acontecia; certifiquei-me de que eles não tinham nenhuma causa acidental, mas naquele momento não pude descobrir mais do que isso. Nessa época eu tinha a possibilidade de ver com frequência um excelente médium escrevente. Já no dia seguinte interroguei o espírito que se comunicava por seu intermédio sobre a causa desses golpes. "É seu espírito familiar que queria falar com você", respondeu. "E o que ele queria me dizer?" "Você mesmo pode perguntar-lhe, pois ele está aqui." Interrogando então esse espírito, ele se apresentou com um nome alegórico (eu soube depois, por outros espíritos, que ele pertencia a uma ordem muito elevada, e que desempenhou um importante papel na Terra)[25]; apontou erros em meu

25 Ver *Obras Póstumas*, segunda parte, comunicação de 25 de março de 1856, "Meu

trabalho, indicando-me *as linhas* onde se encontravam, deu-me conselhos úteis e sábios e acrescentou que estaria sempre comigo e viria a meu chamado todas as vezes que eu quisesse interrogá-lo. De fato, depois disso esse espírito jamais me deixou. Ele me deu muitas provas de grande superioridade, e sua intervenção *benévola* e *eficaz* manifestou-se, em meu favor, tanto nos afazeres da vida material como no que diz respeito às questões metafísicas. Mas desde nossa primeira conversa os golpes cessaram. O que de fato ele queria? Iniciar uma comunicação constante comigo, e para isso era preciso chamar minha atenção. Uma vez que o alerta havia sido dado, logo em seguida explicado, e estabelecidas as relações regulares, os golpes se tornaram inúteis, e por isso cessaram. Não se bate o tambor para despertar os soldados quando eles já se levantaram.

Um fato mais ou menos semelhante aconteceu a um de nossos amigos. Havia certo tempo que em seu quarto ressoavam ruídos diversos, os quais já estavam se tornando bastante cansativos. Surgiu então uma oportunidade de interrogar o espírito de seu pai através de um médium escrevente, e esse amigo descobriu o que se queria dele, fez o que lhe foi recomendado e, depois disso, não ouviu mais os ruídos. Vale ressaltar que as pessoas que possuem um meio fácil e regular de comunicação com os espíritos raramente recebem manifestações desse tipo, e compreende-se por quê.

87. As manifestações espontâneas nem sempre se limitam a ruídos e pancadas; elas às vezes degeneram em verdadeiro tumulto e em perturbações; móveis e peças diversas são revirados, pequenos objetos de todo tipo são arremessados como projéteis, portas e janelas são abertas por mãos invisíveis, vidraças são quebradas – nada disso pode ser posto na conta da ilusão.

Muitas vezes essa desordem é bem real, mas em outras só tem a aparência de realidade. Ouvimos agitação num cômodo contíguo, ruído de louça que cai e se quebra com estardalhaço, lenha rolando sobre o assoalho; corremos rapidamente para ver e encontramos tudo tranquilo e em ordem; basta sairmos, e o tumulto recomeça.

88. Manifestações desse tipo não são raras nem novas; a maioria dos jornais locais não trazem ao menos um relato desse gênero. O medo sem dúvida exagerou, muitas vezes, fatos que acabaram tomando proporções imensamente ridículas ao correr de boca em boca; com auxílio da superstição, as casas onde esses fatos ocorriam passavam a ser consideradas assombradas pelo diabo, daí todos esses contos maravilhosos ou de horror, com almas penadas. Os embusteiros, por sua vez, não deixavam escapar essas ótimas ocasiões para explorar a credulidade, quase sempre em proveito de interesses pessoais. Por outro lado, compreende-se a impressão que fatos desse tipo, mesmo se reduzidos à realidade, podem causar em caracteres fracos e predispostos, por sua criação, às ideias supersticiosas. O meio mais seguro de se prevenir contra os inconvenientes que tais fatos podem

guia espiritual", em que Kardec faz um relato mais completo desse caso, no qual somos informados de que se trata do Espírito de Verdade. (NE) acarretar, uma vez que não se pode impedi-los, é fazer com que a verdade seja conhecida. As coisas mais simples tornam-se assustadoras quando se desconhece sua causa. Quando estiverem familiarizados com os espíritos, aqueles a quem eles se manifestam não mais acreditarão haver uma legião de demônios em seu encalço, e não mais terão medo.

Pode-se ler, na *Revista Espírita,* o relato de muitos fatos autênticos desse tipo; entre outras, a história do espírito batedor de Bergzabern, cuja importunação durou mais de oito anos (edições de maio, junho e julho de 1858 da *Revista*); a de Dibbelsdorf (agosto de 1858); o do padeiro de Grandes-Ventes, Dieppe (março de 1860); a da rua Noyers, em Paris (agosto de 1860); a do espírito de Castelnaudary, sob o título "História de um danado" (fevereiro de 1860); a do fabricante de São Petersburgo (abril de 1860), e muitas outras.

89. Fatos dessa natureza muitas vezes assumem características de verdadeira perseguição. Conhecemos seis irmãs que moravam juntas e que, ao longo de vários anos, encontravam pela manhã seus vestidos espalhados ou escondidos, até sobre o teto, rasgados e cortados em pedaços, a despeito de quaisquer precauções que tomassem, trancando-os à chave. Também é comum acontecer de pessoas deitadas e *totalmente despertas* verem as cortinas sacudirem, terem os cobertores e travesseiros violentamente arrancados, sendo levantadas de seus colchões e, algumas vezes, jogadas fora do leito. Esses fatos são mais frequentes do que se pensa; porém, na maior parte dos casos as vítimas não ousam falar por medo do ridículo. Sabemos de casos em que se tentou curar certos indivíduos daquilo que se supunha serem alucinações submetendo-os ao tratamento dado a alienados, o que acabou por torná-los realmente loucos. A medicina é incapaz de compreender essas coisas, porque só admite como causa o elemento material, o que muitas vezes acarreta erros funestos. Um dia a história fará o relato de certos tratamentos realizados no século dezenove como hoje relatamos certos procedimentos da Idade Média.

Evidentemente, admitimos que certos fatos são obra da malícia ou da maldade; porém, feitas todas as verificações, se for confirmado que não são obra dos homens, é preciso convir que são obra ou do diabo, como dirão alguns, ou dos espíritos, como dizemos nós; mas de que espíritos?

90. Os espíritos superiores, assim como entre nós os homens sérios e circunspectos, não se divertem fazendo balbúrdia. Muitas vezes chamamos espíritos para perguntar-lhes a razão que os leva a perturbar dessa forma o repouso alheio. A maior parte não tem outro objetivo senão o de se divertir; são espíritos antes levianos que maus, que se riem dos sustos que provocam e das buscas inúteis em que as pessoas se empenham para descobrir a causa do tumulto. Com frequência esses espíritos se obstinam sobre um indivíduo a quem têm prazer de escarnecer, perseguindo-o onde quer que se mude; outras vezes se apegam a um mesmo local sem maiores motivos que não o mero capricho. Algumas vezes, ainda, trata-se de uma vingança que executam, como teremos oportunidade de ver.

Em certos casos, sua intenção é mais louvável; querem chamar a atenção e entrar em contato, seja para dar um aviso útil à pessoa a quem se dirigem, seja para pedir alguma coisa para si. Em muitas ocasiões os vimos pedir preces; em outras, solicitar a realização em seu nome de uma promessa que não puderam cumprir; outras vezes, enfim, querem reparar, no interesse de seu próprio repouso, uma má ação cometida quando vivos.

Em geral, é um erro temê-los; sua presença pode ser importuna, mas não é perigosa. Entendemos, de qualquer forma, o desejo que se tem de livrar-se deles, mas para isso geralmente se faz o contrário do que se deveria. Se são espíritos que se divertem, quanto mais se leva a coisa a sério, mais eles persistem (como crianças traquinas que, quanto mais irritação provocam em alguém, mais a importunam, e que só aterrorizam os poltrões). Se tomássemos a sábia atitude de nos rir de suas travessuras, esses espíritos acabariam se cansando e aquietando-se. Conhecemos uma pessoa que, longe de se irritar, os instigava, desafiava-os a fazer isto ou aquilo, de tal forma que, ao cabo de alguns dias, eles não retornaram mais.

Porém, como dissemos, há espíritos cuja motivação é menos frívola. Por isso, sempre é útil saber o que querem. Se pedem alguma coisa, pode-se ter certeza de que cessarão suas visitas assim que seu desejo for satisfeito. O melhor meio de se informar sobre cada caso é evocar o espírito por intermédio de um bom médium escrevente; pelas respostas, logo se verá de quem e do que se trata, e se agirá tendo isso em vista; se for um espírito infeliz, a caridade manda que seja tratado com a consideração que merece; se for zombeteiro, pode-se agir sem cerimônia; se for mau, devemos orar a Deus para que o torne melhor. Qualquer que seja a causa, a prece sempre terá um bom resultado. A sisudez das fórmulas de exorcismo, porém, só os faz rir, e eles não as levam nem um pouco a sério. Quando há possibilidade de estabelecer comunicação com os espíritos, é preciso desconfiar das características burlescas ou assustadoras que algumas vezes tentam atribuir a si próprios para divertir-se com a credulidade alheia.

Voltaremos com mais detalhes a esse assunto, bem como às causas que em geral tornam as preces ineficazes, nos capítulos sobre os *lugares assombrados* e sobre a *obsessão*.[26]

91. Esses fenômenos, embora executados por espíritos inferiores, muitas vezes são provocados por espíritos de uma ordem mais elevada, com o objetivo de demonstrar a existência de seres incorpóreos e de um poder superior ao homem. A repercussão que resulta desses fatos, o próprio pavor que causam, chama a atenção, e acabará por abrir os olhos dos mais incrédulos. Estes acham mais simples atribuir esses fenômenos à imaginação, explicação muito cômoda e que os dispensa da tarefa de buscar outras; no entanto, quando objetos são revirados, ou quando lhes são atirados à cabeça, seria necessária uma imaginação muito complacente para conceber tais coisas se elas não estivessem mesmo acontecendo. Nota-se um efeito qualquer; esse efeito tem necessariamente uma

26 Capítulos IX e XXIII desta Segunda Parte, respectivamente. (NE)

causa; se uma observação fria e imparcial nos demonstra que esse efeito é alheio a qualquer vontade humana e a qualquer causa material; se, além disso, ele nos dá sinais *evidentes* de inteligência e de uma vontade independente, *que é o sinal mais característico de um fenômeno provocado por espíritos*, somos forçados a atribuí-lo a uma inteligência oculta. Quem são esses seres misteriosos? É o que os estudos espíritas nos ensinam da maneira mais incontestável, pelos meios que nos oferecem para nos comunicarmos com eles. Esses estudos nos ensinam, além disso, a separar o que há de real, de falso ou de exagerado nos fenômenos que não somos capazes de explicar. Se um efeito insólito se produz – ruído, movimento, até mesmo aparição –, o primeiro pensamento que se deve ter é o de que ele decorre de uma causa absolutamente natural, porque esta é a mais provável; é preciso, então, investigar essa causa com o maior cuidado, e só admitir a intervenção dos espíritos após minuciosa averiguação – este é o procedimento para não se iludir. Aquela pessoa, por exemplo, que sem estar próxima de ninguém recebesse um tapa ou uma paulada nas costas, como se tem visto, não poderia duvidar da presença de um ser invisível.

Devemos ter cautela não somente com os relatos, que podem ser mais ou menos exagerados, mas também com nossas próprias impressões, e não atribuir origem oculta a tudo que não compreendemos. Uma infinidade de causas muito simples e naturais podem produzir efeitos à primeira vista estranhos, e seria verdadeira superstição ver em toda parte espíritos ocupados em derrubar móveis, quebrar louça, enfim, provocar mil e um distúrbios domésticos que é mais racional atribuir à falta de cuidado.

OBJETOS ARREMESSADOS

92. A explicação dada ao movimento dos corpos inertes se aplica naturalmente a todos os efeitos espontâneos que acabamos de analisar. Os ruídos, embora mais fortes que as batidas na mesa, têm a mesma causa; os objetos arremessados ou deslocados o são pela mesma força que levanta um objeto qualquer. Outra circunstância vem ainda em apoio a essa teoria. Poder-se-ia perguntar onde está o médium em tais fenômenos. Os espíritos nos disseram que, nestes casos, há sempre alguém cuja capacidade se exerce à sua revelia. Manifestações espontâneas raramente se produzem em lugares isolados; quase sempre ocorrem em casas habitadas, devido à presença de certas pessoas que exercem influência sem saber; essas pessoas são verdadeiros médiuns, mas ignoram sê-lo, por essa razão os chamamos de *médiuns naturais*; eles são, em relação aos outros médiuns, o que os sonâmbulos naturais são para os sonâmbulos magnéticos – e, como no caso destes, é interessante observá-los.

93. Na maior parte dos casos, parece ser necessária a intervenção voluntária ou involuntária de uma pessoa dotada de aptidão especial para a produção desses fenômenos, embora haja situações em que o espírito parece agir sozinho; nestas, porém, ele poderia ter buscado o fluido animalizado em outro lugar, não de uma pessoa presente. Isso explica por que os espíritos, que estão incessantemente à nossa volta, não produzem perturbações a todo instante. É necessário, primeiro, que o espírito deseje fazê-lo, que tenha um propósito, um motivo – sem isso ele nada faz. Depois, é necessário que ele encontre, justamente no lugar onde quer agir, uma pessoa apta a lhe servir de auxiliar, coincidência que muito raramente acontece. Se essa pessoa inesperadamente aparece, ele aproveita a oportunidade. Além disso, mesmo com essa junção das circunstâncias favoráveis, ele ainda poderia ser impedido por uma vontade superior, que não lhe permitiria agir conforme seu desejo. Ocorre também de não lhe ser permitido agir senão dentro de certos limites, e no caso em que essas manifestações fossem consideradas úteis, seja como meio de convencimento, seja como provação para a pessoa que é alvo delas.

94. A esse respeito, citaremos um diálogo suscitado pelos fatos que se passaram em junho de 1860 na rua Noyers, em Paris. Os detalhes poderão ser encontrados na *Revista Espírita* de agosto de 1860.[27]

1. (A São Luís) O senhor teria a bondade de nos dizer se os fatos que dizem ter ocorrido na rua Noyers são reais? Quanto à sua possibilidade, nós não temos dúvida.

"Sim, esses fatos são verdadeiros; a imaginação dos homens apenas os aumentou, seja por medo, seja por ironia; mas, repito, são verdadeiros. Essas manifestações são provocadas por um espírito que se diverte à custa dos moradores desse local."

2. Há, na casa, alguma pessoa que seja a causa dessas manifestações?

"Elas são sempre causadas pela presença da pessoa a quem se quer atacar; o que ocorre é que o espírito perturbador não gosta do morador do lugar onde ele está, e quer lhe pregar peças, ou quer fazê-lo mudar-se."

3. Perguntamos se, entre os moradores da residência, há algum que seja causa dos fenômenos por influência mediúnica espontânea e involuntária?

"Isso é necessário, e *sem isso o fato não poderia ter ocorrido.* Um espírito habita um local de sua predileção; ele fica inativo até que uma pessoa com a constituição que lhe seja conveniente apareça nesse local; quando essa pessoa chega, ele se diverte o quanto pode."

4. É indispensável a presença dessa pessoa no próprio local?

"É o caso mais comum, e é o que acontece no fato que você acaba de citar; por isso eu disse que sem essa pessoa o fato não poderia ter ocorrido; mas não quis generalizar – há casos em que a presença imediata não é necessária."

---

27 Trata-se de um caso de certa repercussão à época; segundo a *Revista Espírita*, o fenômeno afetava não apenas o proprietário da residência (o senhor Lesage, almoxarife do Palácio de Justiça) e sua criada, mas acabou envolvendo outras pessoas e testemunhas, até mesmo agentes da polícia designados para vigiar o local, que era atingido por pedaços de carvão, lenha, etc., atirados de lugares não identificados, que quebravam as vidraças e atingiam as pessoas. (NE)

5. Como esses espíritos são sempre de ordem inferior, a tendência para servir-lhes de auxiliar supõe um julgamento desfavorável para essa pessoa? Indicaria uma simpatia com os seres dessa natureza?

"Não, não necessariamente, pois essa tendência está ligada a uma disposição física; no entanto, muitas vezes indica uma tendência material que seria preferível não ter, pois, quanto mais elevado moralmente, mais se atrai os bons espíritos, que necessariamente afastam os maus."

6. Onde o espírito buscava os objetos dos quais se servia como projéteis?

"Esses diferentes objetos, no mais das vezes, são obtidos nos próprios locais, ou na vizinhança; uma força vinda de um espírito os lança no espaço, e eles caem no lugar designado por esse espírito."

7. Uma vez que as manifestações espontâneas muitas vezes são permitidas e até provocadas com a finalidade de convencer, parece-nos que, se alguns incrédulos fossem pessoalmente seu alvo, seriam forçados a se render às evidências. Eles algumas vezes se queixam de não serem testemunhas de fatos concludentes; não depende dos espíritos dar-lhes alguma prova sensível?

"Os ateus e os materialistas não testemunham a todo instante os efeitos do poder de Deus e do pensamento? Isso não os impede de negar a Deus e à alma. Os milagres de Jesus converteram todos os seus contemporâneos? Os fariseus, que lhe diziam: 'Mestre, deixa-nos ver algum prodígio', não se assemelham àqueles que, neste tempo de vocês, pedem que lhes façam ver manifestações? Se eles não são convencidos pelas maravilhas da criação, não o seriam mesmo que os espíritos lhes aparecessem da maneira mais inequívoca, porque seu orgulho os faz agir como cavalos empacados. Não lhes faltariam oportunidades de ver se eles as procurassem de boa-fé, porque Deus não julga conveniente fazer por eles mais do que faz por aqueles que procuram se instruir sinceramente, pois Ele só recompensa os homens de boa vontade. A incredulidade deles não impedirá que se cumpra a vontade de Deus; vejam que ela não impediu que a doutrina se expandisse. Deixem, pois, de se inquietar com a oposição deles, que é para a doutrina como a sombra em uma pintura – ela lhe dá um relevo maior. Que méritos eles teriam se fossem convencidos à força? Deus deixa a eles toda a responsabilidade por sua teimosia, e essa responsabilidade será mais terrível do que vocês imaginam. Bem-aventurados os que creem sem ter visto, disse Jesus, porque estes não duvidam do poder de Deus."

8. O senhor acredita que seria útil evocar esse espírito para lhe pedir algumas explicações?

"Evoquem-no se desejarem; mas trata-se de um espírito inferior que só lhes dará respostas muito insignificantes."

95. Diálogo com o espírito perturbador da rua Noyers:

1. Evocação.

"Então, que têm vocês para me chamar? Querem receber umas pedradas? Pois então se verá um belo 'salve-se quem puder', apesar desse seu ar de bravura."

2. Mesmo que você nos atire pedras, isso não nos assustaria; e até lhe pedimos, positivamente, se for capaz, que nos atire algo.

"Aqui talvez eu não possa; vocês têm um guardião que vela por vocês."

3. Na rua Noyers havia alguma pessoa que lhe servia de auxiliar, facilitando as peças que pregava nos moradores da casa?

"Certamente, eu encontrei um bom instrumento, e nenhum espírito esclarecido, sábio e prudente para me impedir; pois sou alegre, e gosto de me divertir."

4. Quem é a pessoa que lhe serviu de instrumento?

"Uma criada."

5. Ela lhe servia de auxiliar sem saber?

"Oh, sim!, a pobre moça! Ela era a mais assustada."

6. Você agia com um objetivo hostil?

"Eu? Não, eu não tinha nenhum objetivo hostil; mas os homens que tomam tudo em seu proveito farão com que isso também se volte a seu favor."

7. O que quer dizer com isso? Não estamos entendendo.

"Eu buscava me divertir, mas vocês, vocês estudarão a coisa e terão um fato a mais para provar que nós existimos."

8. Você disse que não tinha objetivo hostil, e no entanto quebrou todas as vidraças da residência; causou com isso um prejuízo real.

"É um detalhe."

9. Onde foi buscar os objetos que lançou?

"São muito comuns; eu os busquei no pátio, nos jardins vizinhos."

10. Encontrou *todos* eles, ou alguns você fabricou? (Ver, a seguir, o capítulo VIII, "Laboratório do mundo invisível".)

"Eu não criei nada, não compus nada."

11. Se não os tivesse achado, poderia fabricá-los?

"Isso teria sido mais difícil; mas, na verdade, misturam-se matérias, e isso faz um todo qualquer."

12. Agora, diga-nos, como você os lançou?

"Ah! Isso é mais difícil de dizer; eu me servi da natureza elétrica dessa moça, juntando à minha, menos material; conseguimos assim transportar esses diferentes objetos, nós dois."

13. Imagino que você gostaria de nos dar algumas informações sobre sua pessoa. Diga-nos, primeiramente, se morreu há muito tempo.

"Há bastante tempo; faz bem uns cinquenta anos."

14. O que foi em vida?

"Não era grande coisa; eu apanhava trastes nas ruas do bairro, e algumas vezes me diziam desaforos, porque eu amava o licor vermelho do bom Noé[28]; eu queria pôr todos para correr."

15. Foi você mesmo, e por sua própria vontade, que respondeu nossas questões?

"Eu tive um tutor."

28 Referência à figura bíblica de Noé, e ao episódio de sua embriaguez (Gênesis 9:20). (NE)

16. Quem é esse tutor?
"Seu bom rei Luís."

Observação. Esta pergunta foi motivada pela natureza de algumas respostas, que pareciam ir além do alcance desse espírito, pelo conteúdo das ideias e também pela forma da linguagem. Não há nada de espantoso no fato de ele ter sido ajudado por um espírito mais esclarecido, que quis aproveitar a ocasião para nos instruir. Este é um fato muito comum, mas uma particularidade notável neste caso é que a influência do outro espírito se fez sentir na própria escrita; a caligrafia das respostas onde ele interveio é mais regular e corrente; a do trapeiro é angulosa, grosseira, irregular, muitas vezes pouco legível, e tem uma letra bem diferente.

17. O que você faz agora? Cuida de seu futuro?
"Ainda não; sigo errante. Pensam tão pouco em mim na Terra, que ninguém ora por mim; e também, não sou ajudado, eu não trabalho."

Observação. Veremos mais tarde o quanto podemos contribuir para o progresso e o alívio dos espíritos inferiores através da prece e do aconselhamento.

18. Qual era seu nome quando vivo?
"Jeannet."

19. Pois bem, Jeannet!, nós rezaremos por você. Diga-nos se nossa evocação lhe foi agradável ou o contrariou.
"Foi antes agradável, porque são bons meninos, são viventes alegres, embora um pouco austeros; não importa, vocês me escutaram, estou contente." (Jeannet)

FENÔMENO DE APORTAR OBJETOS

96. Este fenômeno não difere dos que acabamos de comentar senão pela intenção benévola do espírito que é seu autor, pela natureza dos objetos, quase sempre graciosos, e pela maneira suave e em geral delicada com que são oferecidos. Consiste no surgimento espontâneo de objetos em locais onde eles não existiam; no mais das vezes, trata-se de flores, algumas vezes frutas, bombons, joias, etc.

97. Digamos, de início, que este fenômeno é um dos que mais se prestam à imitação, e que, por consequência, é preciso precaver-se contra as fraudes. Sabemos até onde pode ir a arte da prestidigitação em se tratando de experiências desse tipo; mesmo que não tenhamos à frente um profissional, poderíamos facilmente ser enganados por uma manobra hábil e interesseira. A melhor de todas as garantias está no *caráter*, na *honradez notória* e na *isenção absoluta* da pessoa que obtém semelhantes efeitos; em segundo lugar, no exame atento de todas as circunstâncias em que os efeitos se produzem; por fim, no conhecimento esclarecido sobre espiritismo, único meio de descobrir o que seria suspeito.

DISSERTAÇÃO DE UM ESPÍRITO SOBRE OS APORTES

98. A teoria sobre o aportamento de objetos, e sobre as manifestações físicas em geral, encontra-se resumida de forma notável na dissertação a seguir, feita por um espírito do qual todas as comunicações trazem uma marca incontestável de lógica e profundidade. Outras mais serão encontradas ao longo desta obra. Ele se apresenta sob o nome de *Erasto,* discípulo de São Paulo, e como espírito protetor do médium que lhe serviu de intérprete:

"Para obter fenômenos deste tipo, é preciso necessariamente ter consigo médiuns que eu chamaria *sensitivos*, isto é, dotados das faculdades mediúnicas de expansão e de penetrabilidade em seu mais alto grau, pois o sistema nervoso desses médiuns, facilmente excitável, lhes permite, por meio de certas vibrações, projetar com profusão seu fluido animalizado em volta de si.

"As pessoas de temperamento impressionável, aquelas cujos nervos vibram ao menor sentimento, à mais leve sensação, e que se sensibilizam à influência moral ou física, interna ou externa, são os sujeitos mais aptos a se tornar excelentes médiuns de efeitos físicos de tangibilidade e de objetos aportados. De fato, seu sistema nervoso, quase inteiramente desprovido do envoltório refratário que isola esse sistema na maior parte dos outros encarnados, torna-os apropriados ao desenvolvimento desses vários fenômenos. Por consequência, em um sujeito com essa natureza, e cujas demais faculdades não sejam hostis à mediunização, obtêm-se mais facilmente os fenômenos de tangibilidade, as pancadas nas paredes e nos móveis, os movimentos *inteligentes* e até mesmo a suspensão no espaço da matéria inerte mais pesada. E obtêm-se esses resultados em maior proporção se, em vez de um só médium, tivermos à mão vários igualmente capazes.

"No entanto, da produção desses efeitos ao de aportar objetos há um abismo, pois, neste último, não somente o trabalho do espírito é mais complexo, mais difícil, mas, mais que isso, o espírito só pode agir por meio de um único aparelho mediúnico, ou seja, não é possível que diversos médiuns participem simultaneamente da produção desse fenômeno. Ao contrário, até, a presença de pessoas antipáticas ao espírito que age pode obstruir radicalmente sua ação. A esses motivos – que, como vocês veem, são de grande importância – acrescentem o de que aportar objetos exige sempre uma concentração muito grande e, ao mesmo tempo, uma grande difusão de certos fluidos que só podem ser obtidos pelos médiuns mais capazes, numa palavra, aqueles cujo aparelho *eletromediúnico* apresenta as melhores condições.

"Em geral, os fatos de objetos aportados são e continuarão a ser muito raros. Não preciso demonstrar-lhes por que eles são e serão menos frequentes que os outros fatos de tangibilidade – vocês mesmos deduzirão daquilo que acabo de dizer. Ademais, esses fenômenos são de natureza tal, que não só são raros os médiuns capazes disso, mas também só poucos espíritos podem produzi-los. Com efeito, é preciso que entre o espírito e o médium influenciado exista certa afinidade, certa analogia, numa palavra, certa identidade que permita à parte expansível do fluido *perispirítico*[29] do encarnado misturar-se, unir-se, combinar-se com o fluido do espírito que quer aportar um objeto. Essa fusão deve ser tal que a força resultante se torne, por assim dizer, *una*, da mesma forma que uma corrente elétrica, ao agir sobre o carvão, produz uma chama, uma claridade únicas. Por que essa união, por que essa fusão?, perguntarão. Porque, para a produção desses fenômenos, é preciso que as propriedades essenciais do espírito agente sejam aumentadas por algumas das propriedades da pessoa mediunizada, pois o *fluido vital,* indispensável à produção de todos os fenômenos mediúnicos, é atributo *exclusivo* do encarnado, e, por consequência, o espírito que opera o fenômeno é obrigado a impregnar-se dele. Somente então ele pode, por meio de certas propriedades do meio ambiente terreno, por vocês desconhecidas, isolar, tornar invisíveis e mover certos objetos materiais, bem como os próprios encarnados.

"Não me é permitido, no momento, desvendar-lhes essas leis particulares que regem os gases e os fluidos que lhes cercam; porém, antes que os anos se escoem, antes que uma existência do homem seja concluída, a explicação dessas leis e desses fenômenos lhes será revelada, e verão surgir e se produzir uma nova variedade de médiuns, que cairão num estado cataléptico especial quando mediunizados.

"Estão vendo de quantas dificuldades está cercado o ato de aportar objetos; daí podem concluir, pela lógica, que fenômenos dessa natureza são muitíssimo raros, como eu já lhes disse, e com mais razão ainda pelo fato de os espíritos raramente se prestarem a realizá-los, porque isso exige de sua parte um trabalho quase material, o que é um aborrecimento e uma fadiga para eles. De outra parte, ainda há isto a considerar: a despeito da energia e da vontade dos espíritos, muito frequentemente o próprio estado do médium opõe uma barreira intransponível a eles.

"É, pois, evidente – e sua razão o sanciona, não tenho dúvida – que os fatos tangíveis de pancadas, movimentos e suspensão são fenômenos simples, que se produzem pela concentração e dilatação de certos fluidos, e que podem ser provocados e obtidos pela vontade e trabalho dos médiuns aptos a isso, quando auxiliados por espíritos amigos e benevolentes, enquanto o fato de aportar coisas é intrincado, complexo, exige circunstâncias especiais, só pode ser realizado por um único espírito e um único médium e requer, além das exigências da tangibilidade, um arranjo todo especial para isolar e tornar invisíveis o objeto ou os objetos que serão aportados.

"Todos vocês, espíritas, compreendem minhas explicações e percebem per-

---

29 Observe-se que, quando se trata de expressar uma ideia nova para a qual a língua não tem um termo, os espíritos sabem perfeitamente criar neologismos. As palavras *eletromediúnico*, *perispirítico* não são nossas. Aqueles que nos criticaram por termos criado as palavras *espírita*, *espiritismo*, *perispírito*, as quais não tinham termos análogos, poderão fazer a mesma crítica aos espíritos. (Nota de Kardec.)

feitamente a necessidade dessa concentração de fluidos especiais para a locomoção e a tatilidade da matéria inerte; creem nisso assim como acreditam nos fenômenos de eletricidade e de magnetismo, com os quais os fatos mediúnicos estão cheios de analogia, sendo, por assim dizer, sua consagração e desenvolvimento. Quanto aos incrédulos, e aos eruditos ainda piores que os incrédulos, não tenho que convencê-los, e não me ocupo com eles; um dia serão convencidos pela força da evidência, pois será preciso que se curvem diante do testemunho unânime dos fatos espíritas, como foram forçados a fazê-lo diante de outros fatos que no início rejeitaram.

"Resumindo: se os fatos de tangibilidade são frequentes, os de objetos aportados são muito raros, porque suas condições são muito difíceis de ocorrer; por consequência, nenhum médium pode dizer: 'a tal hora, a tal momento, farei surgir um objeto', pois muitas vezes o próprio espírito se encontra impedido de fazê-lo. Devo acrescentar que, em público, a dificuldade de esses fenômenos ocorrerem é dobrada, pois nessa situação quase sempre se encontram elementos energicamente refratários, que paralisam os esforços do espírito, e mais ainda a ação do médium. Inversamente, esses fenômenos quase sempre se produzem em particular, de forma espontânea, no mais das vezes à revelia dos médiuns e sem premeditação – enfim, é muito raro que ocorram quando os médiuns estão de sobreaviso. Daí vocês podem concluir que é legítima a suspeita todas as vezes que um médium se vangloria de obtê-los à sua vontade, pois seria como se dissesse que comanda os espíritos, como se fossem criados, o que é simplesmente absurdo. Vocês também devem ter como regra geral que os fenômenos espíritas não são feitos para servir de espetáculo nem para divertir os curiosos. Se alguns espíritos se prestam a esse tipo de coisa, só pode tratar-se de fenômenos simples, e não daqueles que, como os objetos aportados e outros semelhantes, exigem condições excepcionais.

"Lembrem-se, espíritas, de que, se é absurdo rejeitar sistematicamente todos os fenômenos de além-túmulo, menos sábio ainda é aceitá-los todos cegamente. Quando um fenômeno de tangibilidade, de aparição, de visibilidade ou de oferecimento de objetos se manifestar espontaneamente e de maneira instantânea, aceitem-no; porém, nunca é demais repetir: não aceitem nada cegamente. Que cada fato seja submetido a um exame minucioso, aprofundado e severo, pois, tenha certeza: o espiritismo, tão rico de fenômenos sublimes e grandiosos, nada tem a ganhar com essas pequenas manifestações, que hábeis prestidigitadores podem imitar.

"Sei bem o que irão me dizer: que esses fenômenos são úteis para convencer os incrédulos; mas saibam que, se não tivessem outros meios de convencimento, não teriam hoje a centésima parte dos espíritas que têm. Falem ao coração – é por meio dele que conseguirão o maior número de conversões sérias. Se acharem útil, com certas pessoas, se utilizarem de fatos materiais, então ao menos os apresentem em circunstâncias tais que não possam dar margem a nenhuma falsa interpretação, e sobretudo procurem não fugir das condições normais desses fatos, pois aqueles apresentados em condições problemáticas fornecem argumentos aos incrédulos, em vez de convencê-los." (Erasto)

99. Este fenômeno tem outra característica bastante singular: certos médiuns não o obtém senão em estado sonambúlico; isso se explica facilmente. Há no sonâmbulo um desprendimento natural, uma espécie de isolamento do espírito e do perispírito que deve facilitar a combinação dos fluidos necessários. É o caso dos fenômenos de aportamento de objetos dos quais fomos testemunhas.

As questões a seguir foram dirigidas ao espírito que os produziu, mas suas respostas, às vezes, se ressentem de suas limitações; nós as submetemos ao espírito *Erasto*, muito mais esclarecido do ponto de vista teórico, e que as completou com observações bastante judiciosas. Um é o artesão, o outro, o sábio, e a própria comparação dessas duas inteligências é um estudo instrutivo, pois prova que não basta ser espírito para compreender tudo.

1. O senhor poderia, lhe pedimos, nos dizer por que os fenômenos de aporte que produz são feitos somente durante o sono magnético do médium?

"Isso está ligado à natureza do médium; os fatos que produzo quando meu médium está adormecido eu também poderia produzir no estado de vigília com um outro médium."

2. Por que faz esperar tanto tempo para aportar os objetos, e por que excita a cobiça no médium, provocando seu desejo de obter o objeto prometido?

"Esse tempo me é necessário para preparar os fluidos que servem à sua realização; quanto à excitação, na maioria das vezes é apenas para divertir as pessoas presentes e o sonâmbulo."

Observação de Erasto. "O espírito que respondeu não sabe mais que isso; ele não se dá conta do motivo da excitação da cobiça, que ele incita instintivamente, sem compreender-lhe o efeito; pensa que diverte quando, na realidade, provoca sem saber uma maior emissão de fluido; essa é uma consequência da dificuldade que o fenômeno apresenta, dificuldade sempre maior quando não é espontâneo, sobretudo com certos médiuns".

3. A produção do fenômeno está relacionada à natureza especial do médium, e ele poderia ser produzido por outros médiuns com maior facilidade e prontidão?

"A produção está ligada à natureza do médium, e só se pode produzi-lo com naturezas correspondentes; quanto à prontidão, o hábito que construímos, correspondendo-nos frequentemente com o mesmo médium, nos é de grande auxílio."

4. As pessoas presentes influenciam de alguma maneira?

"Quando há incredulidade, oposição, isso pode atrapalhar bastante; gostamos muito mais de fazer nossas experiências com os que creem e com as pessoas versadas em espiritismo, mas não quero dizer com isso que a má vontade poderia nos paralisar completamente."

5. Onde o senhor apanha as flores e os bombons que trouxe?

"As flores, eu as apanho nos jardins, onde me agradem."

6. E os bombons? O vendedor deve ter percebido a falta deles.

"Eu os pego onde quero; o vendedor não percebeu nada, porque coloquei outros no lugar."

7. Já os anéis têm certo valor; onde os pegou? Isto não prejudicou aquele de quem os tirou?

"Eu peguei em lugares desconhecidos de todos, e de maneira que ninguém pudesse sofrer nenhum prejuízo."

Observação de Erasto. "Creio que o fato foi explicado de maneira incompleta em razão dos limites de capacidade do espírito que respondeu. Um prejuízo real pode sim ter sido causado, mas o espírito não quis se passar por alguém que tivesse roubado alguma coisa. Um objeto só pode ser substituído por outro idêntico, da mesma forma, do mesmo valor; por consequência, se um espírito tivesse a faculdade de substituir um objeto por outro semelhante ao que ele toma, não haveria motivo para pegá-lo, pois poderia dar aquele que serve de substituto".

8. É possível trazer flores de outro planeta?

"Não, isso não é possível para mim."

(*A Erasto*) Outros espíritos teriam esse poder?

"Não, isso não é possível, em razão da diferença de meio ambiente."

9. Poderíeis trazer flores de outro hemisfério? Dos trópicos, por exemplo?

"Desde que esteja na Terra, posso."

10. Os objetos que você aportou, poderia fazê-los desaparecer, e devolvê-los?

"Assim como os trouxe, posso devolvê-los, se eu quiser."

11. Aportar objetos lhes é penoso, sua produção lhes causa algum embaraço?

"Não nos traz nenhuma dificuldade quando temos permissão para fazê-lo; poderia nos dar muito trabalho se quiséssemos produzir os efeitos sem ser autorizados."

Observação de Erasto. "Ele não quer admitir que é dificultosa, embora seja, uma vez que é forçado a fazer uma operação, por assim dizer, material".

12. Quais são as dificuldades que encontra?

"Nenhuma outra além das más disposições fluídicas, que podem nos ser contrárias."

13. Como fazem para aportar o objeto; vocês o carregam com as mãos?

"Não, nós o envolvemos em nós mesmos."

Observação de Erasto. "Ele não explica sua operação com clareza, pois não envolve o objeto com sua própria personalidade; no entanto, como seu fluido pessoal é dilatável, penetrável e expansível, ele combina uma parte desse fluido com uma parte do fluido animalizado do médium, e é com essa combinação que esconde e transporta o objeto. Portanto, não é exato afirmar que ele o envolve em si".

14. Vocês aportariam com a mesma facilidade um objeto de peso considerável? De 50 quilos, por exemplo?

"O peso não é nada para nós; aportamos flores porque elas podem agradar mais do que um objeto volumoso."

Observação de Erasto. "Exato; ele pode transportar cem ou duzentos quilos de objetos, porque a gravidade que existe para vocês está anulada para ele; mas também aqui ele não se dá conta do que se passa. A massa dos fluidos combinados é proporcional à massa dos objetos – numa palavra, a força deve ser em razão da resistência; disso segue que, se o espírito transporta apenas uma flor ou um objeto leve, em geral é porque ele não encontra no médium, ou em si mesmo, os elementos necessários para um esforço maior".

15. O desaparecimento de objetos cuja causa não é descoberta às vezes pode ser obra de espíritos?

"Isso acontece com frequência, com mais frequência do que imaginam, e poderia ser reparado rogando-se ao espírito para devolver o objeto desaparecido."

Observação de Erasto. "É verdade; às vezes, porém, o que foi retirado, subtraído está, pois esses objetos que não se encontram mais na casa frequentemente são levados para muito longe. Entretanto, uma vez que fazer objetos desaparecerem exige quase as mesmas condições fluídicas que aportá-los, isso só pode ser feito com o auxílio de médiuns dotados de faculdades especiais; portanto, quando alguma coisa desaparece, é mais provável que se deva ao seu estouvamento do que ao dos espíritos".

16. Há efeitos considerados fenômenos naturais, mas que se devem à ação de certos espíritos?

"Seu dia a dia está repleto desses fatos, que vocês não compreendem porque sequer pensam neles, mas que um pouco de reflexão lhes faria ver claramente."

Observação de Erasto. "Não atribuam aos espíritos o que é obra da humanidade; creiam, porém, em sua influência oculta, constante, que faz surgir em torno de vocês mil circunstâncias, mil incidentes necessários à realização de seus atos, de sua existência".

17. Entre os objetos aportados, não há alguns que poderiam ser fabricados pelos espíritos, isto é, produzidos espontaneamente por meio de modificações a que os espíritos pudessem submeter o fluido ou elemento universal?

"Não por mim, porque não tenho a permissão; só um espírito elevado consegue fazê-lo."

18. Naquele outro dia, como o senhor fez para introduzir objetos no aposento, uma vez que ele estava fechado?

"Eu os fiz entrar comigo, envolvidos, por assim dizer, em minha substância; quanto a lhes dizer mais a respeito, isso não é explicável."

19. Como faz para tornar visíveis esses objetos que eram invisíveis um instante atrás?

"Eu retirei a matéria que os envolvia."

Observação de Erasto. "Não é a matéria propriamente dita que os envolvia, mas um fluido, metade tirado do perispírito do médium, outra metade do espírito que está agindo.

20. (*A Erasto*) Pode-se trazer um objeto a um lugar completamente fechado? Numa palavra, o espírito poderia espiritualizar um objeto material de maneira que ele pudesse penetrar a matéria?

"Essa questão é complexa. Quanto aos objetos aportados, o espírito pode torná-los invisíveis, mas não penetráveis; ele não pode romper a agregação da matéria, que seria a destruição do objeto. Tendo tornado o objeto invisível, o espírito pode transportá-lo quando quiser, e só soltá-lo no momento que for conveniente fazê-lo aparecer. É diferente com os objetos que compomos; uma vez que só colocamos neles elementos da matéria essencialmente penetráveis, e como nós mesmos penetramos e atravessamos os corpos mais densos com a mesma facilidade com que os raios solares atravessam vidraças, podemos perfeitamente dizer que introduzimos o objeto no lugar, por mais fechado que seja – mas somente neste caso."

Observação. Ver adiante, sobre a teoria da formação espontânea dos objetos, o capítulo intitulado "Laboratório do mundo invisível", capítulo VIII.

Capítulo VI

MANIFESTAÇÕES VISUAIS

Questões sobre aparições – Ensaio teórico sobre as aparições – Espíritos glóbulos – Teoria da alucinação

QUESTÕES SOBRE APARIÇÕES

100. De todas as manifestações espíritas, as mais interessantes são, sem dúvida, aquelas por meio das quais os espíritos podem se tornar visíveis. Veremos, pela explicação deste fenômeno, que ele não é mais sobrenatural que os outros. Apresentaremos primeiro as respostas que foram dadas pelos espíritos sobre este assunto:

1. Os espíritos podem se tornar visíveis?

"Sim, sobretudo durante o sono; entretanto, algumas pessoas os veem também no estado de vigília, mas isso é mais raro."

Observação. Enquanto o corpo repousa, o espírito se desprende dos laços materiais; ele fica mais livre, pode ver outros espíritos com mais facilidade e comunicar-se com eles. O sonho não é senão a lembrança desse estado; quando não nos lembramos de nada, costumamos dizer que não sonhamos, mas a alma não deixou de ver, nem de gozar de sua liberdade. Iremos nos ocupar aqui especialmente das aparições no estado de vigília.[30]

2. Os espíritos que se manifestam à visão pertencem a uma classe específica?

"Não, eles podem pertencer a todas as classes, tanto às mais elevadas como às mais inferiores."

30 Para mais detalhes sobre o estado do espírito durante o sono, ver *O Livro dos Espíritos*, capítulo "Emancipação da alma", n. 409. (Nota de Kardec.)

3. Todos os espíritos podem se manifestar visivelmente?

"Todos podem, mas nem sempre têm permissão nem vontade de fazê-lo."

4. Qual é o objetivo dos espíritos que se manifestam visivelmente?

"Depende; conforme sua natureza, o objetivo pode ser bom ou mau."

5. Por que essa permissão é dada quando o objetivo é mau?

"Para pôr à prova aqueles a quem aparecem. A intenção do espírito pode ser má, mas o resultado pode ser bom."

6. Qual seria o objetivo dos espíritos que têm más intenções ao se fazerem ver?

"Assustar, e muitas vezes vingar-se."

– Qual é o objetivo dos espíritos que vêm com boas intenções?

"Consolar as pessoas que lamentam sua perda; provar que existem e que estão perto de vocês; dar conselhos e, algumas vezes, pedir assistência para si mesmos."

7. Que inconveniente haveria se a possibilidade de ver os espíritos fosse geral e permanente? Não seria um meio de tirar as dúvidas dos mais incrédulos?

"Estando o homem ininterruptamente cercado de espíritos, a visão incessante deles o perturbaria, atrapalharia suas ações e lhe tiraria a iniciativa na maior parte dos casos, ao passo que, crendo-se só, ele age mais livremente. Quanto aos incrédulos, eles dispõem de muitos meios para se convencer, se quiserem aproveitá-los e se não estiverem cegos pelo orgulho. Vocês bem sabem que há pessoas que viram e nem por isso acreditam, pois dizem tratar-se de ilusões. Não se inquietem por tais pessoas – Deus se encarrega delas."

Observação. Seria tão inconveniente ver-se ininterruptamente na presença dos espíritos quanto ver o ar que nos rodeia, ou as miríades de animais microscópicos que pululam ao nosso redor e sobre nós. Donde devemos concluir que aquilo que Deus faz é bem feito, e que Ele sabe melhor do que nós o que nos convém.

8. Se o fato de ver os espíritos tem inconvenientes, por que isso é permitido em certos casos?

"A fim de dar uma prova de que não é tudo que morre com o corpo, e que a alma conserva sua individualidade após a morte. A visão passageira é suficiente para dar essa prova e atestar a presença de seus amigos perto de vocês, e ela não tem o inconveniente de ser permanente."

9. Nos mundos mais avançados que o nosso, a visão dos espíritos é mais frequente?

"Quanto mais o homem se aproxima da natureza espiritual, mais facilmente entra em contato com os espíritos; é a rudeza de seu envoltório que torna mais difícil e rara a percepção dos seres etéreos."

10. É sensato assustar-se com a aparição de um espírito?

"Quem reflete sobre isso compreende que um espírito, seja ele quem for, é menos perigoso que um vivo. Além disso, os espíritos estão em toda parte, e não há necessidade de vê-los para saber que podem estar ao nosso lado. O espírito que quer prejudicar alguém pode fazê-lo sem ser visto, até de forma mais garantida;

ele não é perigoso porque é espírito, mas pela influência que pode exercer sobre o pensamento, desviando do bem e impelindo ao mal."

Observação. As pessoas que sentem medo quando estão sozinhas ou no escuro raramente se dão conta da causa de seu pavor; elas não saberiam dizer do que têm medo, mas, certamente, deveriam temer mais o encontro com homens do que com espíritos, pois um malfeitor é mais perigoso vivo do que após sua morte. Uma senhora de nosso conhecimento, certa noite, viu em seu quarto uma aparição tão bem caracterizada que acreditou estar na presença de alguém, e sua primeira reação foi apavorar-se. Tendo-se certificado de que não havia ninguém ali, disse a si mesma: "Parece que *é apenas um espírito* – posso dormir tranquila".

11. Aquele a quem um espírito aparece poderia iniciar uma conversa com ele?

"Perfeitamente, e é o que sempre se deve fazer em semelhantes casos, perguntando ao espírito quem é ele, o que deseja e o que se pode fazer para lhe ser útil. Se o espírito é infeliz e sofredor, a compaixão que lhe demonstramos o alivia; se é um espírito bom, pode ter vindo com a intenção de dar bons conselhos."

– Como, nesses casos, o espírito consegue responder?

"Algumas vezes ele o faz por meio de sons articulados, como faria uma pessoa viva; no mais das vezes, porém, há transmissão de pensamentos."

12. Os espíritos que aparecem com asas realmente as têm, ou essas asas são apenas uma aparência simbólica?

"Espíritos não têm asas; eles não precisam delas, porque, como espíritos, podem transportar-se por toda parte. Eles aparecem com a feição com a qual querem impressionar a pessoa a quem se mostram: uns aparecerão com sua roupa cotidiana; outros, envoltos em panos; e alguns com asas, como atributo da categoria de espíritos que representam."

13. As pessoas que vemos em sonho são mesmo aquelas de quem têm a aparência?

"Quase sempre são essas pessoas, com quem seu espírito vai se encontrar, ou que vêm se encontrar com vocês."

14. Os espíritos zombeteiros não poderiam tomar a aparência de pessoas que nos são queridas para nos induzir ao erro?

"Eles só tomam aparências fantasiosas para se divertirem às suas custas; mas há coisas com as quais não lhes é permitido brincar."

15. Sendo o pensamento uma espécie de evocação, compreende-se que ele atraia a presença do espírito; por que então as pessoas em quem mais pensamos, que desejamos ardentemente rever, nunca se apresentam em sonho, ao passo que vemos pessoas que nos são indiferentes e nas quais absolutamente não pensamos?

"Nem sempre os espíritos têm a possibilidade de se manifestar à visão, mesmo em sonho, e a despeito do desejo que temos de vê-los; causas independentes de sua vontade podem impedi-los. Muitas vezes, também, trata-se de uma provação da qual nem mesmo o desejo mais ardente pode dispensar. Quanto às pessoas que lhes são indiferentes, se vocês não pensam nelas, é possível que elas pensem em vocês. Além disso, vocês não fazem ideia das relações no mundo dos espíritos – encontram nele uma multidão de conhecidos íntimos, novos ou antigos, dos quais não faziam ideia no estado de vigília."

Observação. Quando não há nenhum meio de atestar as visões ou aparições, elas provavelmente poderão ser colocadas na conta das alucinações; mas quando são confirmadas pelos acontecimentos, não se poderia atribuí-las à imaginação, como aquelas aparições, ocorridas em sonho ou em vigília, no momento da morte de pessoas em quem não pensávamos, mas que, por diversos sinais, vêm revelar as circunstâncias totalmente imprevistas de seu fim. Muitas vezes cavalos foram vistos empinando e empacando diante de aparições que assustam aqueles que os conduziam; se há espaço para imaginação no caso dos homens, certamente isso não ocorre no caso dos animais. Além disso, se as imagens que vemos em sonho fossem sempre um reflexo das preocupações de vigília, nada explicaria por que quase nunca sonhamos com as coisas em que mais pensamos.

16. Por que certas visões são mais frequentes em situações de enfermidade?

"Elas também ocorrem com saúde perfeita; na doença, porém, os laços materiais ficam relaxados; a fraqueza do corpo dá mais liberdade ao espírito, que assim entra mais facilmente em contato com outros espíritos."

17. As aparições espontâneas parecem ser mais frequentes em certas regiões. Alguns povos são mais capazes de obter esse tipo de manifestação do que outros?

"Vocês fazem uma ata pública de cada aparição? As aparições, os ruídos, todas as manifestações, enfim, estão igualmente disseminadas sobre toda a Terra, mas apresentam características distintas conforme os povos entre os quais ocorrem. Entre aqueles, por exemplo, em que a escrita é pouco difundida, não há médiuns escreventes; entre outros povos, encontram-se em grande número; além disso, são mais frequentes as manifestações de ruídos e movimentos que as comunicações inteligentes, porque estas são menos valorizadas e menos buscadas."

18. Por que as aparições ocorrem mais à noite? Não seria um efeito do silêncio e da escuridão sobre a imaginação?

"Pela mesma razão que lhes faz ver durante a noite as estrelas que não veem em pleno dia. A maior claridade pode ofuscar uma aparição leve; porém, é um erro acreditar que a noite seja a causa de alguma coisa. Interrogem todos os que tiveram aparições, e verão que a maior parte delas se deu durante o dia."

Observação. Os casos de aparição são muito mais frequentes e gerais do que se acredita, mas muitas pessoas não os confessam por temer o ridículo; outras os atribuem à ilusão. Se eles parecem mais numerosos entre certos povos, isso se deve ao fato de entre eles se conservarem mais cuidadosamente as tradições, falsas ou verdadeiras, quase sempre amplificadas pelo fascínio do maravilhoso, para o qual contribuem em maior ou menor grau os aspectos locais; a credulidade então faz ver efeitos sobrenaturais nos fenômenos mais triviais: o silêncio da solidão, o escarpado de um despenhadeiro, o mugido da mata, as rajadas de vento da tempestade, o eco das montanhas, a forma fantástica das nuvens, as sombras, as miragens, tudo enfim se presta à ilusão em se tratando de imaginações simples e ingênuas, que narram de boa-fé o que viram ou o que acreditam ter visto. Mas ao lado da ficção existe a realidade, e um estudo sério do espiritismo nos leva justamente a nos desprender dos acessórios ridículos da superstição.

19. A visão de espíritos ocorre em estado normal ou somente em estado de êxtase?

"Pode ocorrer em condições perfeitamente normais; no entanto, as pessoas que os veem, na maior parte dos casos, se encontram num estado especial, próximo ao êxtase, o que dá a elas uma espécie de dupla vista" (*O Livro dos Espíritos*, n. 447).

20. As pessoas que veem os espíritos os veem por meio dos olhos?

"Assim acreditam; mas, na realidade, é a alma que vê, e o que comprova isso é que se pode vê-los com os olhos fechados."

21. Como o espírito pode se tornar visível?

"O princípio é o mesmo de todas as manifestações, e está ligado às propriedades do perispírito, que pode sofrer diversas modificações, conforme a vontade do espírito."

22. O espírito propriamente dito pode se tornar visível, ou apenas com a ajuda do perispírito?

"No estado material em que vocês se encontram, os espíritos não podem se manifestar senão com auxílio de seu envoltório semimaterial; este é o intermediário por meio do qual eles agem sobre seus sentidos. É por meio desse envoltório que eles aparecem, algumas vezes com uma forma humana, ou outra qualquer, seja em sonhos, seja quando vocês estão em estado de vigília, e tanto na luz como na escuridão."

23. Poder-se-ia dizer que é pela condensação do fluido do perispírito que o espírito se torna visível?

"Condensação não é a palavra, é antes uma comparação que pode ajudá-los a compreender o fenômeno, porque não há efetivamente uma condensação. Pela combinação de fluidos, produz-se no perispírito uma disposição especial sem analogia para vocês, e que o torna perceptível."

24. Os espíritos que aparecem são sempre impalpáveis, inacessíveis ao tato?

"Impalpáveis como num sonho, em seu estado normal; no entanto, eles podem causar impressões ao tato e deixar traços de sua presença, e até tornar-se momentaneamente tangíveis, em certos casos, o que prova que entre eles e vocês há uma matéria."

25. Todo mundo é apto a ver os espíritos?

"No sono, sim, mas não no estado de vigília. No sono, a alma vê sem intermediário; no estado de vigília, ela sempre terá, em maior ou menor grau, a influência do organismo – é por isso que as condições não são exatamente as mesmas."

26. A que se deve a faculdade de ver os espíritos durante a vigília?

"Essa faculdade depende do organismo; ela está ligada à maior ou menor faculdade que o fluido do vidente tem de se combinar com o fluido do espírito. Assim, não basta que o espírito queira se mostrar, é preciso ainda que ele encontre na pessoa por quem quer ser visto a aptidão necessária."

– Essa faculdade pode ser desenvolvida por meio de exercício?

"Pode, como todas as outras faculdades; mas é uma daquelas faculdades da qual é melhor esperar o desenvolvimento natural do que provocá-lo, pelo risco de superexcitar a imaginação. A visão geral e permanente dos espíritos é excepcional e não está entre as condições normais do homem."

27. Pode-se provocar a aparição de espíritos?

"Algumas vezes sim, mas muito raramente; ela é quase sempre espontânea. Para isso, é preciso ser dotado de uma faculdade especial."

28. Os espíritos podem se tornar visíveis com outra aparência que não a forma humana?

"A forma humana é a forma normal; o espírito pode variar sua aparência, mas tem sempre o tipo humano."

– Eles não podem se manifestar com a forma de uma chama?

"Eles podem produzir clarões de chama, assim como outros efeitos, para atestar sua presença; mas estes efeitos não são os próprios espíritos. A chama quase sempre é uma miragem ou uma emanação do perispírito; em todo caso, é apenas uma parte dele; o perispírito só aparece inteiro nas visões[31]."

29. O que pensar da crença que atribui os fogos-fátuos à presença de almas ou espíritos?

"Superstição produzida pela ignorância. A causa física dos fogos-fátuos é bem conhecida."

– A chama azul que, diz-se, apareceu sobre a cabeça de Sérvio Túlio[32], quando criança, é fábula ou realidade?

"Era real; foi produzida pelo espírito familiar, que queria advertir a mãe. Essa mãe, médium vidente, percebeu uma irradiação do espírito protetor de seu filho. Nem todos os médiuns videntes têm o mesmo grau de visão, assim como vossos médiuns escreventes não escrevem todos a mesma coisa. Enquanto essa mãe via apenas uma chama, outro médium poderia ter visto o próprio corpo do espírito."

30. Os espíritos poderiam apresentar-se com a forma de animais?

"Isso pode acontecer; mas somente espíritos muito inferiores tomam essa aparência; em todo caso, não passa de uma aparência momentânea, pois seria

31 "Visões", neste caso, pode ser entendida como "aparições". (NE)

32 Filho de uma prisioneira de guerra escravizada (daí seu primeiro nome), a qual pertencera a famílias nobres em sua terra natal, Sérvio Túlio foi o sexto rei romano (século V a.C.), cujo futuro predestinado teria sido apontado em sua infância; no governo, dividiu a sociedade em classes, reformou o exército e procurou beneficiar as classes pobres (os plebeus), visando ao mesmo tempo fortalecer o monarca diante da elite romana (os patrícios). (NE)

absurdo acreditar que qualquer animal de verdade pudesse ser a encarnação de um espírito. Os animais são sempre animais, e nada mais."

Observação. Somente a superstição pode levar a crer que certos animais são animados por espíritos; é preciso uma imaginação permissiva ou muito impressionável para ver algo de sobrenatural nas situações um tanto bizarras em que os animais às vezes se colocam; e o medo frequentemente faz ver o que não existe. Mas nem sempre é o medo a fonte dessa ideia; conhecemos uma senhora, de resto muito inteligente, que se afeiçoou desmedidamente por um grande gato preto porque acreditava que ele tivesse uma natureza *sobreanimal*; no entanto, ela nunca tinha ouvido falar de espiritismo; se o tivesse conhecido, este ter-lhe-ia feito compreender o ridículo da causa de sua predileção, provando-lhe a impossibilidade de semelhante metamorfose.

ENSAIO TEÓRICO SOBRE AS APARIÇÕES

101. As manifestações aparentes mais comuns são as que ocorrem durante o sono, através dos sonhos: são as visões. Não é pertinente a nosso plano de trabalho examinar todas as particularidades que os sonhos apresentam; para resumir, diremos o que eles podem ser: uma visão atual de coisas presentes ou ausentes; uma visão retrospectiva do passado; e, em alguns casos excepcionais, um pressentimento do futuro. Muitas vezes, também, são quadros alegóricos que os espíritos fazem passar diante de nossos olhos para nos dar advertências úteis e conselhos salutares, se são espíritos bons; ou para nos induzir ao erro e adular nossas paixões, se são espíritos imperfeitos.

A teoria a seguir se aplica tanto aos sonhos quanto a todos os outros casos de aparições (ver *O Livro dos Espíritos*, n. 400 e seguintes).

Antes, vale dizer que acreditamos que ofenderíamos o bom-senso de nossos leitores se nos puséssemos a refutar o que há de absurdo e ridículo no que o vulgo chama de *interpretação dos sonhos*[33].

102. As aparições propriamente ditas ocorrem no estado de vigília, quando se goza da plenitude e da inteira liberdade de suas faculdades. Apresentam-se em geral sob uma forma vaporosa e diáfana, às vezes vaga e imprecisa; no início, é quase sempre um clarão esbranquiçado, cujos contornos vão-se delineando pouco a pouco. Outras vezes, as formas ficam claramente definidas, e é possível distinguir os menores detalhes do rosto, a ponto de se poder fazer uma descrição muito precisa. Os modos e o aspecto são semelhantes ao do espírito quando vivo.

Podendo tomar qualquer aparência, o espírito se apresenta com aquela que

33 Kardec refere-se aqui ao costume popular de interpretar sonhos segundo certos sinais ou códigos fixos, e não ao procedimento terapêutico e de sondagem psicológica iniciado com a psicanálise, que surgiria quase quatro décadas depois do lançamento deste *Livro dos Médiuns*, e que se baseia na livre associação de ideias e no processo de escuta do paciente. O livro *A interpretação dos sonhos*, do fundador da psicanálise, Sigmund Freud, só viria a público em 1899. (NE)

melhor lhe permitirá ser reconhecido, se é este seu desejo. Assim, mesmo que como espírito ele não tenha nenhuma deformidade corporal, mostrar-se-á mutilado, coxo, corcunda, ferido, com cicatrizes, se isto for necessário para confirmar sua identidade. Esopo, por exemplo, não é disforme como espírito; porém, se o evocarmos como Esopo, mesmo que tenha tido diversas existências posteriores, aparecerá feio e corcunda, com suas vestes tradicionais. Uma coisa notável é que, exceto em circunstâncias especiais, as partes menos precisas são os membros inferiores, enquanto a cabeça, o tronco, os braços e as mãos são sempre claramente definidos: assim, quase não os vemos andar, mas deslizar como sombras. Quanto ao traje, compõe-se no mais das vezes de panos que terminam em longas pregas flutuantes; além disso, a aparência dos espíritos que nada conservaram da vida terrena é de uma cabeleira ondulante e graciosa; mas os espíritos comuns, das pessoas que conhecemos, trazem geralmente os trajes que usavam no último período de sua existência. Muitas vezes sua aparência tem atributos característicos de sua elevação, como uma auréola, ou asas, para aqueles que podem ser considerados como anjos, enquanto outros têm atributos que lembram suas ocupações terrenas: assim, um guerreiro poderá aparecer com sua armadura, um sábio com seus livros, um assassino com um punhal, etc. Os espíritos superiores têm uma figura bela, nobre e serena; os mais inferiores têm qualquer coisa de selvagem e bestial, e às vezes trazem ainda as marcas dos crimes que cometeram ou dos suplícios que sofreram. A questão do traje e de todos esses objetos acessórios é talvez a que mais intrigue; voltaremos a ela num capítulo especial, porque se relaciona a outros fatos muito importantes. (Ver adiante, no capítulo VIII, o item “Vestimentas dos espíritos”.)

103. Dissemos que a aparição tem algo de vaporoso; em alguns casos se poderia compará-la à imagem refletida em um espelho sem o fundo metálico, espelho que, apesar de sua nitidez, não impede de se verem os objetos que estão por trás. Geralmente é assim que os médiuns videntes percebem as aparições; eles as veem ir, vir, entrar ou sair de um cômodo, circular entre a multidão de vivos, como se (ao menos no caso dos espíritos vulgares) participassem ativamente de tudo o que acontece ao seu redor, como se escutassem o que se diz e se interessassem por tudo. Muitas vezes são vistos aproximando-se de uma pessoa, soprando-lhe ideias, influenciando-a, consolando-a se são bons, zombando dela se são maus, mostrando-se tristes ou contentes com os resultados que conseguem; são, numa palavra, como que o revestimento do mundo corporal. Assim é este mundo oculto que nos rodeia, em meio ao qual vivemos sem desconfiar, assim como vivemos em meio a uma miríade de seres microscópicos. O microscópio nos revelou o mundo dos infinitamente pequenos, do qual não suspeitávamos; o espiritismo, auxiliado pelos médiuns videntes, revelou-nos o mundo dos espíritos, que é, também ele, uma das forças ativas da natureza. Com ajuda dos médiuns videntes, pudemos estudar o mundo invisível, iniciar-nos em seus hábitos, assim como um povo de cegos poderia estudar o mundo visível com ajuda de homens que usufruíssem da visão. (Ver adiante, no capítulo XIV, sobre os médiuns, o item concernente aos médiuns videntes.)

104. O espírito que pode ou quer aparecer às vezes se reveste de uma forma ainda mais nítida, com toda a aparência de corpo sólido, a ponto de produzir uma ilusão completa e de fazer acreditar que se tem diante de si um ser corporal. Em alguns casos, enfim, e sob o domínio de certas circunstâncias, a tangibilidade pode se tornar real, isto é, pode-se tocar, apalpar, sentir a mesma resistência, o mesmo calor que vem de um corpo vivo, o que não o impede de se esvanecer com a rapidez de um relâmpago. Já não é mais pelos olhos que se constata sua presença, mas pelo tato. Se poderíamos atribuir à ilusão ou a uma espécie de fascinação a aparição apenas visual, a dúvida não é permitida quando se pode pegá-la, apalpá-la, quando ela própria nos segura e nos abraça. Os fatos de aparição tangível são os mais raros; porém, os que têm ocorrido nestes últimos tempos, pela influência de alguns médiuns poderosos[34], e que possuem a autenticidade de testemunhos irrecusáveis, comprovam e explicam as aparições que a história relata de pessoas que se mostraram após sua morte com toda a aparência de realidade. De resto, como já dissemos, por mais extraordinários que sejam semelhantes fenômenos, todo o aspecto maravilhoso desaparece quando se conhece a maneira com que se produzem e quando se compreende que, longe de ser uma revogação das leis da natureza, são apenas uma nova aplicação dela.

105. Por sua natureza e em seu estado normal, o perispírito é invisível, e tem isso em comum com uma grande quantidade de fluidos que sabemos existir e, no entanto, nunca vimos; mas ele também pode, assim como certos fluidos, sofrer modificações que o tornam perceptível à vista, seja por uma espécie de condensação, seja por uma mudança na disposição molecular – é quando ele nos aparece sob uma forma vaporosa. A condensação (não se deve tomar essa palavra ao pé da letra; nós nos utilizamos dela por falta de outra, e a título de comparação), a condensação, dizíamos, pode ser tal que o perispírito adquire as propriedades de um corpo sólido e tangível; no entanto, ele pode retomar seu estado etéreo e invisível instantaneamente. É possível entender melhor esse efeito comparando-o àquele que ocorre ao vapor, que pode passar do estado invisível ao brumoso, depois ao líquido, depois ao sólido, e *vice-versa*. Esses diferentes estados do perispírito são resultado da vontade do espírito e não de uma causa física exterior, como no caso dos gases do nosso mundo. Quando um espírito nos aparece, é porque ele coloca seu perispírito no estado necessário para torná-lo visível; mas, para isso, não basta sua vontade, pois a modificação do perispírito se opera por sua combinação com o fluido próprio do médium; ora, essa combinação nem sempre é possível, o que explica por que a visibilidade dos espíritos não é um fato gereralizado. Assim, não basta que o espírito queira se mostrar; e não basta também que uma pessoa queira vê-lo: é preciso que os dois fluidos possam

34 Como o senhor Home. (Nota de Kardec) [Sobre Home, ver nota de rodapé ao item 16, capítulo 2, da Primeira Parte.]

combinar-se, que haja entre eles uma espécie de afinidade; às vezes, também, que a emissão do fluido da pessoa seja suficientemente abundante para operar a transformação do perispírito – e provavelmente ainda haja outras condições que nos são desconhecidas; por fim, é preciso que o espírito tenha a permissão de se fazer ver por tal pessoa, o que nem sempre lhe é dado, ou é apenas em certas circunstâncias, por motivos que não podemos avaliar.

106. Outra propriedade do perispírito, que se liga à sua natureza etérea, é a penetrabilidade. Nenhuma matéria lhe é obstáculo: ele as atravessa a todas, assim como a luz atravessa os corpos transparentes. É por isso que não há vedação que possa impedir a entrada dos espíritos; eles visitam o prisioneiro num calabouço com a mesma facilidade com que visitam um homem no meio dos campos.

107. As aparições que ocorrem no estado de vigília não são raras nem novas; houve-as em todos os tempos – a história relata um grande número delas; mas não é preciso remontar ao passado longínquo, pois elas são muito frequentes em nossos dias, e tantos as presenciaram que eram tidas, num primeiro momento, por aquilo que se convencionou chamar de *alucinações*. Elas são frequentes sobretudo nos casos de morte de pessoas distantes que vêm visitar seus parentes ou amigos. Muitas vezes, não têm um objetivo muito definido, mas pode-se dizer que em geral os espíritos que assim aparecem são atraídos pela simpatia. Que cada um examine bem suas lembranças, e verá que são poucas as pessoas que não têm conhecimento de fatos desse gênero cuja autenticidade não se poderia colocar em dúvida.

ESPÍRITOS GLÓBULOS

108. Acrescentaremos às considerações anteriores o exame de alguns efeitos ópticos que deram origem à singular teoria dos *espíritos glóbulos*.

Nem sempre o ar tem uma limpidez absoluta, mas é justamente sob essa condição que as correntes de moléculas aeriformes e sua agitação produzida pelo calor se tornam mais visíveis. Algumas pessoas interpretaram isso como agrupamentos de espíritos se agitando no espaço; basta assinalar essa opinião para tê-la refutado. Mas há outro tipo de ilusão não menos bizarra contra a qual convém igualmente estar prevenido.

O humor aquoso do olho apresenta pontos quase imperceptíveis que perderam sua transparência. Esses pontos são como corpos opacos em suspensão no líquido, do qual acompanham os movimentos. Eles produzem a aparência de pequenos discos no ar ambiente, à distância e por efeito de aumento e de refração, discos que variam de um a dez milímetros de diâmetro e parecem nadar na atmosfera. Vimos pessoas achando que esses discos eram espíritos que as acompanhavam por toda parte, pessoas essas que, em seu entusiasmo, acreditavam ver rostos onde o que havia eram nuances da irisação[35], algo tão racional quanto ver um rosto na lua. Um simples experimento, feito por essas mesmas pessoas, vai trazê-las de volta ao terreno da realidade.

Esses discos ou medalhões, dizem elas, não somente as acompanham, mas seguem todos os seus movimentos; eles vão para a direita, para a esquerda, para cima, para baixo, ou param, conforme o movimento de sua cabeça. Isso nada tem de surpreendente, afinal, como essa imagem está assentada no globo ocular, deve seguir os movimentos dele. Se fossem espíritos, teríamos de convir que estão restritos a um papel demasiadamente mecânico para seres inteligentes e livres; papel bem enfastiante, mesmo para espíritos inferiores, e mais incompatível ainda se remetido à ideia que fazemos dos espíritos superiores. Ainda assim, alguns tomam por maus espíritos os pontos negros ou manchas amauróticas[36]. Esses discos, assim como as manchas negras, têm um movimento ondulatório que nunca se afasta da amplitude de certo ângulo, e o que aumenta a ilusão é o fato de não seguirem bruscamente os movimentos da linha visual. A razão é bem simples: Os pontos opacos do humor aquoso, causa primeira do fenômeno, são, já o dissemos, como que mantidos em suspensão, e têm sempre uma tendência a descer: quando sobem, é porque são levados pelo movimento do olho de baixo para cima; porém, chegando a certa altura, se fixamos o olho, vemos os discos descerem por si mesmos, depois parar. Sua mobilidade é extrema, porque basta um movimento imperceptível do olho para fazê-los mudar de direção e percorrer rapidamente toda a amplitude do arco no espaço onde se produz a imagem. Enquanto não ficar provado que uma imagem possui um movimento próprio, espontâneo e inteligente, não se pode ver nela senão um simples fenômeno óptico ou fisiológico.

O mesmo ocorre com as centelhas que às vezes se produzem, em buquês ou feixes mais ou menos compactos, pela contração dos músculos do olho, e que provavelmente se devem à eletricidade fosforescente da íris, posto que geralmente se circunscrevem à circunferência do disco dessa membrana.

Ilusões assim não podem ser resultado senão de uma observação incompleta. Quem quer que tenha estudado seriamente a natureza dos espíritos, por todos os meios que a ciência empírica oferece, compreenderá tudo o que essas visões têm de pueril. Da mesma forma que combatemos as teorias oportunistas com as quais se atacam as manifestações quando essas teorias são baseadas na ignorância dos fatos, devemos também procurar destruir as ideias falsas que demonstram mais entusiasmo do que reflexão, e que, por isso mesmo, produzirão mais mal do que bem em meio aos incrédulos, já tão dispostos a procurar o lado ridículo.

---

35 A irisação é a decomposição da luz através de certos corpos; no caso, por meio de corpos microscópicos. (NE)

36 Amaurose é um tipo de cegueira, total ou parcial, muitas vezes resultado de doença ocular, mas sem sinais exteriores ou lesões no olho. (NE)

109. O perispírito, como se vê, é a causa de todas as manifestações; seu conhecimento nos deu a chave explicativa de uma grande quantidade de fenômenos; permitiu um passo imenso à ciência espírita, e a fez entrar em um novo caminho, retirando-lhe todos os traços do maravilhoso. Nós o encontramos graças aos próprios espíritos, pois – notem bem – foram eles que nos colocaram no caminho, que nos deram a explicação da ação do espírito sobre a matéria, do movimento dos corpos inertes, dos ruídos e das aparições. Encontraremos nele, ainda, a explicação de muitos outros fenômenos que nos restam examinar antes de passar ao estudo das comunicações propriamente ditas. Quanto melhor explicarmos as causas primeiras, melhor compreenderemos as comunicações. Se compreendermos bem esta causa, o perispírito, facilmente a aplicaremos aos diversos fatos que poderão se apresentar aos observadores.

110. Estamos longe de considerar a teoria que oferecemos como absoluta e como sendo a última palavra; sem dúvida ela será completada ou retificada mais tarde por novos estudos, mas, por mais incompleta ou imperfeita que ainda seja, sempre pode ajudar a explicar a possibilidade de fatos por meio de causas que nada têm de sobrenatural; embora seja uma hipótese, não se pode, todavia, recusar-lhe o mérito da racionalidade e da probabilidade, e ela vale tanto quanto todas as explicações dadas pelos opositores para provar que, nos fenômenos espíritas, tudo não passa de ilusão, fantasmagoria e subterfúgio.

TEORIA DA ALUCINAÇÃO

111. Os que não admitem o mundo incorpóreo e invisível acreditam explicar tudo com a palavra *alucinação*. A definição dessa palavra é bem conhecida: engano ou delírio, ilusão de uma pessoa que acredita ter percepções quando na realidade não as tem (do latim *hallucinare*, enganar-se ou delirar, formada de *ad lucem*[37]); mas os estudiosos ainda não nos deram, pelo que sabemos, sua razão fisiológica.

A óptica e a fisiologia parecem não ter mais segredos para eles; então, como ainda não explicaram a natureza e a origem das imagens que se oferecem ao espírito em certas circunstâncias?

Eles querem explicar tudo pelas leis da matéria – que seja; mas que apresentem, por meio dessas leis, uma teoria da alucinação; boa ou má, ao menos será uma explicação.

112. A causa dos sonhos jamais foi explicada pela ciência; ela os atribui a um efeito da imaginação; mas não nos diz o que é a imaginação, nem como ela produz essas imagens tão claras e nítidas que nos aparecem às vezes – é como explicar uma coisa que não é conhecida por outra que também não o é; a questão, assim, permanece aberta. Dizem que se trata de uma lembrança das preocupações de vigília; porém, mesmo admitindo essa solução – que na verdade não o é –,

---

37 "*Ad lucem*" significa "à luz (do dia)". Em latim, *hallucinare* seria, originalmente, "dormir à luz (do dia)", "dormir em pé". (NE)

restaria saber o que é este espelho mágico que conserva a impressão das coisas. Como explicar, sobretudo, as visões de coisas reais que a pessoa nunca viu em estado de vigília e nas quais nunca pensou? Somente o espiritismo podia nos dar a chave explicativa desse curioso fenômeno, que passa despercebido justamente por ser corriqueiro, como ocorre a todas as maravilhas da natureza sobre as quais chegamos a passar por cima sem nos dar conta.

Os eruditos desdenharam da alucinação, não se ocupando dela; seja real ou não, não deixa de ser um fenômeno que a fisiologia tem de explicar, sob pena de confirmar sua insuficiência. Se um dia um estudioso se propuser a dar, não apenas uma definição – entendamo-nos bem –, mas uma explicação fisiológica disso, veremos se sua teoria resolve todos os casos; mas que ele principalmente não omita os fatos tão comuns de aparição de pessoas no momento de sua morte; que diga de onde vem a coincidência da aparição com a morte da pessoa. Se fosse um fato isolado, poderíamos atribuí-lo ao acaso, mas é muito frequente, e o acaso não tem dessas recidivas. Se quem visse a aparição estivesse com a imaginação impressionada pela ideia de que a pessoa iria morrer, muito bem; mas a pessoa que aparece quase sempre é aquela em quem menos se pensa; portanto, a imaginação nada tem com isso. E menos ainda se pode explicar pela imaginação circunstâncias da morte das quais não fazemos nenhuma ideia. Os alucinacionistas[38] dirão que a alma (se é que admitem uma alma) tem momentos de superexcitação em que suas faculdades estão exaltadas? Estamos de acordo; mas quando o que ela vê é real não se trata de uma ilusão. Se, em sua exaltação, a alma vê uma coisa que não está presente, é porque ela se move; mas, se nossa alma pode se transportar até uma pessoa ausente, por que a alma dessa pessoa não se moveria até nós? Dos que professam a teoria da alucinação, esperemos que expliquem esses fatos, e que não se esqueçam de que uma teoria à qual se podem opor fatos contrários é necessariamente falsa ou incompleta.

À espera de suas explicações, tentaremos emitir algumas ideias a respeito.

113. Os fatos provam que há aparições verdadeiras que a teoria espírita explica perfeitamente, e que por si só podem contestar aqueles que não admitem nada fora do organismo. Mas, à parte essas visões reais, existem mesmo alucinações, no sentido comumente dado a essa palavra? Sem dúvida que sim. E qual sua fonte? São os espíritos que nos colocarão no caminho, pois a explicação nos parece completa nas respostas dadas às questões a seguir:

– As visões são sempre reais? Não seriam, às vezes, efeito da alucinação? Por exemplo, quando vemos, em sonho ou de outra forma, o diabo ou outras coisas fantásticas que não existem, isso não é um produto da imaginação?

"Sim; às vezes, quando se está impressionado por certas leituras ou por histórias de feitiçaria, lembra-se delas e acredita-se ver o que não existe. Mas já dissemos que o espírito, com seu envoltório semimaterial, pode tomar todo tipo

38 Neologismo criado por Kardec para referir-se aos defensores da tese de que as aparições não passam de alucinação. (NE)

de forma para se manifestar. Assim, um espírito zombeteiro pode aparecer com chifres e garras se quiser, para se divertir com a credulidade, bem como um espírito bom pode se mostrar com asas e uma figura radiante."

– Podem-se considerar como aparições as figuras e outras imagens que frequentemente se apresentam no estado de sonolência ou quando fechamos os olhos?

"Quando os sentidos estão entorpecidos, o espírito se desprende e pode ver à distância ou de perto o que não poderia ver com os olhos. Essas imagens muitas vezes são visões, mas também podem ser efeito das impressões que o ato de ver certos objetos deixou no cérebro, o qual conserva os traços delas, como conserva o de sons. O espírito liberto vê então em seu próprio cérebro essas impressões, as quais se fixam nele como sobre uma placa de daguerreótipo[39]. A variedade e a mistura dessas impressões formam conjuntos bizarros e fugidios que se apagam quase que imediatamente, malgrado os esforços que fazemos para retê-las. É a uma causa semelhante que se devem atribuir certas aparições fantásticas que nada têm de real e que às vezes se produzem quando se está doente."

É aceito que a memória seja o resultado de impressões conservadas pelo cérebro. Mas por qual estranho fenômeno essas impressões tão variadas, tão múltiplas, não se confundem? Eis um mistério impenetrável, mas que não é mais estranho que o fenômeno das ondas sonoras que se cruzam no ar e nem por isso se confundem. Num cérebro sadio e bem organizado, essas impressões são nítidas e precisas; num cérebro em estado menos favorável, elas se apagam e se confundem, resultando daí a perda da memória ou a confusão de ideias. Isso fica ainda menos extraordinário se admitir-se, como na frenologia[40], uma função especial a cada parte e até mesmo a cada fibra do cérebro.

As imagens que chegam ao cérebro por intermédio dos olhos deixam nele uma impressão, o que faz com que nos lembremos de um quadro como se o tivéssemos diante de nós, mas isso não é senão uma questão de memória, pois não o vemos. Ora, num certo estado de emancipação, a alma vê no cérebro e nele reencontra essas imagens, sobretudo aquelas que mais a impressionaram, conforme a natureza de suas preocupações ou sua disposição de espírito; assim é que a alma nele reencontra a impressão de cenas religiosas, diabólicas, dramáticas, mundanas, figuras de animais bizarros que viu numa outra época em pinturas e mesmo em relatos, pois os relatos deixam também suas impressões. Portanto, a alma realmente vê, mas não vê senão uma imagem daguerreotipada no cérebro. No estado normal, essas imagens são fugidias e efêmeras, porque todas as partes do cérebro funcionam livremente; porém, em estado doente, o

39 Daguerreótipo é um instrumento rudimentar de fotografia; ele fixava as imagens obtidas na câmara escura em folhas de prata, as quais eram sobrepostas a placas mais resistentes. O nome vem do seu inventor, o francês Louis Jacques-Mandé Daguerre (1787-1851). (NE)

40 Frenologia é uma doutrina hoje ultrapassada, cientificamente, que ligava as capacidades mentais ao tamanho das partes do cérebro. (NE)

cérebro encontra-se sempre um tanto enfraquecido, não há equilíbrio entre todas as suas partes – somente algumas conservam sua atividade, enquanto outras estão como que paralisadas. Daí a permanência de certas imagens que não são apagadas, como no estado normal, pelas preocupações da vida exterior. Esta é a verdadeira alucinação e a causa primeira das ideias fixas.

Como se vê, explicamos essa anomalia por uma lei completamente fisiológica bem conhecida, a das impressões cerebrais; mas sempre nos foi necessário fazer intervir a alma. Ora, se os materialistas não puderam ainda dar uma solução satisfatória desse fenômeno, é porque não querem admitir a alma – dirão também que nossa explicação é ruim porque colocamos como princípio o que é contestado. Contestado por quem? Por eles, mas admitido pela imensa maioria desde que há homens sobre a Terra, e a negação de alguns não pode constituir-se em lei.

Nossa explicação é boa? Nós a consideramos válida na falta de outra, e, se quiserem, a título de simples hipótese, esperando outra melhor. Tal como se apresenta, pode explicar todos os casos de visão? Certamente não, e desafiamos todos os fisiologistas a apresentarem uma só, de acordo com seu ponto de vista exclusivista, que resolva todos os casos. Porque, quando pronunciaram suas sacramentais palavras de superexcitação e de exaltação, não disseram nada. Logo, se todas as teorias sobre a alucinação são insuficientes para explicar todos os fatos, é porque há outra coisa além da alucinação propriamente dita. Nossa teoria seria falsa se a aplicássemos a todos os casos de visão, pois haveria casos que viriam contradizê-la; ela pode ser correta se a restringirmos a certos efeitos.

Capítulo VII

BICORPOREIDADE E TRANSFIGURAÇÃO

Aparições de espíritos de vivos – Homens duplos – Santo Afonso de Ligóri e Santo Antônio de Pádua – Vespasiano – Transfiguração – Invisibilidade

APARIÇÕES DE ESPÍRITOS DE VIVOS

114. Os fenômenos da bicorporeidade e da transfiguração são variedades das manifestações visuais, e por mais maravilhosos que possam parecer à primeira vista, percebemos facilmente, pela explicação que pode ser dada deles, que não saem da ordem dos fenômenos naturais. Ambos se baseiam no princípio de que tudo o que foi dito sobre as propriedades do perispírito após a morte se aplica ao perispírito dos vivos. Sabemos que durante o sono o espírito recupera em parte sua liberdade, isto é, ele se afasta do corpo, e é nesse estado que tivemos muitas vezes ocasião de observá-lo. Mas o espírito, esteja o homem morto ou vivo, tem sempre seu envoltório semimaterial, que, pelas mesmas causas já descritas, pode adquirir a visibilidade e a tangibilidade. Há fatos bem positivos que não deixam nenhuma dúvida a esse respeito. Citaremos alguns exemplos que são de nosso conhecimento pessoal, e dos quais podemos garantir a exatidão, e cada pessoa poderá oferecer outros semelhantes, consultando suas lembranças.

115. A esposa de um amigo nosso viu repetidas vezes, durante a noite, entrar em seu quarto, estivesse ou não com luz acesa, uma vendedora de frutas dos arredores que ela conhecia de vista, mas com a qual jamais falara. Essa aparição lhe causou muito medo, tanto mais que, à época, a senhora não tinha nenhum conhecimento do espiritismo, e haja vista que o fenômeno se repetia com muita frequência. A vendedora estava perfeitamente viva e provavelmente dormia naquela hora; enquanto seu corpo material estava em casa, seu espírito e seu corpo fluídico estavam na casa dessa senhora; por qual motivo? É o que não se sabia; em caso semelhante, um espírita experiente nesse tipo de situação lhe teria perguntado isso, mas não ocorreu a ela essa ideia. A aparição sempre se desfazia sem que ela soubesse como, e sempre, após o desaparecimento, ela ia verificar se todas as portas estavam perfeitamente fechadas e se alguém poderia ter entrado em seu apartamento; essa precaução lhe provava estar bem acordada e não se tratar de um sonho. Outra vez viu, da mesma maneira, um homem que não conhecia, e um dia viu seu irmão que então se encontrava na Califórnia; a aparência deste era tão real que num primeiro momento pensou que ele regressara; quis lhe dirigir a palavra, mas ele desapareceu sem lhe dar tempo. Uma carta recebida posteriormente lhe provou que ele não tinha morrido. Essa senhora era o que se pode chamar de médium vidente natural, mas, nessa época, como já dissemos, nunca tinha ouvido falar em médiuns.

116. Outra senhora, que reside na província, estando gravemente doente, viu numa noite, por volta das dez horas, um senhor idoso, habitante da mesma cidade, a quem algumas vezes ela via na sociedade, mas com o qual não tinha intimidade. Esse senhor estava sentado em uma poltrona junto ao leito dela, e de vez em quando tomava uma pitada de rapé. Parecia velar por ela. Admirada com tal visita àquela hora, quis lhe perguntar o motivo, mas o senhor lhe fez sinal para não falar e para dormir. Por diversas vezes ela quis lhe dirigir a palavra e recebia sempre a mesma recomendação, e acabou por dormir. Passados alguns dias, estando já restabelecida, recebeu a visita desse mesmo senhor, mas numa hora conveniente, e dessa vez era ele em pessoa. Tinha a mesma roupa, a mesma tabaqueira e exatamente as mesmas maneiras. Persuadida de que ele viera durante sua doença, ela lhe agradeceu pelo trabalho que tivera. O senhor, muito surpreso, disse que há muito tempo não tinha o prazer de vê-la. A senhora, que conhecia os fenômenos espíritas, compreendeu o que se passava, mas, não querendo dar-lhe maiores explicações, contentou-se em dizer que provavelmente tinha sonhado.

O que é mesmo provável, dirão os incrédulos, os *espíritos céticos* (o que para eles é sinônimo de *pessoas esclarecidas*). Mas, pelo que consta, essa senhora absolutamente não dormira, tanto quanto a do exemplo anterior. Então ela sonhou estando completamente acordada? Ou, dito de outra forma, teve uma alucinação? Eis a última palavra, a explicação universal de tudo o que não se compreende. Como já refutamos suficientemente essa objeção, prosseguiremos nos dirigindo àqueles que podem nos compreender.

117. Eis, porém, outro caso mais característico, e estamos curiosos para ver como se poderia explicá-lo somente pelo jogo da imaginação.

Um senhor que morava na província jamais quis se casar, apesar dos esforços de sua família. Haviam principalmente insistido em favor de uma moça que morava na cidade vizinha, a quem ele nunca vira. Um dia, estando em seu quarto, ficou admiradíssimo ao se ver na presença de uma jovem vestida de branco e com a cabeça ornada por uma coroa de flores. Ela lhe disse que era sua noiva e estendeu-lhe a mão, que ele pegou na sua, e na qual viu um anel. Em alguns instantes tudo desapareceu. Surpreso com essa aparição e tendo certeza de que estava bem acordado, perguntou na casa se alguém viera nesse dia, mas lhe disseram que não tinham visto ninguém. Um ano depois, cedendo às novas solicitações de uma parente, decidiu ver a jovem que lhe propunham. Chegou o dia de Corpus Christi; voltavam da procissão, e uma das primeiras pessoas que viu entrando na casa foi a jovem que ele reconheceu como sendo a que lhe aparecera. Ela estava vestida da mesma forma, pois o dia em que vira a aparição era também o de Corpus Christi. Ele ficou paralisado e, por sua vez, a jovem deu um grito de surpresa e sentiu-se mal; quando voltou a si, disse que já vira aquele senhor no mesmo dia no ano anterior. O casamento foi realizado. Isso se deu por volta de 1835; nessa época não se falava de espíritos e, aliás, tanto um como outro são pessoas de um positivismo extremo, e com a imaginação menos exaltada que pode haver no mundo.

Talvez se diga que ambos estavam sensibilizados pela ideia da união proposta, e que essa preocupação desencadeara uma alucinação; mas não podemos esquecer que o marido era tão indiferente que ficou um ano sem ir ver a jovem pretendida. Mesmo admitindo essa hipótese, ficaria por explicar a dupla aparição, a coincidência da roupa com o dia da festa de Corpus Christi e, por fim, o reconhecimento físico entre pessoas que nunca tinham se visto, circunstâncias essas que não podem ser produto da imaginação.

118. Antes de ir adiante, devemos responder imediatamente a uma questão que não deixarão de fazer: como o corpo pode viver quando o espírito está ausente? Poderíamos dizer que o corpo pode viver a vida orgânica, que é independente da presença do espírito, e a prova disso é que as plantas vivem e não têm espírito. Mas devemos acrescentar que, durante a vida, o espírito jamais se desliga completamente do corpo. Os espíritos, e também alguns médiuns videntes, reconhecem o espírito de uma pessoa viva por um rastro luminoso que termina em seu corpo, fenômeno que jamais ocorre quando o corpo está morto, porque então a separação é completa. É por meio dessa ligação que o espírito é avisado instantaneamente, a qualquer distância que esteja, da necessidade que o corpo pode ter de sua presença, e ele volta então com a rapidez de um relâmpago. Conclui-se daí que o corpo jamais pode morrer na ausência do espírito, e jamais pode acontecer que este, ao voltar, encontre a porta fechada, como dizem alguns romancistas em suas histórias, feitas para entreter. (Ver *O Livro dos Espíritos*, nº 400 e seguintes.)

HOMENS DUPLOS – SANTO AFONSO DE LIGÓRI E SANTO ANTÔNIO DE PÁDUA

119. Voltemos ao nosso assunto. O espírito de uma pessoa viva, afastado do corpo, pode parecer com o de uma pessoa morta e ter todas as aparências da realidade; além disso, e pelas mesmas causas que já explicamos, ele pode adquirir uma tangibilidade momentânea. Esse fenômeno é designado com o nome de *bicorporeidade,* que deu origem a histórias de *homens duplos*, isto é, indivíduos cuja presença foi constatada em dois lugares diferentes simultaneamente. Eis dois exemplos, não de lendas populares, mas da história eclesiástica.

Santo Afonso de Ligóri foi canonizado antes do tempo exigido por se haver mostrado simultaneamente em dois lugares diferentes, o que foi tido como milagre.

Santo Antônio de Pádua estava na Espanha e, enquanto aí pregava, seu pai, que estava em Pádua, era levado ao suplício, acusado de um assassinato. Nesse momento, Santo Antônio aparece, demonstra a inocência de seu pai e revela o verdadeiro criminoso, que, mais tarde, sofreria o castigo. Ficou constatado que naquele momento Santo Antônio não tinha deixado a Espanha.

Santo Afonso, tendo sido evocado e interrogado por nós sobre o fato acima, deu as seguintes respostas:

1. Poderia nos dar a explicação desse fenômeno?

"Sim: quando o homem se encontra completamente desmaterializado devido à sua virtude, quando elevou sua alma a Deus, pode aparecer em dois lugares ao mesmo tempo. O espírito encarnado, sentindo o sono chegar, pode pedir a Deus para se transportar a um lugar qualquer. Seu espírito (ou sua alma, como quiserem chamá-lo) abandona então o corpo, acompanhado de uma *parte* do perispírito, e deixa a matéria imunda num estado próximo da morte. Eu digo *próximo* da morte, porque fica no corpo um elo que liga o perispírito e a alma à matéria, e esse elo não pode ser definido. O corpo aparece, então, no lugar em que se demandou. Creio que é tudo o que desejam saber."

2. Isto não nos dá a explicação da visibilidade e da tangibilidade do perispírito.

"Encontrando-se liberto da matéria, e conforme seu grau de elevação, o espírito pode se tornar tangível à matéria."

3. O sono do corpo é indispensável para que o espírito apareça em outros lugares?

"A alma pode se dividir quando se sente transportada para um lugar diferente de onde se encontra o corpo. Pode acontecer que o corpo não durma, embora isso seja muito raro. Então o corpo não está num estado perfeitamente normal, está sempre num estado mais ou menos de êxtase."

Observação. A alma não se divide no sentido literal da palavra. Ela se irradia em várias direções e pode, assim, manifestar-se em diversos lugares sem estar dividida. O mesmo acontece com uma luz, que pode simultaneamente se refletir em muitos espelhos.

4. Estando o homem mergulhado no sono, enquanto seu espírito está longe, o que aconteceria se fosse acordado subitamente?

"Isso não aconteceria, porque se alguém tivesse a intenção de acordá-lo, o espírito voltaria ao corpo, antecipando-se à intenção, posto que o espírito lê o pensamento."

Uma explicação completamente idêntica nos foi dada diversas vezes pelo espírito de pessoas mortas ou vivas. Santo Afonso explica o fato da presença dupla, mas não explica a teoria da visibilidade e da tangibilidade.

VESPASIANO

120. Tácito relata um fato semelhante:

Durante os meses que Vespasiano passou em Alexandria esperando o retorno periódico dos ventos estivais e a estação em que o mar se tornava seguro, muitos prodígios aconteceram, pelos quais se manifestou a proteção do céu e o interesse que os deuses pareciam ter por esse príncipe...

Estes prodígios redobraram em Vespasiano o desejo de visitar a morada sagrada dos deuses, para se consultar a respeito do império. Ordenou que o templo fosse fechado para o restante das pessoas. Ele entrou e, atento ao que o oráculo ia pronunciar, percebeu atrás de si um dos egípcios mais importantes, chamado Basílides, que sabia estar doente em lugar distante a vários dias de Alexandria. Informou-se com os sacerdotes se Basílides estivera aquele dia no templo; informou-se com os que por lá passavam se o tinham visto na cidade; por fim, enviou homens a cavalo e assegurou-se de que naquele exato momento ele estava a oitenta milhas dali. Então, não duvidou mais de que a visão fosse sobrenatural, e o nome de Basílides se tornou um oráculo para ele. (Tácito. *Histórias,* livro IV, capítulos 81 e 82.)

121. O indivíduo que se mostra em dois lugares distintos tem, pois, dois corpos, mas destes somente um é real, o outro não é senão uma aparência; pode-se dizer que o primeiro tem a vida orgânica, e o segundo, a vida da alma; ao acordar, os dois corpos se reúnem, e a vida da alma entra de novo no corpo material. Não parece possível, pelo menos não temos exemplo disso (e a razão parece demonstrá-lo), que no estado de separação os dois corpos pudessem gozar simultaneamente e no mesmo grau da vida ativa e inteligente. Além disso, evidencia-se no que acabamos de dizer que o corpo real não poderia morrer enquanto o corpo aparente permanecesse visível: a aproximação da morte chama sempre o espírito para o corpo, mesmo que seja por um instante. Disso resulta igualmente que o corpo aparente não poderia ser assassinado, porque não é orgânico e não é formado de carne e osso – desapareceria no momento em que se quisesse matá-lo.[41]

---

41 Ver a *Revista Espírita* de janeiro de 1859, "O fantasma de Baiona"; a de fevereiro de 1859, "Os agêneres; meu amigo Hermann"; a de maio de 1859, "O elo entre o espírito e o corpo"; novembro de 1859, "A alma errante"; janeiro de 1860, "O espírito de um lado e o corpo de outro"; março

TRANSFIGURAÇÃO

122. Passamos ao segundo fenômeno, o da *transfiguração*. Consiste na mudança de aspecto de um corpo vivo. A esse respeito, eis um fato do qual podemos garantir a total autenticidade, que se passou nos anos de 1858 e 1859 nas redondezas de Saint-Etienne. Uma jovem de uns quinze anos gozava da faculdade singular de se transfigurar, isto é, de tomar em dados momentos a aparência de certas pessoas mortas. A ilusão era tão completa que se acreditava ver a pessoa diante de si, tamanha era a semelhança com os traços do rosto, o olhar, o som da voz e até a fala. Esse fenômeno se repetiu centenas de vezes sem que a vontade da jovem interferisse. Ela tomou diversas vezes a aparência de seu irmão, morto alguns anos antes; tinha não somente o semblante, mas também sua silhueta e o volume de seu corpo. Um médico local, muitas vezes testemunha desses fatos bizarros, querendo assegurar-se de que não era vítima de uma ilusão, realizou uma experiência. Obtivemos os fatos por meio do próprio médico, pelo pai da jovem e por diversas outras testemunhas oculares honradas e dignas de fé. Ele teve a ideia de pesar a jovem em seu estado normal, depois no estado de transfiguração, quando ela tinha a aparência de seu irmão de vinte e poucos anos, muito maior e mais forte. Pois bem: verificou-se que neste último estado o peso era quase o dobro. A experiência foi conclusiva e era impossível atribuir essa aparência a uma simples ilusão de ótica. Tentemos explicar esse fato, que em determinada época foi chamado de *milagre*, e que nós chamamos simplesmente de *fenômeno*.

123. Em alguns casos a transfiguração pode ter por causa uma simples contração muscular, que pode dar à fisionomia uma expressão muito diferente, a ponto de tornar a pessoa quase irreconhecível. Temos frequentemente observado isso em alguns sonâmbulos, mas nesse caso a transformação não é radical; uma mulher poderá parecer jovem ou velha, bela ou feia, mas será sempre uma mulher, e seu peso, sobretudo, não aumentará nem diminuirá. No caso que tratamos é evidente que há algo mais; a teoria do perispírito vai nos pôr na direção certa. Admite-se em princípio que o espírito possa dar ao seu perispírito qualquer aparência; que por uma modificação na disposição molecular, ele possa lhe dar visibilidade, tangibilidade e, consequentemente, *opacidade*; que o perispírito de uma pessoa viva, afastada do corpo, possa sofrer as mesmas transformações; que a mudança de estado se opere pela combinação dos fluidos. Imaginemos agora o perispírito de uma pessoa viva não fora do corpo, mas irradiando ao redor de seu corpo de maneira a envolvê-lo como de um vapor; nesse estado, ele pode sofrer as mesmas modificações de quando separado do corpo. Se ele perde sua transparência, o corpo pode desaparecer, tornar-se invisível e se ocultar como se tivesse mergulhado num nevoeiro. Ele poderá mesmo mudar de aspecto, tornar-se

---

de 1860, "Estudos sobre o espírito de pessoas vivas; o doutor V. e a senhorita I."; abril de 1860, "O fabricante de São Petersburgo; aparições tangíveis"; novembro de 1860, "História de Maria de Ágreda"; julho de 1861, "Uma aparição providencial".

brilhante, se tal é a vontade ou o poder do espírito. Outro espírito, combinando seu próprio fluido com o primeiro, pode substituir sua aparência de maneira tal que o corpo real desapareça sob um envoltório fluídico exterior, cuja aparência pode variar segundo a vontade do espírito. Essa parece ser a verdadeira causa do fenômeno estranho, raro (é preciso dizer), da transfiguração. Quanto à diferença de peso, ela se explica da mesma maneira que para os corpos inertes. O peso intrínseco do corpo não variou porque a quantidade de matéria não aumentou; ele sofreu a influência de um agente exterior que pode aumentar ou diminuir o peso relativo, como o explicamos acima (nº 78 e seguintes). É, pois, provável que se a transfiguração tivesse ocorrido sob o aspecto de uma criança, o peso teria diminuído proporcionalmente.

INVISIBILIDADE

124. Concebe-se que o corpo possa tomar outra aparência, maior ou de mesma dimensão; mas como poderia tomar uma menor, a de uma criança, como acabamos de dizer? Neste caso, o corpo real não iria se sobrepor aos limites do corpo aparente? Por isso não dissemos que o fato tenha se verificado; quisemos somente mostrar, referindo-nos à teoria do peso específico, que o peso aparente poderia ter diminuído. Quanto ao fenômeno em si, não afirmamos nem sua possibilidade, nem sua impossibilidade. Mas, se tivesse ocorrido, o fato de não podermos lhe dar uma solução satisfatória não o invalidaria. É preciso não esquecer que estamos no começo desta ciência e que ela está longe de ter dado sua última palavra sobre esse aspecto, assim como sobre muitos outros. Além disso tudo, as partes excedentes do corpo poderiam perfeitamente ter se tornado invisíveis.

A teoria sobre o fenômeno da invisibilidade decorre naturalmente das explicações precedentes e das que foram dadas a respeito do fenômeno dos transportes, nº 96 e seguintes.

125. Restaria falar do fenômeno singular dos *agêneres*, que, por mais extraordinário que possa parecer à primeira vista, não é mais sobrenatural que os outros. Mas como já o explicamos na *Revista Espírita* (fevereiro de 1859), acreditamos ser inútil reproduzi-lo aqui com detalhes. Diremos somente que é uma variação das aparições tangíveis; é o estado de alguns espíritos que podem se revestir momentaneamente das formas de uma pessoa viva, a ponto de produzir uma ilusão perfeita (do grego *a*, negação, e *geine, geinomai*, "gerar" – que não foi gerado).

Capítulo VIII

LABORATÓRIO DO MUNDO INVISÍVEL

Vestimentas dos espíritos – Formação espontânea de objetos tangíveis – Modificação das propriedades da matéria – Ação magnética curativa

VESTIMENTAS DOS ESPÍRITOS – FORMAÇÃO ESPONTÂNEA DE OBJETOS TANGÍVEIS

126. Dissemos que os espíritos se apresentam vestidos com túnicas, com longos tecidos ou mesmo com suas roupas do dia a dia. Os tecidos parecem ser de uso geral no mundo dos espíritos; mas, pergunta-se, de onde eles retiram essas vestimentas idênticas às que usavam quando vivos, e com todos os seus acessórios? Certamente não levaram esses objetos consigo, pois os objetos reais ainda estão aqui, sob nossos olhos... Então, de onde provêm as coisas que usam no outro mundo? Essa dúvida sempre intrigou, mas, para muitas pessoas, não passava de curiosidade; no entanto, confirmaria uma questão de princípio de grande importância, pois sua solução nos colocou na pista de uma lei geral que também se aplicaria em nosso mundo corporal. Outros fatos, porém, vieram a torná-la mais complicada, e demonstraram a insuficiência das teorias que foram tentadas.

Poder-se-ia explicar a roupa, até certo ponto, considerando-a como fazendo parte do indivíduo, de alguma forma. O mesmo não acontece com os acessórios, como a tabaqueira da visita à senhora doente de que falamos no nº 116. Observemos a esse respeito que não se tratava de um morto, mas de uma pessoa viva, e que esse senhor, quando chegou em pessoa, trazia uma tabaqueira idêntica.

Onde, pois, seu espírito encontrou a que ele portava quando apareceu junto ao leito da doente? Poderíamos citar um grande número de casos em que espíritos de mortos ou de vivos apareceram com objetos diversos, tais como bengalas, armas, cachimbos, lanternas, livros, etc.

Veio-nos então o seguinte pensamento: que os corpos inertes poderiam ter seus análogos etéreos no mundo invisível; que a matéria condensada que forma os objetos poderia ter uma parte quintessenciada que escapa aos nossos sentidos. Essa teoria não era desprovida de verossimilhança, mas era insuficiente para explicar todos os fatos; havia um, sobretudo, que parecia frustrar todas as interpretações; até então, não passava de imagens, de visões. Vimos que o perispírito pode adquirir as propriedades da matéria e tornar-se tangível, mas essa tangibilidade é apenas momentânea, e o corpo sólido desvanece como uma sombra; este já é um fenômeno bastante extraordinário, mas seria outra coisa ver-se produzir matéria sólida de maneira persistente, como atestam inúmeros fatos autênticos, notadamente o da escrita direta, da qual falaremos com detalhes num capítulo especial. Todavia, como o fenômento se liga intimamente ao assunto de que tratamos neste momento, e como é uma de suas aplicações mais positivas, antecipamos a ordem na qual ele viria.

127. A escrita direta ou *pneumatografia* é aquela que se produz espontaneamente sem o auxílio da mão do médium, nem do lápis. Basta pegar uma folha de papel em branco, o que se deve fazer tomando todas as precauções necessárias para não ser enganado por alguma fraude, dobrá-la e colocá-la em um lugar qualquer, numa caixa ou mesmo em cima de um móvel, e, se as condições forem propícias, ao fim de um tempo mais ou menos longo, encontram-se traçados sobre o papel sinais diversos, palavras, frases e mesmo discursos, feitos na maioria das vezes com uma substância acinzentada análoga ao grafite, outras vezes a lápis vermelho, a tinta comum, e até tinta de imprensa. Eis o fato em toda sua simplicidade, e cuja reprodução, embora pouco comum, não é tão rara, pois há pessoas que a obtêm com facilidade. Se colocássemos um lápis junto ao papel, pode-se entender que o espírito se serviria dele para escrever; mas a partir do momento que só se tem o papel, é evidente que a escrita é feita com uma matéria aí depositada; de onde o espírito retirou essa matéria? Essa é a questão para cuja solução fomos levados pela tabaqueira de que falamos há pouco.

128. Foi o espírito de São Luís quem nos deu esta solução, nas respostas seguintes:

1. Citamos o caso de aparição do espírito de uma pessoa viva. Esse espírito tinha uma tabaqueira e tomava algumas pitadas. Ele tinha a mesma sensação que pessoas vivas experimentam ao usá-la?

"Não."

2. Essa tabaqueira tinha a mesma forma da que ele se servia habitualmente e que estava em sua casa. O que era a tabaqueira nas mãos desse homem?

"Uma aparência; era para que a circunstância fosse notada, como o foi, e para que a aparição não fosse tomada por uma alucinação produzida pelo estado de saúde daquele que a via. O espírito queria que esta senhora acreditasse na realidade de sua presença e tomou todas as aparências da realidade."

3. Você diz que é uma aparência. Mas uma aparência nada tem de real, é como uma ilusão de ótica. Queríamos saber se essa tabaqueira não era senão uma imagem sem realidade, ou se havia nela algo de material?

"Certamente; é com auxílio desse princípio material que o perispírito aparenta ter roupas semelhantes às que usava quando vivo."

Observação. Evidentemente, é preciso entender aqui a palavra *aparência* no sentido de "aspecto, imitação". A tabaqueira real não estava lá. Aquela que o espírito tinha era apenas sua representação: era, pois, uma aparência se comparada à original, embora formada de um princípio material.

A experiência nos ensina que nem sempre se deve tomar ao pé da letra certas expressões empregadas pelos espíritos. Interpretando-as de acordo com nossas ideias, nos expomos a grandes equívocos. Por isso é preciso aprofundar o sentido de suas palavras toda vez que houver a menor ambiguidade; é uma recomendação que nos fazem constantemente os próprios espíritos. Sem a explicação que os provocamos a dar, a palavra *aparência*, usada constantemente em casos semelhantes, poderia dar lugar a uma falsa interpretação.

4. Pode a matéria inerte se desdobrar? Haveria no mundo invisível uma matéria essencial que revestiria a forma dos objetos que vemos? Em uma palavra, esses objetos teriam seu *duplo etéreo* no mundo invisível, assim como os homens são aí representados pelos espíritos?

"Não é assim que se passa. O espírito tem sobre os elementos materiais dispersos por todo espaço, na atmosfera em que vocês vivem, um poder que vocês estão longe de supor; ele pode, se quiser, concentrar esses elementos e dar-lhes a forma aparente adequada a seus projetos."

Observação. Essa pergunta, como se viu, era a tradução do nosso pensamento, quer dizer, da ideia que fazíamos sobre a natureza desses objetos. Se as respostas fossem, como alguns pretendem, o reflexo de nosso pensamento, teríamos obtido a confirmação da nossa teoria, em vez de uma teoria contrária.

5. Coloco de novo a questão de maneira categórica, a fim de evitar qualquer equívoco: as roupas que cobrem os espíritos são alguma coisa?

"Parece-me que minha resposta precedente resolve a questão. Vocês não sabem que o próprio perispírito é alguma coisa?"

6. Resulta dessa explicação que os espíritos fazem a matéria inerte passar por transformações conforme queiram, como no caso da tabaqueira: o espírito não a encontrou feita, mas ele próprio a fez para o momento em que dela tivesse necessidade, por um ato de sua vontade, e poderia desfazê-la. Deve ocorrer o mesmo com todos os outros objetos, tais como roupas, joias, etc.?

"Mas é evidente."

7. Essa tabaqueira ficou visível para aquela senhora, a ponto de iludi-la. O espírito poderia torná-la tangível para ela?

"Poderia."

8. Se fosse o caso, essa senhora poderia tomá-la em suas mãos, acreditando ser uma tabaqueira de verdade?

"Sim."

9. Se a tivesse aberto, provavelmente teria encontrado tabaco? E se tivesse aspirado esse tabaco, teria espirrado?

"Sim."

MODIFICAÇÃO DAS PROPRIEDADES DA MATÉRIA

10. Assim, o espírito pode dar não somente a forma ao objeto, mas também suas propriedades especiais?

"Se o quiser; foi em virtude desse princípio que respondi afirmativamente às questões anteriores. Vocês ainda terão provas da poderosa ação que o espírito exerce sobre a matéria, a qual estão longe de imaginar, como já lhes disse."

11. Suponhamos então que ele quisesse fazer uma substância venenosa, e que uma pessoa a tomasse; ela teria sido envenenada?

"Ele poderia fazê-la mas não o faz; isso não lhe seria permitido."

12. Ele teria o poder de fazer uma substância salutar própria para curar, em caso de doença, e esse caso já ocorreu?

"Sim, muito frequentemente."

13. Poderia, então, fazer também uma substância alimentar, suponhamos uma fruta, uma comida qualquer, e alguém poderia comê-la e ficar saciado?

"Sim, sim; mas não procurem tanto para achar o que é tão fácil de compreender. Basta um raio de sol para tornar perceptíveis aos seus órgãos grosseiros essas partículas materiais que cobrem o espaço no meio do qual vocês vivem. Não sabem que o ar contém vapores d'água? Se os condensarem voltarão ao estado normal; se os privarem do calor, então essas moléculas impalpáveis e invisíveis se tornarão um corpo sólido, e bem sólido, e muitas outras substâncias com as quais os químicos lhes farão maravilhas mais espantosas ainda. O espírito somente possui instrumentos mais perfeitos que os seus: a vontade e a permissão de Deus."

Observação. A questão da saciedade é muito importante aqui. Como uma substância que não tem senão uma existência e propriedades temporárias pode, em uma situação normal, produzir a saciedade? Essa substância, em seu contato com o estômago, produz *a sensação* de saciedade, mas não a saciedade resultante da plenitude. Se essa substância pode agir sobre o sistema e modificar um estado mórbido, pode também agir sobre o estômago e produzir a saciedade – mas pedimos que os senhores farmacêuticos e donos de restaurantes não fiquem com ciúmes, nem temam que os espíritos venham lhes fazer concorrência: esses casos são raros, excepcionais, e nunca dependem de nossa vontade; do contrário, nós nos alimentaríamos e nos curaríamos a bem baixos custos...

14. Os objetos que se tornam tangíveis pela vontade do espírito poderiam adquirir um caráter permanente e estável, e serem usados?

"Poderia acontecer, *mas isso não se faz*; é contrário às leis."

15. Todos os espíritos têm no mesmo grau o poder de produzir objetos tangíveis?

"É certo que quanto mais elevado é o espírito mais facilmente ele o obtém, mas mesmo isso depende da circunstância. Também os espíritos inferiores podem ter esse poder."

16. O espírito sempre compreende a maneira pela qual produz suas roupas ou os objetos que torna aparentes?

"Não; na maioria das vezes participa de sua formação por um ato instintivo que ele próprio não compreende, se não estiver bastante esclarecido quanto a isso."

17. Se o espírito pode tirar do elemento universal os materiais para fazer todas essas coisas, e dar a elas uma realidade temporária com suas propriedades, ele também pode tirar daí o que é necessário para escrever, e consequentemente, isso nos dá a chave do fenômeno da escrita direta?

"Enfim chegaram onde queriam!"

Observação. Era aí, com efeito, que queríamos chegar com todas as nossas perguntas anteriores; a resposta prova que o espírito tinha lido nosso pensamento.

18. Se a matéria da qual o espírito se serve não tem durabilidade, como os traços da escrita direta não desaparecem?

"Não tirem conclusões precipitadas com base apenas em palavras. Em primeiro lugar, eu não disse 'nunca'. Lá, tratava-se de um objeto material volumoso; aqui, são sinais rabiscados, que é útil conservar, e são conservados. Eu quis dizer que os objetos compostos pelo espírito não poderiam se tornar objetos de uso porque neles não há, na realidade, agregação de matéria, como há em seus corpos sólidos."

129. A teoria acima pode ser assim resumida: o espírito age sobre a matéria; ele tira da matéria cósmica universal os elementos necessários para formar, como quiser, objetos que possuem a aparência dos diversos corpos que existem na Terra. Por sua vontade, ele também pode operar na matéria elementar uma transformação íntima que lhe confira determinadas propriedades. Essa faculdade é inerente à natureza do espírito, que frequentemente a exerce de forma instintiva quando necessário, sem se dar conta. Os objetos formados pelo espírito têm uma existência temporária, subordinada à vontade dele, ou à necessidade. Ele pode fazê-los e desfazê-los a seu gosto. Em certos casos, esses objetos podem adquirir, aos olhos das pessoas vivas, todas as aparências da realidade, isto é, tornarem-se momentaneamente visíveis e até tangíveis. Há formação, mas não criação, visto que o espírito não pode tirar nada do vazio.

130. A existência de uma matéria elementar única é aceita hoje pela ciência de forma quase geral, e, como vimos, confirmada pelos espíritos. Essa matéria dá origem a todos os corpos da natureza; pelas transformações que passa, produz também as diversas propriedades desses mesmos corpos. É assim que uma substância salutar pode tornar-se venenosa por uma simples modificação. A química nos oferece inúmeros exemplos disso. Todos sabem que duas substâncias inofensivas combinadas em certas proporções podem produzir uma terceira que seja deletéria. Uma parte de oxigênio e duas de hidrogênio, ambas inofensivas, formam a água; acrescentem um átomo de oxigênio e vocês terão um líquido corrosivo. Sem mudar as proporções, em geral basta uma simples mudança na forma da agregação molecular para mudar as propriedades. É assim que um corpo opaco pode se tornar transparente, e vice-versa. Visto que o espírito tem, por sua vontade, uma ação tão poderosa sobre a matéria elementar, compreende-se que possa não somente formar substâncias, mas também desnaturar suas propriedades, tendo a vontade aqui o efeito de um reativo.

AÇÃO MAGNÉTICA CURATIVA

131. Essa teoria nos dá a solução de um fato bem conhecido em magnetismo, mas não explicado até o presente: o da mudança das propriedades da água através da vontade. O espírito agente é o do magnetizador, frequentemente assistido por um espírito desencarnado. Ele produz uma transmutação com auxílio do fluido magnético que, como já dissemos, é a substância que mais se aproxima da matéria cósmica ou elemento universal. Se ele pode produzir uma modificação nas propriedades da água, pode produzir um fenômeno análogo nos fluidos do organismo, daí o efeito curativo da ação magnética convenientemente dirigida.

Sabe-se o papel capital que a vontade desempenha em todos os fenômenos de magnetismo. Mas como explicar a ação material de um agente tão sutil? A vontade não é um ser, uma substância qualquer, e nem mesmo uma propriedade da matéria, mesmo a mais etérea. A vontade é o atributo essencial do espírito, isto é, do ser pensante. Com o auxílio dessa alavanca, ele age sobre a matéria elementar e, por uma ação consecutiva, reage sobre seus componentes, cujas propriedades íntimas podem assim ser transformadas.

A vontade é o atributo do espírito encarnado, assim como do espírito errante. Daí o poder do magnetizador, poder que se sabe estar na razão direta da força de vontade. O espírito encarnado podendo agir sobre a matéria elementar, pode igualmente modificar as propriedades dela, dentro de certos limites. É assim que se explica a faculdade de curar pelo contato e a imposição das mãos, faculdade que algumas pessoas possuem em maior ou menor grau. (Ver no capítulo XIV da segunda parte, "Os médiuns", item relativo aos *médiuns curadores*. Ver também *Revista Espírita,* julho 1859, *O zuavo de Magenta* e *Um oficial do exército da Itália.*)

Capítulo IX

LUGARES ASSOMBRADOS

132. As manifestações espontâneas que se produziram em todos os tempos e a persistência de alguns espíritos em dar sinais ostensivos de sua presença em certos locais são a origem da crença nos lugares assombrados. As respostas que seguem foram dadas às questões formuladas a esse respeito.

1. Os espíritos se apegam somente às pessoas ou também às coisas?

"Isso depende de sua elevação. Alguns espíritos podem se apegar às coisas terrestres; os avaros, por exemplo, que esconderam seus tesouros e que não estão suficientemente desmaterializados, podem ainda vigiá-los e guardá-los."

2. Os espíritos errantes têm lugares de sua predileção?

"Trata-se do mesmo princípio. Os espíritos que não estão mais apegados à Terra vão aonde encontram a quem amar; são atraídos mais por pessoas do que por objetos materiais. Entretanto, há os que podem momentaneamente ter uma preferência por certos lugares, mas são sempre espíritos inferiores."

3. Visto que o apego dos espíritos por um lugar é sinal de inferioridade, é igualmente uma prova de que são maus espíritos?

"Seguramente não. Um espírito pode ser pouco elevado, sem por isso ser mau. O mesmo não acontece entre os homens?"

4. A crença de que os espíritos frequentam de preferência as ruínas tem algum fundamento?

"Não. Os espíritos vão a esses espaços assim como vão a toda parte. Mas a imaginação é impressionada pelo aspecto lúgubre de certos lugares e atribui à presença dos espíritos o que frequentemente não é senão um efeito muito natural. Quantas vezes o medo não fez tomar a sombra de uma árvore por um fantasma? O grito de um animal ou o sopro do vento por almas penadas?! Os espíritos gostam da presença dos homens, é por isso que procuram mais os lugares habitados do que os isolados."

– No entanto, com base no que aprendemos sobre a diversidade de caráter dos espíritos, deve haver entre eles os misantropos e os que preferem a solidão.

"Por isso não respondi de forma absoluta à questão. Disse que eles podem ir a lugares desertos, assim como a toda parte, e é bem evidente que aqueles que se mantêm afastados é porque isso os agrada. Mas não é razão para que as ruínas sejam forçosamente lugares de sua predileção, pois certamente há muito mais espíritos nas cidades e palácios do que no fundo dos bosques."

5. As crenças populares têm, em geral, um fundo de verdade. Qual deve ser a origem da crença nos lugares assombrados?

"O fundo de verdade que há nelas é a manifestação dos espíritos, na qual o homem acreditou em todos os tempos por instinto. Mas, como já disse, o aspecto dos lugares lúgubres impressiona sua imaginação, e ele aí coloca, naturalmente, os seres que considera sobrenaturais. Essa crença supersticiosa é mantida pelas narrativas dos poetas e pelos contos fantásticos que embalam sua infância."

6. Os espíritos que se reúnem escolhem para isso dias e horas de sua preferência?

"Não, os dias e as horas são controles do tempo usados pelos homens, e para a vida corpórea, dos quais os espíritos não têm necessidade e com as quais não se inquietam."

7. Qual é a origem da ideia de que os espíritos vêm de preferência à noite?

"A impressão produzida sobre a imaginação pelo silêncio e pela escuridão. Todas essas crenças são superstições que o conhecimento racional do espiritismo deve desfazer. O mesmo acontece com a crença nos dias e horas que lhes seriam mais propícios. Acreditem, a influência da meia-noite jamais existiu, a não ser nos contos."

– Se é assim, por que certos espíritos anunciam sua chegada e manifestação para esta ou aquela hora, em dias determinados, como a sexta-feira, por exemplo?

"São espíritos que se aproveitam da credulidade e se divertem. Pela mesma razão há os que dizem ser o diabo, e dão a si próprios nomes infernais. Se vocês mostrarem que não são enganados por eles, eles não voltarão mais."

8. Os espíritos voltam preferencialmente aos túmulos onde repousam seus corpos?

"O corpo é apenas uma vestimenta. Eles não se apegam ao envoltório que os fez sofrer, assim como o prisioneiro livre de suas algemas. A lembrança das pessoas queridas é a única coisa à qual dão valor."

– As preces feitas em seus túmulos lhes são mais agradáveis e os atraem mais do que as feitas em outros lugares?

"A prece é uma evocação que atrai os espíritos, vocês bem o sabem. A prece tem mais eficácia quanto mais fervorosa e sincera; ora, diante de um túmulo venerado nosso recolhimento é maior, e a conservação de piedosas relíquias é um testemunho da afeição que se tem ao espírito, à qual ele é sempre sensível. É sempre o pensamento que age sobre o espírito, e não os objetos materiais;

esses objetos têm mais influência sobre aquele que reza, fixando sua atenção, do que sobre o espírito."

9. Segue-se, então, que a crença nos lugares assombrados não seria absolutamente falsa?

"Dissemos que alguns espíritos podem ser atraídos por coisas materiais; eles podem ser atraídos também por certos lugares que parecem escolher como morada, até que cessem as circunstâncias que os levaram para lá."

– Quais são as circunstâncias que podem levá-los para lá?

"Sua simpatia por algumas pessoas que os frequentam ou o desejo de se comunicar com elas. Entretanto, suas intenções nem sempre são louváveis. Quando são espíritos maus, podem querer se vingar de certas pessoas das quais têm queixa. A permanência em determinado lugar pode ser também, para alguns, uma punição que lhes é infligida, sobretudo se cometeram ali algum crime, para que tenham constantemente esse crime diante dos olhos."[42]

10. Os lugares assombrados o são sempre por seus antigos moradores?

"Algumas vezes, mas não sempre, pois se o antigo morador é um espírito elevado, não se apegará mais à sua morada terrestre, assim como ao seu corpo. Os espíritos que assombram certos lugares frequentemente não têm outro motivo senão o capricho, a menos que sejam atraídos em sua simpatia por certas pessoas."

– Eles podem se fixar aí para proteger uma pessoa ou sua família?

"Certamente, se são espíritos bons. Mas, nesses casos, jamais manifestam sua presença por meio de coisas desagradáveis."

11. Há algo de real na história da Dama Branca?

"É um conto tirado de mil fatos que são verdadeiros."

12. É racional temer os lugares assombrados por espíritos?

"Não. Os espíritos que frequentam certos lugares e aí fazem certo alvoroço procuram mais se divertir às custas da credulidade e da covardia do que fazer algum mal. Além disso, pensem que há espíritos por toda parte e que, em qualquer lugar onde vocês estejam, eles estarão incessantemente ao seu lado, mesmo nas casas mais tranquilas. Só parecem assombrar certas habitações porque nelas encontram oportunidade de manifestar sua presença."

13. Há um meio de expulsá-los?

"Sim, mas na maior parte das vezes o que se faz é atraí-los ao invés de afastá-los. O melhor meio de afastar os espíritos maus é atrair os bons. Atraiam, portanto, os bons espíritos, fazendo todo bem possível, e os maus se afastarão, porque o bem e o mal são incompatíveis. Sejam sempre bons, e não terão senão bons espíritos ao seu lado."

– Há, todavia, pessoas muito boas que são alvo dos tormentos dos maus espíritos.

"Se essas pessoas são realmente boas, pode-se tratar de uma prova para exercitar sua paciência e incentivá-las a serem melhores. Mas saibam que não são

---

42 Ver a *Revista Espírita* de fevereiro de 1860, "História de um condenado".

os que falam da virtude os que mais a possuem. Aquele que possui qualidades reais em geral as ignora ou não fala sobre isso."

14. O que pensar da eficácia do exorcismo para afastar os maus espíritos dos lugares assombrados?

"Vocês veem esse meio ser bem-sucedido com frequência? Ao contrário, não veem o barulho redobrar depois das cerimônias de exorcismo? É que eles se divertem quando se acredita serem 'o diabo'.

"Os espíritos que não vêm com más intenções também podem manifestar sua presença através de ruídos, e podem até se tornar visíveis, mas jamais fazem barulho incômodo. Aqueles geralmente são espíritos sofredores, que vocês poderiam consolar rezando por eles; outras vezes são espíritos benevolentes que querem provar que estão perto de vocês, ou, por fim, espíritos levianos, que fazem travessuras. Como aqueles que perturbam o repouso através de alvoroço são quase sempre espíritos que se divertem, o melhor a fazer é rir; eles se cansarão vendo que não conseguem amendrontar nem irritar." (Ver, anteriormente, o capítulo V, "Manifestações físicas espontâneas".)

A conclusão das explicações acima é que há espíritos que se apegam a certos locais e aí permanecem de preferência, mas que não têm para isso necessidade de manifestar sua presença através de efeitos sensíveis. Um lugar qualquer pode ser a morada forçada ou de predileção de um espírito, mesmo que seja mau, sem que jamais seja produzida qualquer manifestação aí.

Os espíritos que se apegam a lugares ou a coisas materiais nunca são espíritos superiores, mas, mesmo não sendo superiores, podem não ser maus, nem ter más intenções. Às vezes são comensais antes úteis que nocivos, porque, interessando-se pelas pessoas, podem protegê-las.

Capítulo X

NATUREZA DAS COMUNICAÇÕES

Comunicações grosseiras, frívolas, sérias e instrutivas

133. Dissemos que todo efeito que revele em sua causa um ato de livre vontade, por mais insignificante que seja, denuncia por isso mesmo uma causa inteligente. Assim, um simples movimento de mesa que responde ao nosso pensamento ou que apresenta um caráter intencional pode ser considerado uma manifestação inteligente. Se o resultado se limitasse a isso, teria para nós somente um interesse secundário; todavia, já nos dá uma prova de que há nesses fenômenos mais do que uma ação puramente material. Mas a utilidade prática disso seria nula para nós, ou pelo menos limitada; é completamente diferente quando essa inteligência adquire um desenvolvimento tal que permite a troca regular e contínua de pensamentos; não são mais, então, simples manifestações inteligentes, mas verdadeiras *comunicações*. Os meios de que dispomos hoje nos permitem obtê-las de modo tão amplo, explícito e rápido como as que mantemos com os homens.

Se atentarmos bem, de acordo com a *escala espírita* (*O Livro dos Espíritos,* nº 100), à variedade infinita que há de espíritos sob o duplo aspecto da inteligência e da moralidade, compreenderemos facilmente a diferença que deve haver em suas comunicações. Elas devem refletir a elevação ou a inferioridade de suas ideias, seu saber ou sua ignorância, seus vícios ou suas virtudes; em uma palavra, elas são tão distintas quanto aquelas entre os homens, desde o selvagem até o europeu mais esclarecido. Todas as nuances que as comunicações apresentam podem ser agrupadas em quatro categorias principais, segundo suas características mais acentuadas; são elas: *grosseiras*, *frívolas*, *sérias* ou *instrutivas.*

COMUNICAÇÕES GROSSEIRAS

134. As *comunicações grosseiras* são aquelas que se traduzem por expressões que chocam o decoro. Só podem vir de espíritos de estágios inferiores, ainda manchados por todas as impurezas da matéria, e não diferem em nada daquelas que poderiam ser dadas por homens viciosos e grosseiros. Repugnam toda pessoa que tenha a menor delicadeza de sentimento, porque são, segundo o caráter dos espíritos, triviais, ignóbeis, obcenas, insolentes, arrogantes, malévolas e até mesmo ímpias.

COMUNICAÇÕES FRÍVOLAS

135. As *comunicações frívolas* emanam de espíritos levianos, zombeteiros e travessos, mais maliciosos do que maus, e que não dão nenhuma importância ao que dizem. Como elas não são chocantes, agradam certas pessoas que se divertem com elas e encontram prazer nessas conversas fúteis em que muito se fala para não dizer nada. Esses espíritos às vezes têm tiradas espirituosas e mordazes e, mesmo em meio a gracejos banais, com certa frequência dizem duras verdades, que quase sempre atingem o alvo. Os espíritos levianos pululam ao nosso redor e aproveitam todas as ocasiões para se imiscuírem nas comunicações. A verdade é o menor dos seus cuidados, e é por isso que sentem um prazer maligno em enganar aqueles que têm a fraqueza (e algumas vezes a presunção) de acreditar em sua palavra. As pessoas que se divertem com esse tipo de comunicação naturalmente facilitam o acesso aos espíritos levianos e enganadores. Os espíritos sérios se afastam delas como, entre nós, os homens sérios se afastam das rodinhas de tolos.

COMUNICAÇÕES SÉRIAS

136. As *comunicações sérias* são graves quanto ao assunto e na maneira como se realizam. Toda comunicação que exclui a frivolidade e a grosseria e que tem um fim útil, ainda que de interesse particular, é, por isso mesmo, séria; mas nem sempre estão isentas de erros. Os espíritos sérios não são todos igualmente esclarecidos; há muitas coisas que ignoram e sobre as quais podem se enganar de boa-fé. É por isso que os espíritos verdadeiramente superiores nos recomendam incessantemente submeter todas as comunicações ao controle da razão e da mais rigorosa lógica.

É preciso, pois, distinguir as comunicações *sérias-verdadeiras* das comunicações *sérias-falsas*, e nem sempre é fácil, pois é graças à seriedade da linguagem que certos espíritos presunçosos ou pseudossábios procuram impor as ideias mais falsas e os sistemas mais absurdos. Para ter mais crédito e importância, eles não têm escrúpulos de se fantasiar com nomes respeitáveis, e até com os mais venerados. Esse é um dos maiores obstáculos da ciência prática. Voltaremos a ele mais tarde, com todo o desenvolvimento que necessita um assunto tão importante, ao mesmo tempo que daremos a conhecer os meios de se prevenir do perigo das falsas comunicações.

COMUNICAÇÕES INSTRUTIVAS

137. As *comunicações instrutivas* são as comunicações sérias que têm por objetivo principal um ensinamento dado pelos espíritos sobre as ciências, a moral, a filosofia, etc. São mais ou menos profundas segundo o grau de elevação e de *desmaterialização* do espírito. Para se obter dessas comunicações um resultado proveitoso, é preciso que elas sejam regulares, e acompanhadas com perseverança. Os espíritos sérios se ligam às pessoas que querem se instruir e as assistem, e deixam aos espíritos levianos preocupar-se em divertir os que só veem nessas manifestações uma distração passageira. Somente pela regularidade e frequência dessas comunicações se pode apreciar o valor moral e intelectual dos espíritos com os quais conversamos e o grau de confiança que merecem. Se é preciso experiência para julgar os homens, talvez seja preciso mais ainda para julgar os espíritos.

Atribuindo a essas comunicações a qualificação de *instrutivas*, nós as supomos *verdadeiras*, porque uma coisa que não é *verdadeira* não poderia ser *instrutiva*, ainda que fosse dita na linguagem mais imponente. Não poderíamos classificar nessa categoria certos ensinamentos que apenas têm de sério a forma empolada e enfática com a qual espíritos antes presunçosos que sábios esperam nos iludir. Mas esses espíritos, não podendo dar o embasamento, que falta a eles próprios, não sustentam seu papel durante muito tempo. Logo traem sua fragilidade, pela pouca coerência de suas comunicações, ou quando sabemos levar suas ideias até as últimas consequências.

138. Os modos de comunicação são muito variados. Os espíritos, agindo sobre nossos órgãos e sobre nossos sentidos, podem se manifestar à visão pelas aparições; ao tato pelas impressões tangíveis ocultas ou visíveis; à audição pelos ruídos; ao olfato pelos odores sem origem conhecida. Este último modo de manifestação, embora muito real, é sem dúvida o mais incerto, pelas numerosas causas que podem induzir ao erro; por isso, não nos deteremos nela. O que devemos examinar com atenção são os diversos meios de obter comunicações, isto é, uma troca regular e contínua de pensamentos. Esses meios são: as *batidas*, a *fala* e a *escrita*. Nós os desenvolveremos em capítulos especiais.

Capítulo XI

SEMATOLOGIA E TIPTOLOGIA[43]

LINGUAGEM DE SINAIS E DE PANCADAS – TIPTOLOGIA ALFABÉTICA

139. As primeiras manifestações inteligentes foram obtidas por meio de batidas ou da tiptologia. Esse meio primitivo, que ainda era como que a infância dessa arte, oferecia apenas recursos limitados, e ficávamos reduzidos, nas comunicações, a respostas monossilábicas de *sim* ou *não*, com um número convencionado de golpes. Mais tarde foi aperfeiçoado, como dissemos. Obtêm-se batidas de duas maneiras, por médiuns especiais (geralmente é preciso, para esse modo de operação, de certa aptidão para as manifestações físicas). A primeira maneira, que se poderia chamar de *tiptologia basculante,* consiste no movimento da mesa que se ergue de um lado e depois cai batendo um pé. Basta para isso que o médium posicione as mãos sobre a borda da mesa. Se deseja conversar com um espírito determinado, é preciso evocá-lo. Caso contrário, manifesta-se o primeiro que chegar ou aquele que costuma vir. Estando combinado, por exemplo, um golpe para *sim* e dois golpes para *não* (isso é indiferente), dirigem-se ao espírito as questões que se deseja. Veremos mais tarde aquelas que convêm ser evitadas; o inconveniente está na brevidade das respostas e na dificuldade de formular a questão de maneira a conduzir a um *sim* ou um *não*. Suponhamos que se pergunte ao espírito: "O que você deseja?". Ele só poderia responder por uma frase. Então é preciso lhe dizer: "Você deseja *isso*?", "Não"; "Deseja *aquilo*?", "Sim"; e assim por diante.

140. Vale notar que, ao empregar esse meio, o espírito acrescenta frequentemente uma espécie de *mímica*, isto é, ele expressa a energia da afirmação ou da negação na força que dá aos golpes. Ele expressa também a natureza dos

43 Sematologia: ciência ou estudo dos signos; tiptologia: estudo das batidas, ou, mais especificamente, estudo das comunicações espíritas realizadas por meio de pancadas. (NE)

sentimentos que o animam: a violência, por movimentos bruscos; a cólera e a impaciência, dando repetidas pancadas com força, como uma pessoa que bate o pé com raiva, às vezes jogando a mesa no chão. Se é um espírito bondoso e polido, no começo e no fim da sessão ele inclina a mesa em forma de cumprimento. Se quer se dirigir diretamente a uma pessoa presente, leva a mesa até ela com suavidade ou violência, conforme queira lhe manifestar afeição ou antipatia. É essa, propriamente falando, a *sematologia* ou linguagem dos sinais, como a *tiptologia* é a linguagem das batidas. Eis um exemplo notável do emprego espontâneo da sematologia:

Um senhor de nosso conhecimento, estando um dia em sua sala, onde várias pessoas se ocupavam de manifestações, recebeu nesse momento uma carta nossa. Enquanto a lia, a mesinha que servia às experiências veio imediatamente até ele. Terminada a leitura da carta, ele a colocou sobre uma mesa na outra extremidade da sala; a mesinha o seguiu e se dirigiu até a mesa onde estava a carta. Surpreso com essa coincidência, ele pensou que houvesse alguma relação entre esse movimento e a carta. Interrogou o espírito, que respondeu ser nosso espírito familiar. Como esse senhor nos informasse sobre o que se passara, pedimos ao espírito para nos dizer o motivo da visita que lhe fizera; ele respondeu: "É natural que eu tenha ido ver pessoas com as quais você tem relação, a fim de, se necessário, dar a você ou a elas os avisos necessários".

Assim, é evidente que o espírito queria chamar a atenção desse senhor e buscava uma ocasião para lhe fazer saber que estava lá. Um mudo não teria se saído melhor.

141. A tiptologia não tardou a se aperfeiçoar, e se enriqueceu com um modo de comunicação mais completo, o da *tiptologia alfabética*. Este consiste em designar as letras do alfabeto por meio de batidas; foi possível, assim, obter palavras, frases e mesmo discursos inteiros. Seguindo um método, a mesa dá tantas pancadas quantas forem necessárias para indicar cada letra, isto é, uma pancada para *a,* duas para *b,* e assim por diante. Durante esse tempo, uma pessoa escreve as letras à medida que são indicadas. Quando o espírito termina, ele o faz saber por um sinal qualquer, preestabelecido.

Esse modo de proceder, como se vê, é muito longo e exige um tempo enorme para as comunicações de certa extensão. Entretanto, há pessoas que têm a paciência de se servir delas para obter ditados de diversas páginas. Mas a prática fez com que se descobrissem meios que simplificavam o procedimento, permitindo ir com certa rapidez. O que está mais em uso consiste em ter diante de si um alfabeto já escrito, assim como a série de algarismos, marcando as unidades. Enquanto o médium está na mesa, outra pessoa percorre sucessivamente as letras do alfabeto quando se trata de uma palavra, ou a dos algarismos, quando se trata de um número; quando chega na letra desejada, a própria mesa dá uma pancada, e escreve-se a letra, depois se recomeça pela segunda, a terceira, e assim por diante. Havendo algum engano numa letra, o espírito adverte através de diversos golpes ou por um movimento da mesa, e então se recomeça. Com o hábito, consegue-se ir mais rapidamente; abrevia-se muito adivinhando o fim de uma palavra começada, que o sentido da frase permite conhecer. Se não há certeza, pergunta-se ao espírito se ele queria colocar aquela palavra, e ele responde por *sim* ou por *não*.

142. Todos os efeitos que acabamos de indicar podem ser obtidos de maneira ainda mais simples pelos golpes que se escutam na madeira da própria mesa, sem nenhuma espécie de movimento, e que descrevemos no capítulo das manifestações físicas, nº 64: é a *tiptologia interna*. Nem todos os médiuns são igualmente aptos a esse modo de comunicação, porque alguns só obtêm as pancadas através do movimento bascular que mencionamos anteriormente; entretanto, com exercício, a maioria pode chegar a isso, e essa maneira tem a dupla vantagem de ser mais rápida e dar menos espaço à suspeita do que o movimento basculante da mesa, que se pode atribuir a uma pressão voluntária. É verdade que os golpes internos também poderiam ser imitados por médiuns de má-fé. As melhores coisas podem ser falsificadas, o que não prova nada contra elas. (Ver, no capítulo XXVIII, o item sobre *fraudes e mistificações.*)

Quaisquer que sejam os aperfeiçoamentos que se tenha trazido a essa maneira de proceder, ela jamais pôde chegar à rapidez e à facilidade da escrita, e por isso pouco a empregamos agora. Entretanto, algumas vezes ela é muito interessante do ponto de vista do fenômeno, principalmente para os novatos, e tem a vantagem de provar de maneira categórica a independência absoluta em relação ao pensamento do médium. Obtêm-se assim, frequentemente, respostas tão imprevistas, e tão surpreendentemente adequadas, que seria necessária uma prevenção bem determinada para não se render à evidência. Para muitas pessoas, é também um poderoso motivo de convicção. Mas, por esse meio, assim como por outros, os espíritos não gostam de se prestar aos caprichos dos curiosos que querem colocá-los à prova com perguntas impertinentes.

143. Com o objetivo de melhor assegurar a independência do pensamento do médium, imaginaram-se diversos instrumentos, consistindo em quadrantes sobre os quais são traçadas as letras, à maneira dos quadrantes dos telégrafos elétricos. Uma agulha móvel, posta em movimento pela influência do médium com ajuda de um fio condutor e de uma polia, indica as letras. Só conhecemos esses instrumentos por desenhos e descrições publicadas na América; assim, não podemos nos pronunciar sobre seu mérito, mas achamos que sua forma complicada é um inconveniente. A independência do médium é bem atestada pelos golpes internos e melhor ainda pelas respostas imprevistas, mais do que por todos os meios materiais. Por outro lado, os incrédulos que estão sempre dispostos a ver em tudo fios ocultos e maquinações são mais ainda levados a supô-las em um mecanismo especial do que numa mesa desprovida de qualquer acessório.

144. Um aparelho mais simples, mas do qual a má-fé pode facilmente abusar (como veremos no capítulo XXVIII, sobre as fraudes), é o que designaremos pelo nome de *Mesa-Girardin,* em memória ao uso que dela fazia a senhora Émile de Girardin nas inúmeras comunicações que obteve como médium; pois a senhora Girardin, mulher de espírito que era, teve a fraqueza de acreditar nos espíritos e em suas manifestações. Esse instrumento consiste numa mesinha redonda de trinta a quarenta centímetros de diâmetro, cujo tampo girava livre e facilmente sobre seu eixo, à maneira de uma roleta. Sobre a superfície e na circunferência são gravados, como num quadrante, as letras, os algarismos e as palavras *sim* e *não*. No centro há uma agulha fixa. O médium pousa seus dedos na borda da mesinha, esta gira e para quando a letra desejada está sob a agulha. Toma-se nota das letras indicadas, e assim se formam rapidamente palavras e frases.

Observe-se que a mesinha não desliza sob os dedos, mas que os dedos nela se firmam seguindo seu movimento. Talvez um médium poderoso pudesse obter um movimento independente, o que acreditamos ser possível, mas jamais fomos testemunhas disso. Se a experiência pudesse ser feita dessa maneira, seria infinitamente mais concludente, porque descartaria toda possibilidade de trapaça.

145. Resta-nos desfazer um erro bastante difundido e que consiste em confundir todos os espíritos que se comunicam por meio de golpes com os espíritos batedores. A tiptologia é um meio de comunicação como qualquer outro, e não é menos digno dos espíritos elevados do que a escrita ou a fala. Todos os espíritos, bons ou maus, podem se servir dela, assim como de outros meios. O que caracteriza os espíritos superiores é a elevação do pensamento, e não o instrumento do qual se servem para transmiti-lo. Sem dúvida, eles preferem os meios mais cômodos e sobretudo os mais rápidos; porém, na falta de lápis e papel, naturalmente se servirão da mesa falante comum, e a prova disso é que por esse meio se obtêm as comunicações mais sublimes. Se não nos servimos mais dele, não é porque o desprezamos, mas unicamente porque, como fenômeno, nos ensinou tudo o que poderíamos saber, nada mais podendo acrescentar às nossas convicções, e porque a extensão das comunicações que ora recebemos exige uma rapidez incompatível com a tiptologia.

Portanto, nem todos os espíritos que se comunicam por batidas são espíritos batedores; esse nome deve ser reservado àqueles que podemos chamar de *batedores por profissão*, os quais, com auxílio desse meio, acham graça em fazer girar para divertir certas reuniões sociais, ou para envergonhar, por sua impertinência. Da parte deles, pode-se esperar algumas vezes coisas espirituosas, mas jamais profundas; também seria perda de tempo dirigir-lhes questões de alcance científico ou filosófico; sua ignorância e inferioridade lhes valeram, por parte de outros espíritos (e a justo título), a qualificação de *espíritos volteadores* ou *saltimbancos do mundo espírita*. Acrescentemos que, se em geral eles agem por conta própria, muitas vezes também são instrumentos dos quais os espíritos superiores se servem quando querem produzir efeitos materiais.

Capítulo XII

PNEUMATOGRAFIA OU ESCRITA DIRETA. PNEUMATOFONIA

ESCRITA DIRETA

146. A *pneumatografia* é a escrita produzida diretamente pelo espírito, sem nenhum intermediário; difere da psicografia pelo fato de que esta é a transmissão do pensamento do espírito por meio da escrita através da mão do médium.

O fenômeno da escrita direta é indiscutivelmente um dos mais extraordinários do espiritismo. Por mais estranho que parecesse no início, é hoje um fato averiguado e incontestável. Se a teoria é necessária para compreender a possibilidade dos fenômenos espíritas em geral, talvez seja mais ainda neste caso, sem dúvida um dos mais estranhos que já se apresentaram, mas que deixa de parecer sobrenatural quando se compreende o princípio no qual se fundamenta.

À primeira revelação desse fenômeno, o sentimento dominante foi o de dúvida. A ideia de mistificação logo veio à mente. Com efeito, todo mundo conhece a ação das tintas chamadas *simpáticas*, cujos traços, no início completamente invisíveis, aparecem depois de algum tempo. Logo, pode ter havido um abuso de credulidade, e não afirmaríamos que nunca houve; estamos até convencidos de que certas pessoas, seja por finalidade mercenária, seja unicamente por amor próprio e para fazer com que se acreditasse em seu poder, tenham empregado subterfúgios para isso. (Ver, no capítulo XXVIII, o item sobre as *fraudes*.)

Mas, pelo fato de se poder imitar alguma coisa, seria absurdo concluir que ela não exista. Não se encontrou, nesses últimos tempos, o meio de imitar a lucidez sonambúlica a ponto de iludir? E porque esse procedimento de escamotear tenha corrido à solta, é preciso concluir que não haja verdadeiros sonâmbulos? Porque alguns comerciantes vendem vinho adulterado, é motivo para que não haja mais vinho puro? O mesmo ocorre com a escrita direta. As precauções para nos assegurarmos de sua realidade são, aliás, bem simples e fáceis e, graças a essas precauções, hoje ela não se faz objeto de qualquer dúvida.

147. Visto que a possibilidade da escrita sem intermediário é um dos atributos do espírito, visto que os espíritos existiram em todos os tempos, e em todos os tempos também produziram os diversos fenômenos que conhecemos, devem tê-la igualmente produzido na Antiguidade, como em nossos dias. E é assim que se pode explicar a aparição das três palavras no salão de festa de Baltazar[44]. A Idade Média, tão fecunda em prodígios ocultos, mas que foram abafados sob as fogueiras, também deve ter conhecido a escrita direta, e talvez tenha encontrado na teoria das modificações que os espíritos produzem na matéria (a qual desenvolvemos no capítulo VIII) o princípio da crença na transmutação dos metais.

Quaisquer que tenham sido os resultados obtidos em diversas épocas, foi somente depois da vulgarização das manifestações espíritas que se encarou seriamente a questão da escrita direta. O primeiro que parece tê-la divulgado, em Paris, nesses últimos anos, foi o barão de Guldenstubbe, que publicou a esse respeito uma obra muito interessante contendo um grande número de fac-símiles das escritas que obteve[45]. O fenômeno já era conhecido na América há certo tempo. A posição social do senhor Guldenstubbe, sua independência e a consideração de que gozava na alta sociedade descartam incontestavelmente toda suspeita de fraude voluntária, pois ele não poderia ser movido por nenhum motivo interesseiro. Poder-se-ia, quando muito, acreditar que ele próprio fosse vítima de ilusão; mas a isso um fato responde decisivamente: a obtenção do mesmo fenômeno por outras pessoas que se cercaram de todas as precauções necessárias para evitar qualquer trapaça ou qualquer fonte de engano.

148. Obtém-se a escrita direta, como em geral a maior parte das manifestações espíritas *não espontâneas,* com o recolhimento, a prece e a evocação. É frequentemente obtida nas igrejas, nos túmulos, junto a estátuas ou imagens dos personagens que são chamados; mas é evidente que o local não tem outra influência senão a de permitir um maior recolhimento e concentração do pensamento, pois está provado que também pode ser obtida sem esses acessórios e nos lugares mais comuns, como sobre um simples móvel doméstico, desde que se esteja nas condições morais desejadas e se desfrute da faculdade mediúnica necessária.

No princípio, pensava-se que bastaria colocar um lápis com o papel; e o fato poderia, até certo ponto, ser explicado. Sabe-se que os espíritos produzem o movimento e o deslocamento de objetos; que os pegam e às vezes os atiram pelo ar; poderiam muito bem pegar o lápis e usá-lo para escrever as letras; se o fazem com o impulso da mão do médium, de uma prancheta, etc., poderiam igualmente

44 Bíblia – Daniel, 5. (NE)

45 *A realidade dos espíritos e de suas manifestações, demonstrada pelo fenômeno da escrita direta*, pelo barão de Guldenstubbe. 1 volume in-fólio, com 15 estampas e 93 fac-símiles.

fazê-lo de um modo direto. Mas logo se percebeu que a presença do lápis não era necessária, e que bastava um simples pedaço de papel, dobrado ou não, para se encontrar após alguns minutos caracteres rabiscados. Aqui o fenômeno muda completamente de aspecto, e nos lança numa nova ordem de coisas; esses caracteres foram escritos com alguma substância; como não se forneceu essa substância ao espírito, ele mesmo a fez, a compôs; de onde a tirou? Aí estava o problema.

Se nos reportarmos às explicações dadas no capítulo VIII, nº 127 e 128, encontraremos a teoria completa desse fenômeno. Nessa escrita, o espírito não se serve nem de nossas substâncias, nem de nossos instrumentos; ele próprio faz a matéria e os instrumentos de que necessita, tirando-os do elemento universal primitivo, que submete por sua vontade às modificações necessárias ao efeito que quer produzir. Ele pode perfeitamente fabricar lápis vermelho, tinta de impressão ou tinta comum, assim como lápis preto e até mesmo caracteres tipográficos suficientemente resistentes para dar relevo à impressão, como já vimos exemplos. A filha de um senhor que conhecemos, criança de 12 a 13 anos, obteve páginas inteiras escritas com uma substância análoga ao pastel.

149. Tal é o resultado a que nos conduziu o fenômeno da tabaqueira relatado no capítulo VII, nº 116, sobre o qual nos estendemos longamente porque vimos nele a oportunidade de sondar uma das leis mais sérias do espiritismo, lei cujo conhecimento pode esclarecer diversos mistérios, mesmo no mundo visível. É assim que, de um fato aparentemente vulgar, pode brotar a luz; tudo se resume em observar com cuidado, e é o que qualquer pessoa pode fazer, como nós, quando não se limita a ver os efeitos e, sim, vai em busca de suas causas. Se nossa fé se consolida dia a dia, é porque compreendemos; se quiserem ter adeptos sérios, façam, pois, com que compreendam. O entendimento das causas tem ainda outro resultado: o de traçar uma linha divisória entre a verdade e a superstição.

Se considerarmos a escrita direta do ponto de vista das vantagens que ela pode oferecer, diremos que, até o presente, sua principal utilidade foi a constatação material de um fato sério: a intervenção de um poder oculto, que encontra nela um novo meio para se manifestar. Mas as comunicações obtidas dessa forma raramente são extensas; são geralmente espontâneas e limitadas a palavras, sentenças e muitas vezes sinais ininteligíveis; foram obtidas em todas as línguas, em grego, latim, siríaco, em caracteres hieroglíficos, etc., mas não se prestam às conversas contínuas e rápidas permitidas pela psicografia ou pela escrita através dos médiuns.

PNEUMATOFONIA

150. Como os espíritos podem produzir ruídos e pancadas, podem muito bem fazer ouvir gritos de toda natureza, e sons vocais imitando a voz humana, ao nosso lado ou pelo ar; é esse fenômeno que designamos pelo nome de *pneumatofonia*. E, pelo que conhecemos da natureza dos espíritos, poderíamos imaginar que alguns deles, quando de ordem inferior, se iludem e acreditam poder falar como faziam em vida (ver *Revista Espírita,* fevereiro 1858: "História do fantasma da senhorita Clairon").

Mas é preciso estar atento para não tomar por vozes ocultas todos os sons que não têm causa conhecida, ou aqueles simples zunidos do ouvido, e sobretudo para não acreditar que há alguma verdade na crença popular de que o ouvido que zune nos adverte de que se fala de nós em algum lugar. Além disso, esses zunidos, cuja causa é puramente fisiológica, não têm sentido algum, ao passo que os sons pneumatofônicos exprimem pensamentos, e só por isso já se poderia reconhecer que se devem a uma causa inteligente e não acidental. Podemos tomar como princípio que os efeitos *notoriamente inteligentes* são os únicos que poderiam atestar a intervenção dos espíritos; quanto aos outros, há pelo menos cem chances contra uma de terem causas fortuitas.

151. Ocorre com bastante frequência ouvirmos, quando meio adormecidos, pronunciarem distintamente palavras, nomes e algumas vezes até frases inteiras, alto o suficiente para nos acordar, sobressaltados. Embora possa acontecer em certos casos que isso seja realmente uma manifestação, esse fenômeno nada tem de suficientemente positivo para não ser atribuído a uma causa análoga à que desenvolvemos na teoria da alucinação (capítulo VI, nº 111 e seguintes). O que se ouve dessa maneira não tem, de resto, nenhuma consequência; não ocorre o mesmo quando estamos completamente acordados, porque, se é um espírito que se faz ouvir, poderemos trocar ideias com ele e manter uma conversa regular.

Os sons espíritas ou pneumatofônicos têm duas maneiras bem distintas de se produzir: algumas vezes é uma voz interior, que repercute no foro íntimo, e, ainda que as palavras sejam claras e distintas, nada têm de material; outras vezes são exteriores e bem distintamente articuladas, como se viessem de uma pessoa que passasse ao nosso lado.

Qualquer que seja a maneira como se produz, o fenômeno da pneumatofonia é quase sempre espontâneo e apenas raramente pode ser provocado.

Capítulo XIII

PSICOGRAFIA

Psicografia indireta (cestas e pranchetas) – Psicografia direta ou manual

PSICOGRAFIA INDIRETA

152. A ciência espírita progrediu como todas as outras, e mais rapidamente que as outras, pois que apenas alguns anos nos separam desses meios primitivos e incompletos que foram trivialmente chamados de *mesas falantes*, e já podemos nos comunicar com os espíritos tão fácil e rapidamente quanto os homens o fazem entre si, e pelos mesmos meios: a escrita e a fala. A escrita tem sobretudo a vantagem de demonstrar mais materialmente a intervenção de um poder oculto e de deixar traços que podem ser conservados, como fazemos com nossa própria correspondência. O primeiro meio empregado foi o das pranchetas e das cestas munidas de um lápis. Eis a seguir sua disposição.

153. Dissemos que a pessoa dotada de aptidão especial pode imprimir movimento de rotação a uma mesa ou objeto qualquer; tomemos no lugar da mesa uma pequena cesta de quinze a vinte centímetros de diâmetro (seja ela de madeira ou vime, pouco importa – a substância é indiferente). Se no fundo dessa cesta colocarmos um lápis solidamente atado, com a ponta de fora, para baixo, e se a mantivermos bem equilibrada sobre a ponta do lápis, colocada sobre uma folha de papel, e pusermos os dedos sobre as bordas da cesta, esta se movimentará; porém, em lugar de girar, ela levará o lápis em sentidos diversos sobre o papel, de maneira a formar ora traços sem significado, ora caracteres de escrita. Se um espírito for evocado e quiser se comunicar, ele responderá não mais por meio de pancadas, como na tiptologia, mas de palavras escritas. O movimento da cesta não é mais automático, como nas mesas girantes; torna-se inteligente. Nessa disposição, o lápis, ao chegar na extremidade da linha, não retorna para começar uma outra; continua circularmente, de tal maneira que a linha da escrita forma uma espiral, e é preciso girar várias vezes o papel para ler o que está escrito. A escrita assim obtida nem sempre é muito legível, já que as palavras não são separadas; mas o médium, por uma espécie de intuição, a decifra facilmente. Por medida de economia, pode-se substituir o papel e lápis pela lousa e o giz. Designaremos essa cesta com o nome de *cesta-pião.* A cesta pode ser substituída por uma caixa de papelão, semelhante às caixas de drágeas, pondo-se o lápis em forma de eixo, como no jogo de pião mesmo.

154. Vários outros dispositivos foram imaginados para atingir o mesmo objetivo. O mais cômodo é o que chamaremos de *cesta de bico*, que consiste em adaptar à cesta uma haste de madeira inclinada, saindo de dez a quinze centímetros de um lado, na posição de mastro da proa de um navio. Por um buraco feito na extremidade inferior dessa haste (ou no seu bico), introduz-se um lápis comprido o bastante para que a ponta repouse sobre o papel. Estando o médium com os dedos sobre as bordas da cesta, todo o aparelho se agita, e o lápis escreve como no caso anterior, com a diferença de que a escrita em geral é mais legível, as palavras são separadas, as linhas não são mais em espiral, mas contínuas como na escrita comum, e o médium pode facilmente levar o lápis de uma linha a outra. Obtêm-se, assim, dissertações de muitas páginas, tão rapidamente como se escrevêssemos à mão.

155. A inteligência que age se manifesta frequentemente por outros sinais inequívocos. Chegando ao fim da página, o lápis faz espontaneamente um movimento para virá-la; se quer voltar a uma passagem precedente, na mesma página ou em outra, procura com a ponta do lápis, como faríamos com o dedo, e depois a sublinha. Se o espírito quer se dirigir a um dos assistentes, a haste aponta para ele. Para abreviar, expressa frequentemente as palavras *sim* e *não* pelos mesmos sinais de afirmação e negação que fazemos com a cabeça. Se quer expressar cólera e impaciência, bate repetidamente a ponta do lápis, muitas vezes até quebrá-la.

156. Em lugar da cesta, algumas pessoas se servem de uma mesinha feita para isso, com doze a quinze centímetros de comprimento por cinco a seis de altura, tendo três pés, um dos quais leva um lápis; os outros dois são arredondados ou guarnecidos de uma pequena bola de marfim, para deslizar facilmente sobre o papel. Outros se servem simplesmente de uma *prancheta* de quinze a vinte centímetros quadrados, triangular, retangular ou oval, fazendo-se em uma das bordas um furo *oblíquo* para colocar o lápis. Quando posta para escrever, a prancheta fica inclinada e apoia um de seus lados sobre o papel; o lado colocado sobre o papel algumas vezes é guarnecido de dois pequenos roletes para facilitar o movimento. Entenda-se, de resto, que todos esses dispositivos nada têm de absoluto: o mais cômodo é o melhor.

Com todos esses aparatos, quase sempre é preciso que haja duas pessoas;

mas não é necessário que a segunda pessoa seja dotada da faculdade mediúnica: ela serve unicamente para manter o equilíbrio e diminuir a fadiga do médium.

PSICOGRAFIA DIRETA OU MANUAL

157. Chamamos *psicografia indireta* à escrita obtida da forma que acabamos de apontar, por oposição à *psicografia direta* ou *manual*, obtida pelo próprio médium. Para compreender este último procedimento, é preciso compreender o que se passa em sua operação. O espírito alheio que se comunica age sobre o médium; este, sob sua influência, dirige *maquinalmente* seu braço e sua mão para escrever, sem ter a menor consciência do que escreve (pelo menos é o caso mais comum); a mão age sobre a cesta, e a cesta sobre o lápis. Assim, *não é a cesta que se torna inteligente*; esta é um instrumento dirigido por uma inteligência, não sendo na realidade senão um porta-lápis, um apêndice da mão, um intermediário entre a mão e o lápis. Suprimam esse intermediário e coloquem o lápis na mão, e vocês terão o mesmo resultado, com um mecanismo muito mais simples, pois o médium escreve como faz em condições normais. Assim, toda pessoa que escreve com a ajuda de uma cesta, uma prancheta ou outro objeto, pode escrever diretamente. De todos os meios de comunicação dos espíritos, a *escrita à mão*, chamada por alguns de *escrita involuntária*, é sem dúvida a mais simples, a mais fácil e cômoda, porque não exige nenhuma preparação, e porque se presta, como a escrita corrente, às dissertações mais extensas. Voltaremos a ela quando falarmos dos médiuns.

158. No início das manifestações, quando só se tinham ideias pouco precisas sobre o assunto, muitos escritos foram publicados com estas designações: *Comunicações de uma cesta, de uma prancheta, de uma mesa*, etc. Hoje se compreende tudo o que essas expressões têm de insuficiente ou de enganoso, à parte o seu caráter pouco sério. Com efeito, como acabamos de ver, mesas, pranchetas e cestas são apenas instrumentos *não inteligentes*, embora momentaneamente animadas de uma vida factícia; elas nada podem comunicar por si mesmas. Seria tomar o efeito pela causa, o instrumento pelo princípio. Equivaleria a querer que um autor colocasse, sob o título de sua obra, que a escreveu com pena metálica ou pena de ganso. Esses instrumentos, aliás, não são os únicos; conhecemos uma pessoa que, no lugar da *cesta-pião* que descrevemos, se servia de um funil em cujo gargalo passava o lápis. Poderia então haver as "comunicações de um funil", "da caçarola" ou "da saladeira"; se elas ocorrem por meio de pancadas e essas pancadas são dadas por uma cadeira ou uma bengala, não será mais uma mesa falante, mas uma cadeira ou uma bengala falante. O que importa conhecer não é a natureza do instrumento, mas o modo de obtenção. Se a comunicação é obtida pela escrita, seja qual for o porta-lápis, é para nós *psicografia*. Se é obtida por meio de pancadas, trata-se de *tiptologia*. O espiritismo, ao tomar proporções de uma ciência, necessita de uma linguagem científica.

Capítulo XIV

OS MÉDIUNS

Médiuns de efeitos físicos – Pessoas elétricas – Médiuns sensitivos ou impressionáveis – Médiuns auditivos – Médiuns falantes – Médiuns videntes – Médiuns sonâmbulos – Médiuns curadores – Médiuns pneumatógrafos

159. Toda pessoa que sente a influência dos espíritos, em um grau qualquer, é médium. Essa faculdade é inerente ao homem e, consequentemente, não é um privilégio exclusivo; são poucas as pessoas que não a possuem ao menos de modo bem rudimentar. Assim, podemos dizer que todo mundo é mais ou menos médium. Usualmente, porém, essa qualificação aplica-se somente aos que possuem a faculdade mediúnica nitidamente caracterizada, traduzindo-se por efeitos patentes e de certa intensidade, o que depende de uma organização mais ou menos sensitiva. Deve-se observar, por outro lado, que essa faculdade não se revela em todos da mesma maneira; os médiuns possuem geralmente uma aptidão especial para esta ou aquela ordem de fenômenos, o que os divide em tantas variedades quantas são as espécies de manifestações. As principais são: *médiuns de efeitos físicos*; *médiuns sensitivos* ou *impressionáveis*; *auditivos*; *falantes*; *videntes*; *sonâmbulos*; *curadores*; *pneumatógrafos*; *escreventes* ou *psicógrafos*.

MÉDIUNS DE EFEITOS FÍSICOS

160. *Os médiuns de efeitos físicos* são particularmente aptos a produzir fenômenos materiais, como os movimentos de corpos inertes, os ruídos, etc. Podemos dividi-los em *médiuns facultativos* e *médiuns involuntários* (ver segunda parte, capítulos II e IV).

Os *médiuns facultativos* são aqueles que têm consciência de seu poder e produzem fenômenos espíritas pela própria vontade. Essa faculdade, se bem que inerente à espécie humana, como já dissemos, está longe de existir em todos com o mesmo grau. Porém, se são poucas as pessoas nas quais ela é absolutamente nula, são ainda mais raras as que são aptas a produzir grandes efeitos, tais como a suspensão de corpos pesados no espaço, o transporte através do ar e sobretudo as aparições. Os efeitos mais simples são o de rotação de um objeto, as pancadas através do movimento desse objeto ou no interior de sua própria substância. Sem atribuir uma importância capital a esses fenômenos, acreditamos que não devam ser desprezados; podem dar oportunidade a interessantes observações, e ajudam a firmar a convicção. Mas convém notar que a faculdade de produzir efeitos materiais raramente existe naqueles que possuem meios mais aperfeiçoados de comunicação, como a escrita ou a fala. Geralmente a faculdade diminui num sentido à medida que se desenvolve em outro.

161. Os *médiuns involuntários* ou *naturais* são aqueles cuja influência se exerce à revelia deles. Não têm nenhuma consciência do seu poder, e quase sempre o que acontece de anormal ao seu redor não lhes parece extraordinário; essas coisas fazem parte da sua própria maneira de ser, precisamente como as pessoas dotadas de segunda vista e que nem o suspeitam. Essas pessoas são dignas de observação, e vocês não devem deixar de recolher e estudar os fatos desse tipo que chegarem ao seu conhecimento. Eles se manifestam em qualquer idade e frequentemente entre crianças ainda muito pequenas (ver, anteriormente, capítulo V: *manifestações espontâneas*).

Essa faculdade não é, por si mesma, indício de um estado patológico, pois não é incompatível com uma saúde perfeita. Se o indivíduo que a possui é doente, isso se deve a outra causa. Os meios terapêuticos, aliás, são impotentes para fazê-la cessar; em alguns casos, ela pode aparecer depois de certa fraqueza orgânica, mas esta nunca é sua causa principal. Não seria razoável, portanto, inquietar-se com ela do ponto de vista da saúde; não deve haver inconveniente, a menos que o indivíduo, tornando-se médium facultativo, a usasse de maneira abusiva, podendo assim haver uma emissão excessiva de seu fluido vital e, por consequência, o enfraquecimento de seu organismo.

162. A razão se revolta ao pensar nas torturas morais e físicas a que a ciência muitas vezes submeteu criaturas frágeis e delicadas, para se assegurar de que não havia enganação de sua parte. Essas *experimentações,* na maioria das vezes feitas com maldade, são sempre prejudiciais aos organismos sensíveis; podiam acarretar graves desordens em seu sistema; fazer semelhantes provas é brincar com a vida. O observador de boa-fé não tem necessidade de empregar esses meios. Quem está familiarizado com esses fenômenos sabe, aliás, que eles pertencem mais à ordem moral do que à ordem física, e que em vão se buscaria sua solução nas nossas ciências exatas.

Pelo próprio fato de esses fenômenos pertencerem à ordem moral, deve-se evitar com um cuidado não menos escrupuloso tudo o que possa superexcitar a imaginação. Sabem-se quantos incidentes o temor pode ocasionar, e seria mais prudente se nos informássemos sobre todos os casos de loucura e de epilepsia que tiveram sua origem nas histórias de lobisomens e de bicho-papão. O que aconteceria se as pessoas se persuadissem de que se trata mesmo do *diabo*? Os que dão crédito a essas ideias não sabem a responsabilidade que assumem: *eles podem matar*. Ora, esse perigo não existe apenas para o sujeito, mas também para os que o cercam e podem se apavorar ao pensar que sua casa é um covil de demônios. Foi essa crença funesta que ocasionou tantos atos de atrocidade nos tempos de ignorância. Entretanto, com um pouco mais de discernimento teriam compreendido que, ao queimarem os corpos considerados como possuídos pelo diabo, não queimavam o diabo. Visto que desejavam livrar-se do diabo, era a este que deveriam matar; a doutrina espírita, esclarecendo-nos sobre a verdadeira causa de todos esses fenômenos, lhe dá o golpe de misericórdia. *Longe, pois, de fazer nascer esse pensamento, devemos – e esse é um dever de moralidade e humanidade – combatê-lo onde existir.*

O que se deve fazer quando uma faculdade semelhante se desenvolve espontaneamente numa pessoa é deixar o fenômeno seguir seu curso natural: a natureza é mais prudente que os homens. A Providência, além disso, tem seus planos, e o menor deles pode ser o instrumento de seus maiores desígnios. Mas é preciso convir que esse fenômeno assume, às vezes, proporções fatigantes e importunas para todos[46]. Ora, eis em todos esses casos o que convém fazer: no capítulo V, de *manifestações físicas espontâneas*, demos já alguns conselhos a esse respeito, dizendo que é necessário estabelecer relações com o espírito para saber o que ele deseja. O meio a seguir é igualmente baseado na observação.

Os seres invisíveis que revelam sua presença por efeitos sensíveis são em geral espíritos de uma ordem inferior, os quais podemos dominar pela ascendência moral. É essa ascendência que devemos buscar adquirir.

Para obter essa ascendência, é preciso fazer a pessoa passar do estado de *médium natural* para o de *médium facultativo*. Produz-se, então, um efeito semelhante ao que ocorre no sonambulismo. Sabe-se que o sonambulismo natural

46 Um dos fatos mais extraordinários dessa natureza, pela variedade e estranheza dos fenômenos, é sem dúvida o que ocorreu em 1852 no Palatinado (Baviera renana), em Bergzabern, próximo a Wissembourg. É tanto mais notável quanto reúne no mesmo sujeito quase todos os tipos de manifestações espontâneas: estrondos de abalar a casa, móveis revirados, objetos atirados longe por uma mão invisível, visões e aparições, sonambulismo, êxtase, catalepsia, atração elétrica, gritos e sons no espaço, instrumentos musicais tocando sem contato, comunicações inteligentes, etc.; além disso, e não menos importante, está a própria constatação desses fatos durante cerca de dois anos por inúmeras testemunhas oculares, dignas de fé por seu saber e sua posição social. Seu relato autêntico foi publicado na época por diversos jornais alemães e particularmente numa brochura atualmente esgotada e muito rara. Poder-se-á encontrar a tradução completa dessa brochura na *Revista Espírita* de 1858, com os comentários e as explicações necessárias. Pelo que sabemos, foi a única publicação francesa que se fez a respeito. Além do interesse surpreendente que esses fenômenos têm, são eminentemente instrutivos do ponto de vista do estudo prático do espiritismo.

geralmente cessa quando é substituído pelo sonambulismo magnético. Não se extingue a faculdade emancipatória da alma, apenas se lhe dá um outro curso. O mesmo acontece com a faculdade mediúnica. Para isso, em vez de impedir as manifestações, o que raramente se consegue (e nem com isso se fica isento de perigo), é necessário estimular o médium a produzi-las por sua vontade, impondo-se ao espírito. Dessa maneira, ele chega a sujeitá-lo, e de um dominador às vezes tirano faz um ser subordinado, frequentemente bastante dócil. Um fato digno de nota, e que a experiência confirma, é que em casos parecidos uma criança tem a mesma autoridade que um adulto, muitas vezes até maior. É uma nova prova a favor desse ponto fundamental da doutrina segundo o qual o espírito só é criança pelo corpo, a qual tem em si um desenvolvimento necessariamente anterior à sua encarnação atual, desenvolvimento que pode lhe conferir ascendência sobre espíritos que lhe são inferiores.

A moralização do espírito pelos conselhos de uma terceira pessoa influente e experimentada, se o médium não estiver em condições de fazê-lo, é quase sempre um meio muito eficaz. Voltaremos a esse assunto mais tarde.

PESSOAS ELÉTRICAS

163. É à categoria de médiuns de efeitos físicos que pareceriam pertencer as pessoas dotadas de certa dose de eletricidade natural, espécies de *torpedos humanos*, produzindo, pelo simples contato, os efeitos de atração e repulsão. No entanto, seria errado considerá-las *médiuns*, porque a verdadeira mediunidade supõe a intervenção direta de um espírito. Ora, no caso sobre o qual falamos, as experiências conclusivas provaram que a eletricidade é o único agente dos fenômenos. Essa estranha faculdade, que quase se poderia chamar de *enfermidade*, pode algumas vezes aliar-se à mediunidade, como se pode ver na história do *espírito batedor de Bergzabern*, mas na maioria das vezes é completamente independente. Assim, como dissemos, a única prova da intervenção dos espíritos é o caráter inteligente das manifestações. Todas as vezes que esse fator não existir, o coerente é atribuí-los a uma causa puramente física. Resta saber se as *pessoas elétricas* teriam uma aptidão maior para se tornar *médiuns de efeitos físicos*. Pensamos que sim, mais isso só poderia ser concluído com base na experiência.

MÉDIUNS SENSITIVOS OU IMPRESSIONÁVEIS

164. Designamos assim as pessoas suscetíveis de sentir a presença dos espíritos por uma vaga impressão, uma espécie de arrepio nos membros de seu corpo, que elas mesmas não sabem explicar. Essa variedade não tem um caráter definido; todos os médiuns são necessariamente impressionáveis, e a impressionabilidade é antes uma qualidade geral do que específica: é a faculdade elementar indispensável ao desenvolvimento de todas as outras. Difere da impressionabilidade puramente física e nervosa, com a qual não se deve confundi-la, pois há pessoas que não têm os nervos delicados e que sentem, mais ou menos, a presença dos espíritos, enquanto outras, muito suscetíveis, nunca os percebem.

Essa faculdade se desenvolve com o hábito e pode adquirir tal sutileza que a pessoa que a possui reconhece, pela impressão percebida, não só a natureza boa ou má do espírito que está ao seu lado, mas também sua individualidade, como o cego reconhece, não sabemos dizer por quê, a aproximação desta ou daquela pessoa. A pessoa que tem essa faculdade se torna, em relação aos espíritos, um verdadeiro sensitivo. Um espírito bom produz sempre uma impressão suave e agradável; a de um mau espírito, pelo contrário, é penosa, angustiante e desagradável – deixa como que um ranço de impureza.

MÉDIUNS AUDITIVOS[47]

165. Eles ouvem a voz dos espíritos. Como já dissemos ao tratar da pneumatofonia, alguma vezes é uma voz interna que se faz ouvir no foro íntimo. Outras vezes é uma voz externa, clara e distinta como a de uma pessoa viva. Os médiuns auditivos podem conversar com os espíritos. Quando têm o hábito de se comunicar com certos espíritos, reconhecem-nos imediatamente pelo tom de voz. Quando não se é dotado dessa faculdade, é possível comunicar-se com um espírito por intermédio de um médium auditivo que exerça o papel de intérprete.

Essa faculdade é muito agradável quando o médium só ouve espíritos bons, ou apenas aqueles que evoca. Não se dá o mesmo quando um espírito mau se obstina sobre ele, fazendo-lhe ouvir a cada minuto as coisas mais desagradáveis, e algumas vezes as mais inconvenientes. É preciso, então, tratar de se desembaraçar dele, pelos meios que indicaremos no capítulo *sobre a obsessão*, mais à frente.

MÉDIUNS FALANTES[48]

166. Os médiuns auditivos, que somente transmitem o que ouvem, não são propriamente falando *médiuns falantes*; estes últimos, na maioria das vezes, não ouvem nada; neles, os espíritos agem sobre os órgãos vocais, como agem sobre as mãos dos médiuns escreventes. O espírito que quer se comunicar serve-se do órgão mais flexível do médium: de um empresta a mão; de outro, a fala; e de um terceiro, a audição. O médium falante em geral se exprime sem ter consciência do que diz e muitas vezes diz coisas completamente estranhas às suas ideias habituais, a seus conhecimentos e mesmo ao alcance de sua inteligência. Embora esteja perfeitamente desperto e em condições normais, raramente o médium conserva a lembrança do que disse. Numa palavra, sua voz é o instrumento de que o espí-

47 Também foram chamados de audientes. (NE)

48 No Brasil, ficaram mais conhecidos como *médiuns de incorporação* ou *psicofônicos*. (NE)

rito se serve, por meio da qual outra pessoa pode entrar em comunicação com o espírito, como pode fazer por intermédio do médium auditivo.

A passividade do médium falante nem sempre é tão completa; há os que têm intuição do que dizem no momento mesmo em que pronunciam as palavras. Voltaremos a essa variedade quando tratarmos dos médiuns intuitivos.

MÉDIUNS VIDENTES

167. Os médiuns videntes são dotados da faculdade de ver os espíritos. Há os que gozam dessa faculdade em estado normal, quando estão perfeitamente acordados, guardando disso uma lembrança precisa. Outros só a possuem num estado sonambúlico ou próximo ao sonambulismo. Essa faculdade raramente é permanente; é quase sempre efeito de uma crise momentânea e passageira. Pode-se incluir na categoria dos médiuns videntes todas as pessoas dotadas de segunda vista. A possibilidade de ver os espíritos em sonho resulta, sem dúvida, de uma espécie de mediunidade, mas não constitui propriamente falando os médiuns videntes; explicamos esse fenômeno no capítulo VI, "Manifestações visuais".

O médium vidente acredita ver pelos olhos, como os que têm dupla vista; mas, na realidade, é a alma que vê, e por essa razão eles veem tanto com os olhos fechados como com os olhos abertos. De onde se conclui que um cego pode ver os espíritos como aqueles que têm a vista intacta. Haveria um interessante estudo a fazer sobre essa questão: se essa faculdade é mais frequente nos cegos. Espíritos que foram cegos em vida nos disseram que, quando vivos na Terra, tinham a percepção de certos objetos pela alma, e não estavam mergulhados numa *negra* escuridão.

168. É preciso distinguir as aparições acidentais e espontâneas da faculdade propriamente dita de ver espíritos. As primeiras são frequentes, sobretudo no momento da morte de pessoas amadas ou conhecidas, que vêm advertir que não são mais deste mundo. Há numerosos exemplos de fatos dessa espécie, sem falar das visões durante o sono. Outras vezes, são também parentes ou amigos que, embora mortos há muito tempo, aparecem para nos avisar de um perigo, dar um conselho ou pedir um serviço. O serviço que um espírito pode pedir geralmente consiste na execução de alguma coisa que ele não pôde fazer em vida, ou com o auxílio de preces. Essas aparições são fatos isolados, que têm sempre um caráter individual e pessoal, e não constituem uma faculdade propriamente dita. A faculdade consiste na possibilidade, senão permanente, pelo menos frequente, de ver o espírito que chega, mesmo os mais desconhecidos. É esta faculdade que define, propriamente falando, os médiuns videntes.

Entre os médiuns videntes, há os que veem somente os espíritos que se evoca, dos quais podem fazer a descrição com exatidão minuciosa; eles descrevem nos mínimos detalhes seus gestos, a expressão de sua fisionomia, os traços do rosto, a roupa e até os sentimentos que parecem animá-los. Há outros nos quais essa faculdade é ainda mais geral; eles veem toda a população espírita do ambiente, indo e vindo, ocupando-se de seus afazeres, se podemos assim dizer.

169. Assistimos uma noite à representação da ópera *Oberon* ao lado de um excelente médium vidente. Havia no salão um grande número de lugares vazios, dos quais muitos estavam ocupados por espíritos que pareciam participar do espetáculo; alguns se aproximavam de certos espectadores e pareciam escutar sua conversa. No palco se passava outra cena por trás dos atores: diversos espíritos de humor jovial se divertiam em contracená-los, imitando seus gestos de maneira grotesca. Outros, mais sérios, pareciam inspirar os cantores, esforçando-se para lhes dar energia. Um deles mantinha-se constantemente junto a uma das principais cantoras; acreditamos que suas intenções eram um tanto levianas; evocando-o após baixar a cortina, ele veio até nós e reprovou com alguma severidade nosso julgamento temerário. “Não sou o que pensam”, disse ele, “sou seu guia e seu espírito protetor; sou eu que fui encarregado de dirigi-la”. Depois de alguns minutos de conversa bastante séria, ele nos deixou, dizendo: “Adeus. Ela está em seu camarim; é preciso que eu vá velar por ela”. Evocamos em seguida o espírito de Weber, o autor da ópera, e perguntamos o que pensava da execução de sua obra. “Não foi tão mal”, disse ele, “mas foi murcha; os atores cantam, só isso: não há inspiração. Esperem”, acrescentou, “vou tentar lhes passar um pouco do fogo sagrado”. Então ele foi visto, em cena pairando acima dos atores; um eflúvio parecia partir do espírito e espalhar-se sobre eles. Nesse momento, houve uma visível elevação na energia dos atores.

170. Eis outro fato que prova a influência que os espíritos exercem sobre os homens à sua revelia: estávamos, como naquela noite, em uma representação teatral com outro médium vidente. Conversando com um espírito *espectador*, este nos disse: “Estão vendo aquelas duas senhoras sozinhas nos primeiros camarotes? Pois bem, vou me esforçar para fazê-las deixar o salão”. Dito isso, viu-se que foi até o camarote em questão e falou com as duas senhoras; de repente elas, que estavam muito atentas ao espetáculo, se olharam, pareceram se consultar, e a seguir se foram e não voltaram mais. O espírito nos fez, então, um gesto cômico para mostrar que tinha cumprido sua palavra. Mas não o revimos para pedir-lhe maiores explicações. E assim fomos muitas vezes testemunhas do papel que os espíritos desempenham entre os vivos. Nós os observamos em diversos lugares de reunião, em bailes, concertos, pregações, funerais, núpcias, etc., e em toda parte os encontramos atiçando más paixões, insuflando a discórdia, excitando as rixas, e se divertindo com suas proezas; outros, ao contrário, combatem essa influência perniciosa, mas raramente são escutados.

171. A faculdade de ver os espíritos pode, sem dúvida, ser desenvolvida, mas é uma das que convém esperar pelo desenvolvimento natural, sem provocá-la, se não se quer tornar-se vítima da imaginação. Quando existe o germe de uma faculdade, ela se manifesta por si própria; em princípio, é preciso se contentar com aquelas que Deus nos concedeu, sem buscar o impossível; porque, querendo ter demais, arrisca-se a perder o que se tem.

Quando dissemos que os casos de aparições espontâneas são frequentes (nº 107), não quisemos dizer que são muito comuns. Quanto aos médiuns videntes propriamente ditos, são ainda mais raros, e há muitas razões para desconfiar dos que pretendem gozar dessa faculdade; é prudente não lhes dar fé senão mediante provas positivas. E nem estamos falando dos que alimentam a ridícula ilusão dos espíritos glóbulos, que descrevemos no nº 108, mas dos que acreditam ver espíritos de uma forma razoável. Algumas pessoas podem, sem dúvida, enganar-se de boa-fé, mas outras podem também simular essa faculdade por amor-próprio ou por interesse. Neste caso, deve-se particularmente levar em conta o caráter, a moralidade e a sinceridade habitual da pessoa; mas é sobretudo nos detalhes que podemos encontrar o critério mais seguro de julgamento, porque há circunstâncias que não podem deixar dúvidas, como a descrição de espíritos que o médium jamais conheceu em vida. O fato a seguir é dessa categoria.

Uma senhora viúva cujo marido se comunica frequentemente com ela encontrou-se um dia com um médium vidente que não a conhecia, nem a sua família; o médium lhe disse: "Vejo um espírito ao seu lado". "Ah", disse a senhora, "é sem dúvida o meu marido, que quase nunca me deixa". "Não", respondeu o médium, "é uma mulher de certa idade; ela tem uma bandana branca sobre a testa".

Por essa particularidade e outros detalhes descritivos, a senhora reconheceu sua avó, sem engano, em quem ela sequer pensava naquele momento. Se o médium quisesse simular a faculdade, ser-lhe-ia mais fácil ter explorado o pensamento da senhora; mas, ao invés do marido, de quem ela sempre se ocupava em seus pensamentos, ele viu uma mulher com uma particularidade de penteado do qual nada poderia ter-lhe dado a ideia. Esse fato prova outra coisa: que a visão do médium não era o reflexo de nenhum pensamento alheio (ver nº 102).

MÉDIUNS SONÂMBULOS

172. O sonambulismo pode ser considerado uma variedade da faculdade mediúnica, ou, melhor dizendo, são duas ordens de fenômenos que muitas vezes se encontram reunidas. O sonâmbulo age sob a influência do seu próprio espírito; é sua alma que, nos momentos de emancipação, vê, ouve e percebe além dos limites dos sentidos; o que ele exprime vem dele próprio; em geral, suas ideias são mais justas do que no estado normal, seus conhecimentos, mais amplos, porque sua alma está livre; numa palavra, ele vive por antecipação a vida dos espíritos. O médium, ao contrário, é o instrumento de outra inteligência; é passivo, e o que diz não vem dele; em resumo: o sonâmbulo exprime o seu próprio pensamento, e o médium exprime o pensamento de outro. Mas o espírito que se comunica através de um médium comum pode muito bem fazê-lo também por um sonâmbulo; frequentemente o próprio estado de emancipação da alma, durante o sonambulismo, torna fácil essa comunicação. Muitos sonâmbulos veem perfeitamente os espíritos e os descrevem com tanta precisão quanto os médiuns videntes; podem conversar com eles e nos transmitir seus pensamentos; o que eles dizem fora do círculo de seus conhecimentos pessoais lhes é quase sempre sugerido por outros espíritos. Eis, a seguir, um exemplo notável em que a dupla ação, a do espírito do sonâmbulo e a de outro espírito, se revela de maneira inequívoca.

173. Um de nossos amigos observava como sonâmbulo um rapazinho de 14 a 15 anos, de inteligência bem vulgar e de instrução extremamente limitada. Não obstante, em estado sonambúlico, ele dava provas de extraordinária lucidez e grande perspicácia. Ele se sobressaía principalmente no tratamento de doenças, tendo feito inúmeras curas consideradas impossíveis. Um dia, consultava um doente cuja moléstia descrevia com perfeita exatidão. "Isso não basta", lhe disseram, "é necessário agora indicar o remédio". "Não posso", respondeu ele, "*meu anjo doutor não está aqui*". "O que você quer dizer com *seu anjo doutor*?" "Aquele que me dita os remédios." "Então não é você quem vê os remédios?" "Ah, não! Pois não estou dizendo que é meu anjo doutor quem os dita?"

Assim, nesse sonâmbulo, a ação de *ver* a doença se devia ao seu próprio espírito, que para isso não precisava de assistência; mas a indicação dos remédios lhe era dada por outro espírito; este não estando presente, ele nada podia dizer. Sozinho, ele era apenas *sonâmbulo*; assistido pelo que chamava de *seu anjo doutor*, era *sonâmbulo-médium*.

174. A lucidez sonambúlica é uma faculdade ligada ao organismo e é independente da elevação, do avanço e mesmo do estado moral do sujeito. Um sonâmbulo pode ser muito lúcido e ser incapaz de resolver certas questões se o seu espírito for pouco avançado. O sonâmbulo que fala por si mesmo pode dizer coisas boas ou más, certas ou falsas, ter maior ou menor delicadeza e escrúpulo em seus procedimentos, segundo o grau de elevação ou de inferioridade do seu próprio espírito; é quando a assistência de outro espírito pode suprir suas deficiências; mas um sonâmbulo pode ser assistido por um espírito mentiroso, leviano ou até mesmo mau, como acontece com os médiuns. É aqui, sobretudo, que as qualidades morais têm uma grande influência para atrair os espíritos bons. (Ver *O Livro dos Espíritos*, nº 425, "Sonambulismo"; e, neste livro, o capítulo XX, "A influência moral do médium".)

MÉDIUNS CURADORES

175. Falaremos dessa variedade de médiuns apenas para citá-la, porque o assunto exigiria análises extensas demais para nosso plano. Além disso, sabemos que um médico nosso amigo se propõe a tratá-lo numa obra especial sobre a medicina intuitiva. Diremos apenas que esse tipo de mediunidade consiste principalmente no dom que algumas pessoas possuem de curar por um simples toque, pelo olhar ou mesmo por um gesto, sem o auxílio de qualquer medicação.

Sem dúvida se dirá que isso não é outra coisa senão o magnetismo. É evidente que o fluido magnético desempenha aqui um grande papel. Mas, quando se examina esse fenômeno com cuidado, reconhece-se facilmente que há algo mais. A magnetização comum é uma verdadeira forma de tratamento, contínua, regular e metódica; no outro caso, as coisas se passam de maneira diferente. Todos os magnetizadores são mais ou menos aptos a curar, se souberem portar-se convenientemente. Mas entre os médiuns curadores a faculdade é espontânea, e muitos a possuem sem nunca ter ouvido falar de magnetismo. A intervenção de um poder oculto, que constitui a mediunidade, torna-se evidente em certas circunstâncias, sobretudo quando se considera que a maioria das pessoas que podemos com razão qualificar como médiuns curadores recorre à prece, que é uma verdadeira evocação. (Ver, acima, nº 131.)

176. Eis as respostas que nos foram dadas às questões dirigidas aos espíritos sobre o assunto.

1. Podemos considerar as pessoas dotadas de poder magnético como formando uma variedade de médiuns?

"Não tenham dúvida alguma disso."

2. Entretanto, o médium é um intermediário entre os espíritos e os homens; ora, o magnetizador, tirando sua força de si mesmo, não parece ser o intermediário de um poder alheio a ele.

"É um erro; o poder magnético pertence sem dúvida ao homem, mas é aumentado pela ação dos espíritos que ele chama em seu auxílio. Se você magnetiza com a finalidade de curar, por exemplo, e evoca um espírito bom que se interessa por você e pelo doente, ele aumenta sua força e sua vontade, dirige seus fluidos e lhe dá as qualidades necessárias."

3. Há, no entanto, excelentes magnetizadores que não acreditam nos espíritos.

"Você pensa, então, que os espíritos só agem sobre os que acreditam neles? Os que magnetizam para o bem são assistidos por espíritos bons. Todo homem que deseja o bem os chama sem saber, da mesma maneira que, pelo desejo do mal e pelas más intenções, chama os maus."

4. Aquele que, tendo o poder, acreditasse na intervenção dos espíritos, agiria com maior eficácia?

"Faria coisas que vocês considerariam milagres."

5. Algumas pessoas têm realmente o dom de curar por um simples toque, sem o emprego dos passes magnéticos?

"Seguramente. Vocês não têm numerosos exemplos disso?"

6. Nesse caso, há ação magnética ou somente influência dos espíritos?

"Uma e outra. Essas pessoas são verdadeiros médiuns, pois agem sob a influência dos espíritos, mas isso não quer dizer que sejam médiuns curadores como vocês o entendem."

7. Esse poder pode ser transmitido?

"O poder, não, mas o conhecimento das coisas necessárias para exercê-lo, quando se possui esse poder. Há quem duvidaria de ter esse poder, se acreditasse que este não lhe fora transmitido."

8. Podem-se obter curas apenas pela prece?

"Sim, às vezes, se Deus o permite. Mas talvez o bem para o doente seja ainda sofrer, e então vocês acreditam que sua prece não foi ouvida."

9. Há fórmulas de preces mais eficazes do que outras para esse caso?

"Só a superstição pode ligar uma virtude a certas falas, e só os espíritos ignorantes ou mentirosos podem alimentar semelhantes ideias, prescrevendo fórmulas. Entretanto, pode acontecer que, para pessoas pouco esclarecidas e incapazes de compreender as coisas puramente espirituais, o emprego de uma fórmula contribua para lhes dar confiança. Nesse caso, a eficácia não é da fórmula, mas da fé, que foi aumentada pela ideia ligada ao emprego da fórmula."

MÉDIUNS PNEUMATÓGRAFOS

177. Damos esse nome aos médiuns aptos a obter a escrita direta, o que não é dado a todos os médiuns escreventes. Essa faculdade é, até o presente, bastante rara; provavelmente se desenvolve com o exercício; mas, como dissemos, sua utilidade prática se limita a uma constatação patente da intervenção de um poder oculto nas manifestações. Só a experiência pode revelar quem a possui; pode-se, pois, experimentar, e também perguntar sobre isso a um espírito protetor, por outros meios de comunicação. Conforme o maior ou menor poder do médium, obtém-se simples traços, sinais, letras, palavras, frases ou até mesmo páginas inteiras. Geralmente, basta colocar uma folha de papel dobrada num lugar qualquer, ou num lugar designado pelo espírito, durante dez minutos ou um quarto de hora, às vezes mais. A prece e o recolhimento são condições essenciais; eis por que podemos considerar impossível obtê-la em reuniões pouco sérias, ou de pessoas que não estejam animadas por sentimentos de simpatia e bondade. (Ver a teoria da escrita direta, capítulo VIII, "Laboratório do mundo invisível", nº 127 e seguintes, e capítulo XII, "Pneumatografia".)

Trataremos especialmente dos médiuns escreventes nos capítulos seguintes.

Capítulo XV

MÉDIUNS ESCREVENTES OU PSICÓGRAFOS

Médiuns mecânicos, intuitivos, semimecânicos, inspirados, de pressentimentos

178. De todas as formas de comunicação, a escrita manual é a mais simples, a mais cômoda e sobretudo a mais completa. É para ela que devem tender todos os nossos esforços, pois permite estabelecer com os espíritos relações tão constantes e regulares quanto as que existem entre nós. E devemos usá-la sobretudo porque é por seu intermédio que os espíritos melhor revelam sua natureza e seu grau de perfeição ou de inferioridade. Pela facilidade com que podem se exprimir nessa forma, dão-nos a conhecer seus pensamentos íntimos e, assim, nos colocam em condições de julgá-los e apreciar seu valor. Para o médium, esta é a faculdade mais passível de ser desenvolvida com o exercício.

MÉDIUNS MECÂNICOS

179. Se examinarmos certos efeitos que se produzem nos movimentos da mesa, da cesta ou da prancheta que escreve, não podemos duvidar de que o espírito exerce uma ação direta sobre esses objetos. A cesta às vezes se agita com tamanha violência que escapa das mãos do médium; algumas vezes se dirige a certas pessoas do círculo, até para lhes bater; outras vezes seus movimentos testemunham um sentimento afetuoso. O mesmo acontece quando o lápis é colocado na mão; muitas vezes é lançado longe, com força, ou a própria mão, como a cesta, agita-se convulsivamente e bate na mesa, com cólera, e isso quando o médium está na maior calma, e se espanta de não ser senhor de si. Digamos, de passagem, que esses efeitos denotam sempre a presença de espíritos imperfeitos. Os espíritos realmente superiores são constantemente calmos, dignos e benevolentes; se não são ouvidos convenientemente, afastam-se, e outros tomam seu lugar. O espírito pode, pois, exprimir diretamente o seu pensamento, seja pelo movimento de um objeto para o qual a mão do médium serve apenas de apoio, seja pela ação sobre a própria mão do médium.

Quando o espírito age diretamente sobre a mão, dá-lhe um impulso completamente independente da vontade do médium; ela avança sem interrupção e à revelia deste, enquanto o espírito tiver alguma coisa a dizer, e para quando ele termina.

O que caracteriza o fenômeno, nessa circunstância, é que o médium não tem a menor consciência do que escreve. A inconsciência absoluta, nesse caso, caracteriza o que chamamos de *médiuns passivos* ou *mecânicos*. Essa faculdade é preciosa pelo fato de não deixar a menor dúvida sobre a independência do pensamento daquele que escreve.

MÉDIUNS INTUITIVOS

180. A transmissão do pensamento do espírito ocorre também por meio do espírito do médium, ou melhor, de sua alma, já que designamos por esse nome o espírito quando encarnado. O espírito alheio, nesse caso, não age sobre a mão para fazê-la escrever, não a toma nem a guia, agindo sobre a alma, com a qual se identifica. A alma do médium, sob esse impulso, dirige a mão, e a mão dirige o lápis. Notemos aqui algo importante de saber: que o outro espírito não substitui a alma, porque não poderia deslocá-la do corpo – ele a domina à revelia dela, e lhe imprime sua vontade própria. Nessa circunstância, o papel da alma não é passivo; é ela que recebe o pensamento do espírito e o transmite. Nessa situação, o médium tem consciência do que escreve, embora não seja seu próprio pensamento: é o que chamamos *médium intuitivo.*

Se é assim, dir-se-á, nada prova que seja outro espírito que escreva e não o do médium. A distinção, de fato, às vezes é bastante difícil de fazer, mas pode acontecer de isso não importar muito. Todavia, pode-se reconhecer o pensamento sugerido pelo fato de ele nunca ter sido concebido anteriormente; ele nasce à medida que se escreve, e muitas vezes é contrário à ideia prévia que se tinha formado; pode até estar além dos conhecimentos e da capacidade do médium.

O papel do médium mecânico é o de uma máquina; o médium intuitivo age como faria um tradutor ou um intérprete. Este, com efeito, para transmitir o pensamento, deve compreendê-lo, assimilá-lo de alguma forma, para traduzi-lo fielmente, portanto esse pensamento não é dele: apenas passa através de seu cérebro. Tal é exatamente o papel do médium intuitivo.

MÉDIUNS SEMIMECÂNICOS

181. No médium puramente mecânico, o movimento da mão é independente da vontade. No médium intuitivo, o movimento é voluntário e facultativo. O médium semimecânico participa das duas condições: sente a mão impulsionada, sem que seja pela sua vontade, mas ao mesmo tempo tem consciência do que escreve, à medida em que as palavras se formam. No primeiro, o pensamento segue o ato da escrita; no segundo, ele a precede; no terceiro, ele a acompanha. Estes últimos são os mais numerosos.

MÉDIUNS INSPIRADOS

182. Toda pessoa que recebe, pelo pensamento, comunicações estranhas às suas ideias prévias, seja em seu estado normal, seja em estado de êxtase, pode ser colocada na categoria de médiuns inspirados. Esta é, como se vê, uma variedade da mediunidade intuitiva, com a diferença de que a intervenção de um poder oculto é bem menos sensível, pois no inspirado é ainda mais difícil distinguir o pensamento próprio do que lhe foi sugerido; o que caracteriza este último é sobretudo a espontaneidade. A inspiração nos vem de espíritos que nos influenciam para o bem ou para o mal, mas é dada principalmente pelos que desejam nosso bem, e com eles frequentemente falhamos, por não seguir seus conselhos; aplica-se a todas as circunstâncias da vida, nas resoluções que devemos tomar; nesse sentido, pode-se dizer que todo mundo é médium, pois não há pessoa que não tenha os seus espíritos protetores e familiares, os quais tudo fazem para transmitir pensamentos salutares aos seus protegidos. Se todos se compenetrassem dessa verdade, com mais frequência se recorreria à inspiração de seu anjo guardião nos momentos em que não se sabe o que dizer ou o que fazer. Que o invoquemos, pois, com *fervor* e *confiança*, em caso de necessidade, e sempre ficaremos admirados com as ideias que surgirão como por encanto, seja para auxiliar numa decisão ou em algo que deve ser feito. Se não vier nenhuma ideia, é porque se deve esperar. A prova de que a ideia sugerida é uma ideia estranha a si é que, se ela estivesse em si, o indivíduo seria sempre senhor desse pensamento, e não haveria razão para que ele não se manifestasse à sua vontade. Quem não é cego, basta abrir os olhos para ver quando quer; da mesma maneira, aquele que possui ideias próprias, sempre as tem à sua disposição; se elas não lhe vêm quando deseja, é porque é obrigado a buscá-las em outro lugar, fora de seu próprio repertório.

Pode-se ainda incluir nesta categoria as pessoas que, não sendo dotadas de inteligência fora do comum, e sem sair do seu estado normal, têm lampejos de lucidez intelectual que lhes dão momentaneamente uma facilidade excepcional de concepção e elocução, e, em certos casos, o pressentimento de coisas futuras. Nesses momentos, que chamamos com justeza de *inspiração*, as ideias abundam, seguem-se, encadeiam-se, por assim dizer, por si próprias, num impulso involuntário e quase febril; parece-nos que uma inteligência superior veio nos ajudar, e que o nosso espírito se livrou de um peso.

183. Os homens de gênio em todas as áreas – artistas, sábios, literatos – são sem dúvida espíritos avançados, capazes por si mesmos de compreender e conceber grandes coisas. Ora, é precisamente por julgá-los capazes que os espíritos, quando querem realizar certos trabalhos, lhes sugerem as ideias necessárias, e é assim que muitas vezes eles são *médiuns sem saber.* Eles têm, no entanto, uma vaga intuição de uma assistência alheia, pois aquele que apela à inspiração não faz outra coisa senão uma evocação. Se ele não esperasse ser ouvido, por que clamaria com tanta frequência: "Meu bom gênio, venha em meu auxílio"?

As respostas seguintes confirmam essa asserção:

– Qual a causa primeira da inspiração?

"Um espírito que se comunica pelo pensamento."

– A inspiração não se destina apenas à revelação de grandes coisas?

"Não, ela quase sempre se relaciona às circunstâncias mais ordinárias da vida. Por exemplo: você quer ir a algum lugar, e uma voz secreta lhe diz para não ir, porque há perigo para você; ou ainda essa voz lhe diz para fazer uma coisa em que você não pensava: isso é inspiração. Poucas pessoas não foram mais ou menos inspiradas em certos momentos."

– Um escritor, um pintor, um músico, por exemplo, em seus momentos de inspiração, poderiam ser considerados médiuns?

"Sim, pois nesses momentos sua alma fica mais livre e como que separada da matéria; ela recobra uma parte de suas faculdades de espírito e recebe mais facilmente as comunicações de outros espíritos que a inspiram."

MÉDIUNS DE PRESSENTIMENTOS

184. O pressentimento é uma vaga intuição de coisas futuras. Certas pessoas têm essa faculdade mais ou menos desenvolvida; talvez isso se deva a uma espécie de dupla vista que lhes permite entrever consequências das coisas presentes e conexões futuras dos acontecimentos. Mas muitas vezes também é o resultado de comunicações ocultas, e é sobretudo neste caso que podemos chamar as pessoas assim dotadas de *médiuns de pressentimentos*, que são uma variedade dos *médiuns inspirados*.

Capítulo XVI

AS ESPECIALIDADES DOS MÉDIUNS

Aptidões especiais dos médiuns – Quadro sinótico das diferentes variedades de médiuns

APTIDÕES ESPECIAIS DOS MÉDIUNS

185. Além das categorias de médiuns que acabamos de enumerar, a mediunidade apresenta uma variedade infinita de nuances que constituem os chamados *médiuns especiais*, dotados de aptidões particulares ainda não definidas, abstração feita às qualidades e conhecimentos do espírito que se manifesta.

A natureza das comunicações é sempre relativa à natureza do espírito e traz a marca de sua elevação ou inferioridade, de seu saber ou ignorância. Porém, mesmo nos que têm mérito igual, do ponto de vista hierárquico, há sempre uma tendência a se ocupar mais com uma coisa do que com outra. Os espíritos batedores, por exemplo, pouco se afastam das manifestações físicas; entre os que dão manifestações inteligentes, há espíritos poetas, músicos, desenhistas, sábios, moralistas, médicos, etc. Falamos de espíritos de uma ordem mediana, porque, num grau mais elevado, as aptidões se confundem na unidade da perfeição. Mas ao lado da aptidão do espírito há a do médium, que pode ser um instrumento mais ou menos cômodo para aquele, mais ou menos flexível, no qual ele descobre qualidades particulares que não podemos apreciar.

Façamos uma comparação: um músico muito hábil tem à mão vários violinos que, para o leigo, são bons instrumentos, mas entre os quais o artista consumado percebe grande diferença; ele capta nuances de extrema delicadeza, que o farão escolher uns e rejeitar outros, nuances que nota mais por intuição, e que nem sempre consegue definir. Acontece o mesmo em relação aos médiuns: apesar das qualidades iguais quanto aos poderes mediúnicos, o espírito dará preferência a um ou a outro conforme o gênero de comunicação que deseja fazer. Assim, por exemplo, vemos pessoas escreverem, como médiuns, poesias admiráveis, quando em condições normais jamais puderam ou souberam fazer versos; outras, ao contrário, que são poetas e, como médiuns, só escrevem em prosa, malgrado seu desejo. Acontece o mesmo com o desenho, a música, etc. Há os que, sem possuir conhecimentos científicos, têm uma aptidão muito especial para receber comunicações eruditas; outros, para os estudos históricos; outros, ainda, servem mais facilmente de intérpretes aos espíritos moralistas. Numa palavra, qualquer que seja a flexibilidade do médium, as comunicações que recebe com mais facilidade têm geralmente uma marca especial; o mesmo ocorre com os que não saem de um determinado círculo de ideias e, quando delas se afastam, só recebem comunicações incompletas, lacônicas e, muitas vezes, falsas. Além das causas de aptidão, os espíritos se comunicam mais ou menos voluntariamente através deste ou daquele intermediário de acordo com suas simpatias; assim, a despeito de todas as circunstâncias iguais, o mesmo espírito será muito mais explícito com certos médiuns, unicamente porque eles lhe convêm melhor.

186. Seria engano pensar que, só pelo fato de ter um bom médium à mão, ou por ele ter a escrita mais fácil, se obteriam por meio dele boas comunicações em todas as áreas. A primeira condição é, sem dúvida, assegurar-se da fonte de onde elas emanam, isto é, das qualidades do espírito que as transmite; mas é igualmente necessário atentar para as qualidades do instrumento que se oferece ao espírito. Assim, é preciso estudar a natureza do médium como se estuda a natureza do espírito, pois são os dois elementos essenciais para obter um resultado satisfatório. Há um terceiro elemento que desempenha papel igualmente importante: a intenção, o pensamento íntimo, o sentimento mais ou menos louvável de quem interroga. E isso é fácil de compreender: *Para que uma comunicação seja boa, é necessário que emane de um espírito bom; para que esse espírito bom POSSA transmiti-la, precisa de um bom instrumento; para que ele QUEIRA transmiti-la, é necessário que o objetivo lhe convenha.* O espírito, que lê o pensamento, julga se a questão que lhe é proposta merece uma resposta séria, e se a pessoa que se dirige a ele é digna de recebê-la. Caso contrário, não perde tempo jogando boas sementes entre as pedras, e é então que os espíritos levianos e zombeteiros se divertem, porque, pouco se preocupando com a verdade, não a examinam de perto e geralmente são pouco escrupulosos quanto ao objetivo e aos meios utilizados.

Resumimos a seguir os principais tipos de mediunidade, a fim de apresentar um quadro sinótico, compreendendo os tipos que já descrevemos nos capítulos anteriores, e indicando o item onde foram tratados com mais detalhe.

Agrupamos as diferentes variedades de médiuns pela analogia de causas e efeitos, mas esta classificação não tem nada de absoluto. Alguns tipos são encontrados com frequência, outros, ao contrário, são raros e até mesmo excepcionais, o que tivemos o cuidado de mencionar. Estas últimas indicações foram todas fornecidas pelos espíritos, que, além disso, revisaram este quadro com um cuidado todo especial, e o completaram com inúmeras observações e novas categorias, de tal maneira que ele é, por assim dizer, obra inteiramente deles. Indicamos com aspas suas observações textuais, quando acreditamos dever ressaltá-las. São na maior parte de *Erasto* e de *Sócrates.*

QUADRO SINÓTICO DAS DIFERENTES VARIEDADES DE MÉDIUNS

187. Podemos dividir os médiuns em duas grandes categorias:

MÉDIUNS DE EFEITOS FÍSICOS – Os que têm o poder de provocar efeitos materiais ou manifestações ostensivas (nº 160).

MÉDIUNS DE EFEITOS INTELECTUAIS – Os que são mais especialmente aptos a receber e transmitir comunicações inteligentes (nº 65 e seguintes).

Todas as demais variedades se ligam mais ou menos diretamente a uma ou a outra dessas duas categorias; algumas participam de ambas. Se analisarmos os diferentes fenômenos produzidos sob influência mediúnica, veremos que há em todos um efeito físico, e que aos efeitos físicos se junta muito frequentemente um efeito inteligente. O limite entre ambos às vezes é difícil de estabelecer, mas isso não tem consequência alguma. Compreendemos sob a designação de *médiuns de efeitos intelectuais* os que podem mais especialmente servir como intermediários para as comunicações regulares e contínuas (nº 133).

188. Variedades comuns a todos os tipos de mediunidade.

Médiuns sensitivos – Pessoas suscetíveis a sentir a presença dos espíritos por uma sensação geral ou local, vaga ou material. A maior parte distingue os espíritos bons ou maus pela natureza da sensação que causam (nº 164).

"Os médiuns delicados e muito sensíveis devem abster-se de comunicações com espíritos violentos ou cuja sensação é penosa, devido à fadiga que disso resulta."

Médiuns naturais ou inconscientes – Os que produzem fenômenos espontaneamente, sem nenhuma participação de sua vontade, e muito frequentemente à sua revelia (nº 161).

Médiuns facultativos ou voluntários – Os que têm o poder de provocar os fenômenos por um ato de sua vontade (nº 160).

"Qualquer que seja essa vontade, eles nada podem se os espíritos se recusam, o que prova a intervenção de um outro poder."

189. Variedades especiais para os efeitos físicos.

Médiuns tiptólogos – Aqueles através dos quais se produzem ruídos e pancadas. Variedade muito comum, com ou sem a participação da vontade.

Médiuns motores – Os que produzem o movimento dos corpos inertes. Muito comuns (nº 61).

Médiuns de translações e suspensões – Os que produzem a translação aérea e a suspensão no espaço de corpos inertes, sem ponto de apoio. Há os que podem erguer a si próprios. Mais ou menos raros, segundo o desenvolvimento do fenômeno; muito raros no último caso (nº 75 e seguintes; nº 80).

Médiuns de efeitos musicais – Provocam a execução de certos instrumentos, sem contato. Muito raros (nº 74, questão 24).

Médiuns de aparições – Os que podem provocar aparições fluídicas ou tangíveis, visíveis para os assistentes. Muito excepcionais (nº 100, questão 27; nº 104).

Médiuns de transportes – Os que podem servir como auxiliares aos espíritos para o transporte de objetos materiais. Variedade dos médiuns motores e de translação. Excepcionais (nº 96).

Médiuns noturnos – Os que só obtêm certos efeitos físicos na obscuridade. Eis a resposta de um espírito à questão de saber se podemos considerar esses médiuns como uma variedade:

"Certamente se pode fazer deles uma especialidade, mas esse fenômeno se liga mais às condições do ambiente do que à natureza do médium ou dos espíritos; devo acrescentar que alguns escapam dessa influência do meio, e que a maioria dos médiuns noturnos poderia, pelo exercício, agir tanto na claridade quanto no escuro. Essa variedade de médiuns é pouco numerosa; também é preciso dizer que, como essa condição deixa o caminho livre para o emprego de truques, de ventriloquia e de sugestões acústicas, charlatães muitas vezes têm abusado da credulidade, fazendo-se passar por médiuns para amealhar uns tostões. Mas que importa? Os farsantes de salão, como os farsantes de praça pública, serão cruelmente desmascarados, e os espíritos lhes provarão que não é bom imiscuir-se em suas obras. Sim, eu o repito: certos charlatães serão castigados de maneira suficientemente dura para perder o gosto do ofício de falsos médiuns. De resto, tudo isso tem seu tempo." (Erasto)

Médiuns pneumatógrafos – Os que obtêm a escrita direta. Fenômeno muito raro e, sobretudo, muito fácil de se imitar pelo ilusionismo (nº 177).

Observação. Os espíritos insistiram, contra nossa opinião, para colocarmos a escrita direta entre os fenômenos de ordem física, pela razão, dizem eles, de que: "os efeitos inteligentes são aqueles para os quais o espírito se serve de elementos do cérebro do médium, o que não é o caso da escrita direta; aqui, a ação do médium é totalmente material, enquanto no médium escrevente, embora completamente mecânico, o cérebro desempenha sempre um papel ativo."

Médiuns curadores – Os que têm o poder de curar ou de aliviar os males pela imposição das mãos ou pela prece.

"Esta faculdade não é essencialmente mediúnica. Ela pertence a todos os verdadeiros crentes, quer sejam médiuns ou não. Frequentemente não é senão uma exaltação do poder magnético, fortalecido, em caso de necessidade, pelo concurso dos espíritos bons" (nº 175).

Médiuns excitadores – Pessoas que têm o poder de desenvolver nos outros, por sua influência, a faculdade de escrever.

"Trata-se mais de um efeito magnético do que de mediunidade propriamente dita, pois nada prova a intervenção de um espírito. Em todo caso, pertence à ordem dos efeitos físicos" (ver o capítulo seguinte, sobre a formação dos médiuns).

190. Médiuns especiais para os efeitos intelectuais. Aptidões diversas.

Médiuns auditivos – Os que ouvem os espíritos. Muito comuns (nº 165).

"Há muitas pessoas que imaginam ouvir o que só existe em sua imaginação."

Médiuns falantes – Os que falam sob a influência dos espíritos. Muito comuns (nº 166).

Médiuns videntes – Os que veem os espíritos em estado de vigília. A visão ocasional e fortuita de um espírito, em determinada circunstância, é bastante frequente, mas a visão habitual ou facultativa dos espíritos, sem distinção, é excepcional (nº 167).

"É uma aptidão à qual se opõe o estado atual dos órgãos: por isso convém não acreditar sempre, só pela palavra, nos que dizem ver os espíritos."

Médiuns inspirados – Aqueles cujos pensamentos são sugeridos pelos espíritos, na maioria das vezes à sua revelia, tanto nos atos comuns da vida como nos grandes trabalhos intelectuais (nº 182).

Médiuns de pressentimentos – Pessoas que, em certas circunstâncias, têm uma vaga intuição de acontecimentos vulgares do futuro (nº 184).

Médiuns proféticos – Variedade dos médiuns inspirados ou de pressentimentos. Recebem, com a permissão de Deus e com maior precisão que os médiuns de pressentimentos, a revelação de acontecimentos futuros que têm interesse geral, sendo encarregados de torná-los conhecidos aos homens, para sua instrução.

"Se há verdadeiros profetas, há muito mais falsos, que tomam os devaneios de sua imaginação por revelações, quando não são trapaceiros mesmo, que se fazem passar por profetas por ambição" (ver, em *O Livro dos Espíritos*, nº 624, características do verdadeiro profeta).

Médiuns sonâmbulos – Os que, em estado de sonambulismo, são assistidos por espíritos (nº 172).

Médiuns extáticos – Os que, em estado de êxtase, recebem revelações da parte dos espíritos.

"Muitos extáticos são joguetes de sua própria imaginação e de espíritos enganadores que se aproveitam de sua exaltação. Os que merecem inteira confiança são muito raros."

Médiuns pintores ou desenhistas – Os que pintam ou desenham sob influência dos espíritos; referimo-nos aqui aos que obtêm coisas sérias, pois não se poderia dar esse nome a certos médiuns que os espíritos zombeteiros mandam fazer coisas tão grotescas que até o mais atrasado aluno iria repudiar.

Os espíritos levianos são imitadores. Na época em que apareceram os notáveis desenhos de Júpiter[49], surgiu um grande número de pretensos desenhistas

---

49 Refere-se a imagens feitas pelo médium Victorien Sardou, que não sabia desenhar nem gravar, mas produziu desenhos de grande complexidade, muito detalhados e bem feitos tecnicamente, representando habitações espirituais; ver *Revista Espírita* de agosto de 1858. (NE)

de quem os espíritos zombeteiros debochavam mandando-os fazer as coisas mais ridículas. Um deles, querendo sobrepujar os desenhos de Júpiter, não tanto pela qualidade, mas pelo tamanho, fez um médium desenhar um monumento que ocupava um número imenso de folhas de papel, para atingir a altura de dois andares. Muitos outros fizeram desenhar supostos retratos que eram verdadeiras caricaturas (*Revista Espírita,* agosto de 1858).

Médiuns músicos – Os que executam, compõem ou escrevem música sob a influência dos espíritos. Há médiuns músicos mecânicos, semimecânicos, intuitivos e inspirados, como acontece com as comunicações literárias (ver, anteriormente, nº 189, "Médiuns de efeitos musicais").

Variedades de médiuns escreventes.

191. *1ª) Segundo o modo de execução*:

Médiuns escreventes ou psicógrafos – Os que têm a faculdade de eles próprios escreverem sob a influência dos espíritos.

Médiuns escreventes mecânicos – Aqueles cuja mão recebe um impulso involuntário e que não têm nenhuma consciência do que escrevem. Muito raros (nº 179).

Médiuns semimecânicos – Aqueles cuja mão avança involuntariamente, mas que têm consciência imediata das palavras ou frases, na medida em que as escrevem. Os mais comuns (nº 181).

Médiuns intuitivos – Aqueles com quem os espíritos se comunicam por pensamento e cuja mão é guiada pela própria vontade. Diferem dos médiuns inspirados porque estes não têm necessidade de escrever, enquanto o médium intuitivo escreve o pensamento que lhe é sugerido instantaneamente sobre um assunto determinado, incitado por terceiro (nº 180).

"São muito comuns, mas também muito sujeitos a erros, porque frequentemente não podem discernir o que provém dos espíritos do que é deles mesmos."

Médiuns polígrafos – Os que mudam de caligrafia de acordo com o espírito que se comunica, ou que têm aptidão de reproduzir a letra que o espírito tinha em vida. O primeiro caso é muito comum. O segundo, o da identidade da letra, é mais raro (nº 219).

Médiuns poliglotas – Os que têm a faculdade de falar ou de escrever em línguas que não conhecem. Muito raros.

Médiuns analfabetos – Os que escrevem como médiuns, não sabendo ler nem escrever no seu estado normal.

"Mais raros que os anteriores. Há grande dificuldade material a vencer."

192. *2ª) Segundo o desenvolvimento da faculdade*:

Médiuns novatos – Aqueles cujas faculdades ainda não estão completamente desenvolvidas e que carecem da experiência necessária.

Médiuns improdutivos – Os que não chegam a obter senão coisas insignificantes, monossílabos, traços ou letras isoladas (ver o capítulo a seguir, sobre a formação dos médiuns).

Médiuns feitos, ou formados – Aqueles cujas faculdades mediúnicas estão completamente desenvolvidas, transmitindo as comunicações que recebem com facilidade, prontidão, sem hesitação. Compreende-se que esse resultado só pode ser obtido pelo hábito, enquanto nos *médiuns novatos* as comunicações são lentas e difíceis.

Médiuns lacônicos – Aqueles cujas comunicações, embora fáceis, são breves e sem desenvolvimento.

Médiuns explícitos – Suas comunicações têm toda a amplitude e extensão que se pode esperar de um escritor consumado.

"Essa aptidão está relacionada à facilidade de combinação dos fluidos. Os espíritos os procuram para tratar de assuntos que comportam grandes desenvolvimentos."

Médiuns experimentados – A facilidade de execução é uma questão de hábito, que frequentemente se adquire em pouco tempo, enquanto a experiência é o resultado de um estudo sério de todas as dificuldades que se apresentam na prática do espiritismo. A experiência dá ao médium o tato necessário para apreciar a natureza dos espíritos que se manifestam, julgar suas qualidades boas ou más pelos menores sinais, e discenir a simulação de espíritos enganadores que se abrigam sob a aparência da verdade. Compreende-se facilmente a importância dessa qualidade, sem a qual todas as demais perdem sua utilidade real. O ruim é que muitos médiuns confundem a experiência, fruto do estudo, com a aptidão, produto apenas do organismo; julgam-se mestres porque escrevem com facilidade; rejeitam todos os conselhos e se tornam presas de espíritos mentirosos e hipócritas, que os atraem lisonjeando seu orgulho (ver, um pouco adiante, o capítulo "Sobre a obsessão").

Médiuns flexíveis – Aqueles cuja faculdade se presta facilmente aos diversos tipos de comunicações, e pelos quais todos (ou quase todos) os espíritos podem manifestar-se, espontaneamente ou por evocação.

"Essa variedade de médiuns se aproxima bastante dos médiuns sensitivos."

Médiuns exclusivos – Aqueles por quem um espírito se manifesta preferencialmente, às vezes até com exclusão de todos os outros, respondendo pelos que são chamados através do médium.

"Isso se deve sempre à falta de flexibilidade. Quando o espírito é bom, pode ligar-se ao médium por simpatia e com uma finalidade louvável. Quando é mau, tem sempre em vista colocar o médium sob sua dependência. É antes um defeito que uma qualidade, e muito próximo da obsessão" (ver a seguir o capítulo "Sobre a obsessão").

Médiuns de evocações – Os médiuns flexíveis são naturalmente os mais adequados para esse tipo de comunicações, e para responder às questões de detalhes que se pode dirigir aos espíritos. Há, sob esse aspecto, médiuns muito especiais.

"Suas respostas se limitam quase sempre a um quadro restrito, incompatível com o desenvolvimento de assuntos gerais."

Médiuns de ditados espontâneos – Recebem de preferência comunicações espontâneas de espíritos que se apresentam sem serem chamados. Quando esta faculdade é especial no médium, é difícil (e algumas vezes impossível mesmo) fazer uma evocação por meio dele.

"Entretanto, são melhor aparelhados que os da variedade anterior. Compreendam que por *aparelhagem* entendem-se aqui os elementos cerebrais, porque frequentemente (eu diria mesmo *sempre*) é preciso uma capacidade de inteligência bem maior para os ditados espontâneos do que para as evocações. E que se entendam aqui por *ditados espontâneos* os que realmente merecem esse nome, e não algumas frases incompletas ou alguns pensamentos banais que se encontram em quaisquer diários dos homens da Terra."

193. *3ª) Segundo o gênero e a especialidade das comunicações:*

Médiuns versejadores – Obtêm mais facilmente do que outros as comunicações em versos. Bastante comuns para os maus versos, muito raros para os bons.

Médiuns poéticos – Mesmo sem obter versos, as comunicações que recebem têm qualquer coisa de vaporoso, sentimental, e nada de rude; são mais adequados que os demais a expressar sentimentos ternos e afetuosos. Tudo neles é vago, e seria inútil pedir-lhes algo de preciso. Muito comuns.

Médiuns positivos – Suas comunicações têm, em geral, uma nitidez e precisão que se prestam espontaneamente a detalhes circunstanciais e a instruções exatas. Bastante raros.

Médiuns literários – Não têm a imprecisão dos médiuns poéticos, nem são terra a terra como os médiuns positivos, mas dissertam com sagacidade. Seu estilo é correto, elegante e frequentemente de notável eloquência.

Médiuns incorretos – Podem obter comunicações muito boas, pensamentos de moralidade irrepreensível, mas seu estilo é difuso, incorreto, carregado de repetições e termos inadequados.

"A incorreção material do estilo deve-se geralmente à falta de cultura intelectual do médium, que não é, sob este aspecto, um bom instrumento para o espírito; este dá pouca importância a isso, porque para ele o pensamento é o essencial, e deixa vocês livres para dar-lhe a forma conveniente. O mesmo não ocorre com as ideias falsas e ilógicas que uma comunicação pode encerrar; estas são sempre indício de inferioridade do espírito que se manifesta."

Médiuns historiadores – Os que têm aptidão especial para as dissertações históricas. Essa faculdade, como todas as outras, é independente dos conhecimentos do médium, pois vemos pessoas sem instrução, e até mesmo crianças, tratar de assuntos muito além do seu alcance. Variedade rara dos médiuns positivos.

Médiuns científicos – Não dizemos *eruditos*, porque podem ser muito ignorantes; a despeito disso, são especialmente adequados a receber comunicações relativas às ciências.

Médiuns medicinais – Sua qualidade é a de servirem mais facilmente de intérpretes aos espíritos que fazem prescrições médicas. Não se deve confundi-los com os *médiuns curadores,* porque não fazem absolutamente mais do que transmitir o pensamento do espírito, e não têm nenhuma influência nele. Bastante comuns.

Médiuns religiosos – Recebem especialmente comunicações de caráter religioso ou que tratam de questões relativas à religião, a despeito de suas crenças ou costumes.

Médiuns filósofos e moralistas – Suas comunicações têm geralmente como objeto questões a respeito de moral ou de alta filosofia. Muito comuns para questões morais.

"Todas essas nuances são variações de aptidão dos bons médiuns. Quanto aos que têm uma aptidão especial para certas comunicações científicas, históricas, médicas e outras, acima de seu alcance atual, saibam vocês que eles adquiriram esses conhecimentos em outra existência, e que elas permaneceram neles em estado latente; fazem parte dos elementos cerebrais necessários ao espírito que se manifesta; são esses elementos que lhe facilitam a via para comunicar suas próprias ideias, porque esses médiuns são para ele instrumentos mais inteligentes e maleáveis do que seria um ignorante." (Erasto)

Médiuns de comunicações triviais e vis – Estas palavras indicam o tipo de comunicações que certos médiuns recebem habitualmente e a natureza dos espíritos que a fazem. Quem tiver estudado o mundo espírita em todos os graus de sua escala sabe que há espíritos cuja perversidade se iguala à dos homens mais depravados, que se comprazem em expressar seus pensamentos com os termos mais grosseiros. Outros, menos abjetos, contentam-se com expressões triviais. Compreende-se que os médiuns desejem livrar-se da preferência que esses espíritos lhes demonstram, e que devem invejar aqueles que, em suas comunicações, não recebem uma palavra indigna. Seria preciso uma estranha aberração de ideias, e estar divorciado do bom-senso, para acreditar que semelhante linguagem pudesse ser a de espíritos bons.

194. *4ª) Segundo as qualidades físicas do médium*:

Médiuns calmos – Eles escrevem com certa lentidão, sem a menor agitação.

Médiuns velozes – Escrevem com uma rapidez maior do que conseguiriam fazer voluntariamente, em seu estado normal. Os espíritos se comunicam por eles com a prontidão do relâmpago; dir-se-ia que há neles uma superabundância de fluido, que lhes permite identificar-se instantaneamente com o espírito. Essa qualidade tem às vezes seu inconveniente: a rapidez da escrita a torna muito difícil de ler por outra pessoa que não o médium.

"É mesmo muito fatigante, porque despende muito fluido inutilmente."

Médiuns convulsivos – Ficam num estado de superexcitação quase febril; sua mão, e às vezes todo seu corpo, se agita num tremor que não conseguem dominar. A causa primeira disso está sem dúvida em seu organismo, mas depende muito, também, da natureza dos espíritos que se comunicam por eles; os espíritos bons e benevolentes sempre criam uma impressão suave e agradável; os maus, pelo contrário, deixam uma penosa impressão.

"Apenas raramente esses médiuns devem se servir de sua faculdade mediúnica, pois o uso frequente poderia abalar seu sistema nervoso" (ver no capítulo XXIV, sobre a identidade, a distinção entre espíritos bons e maus).

195. *5ª) Segundo as qualidades morais do médium*:

Nós as mencionamos sumariamente, lembrando-as apenas para completar o quadro, visto que serão tratadas logo mais em capítulos específicos: "Da influência moral dos médiuns", "Sobre a obsessão", "Identidade dos espíritos" e outros, para os quais chamamos particularmente atenção; veremos neles a influência que as qualidades e as falhas dos médiuns podem exercer sobre a segurança das comunicações, e quais são os que com razão podemos considerar *médiuns imperfeitos* ou *bons médiuns.*

196. *Médiuns imperfeitos.*

Médiuns obsidiados[50] – Os que não conseguem se livrar dos espíritos importunos e enganadores, mas não se deixam abusar.

Médiuns fascinados – Os que se deixam abusar por espíritos mistificadores e se iludem com a natureza das comunicações que recebem.

Médiuns subjugados – Os que sofrem dominação moral e muitas vezes física por parte dos espíritos maus.

Médiuns levianos – Os que não levam a sério sua faculdade, servindo-se dela apenas como divertimento ou para coisas fúteis.

Médiuns indiferentes – Os que não tiram nenhum proveito moral das instruções que recebem e não modificam em nada sua conduta e seus hábitos.

Médiuns presunçosos – Os que têm a pretensão de se relacionar somente com espíritos superiores. Acreditam ser infalíveis, e consideram inferior e errado tudo o que não vem por meio deles.

Médiuns orgulhosos – Os que se envaidecem com as comunicações que recebem. Acreditam não ter mais nada a aprender no espiritismo e não tomam para si as lições que frequentemente recebem da parte dos espíritos. Não se contentam com as faculdades que possuem – querem ter todas.

Médiuns suscetíveis – Variedade dos médiuns orgulhosos; eles se magoam com as críticas das quais suas comunicações podem ser alvo; ficam irritados se são minimamente contrariados, e se mostram o que receberam é para causar admiração, e não para pedir conselhos. Geralmente têm aversão pelas pessoas que não os aplaudem sem reservas, e abandonam as reuniões onde não podem se impor e dominar.

"Deixem que se pavoneiem em outros lugares, e que procurem ouvidos mais complacentes, ou se retirem ao isolamento. As reuniões que se privam de sua presença não sofrerão uma grande perda." (Erasto)

Médiuns mercenários – Os que exploram suas faculdades.

Médiuns ambiciosos – Os que, sem cobrar por suas faculdades, esperam obter com elas outras vantagens.

50 Variação desse termo: *obsedado*. (NE)

Médiuns de má-fé – Os que, tendo faculdades reais, simulam as que não têm para se dar importância. Não se pode dar o título de *médium* às pessoas que, não tendo nenhuma faculdade mediúnica, só produzem efeitos para enganar.

Médiuns egoístas – Os que se servem de suas faculdades só para uso pessoal e guardam para si as comunicações que recebem.

Médiuns ciumentos – Os que veem com despeito os médiuns mais apreciados que eles, e que lhes são superiores.

Todas essas más qualidades têm necessariamente sua contrapartida no bem.

197. *Bons médiuns.*

Médiuns sérios – Os que se servem de suas faculdades somente para o bem e para coisas realmente úteis. Acreditam que iriam profaná-las se as colocassem a serviço de curiosos e de indiferentes, ou para futilidades.

Médiuns modestos – Os que não se atribuem nenhum mérito pelas comunicações que recebem, por mais belas que sejam. Consideram-nas como alheias e não se acreditam protegidos contra as mistificações. Longe de fugirem aos conselhos desinteressados, eles os solicitam.

Médiuns devotados – Os que compreendem que o verdadeiro médium tem uma missão a cumprir e deve, quando necessário, sacrificar seus gostos, seus hábitos, seus prazeres, seu tempo e mesmo seus interesses materiais em favor dos outros.

Médiuns seguros – Os que, além da facilidade de execução, merecem toda confiança pelo seu caráter e pela natureza elevada dos espíritos que os assistem, e são os menos expostos à enganação. Veremos mais tarde que essa segurança absolutamente não depende dos nomes mais ou menos respeitáveis usados pelos espíritos.

"É incontestável, e vocês já perceberam isso, que ao expor assim as qualidades e as falhas dos médiuns se suscitará a contrariedade e até mesmo animosidade em alguns; mas que importa? A mediunidade se expande mais a cada dia, e o médium que levasse estas reflexões a mal provaria uma coisa: que não é um bom médium, quer dizer, que é assistido por espíritos maus. De resto, como já disse, tudo isso durará apenas um tempo, e os maus médiuns, os que abusam ou empregam mal suas faculdades, sofrerão tristes consequências, como já tem acontecido a alguns. Aprenderão às próprias custas o quanto custa reverter em proveito de suas paixões terrenas um dom que Deus só lhes concedeu para seu avanço moral. Se vocês não podem reconduzi-los ao bom caminho, lamentem-nos, pois, posso dizê-lo, eles são reprovados por Deus." (Erasto)

"Esse quadro é de grande importância, não só para os médiuns sinceros que procurarão de boa-fé, ao lê-lo, preservar-se dos obstáculos a que estão expostos, mas também para todos os que se servem dos médiuns, pois lhes dará a medida do que podem esperar. Deveria estar constantemente sob os olhos de todos que se ocupam de manifestações, assim como a *escala espírita*, da qual é complemento. Esses dois quadros resumem todos os princípios da doutrina e contribuirão, mais do que vocês acreditam, para reconduzir o espiritismo ao seu verdadeiro caminho." (Sócrates)

198. Todas essas variedades de médiuns apresentam uma infinidade de graus quanto à sua intensidade; há diversas que não constituem, propriamente falando, mais do que nuances, mas que não deixam de ser o resultado de aptidões especiais. Entendemos que é rara a faculdade de um médium estar rigorosamente circunscrita a um só gênero; o mesmo médium sem dúvida pode ter diversas aptidões, mas há sempre uma que predomina, e essa é a que ele deve cultivar, se for útil. É um erro grave querer forçar o desenvolvimento de uma faculdade que não se possui; é preciso cultivar todas as que se possui em germe; buscar outras é, em primeiro lugar, perder tempo e, em segundo, perder talvez aquelas de que se é dotado (enfraquecê-las, certamente).

"Quando o princípio ou germe de uma faculdade existe, ela se manifesta sempre por sinais inequívocos. Limitando-se à sua especialidade, o médium pode aprimorá-la e obter grandes e belas coisas; ocupando-se de tudo, nada obterá de bom. Observe-se de passagem que o desejo de ampliar indefinidamente o círculo de suas faculdades é uma pretensão orgulhosa que os espíritos jamais deixam impune. Os bons abandonam sempre os presunçosos, que se tornam, assim, joguetes de espíritos mentirosos. Infelizmente, não é raro ver médiuns que não se contentam com os dons recebidos e aspiram, por amor-próprio ou ambição, possuir faculdades excepcionais, capazes de os tornar notados; essa pretensão lhes tira a mais preciosa das qualidades: a de *médiuns seguros.*" (Sócrates)

199. O estudo da especialidade dos médiuns é necessário não somente para eles, mas também para o evocador. Conforme a natureza do espírito que se deseja chamar e as questões que se lhe quer fazer, convém escolher o médium mais apto para aquela função; dirigir-se ao primeiro que se apresentar é expor-se a respostas incompletas ou erradas. Façamos uma comparação com fatos comuns: não se confiará uma redação, nem mesmo uma simples cópia, ao primeiro que se apresentar, só porque ele sabe escrever. Um músico deseja que se execute um trecho de canto de sua composição; tem à sua disposição diversos cantores, todos hábeis; entretanto, não os tomará ao acaso; escolherá para seu intérprete aquele cuja voz, expressão, todas as qualidades, enfim, melhor correspondam à natureza da peça. Os espíritos fazem o mesmo em relação aos médiuns, e nós devemos fazer como os espíritos.

Deve-se notar, além do mais, que as nuances apresentadas pela mediunidade, e às quais ainda se poderiam acrescentar outras, nem sempre se relacionam com o caráter do médium; assim, por exemplo, um médium naturalmente alegre e jovial pode receber habitualmente comunicações sérias e mesmo severas, e vice-versa: essa é ainda outra prova evidente de que ele age sob o impulso de uma influência estranha. Voltaremos a esse assunto no capítulo que trata da influência moral do médium, mais adiante.

Capítulo XVII

FORMAÇÃO DOS MÉDIUNS

Desenvolvimento da mediunidade – Mudança de caligrafia – Perda e suspensão da mediunidade

DESENVOLVIMENTO DA MEDIUNIDADE

200. Aqui nos ocuparemos especialmente dos médiuns escreventes, porque é o tipo de mediunidade que mais se expandiu, e além disso porque é, a um só tempo, o mais simples, o mais cômodo, e aquele que proporciona os resultados mais satisfatórios e mais completos. É também o que todos ambicionam. Infelizmente não há, até o presente, nenhum diagnóstico que pudesse indicar, mesmo aproximadamente, quem possui essa faculdade. Os sinais físicos nos quais algumas pessoas acreditaram ver indícios nada têm de certo. Podemos encontrá-la nas crianças e nos velhos, nos homens e nas mulheres, qualquer que seja o temperamento, o estado de saúde ou o grau de desenvolvimento intelectual e moral. Há somente um meio de constatar a sua existência: é experimentar.

Pode-se obter a escrita, como já vimos, por meio de cestas e pranchetas, ou diretamente pela mão; sendo este último modo o mais fácil, e podemos dizer que o único empregado hoje, é a ele que nos dedicamos de preferência. O procedimento é dos mais simples: consiste unicamente em pegar um lápis e papel e pôr-se na posição de uma pessoa que vai escrever, sem outra preparação; mas, para se conseguir, várias recomendações são indispensáveis.

201. Como disposição material, recomendamos evitar-se tudo o que possa atrapalhar o livre movimento da mão; é até preferível que esta não repouse sobre o papel. A ponta do lápis deve se apoiar o suficiente para escrever, mas não demais, para não oferecer resistência. Todas essas precauções se tornam inúteis quando se começa a escrever correntemente, porque então nenhum obstáculo poderia deter a mão; isso que apontamos são apenas preliminares para os iniciantes.

202. É indiferente usar a pena ou o lápis. Alguns médiuns preferem a pena[51], mas ela só é conveniente aos que estão acostumados e escrevem pausadamente. Há os que escrevem com tal velocidade que o uso da pena seria quase impossível ou, pelo menos, muito incômodo. Acontece o mesmo quando a escrita é irregular ou aos trancos, ou quando são espíritos violentos, que batem com a ponta e a quebram, rasgando o papel.

203. O desejo de todo aspirante a médium naturalmente é poder conversar com os espíritos de pessoas que lhe são queridas, mas ele deve moderar sua impaciência, porque a comunicação com um espírito determinado apresenta quase sempre dificuldades materiais que a tornam impossível para o debutante. Para que um espírito possa comunicar-se, é necessário haver entre ele e o médium relações fluídicas que nem sempre se estabelecem instantaneamente. Somente à medida que a mediunidade se desenvolve, o médium adquire pouco a pouco a aptidão necessária para entrar em relação com o primeiro espírito que se apresenta. Assim, pode ocorrer que o espírito com o qual se deseja comunicar não esteja em condições propícias, *apesar de estar presente*, como pode ocorrer, também, que não tenha possibilidade nem permissão para atender ao apelo. Por isso convém, no início, não insistir em chamar um determinado espírito excluindo quaisquer outros, porque muitas vezes acontece de não ser com este que as relações fluídicas se estabelecem com maior facilidade, por mais simpatia que se tenha por ele. Antes, pois, de pensar em obter comunicações deste ou daquele espírito, é necessário buscar o desenvolvimento da faculdade, fazendo para isso um apelo geral e se dirigindo sobretudo ao seu anjo guardião.

Não há aqui uma fórmula sacramental; quem pretendesse oferecer alguma poderia sem receio ser tachado de manipulador, porque para os espíritos a forma não é nada. Entretanto, a evocação deve ser feita sempre em nome de Deus; pode-se fazê-la nos termos seguintes ou em outros equivalentes: *Rogo a Deus todo-poderoso permitir a um espírito bom comunicar-se comigo, fazendo-me escrever; rogo também ao meu anjo guardião que possa me assistir e afastar de mim os espíritos maus*. Espera-se, então, que um espírito se manifeste, fazendo escrever alguma coisa. Pode acontecer que seja aquele que se deseja, como pode ser também um espírito desconhecido ou o anjo protetor; em todo caso, geralmente ele se dá a conhecer escrevendo seu nome; apresenta-se nesse momento a questão da identidade, uma das que requerem maior experiência, pois poucos principiantes não estão sujeitos a ser enganados. Trataremos disso logo adiante, em capítulo especial.

Quando se quer chamar espíritos determinados, é essencial começar se dirigindo àqueles que já se sabe que são bons e simpáticos, e por aqueles que

---

51 A antiga caneta, se podemos dizer assim, formada por uma ponta metálica onde a caneta propriamente (o caninho com a tinta) era acoplada. (NE)

podem ter um motivo para vir, como parentes e amigos. Nesse caso, a evocação pode ser assim formulada: *Em nome de Deus todo-poderoso, rogo ao espírito de fulano que se comunique comigo*; ou também: *Rogo a Deus todo-poderoso permitir ao espírito de tal pessoa que se comunique comigo*, ou outra fórmula correspondente ao mesmo pensamento. É também necessário que as primeiras questões sejam elaboradas de tal forma que as respostas sejam um *sim* ou um *não*, por exemplo: *Você está aí? Poderá me responder? Pode fazer-me escrever?* etc. Com o tempo, essa precaução não será mais necessária; no começo, trata-se de estabelecer uma relação; o essencial é que a questão não seja fútil, que não tenha vestígio de interesse particular e, sobretudo, que seja a expressão de um sentimento bom e simpático para com o espírito ao qual se dirige. (Ver logo mais o capítulo XXV, especial sobre evocações.)

204. Uma coisa mais importante a observar do que o modo de chamar é a calma e o recolhimento, aliados ao desejo ardente e a uma firme vontade de conseguir; por "vontade" não entendemos aqui aquela vontade efêmera que age sob impulso e a cada minuto é interrompida por outras preocupações, mas uma vontade séria, perseverante, constante, *sem impaciência nem desejo febril*. O recolhimento é favorecido pela solidão, pelo silêncio e pelo afastamento de tudo o que possa provocar distrações. Isso posto, nada mais resta senão uma coisa: renovar todos os dias suas tentativas, durante dez minutos ou cerca de um quarto de hora, e isso durante quinze dias, um mês, dois meses, ou mais, se necessário – conhecemos médiuns que só fcaram prontos após seis meses de exercício, enquanto outros escrevem correntemente desde a primeira vez.

205. Para evitar tentativas inúteis, pode-se interrogar, por outro médium, um espírito sério e elevado; mas deve-se observar que, quando se propõe aos espíritos a questão de saber se temos ou não mediunidade, eles respondem quase sempre afirmativamente, o que não impede que as tentativas sejam quase sempre infrutíferas. Isso se explica naturalmente: propõe-se ao espírito uma questão geral, e ele responde de maneira geral; ora, como se sabe, nada é mais elástico do que a faculdade mediúnica, pois ela pode se apresentar sob as mais variadas formas e nos mais diferentes graus. Pode-se, portanto, ser médium sem perceber, e num sentido diferente do que se pensa. A esta questão vaga: eu sou médium?, o espírito pode responder: sim. A esta outra mais precisa: sou médium escrevente?, ele pode responder: não. Deve-se levar em conta também a natureza do espírito que se interroga; há espíritos tão levianos e ignorantes que respondem a torto e direito, como verdadeiros bobos. É por isso que aconselhamos a dirigir-se a espíritos esclarecidos, que geralmente respondem de boa vontade a essas questões e indicam o melhor caminho a seguir, se há possibilidade de êxito.

206. Um meio que muito frequentemente dá resultado consiste em empregar como auxiliar provisório um bom médium escrevente flexível e já formado. Se ele coloca a mão ou os dedos sobre a mão que deve escrever, é raro que ela não o faça imediatamente; compreende-se o que se passa nesta circunstância: a mão que segura o lápis torna-se uma espécie de apêndice da mão do médium, como o seria uma cesta ou uma prancheta; mas isso não impede que esse exercício seja realmente útil quando se pode empregá-lo, pois, frequente e regularmente repetido, ajuda a superar o obstáculo material e estimula o desenvolvimento da faculdade. Basta ainda, às vezes, magnetizar fortemente, com esta intenção, o braço e a mão daquele que deseja escrever; muitas vezes, até, o magnetizador se limita a pousar sua mão no ombro, e temos visto a pessoa escrever prontamente sob essa influência. O mesmo efeito pode se produzir sem nenhum contato e como único efeito da vontade. É fácil compreender que a confiança do magnetizador em seu próprio poder para produzir esse resultado deve desempenhar um grande papel nisso, e que um magnetizador incrédulo teria pouca ou nenhuma ação.

A participação de um guia experimentado é, além disso, útil para indicar ao principiante uma série de pequenas precauções que ele costuma negligenciar, em detrimento da rapidez de seu progresso. É útil, sobretudo, para esclarecê-lo sobre a natureza das primeiras questões e a maneira de colocá-las. Seu papel é o de um professor, que se dispensa quando nos tornamos suficientemente hábeis.

207. Outro meio que também pode contribuir poderosamente para o desenvolvimento da faculdade é reunir certo número de pessoas, todas animadas do mesmo desejo e numa intenção comum; todas, simultaneamente em silêncio absoluto e com um recolhimento religioso, experimentam escrever, apelando cada qual ao seu anjo guardião ou a qualquer espírito simpático. Uma delas pode também fazer, sem designação especial e por todos os membros da reunião, um apelo geral aos bons espíritos, dizendo por exemplo: *Em nome de Deus todo-poderoso, rogamos aos bons espíritos que se dignem comunicar-se com as pessoas aqui presentes*. É raro que entre elas não haja as que deem prontamente sinais de mediunidade, ou mesmo escrevam correntemente em pouco tempo.

Compreende-se facilmente o que se passa nessa circunstância. As pessoas, unidas por uma comunhão de intenção, formam um todo coletivo, cujo poder e sensibilidade são aumentadas por uma espécie de influência magnética, a qual auxilia no desenvolvimento da faculdade. Entre os espíritos atraídos por essa conjunção de vontades, há os que encontram nos assistentes o instrumento que lhes convém; se não for um, será outro, e eles o aproveitam.

Esse meio deve ser empregado sobretudo nos grupos espíritas onde faltam médiuns, ou que não os têm em número suficiente.

208. Tem-se procurado procedimentos para a formação de médiuns, assim como diagnósticos desta ou daquela mediunidade, mas até o presente não conhecemos outros mais eficazes do que esses que indicamos. Persuadidos de que o obstáculo ao desenvolvimento da faculdade é de ordem completamente material, algumas pessoas pretendem vencê-lo por uma espécie de ginástica, quase deslocando o braço e a cabeça. Não descreveremos esse procedimento, que nos chega do outro lado do Atlântico, não só porque não temos nenhuma prova de sua eficácia, mas por nossa convicção de que pode ser perigoso para as compleições delicadas, devido ao abalo do sistema nervoso. Se os rudimentos da faculdade não existem, nada poderia dá-los, nem mesmo a eletrização das pessoas, que já foi empregada sem êxito com esse mesmo fim.

209. A fé do aprendiz de médium não é uma condição obrigatória. Ela ajuda nos esforços, não há dúvida, mas não é indispensável. A pureza de intenção, o desejo e a boa vontade bastam. Vimos pessoas completamente incrédulas ficarem espantadas de escrever sem querer, enquanto crentes sinceros não o conseguiram, o que prova que essa faculdade se relaciona a uma predisposição orgânica.

210. O primeiro indício de uma disposição para escrever é uma espécie de tremor no braço e na mão; pouco a pouco a mão é arrastada por um impulso que não pode controlar. Em geral, ela traça inicialmente sinais sem significado; depois, os caracteres são desenhados cada vez mais nitidamente, e a escrita acaba adquirindo a rapidez da escrita corrente. Em todo caso, é necessário abandonar a mão ao seu movimento natural, e não oferecer nem resistência nem impulsão.

Certos médiuns escrevem correntemente e com facilidade desde o início, algumas vezes desde a primeira sessão, o que é bastante raro; outros fazem, por muito tempo, apenas traços e verdadeiros exercícios caligráficos; os espíritos dizem que é para destravar a mão. Se esses exercícios se prolongarem por muito tempo, ou degenerarem em sinais ridículos, não há dúvida de que se trata de um espírito que se diverte, porque os bons espíritos nada fazem de inútil. Nesse caso, seria necessário redobrar o fervor para chamar a assistência dos espíritos bons. Se, apesar disso, não houver mudança, deve-se parar, ao perceber que não se obtém nada de sério. Pode-se recomeçar a cada dia, mas não convém cessar aos primeiros sinais equívocos, para não dar essa satisfação aos espíritos zombeteiros.

A essas observações, um espírito acrescenta: "Há médiuns cuja faculdade não pode ir além desses sinais; quando, ao fim de alguns meses, não se obtêm senão coisas insignificantes, *sim* ou *não*, ou letras isoladas, é inútil persistir estragando e perdendo papel: são médiuns, mas *médiuns improdutivos*. De resto, as primeiras comunicações obtidas não devem ser consideradas senão como exercícios, que se confiam a espíritos secundários. Assim, não se deve atribuir-lhes senão uma importância mediana, pois se trata de espíritos empregados como professores de caligrafia, por assim dizer, para aperfeiçoar o médium iniciante; não acreditem jamais que sejam espíritos elevados os que mandam o médium fazer esses exercícios preparatórios; pois acontece de, se o médium não tiver um objetivo sério, esses espíritos permanecerem e se ligarem a ele. Quase todos os médiuns passaram por esse cadinho para se desenvolver; cabe a eles fazer o que for preciso para atrair a simpatia dos espíritos verdadeiramente superiores".

211. A dificuldade da maioria dos médiuns iniciantes é ter que tratar com espíritos inferiores, e eles devem considerar-se felizes quando são apenas espíritos levianos. Toda sua atenção deve se concentrar em não os deixar tomar terreno, porque, uma vez ancorados, nem sempre é fácil se livrar deles. E este é um ponto tão capital, sobretudo no início, que, sem as precauções necessárias, pode-se perder o fruto das mais belas faculdades.

O primeiro ponto consiste em colocar-se sob a proteção de Deus com uma fé sincera, e pedir a assistência do seu anjo guardião; este é sempre bom, enquanto os espíritos familiares, simpatizando com as boas ou as más qualidades do médium, podem ser levianos ou mesmo maus.

O segundo ponto consiste em dedicar-se com um cuidado escrupuloso a reconhecer, por todos os indícios que a experiência oferece, a natureza dos primeiros espíritos que se comunicam, de quem é sempre prudente desconfiar. Se esses indícios forem suspeitos, deve-se fazer um apelo fervoroso ao anjo guardião e repelir com todas as forças o mau espírito, provando-lhe que não fez uma vítima, a fim de desencorajá-lo. Por isso o estudo prévio da teoria é indispensável, se quisermos evitar os inconvenientes inseparáveis da inexperiência; encontram-se, a esse respeito, instruções bem explicadas nos capítulos "Sobre a obsessão" e "Identidade dos espíritos", mais à frente. Aqui nos limitaremos a dizer que, além da própria linguagem, podemos considerar como provas *infalíveis* da inferioridade dos espíritos: todos os sinais, figuras, emblemas inúteis ou pueris; toda escrita bizarra, tremida, intencionalmente deformada, de tamanho exagerado ou em formas ridículas e inusitadas. Mas também pode haver escrita muito ruim, até pouco legível, antes por causa do médium que do espírito, e que não tenha nada de insólito. Por outro lado, temos visto médiuns de tal forma logrados, que medem a superioridade dos espíritos pela dimensão das letras, e que atribuem grande importância a cartas com letras de fôrma semelhantes a tipos de imprensa, puerilidade essa incompatível com uma superioridade real.

212. Se é importante não cair sem querer na dependência de espíritos maus, é mais importante ainda não o fazer voluntariamente, e basta um desejo desmedido de escrever para se acreditar no primeiro espírito que se apresente; e mesmo pensando que é possível livrar-se dele mais tarde, se ele não convier, não se pede impunemente assistência de um espírito mau, seja para o que for; ele poderá fazer com que se pague caro por seus serviços.

Algumas pessoas, impacientes por ver sua faculdade mediúnica, cujo desenvolvimento é muito lento para seu gosto, tiveram a ideia de pedir auxílio de qualquer espírito, *mesmo que fosse mau*, contando mandá-lo embora depois. Muitas foram logo atendidas, e escreveram imediatamente; mas o espírito, não ignorando que fora chamado como cobaia, mostrou-se menos dócil para ir do que para vir. Sabemos de pessoas que, pela presunção de se julgarem fortes para afastá-los quando quisessem, foram punidas por anos de obsessão de toda espécie, pelas mais ridículas mistificações, por uma fascinação tenaz ou até mesmo por males *materiais* e pelas mais cruéis decepções. O espírito mostrou-se de início abertamente mau, depois foi hipócrita, para que se acreditasse em sua conversão ou no pretenso poder do seu subjugado para expulsá-lo quando quisesse.

213. A escrita às vezes é bem legível, as palavras e as letras perfeitamente destacadas; porém, com certos médiuns, ela é difícil de ser decifrada por outras pessoas que não aquele que escreve: é preciso habituar-se a elas. Muito frequentemente é formada por grandes traços; os espíritos são pouco econômicos com papel. Quando uma palavra ou uma frase é pouco legível, roga-se ao espírito para recomeçar, o que geralmente ele faz de boa vontade. Quando a escrita é habitualmente ilegível, mesmo para o médium, este quase sempre consegue fazê-la mais nítida, por meio de exercícios frequentes e regulares, *aplicando-se com muita vontade*, e rogando com ardor ao espírito para que escreva com mais correção. Certos espíritos às vezes adotam sinais convencionais, que passam a usar nas reuniões habituais. Para demonstrar que uma questão lhes desagrada e que não querem responder, farão, por exemplo, um longo traço, ou algo equivalente.

Quando o espírito chegou ao fim do que tinha a dizer, ou não quer mais responder, a mão fica imóvel, e o médium, quaisquer que sejam seu poder e sua vontade, não consegue obter uma palavra a mais. Ao contrário, quando ainda não terminou, o lápis se move sem que a mão possa deter-se. Se quer dizer espontaneamente alguma coisa, a mão pega convulsivamente o lápis e se põe a escrever, sem que seja possível opor-se a ela. Além disso, o médium quase sempre sente alguma coisa que lhe indica se houve apenas uma pausa ou se o espírito terminou. É raro que não sinta quando o espírito partiu.

São essas as explicações mais essenciais que tínhamos a dar no que toca ao desenvolvimento da psicografia. A experiência mostrará, na prática, certos detalhes que seria inútil relatar aqui, e frente aos quais o médium se guiará por esses princípios gerais. Que muitos experimentem, e se encontrarão mais médiuns do que se imagina.

214. Tudo o que acabamos de dizer se refere à escrita mecânica; é ela que todos os médiuns procuram obter, com razão; mas essa mediunidade pura é muito rara, e quase sempre se mistura à intuição, em maior ou menor grau. O médium, tendo consciência do que escreve, é naturalmente levado a duvidar de sua faculdade; não sabe se a escrita vem dele mesmo ou se é de outro espírito. Mas não deve se inquietar com isso, e sim prosseguir. Que ele observe com cuidado e reconhecerá facilmente no que escreve uma série de coisas que não estavam em seu pensamento, ou que lhes são até contrárias, prova evidente de que não procedem dele. Que continue, pois, e a dúvida se dissipará com a experiência.

215. Se não é dado ao médium ser exclusivamente mecânico, todas as tentativas para obter esse resultado serão infrutíferas, mas ele se enganaria ao acreditar-se renegado por causa disso; se é dotado apenas da mediunidade intuitiva, é melhor contentar-se com ela, e esta lhe prestará grandes serviços, se souber aproveitá-la, e se não recusá-la.

Se, depois de inúteis tentativas realizadas durante algum tempo, nenhum indício de movimento involuntário se produzir, ou se esses movimentos forem muito fracos para dar resultados, ele não deve hesitar em escrever o primeiro pensamento que lhe for sugerido, sem inquietar-se se este vem dele ou de outra fonte:

a experiência lhe ensinará a fazer a distinção. Acontece muito frequentemente, aliás, que o movimento mecânico se desenvolva posteriormente.

Dissemos acima que há casos em que é indiferente saber se o pensamento provém do médium ou de um espírito; isso é sobretudo para quando o médium puramente intuitivo ou inspirado faz um trabalho de imaginação para si mesmo; nesse caso, pouco importa que ele atribua a si um pensamento que lhe foi sugerido; se lhe vêm boas ideias, que agradeça ao seu bom gênio, e ele lhe sugerirá outras. Esta é a inspiração dos poetas, dos filósofos e dos cientistas.

216. Vamos supor agora a faculdade mediúnica completamente desenvolvida, que o médium escreva com facilidade, que seja o que se chama um médium feito: seria um grande erro de sua parte considerar-se dispensado de qualquer outra instrução. Ele só venceu uma resistência material, mas é quando começam para ele as verdadeiras dificuldades, e quando ele tem, mais do que nunca, necessidade dos conselhos da prudência e da experiência, se não quiser cair nas mil armadilhas que lhe serão postas. Se quiser voar muito cedo com suas próprias asas, não tardará a ser logrado por espíritos mentirosos, que procurarão explorar sua presunção.

217. Uma vez desenvolvida a faculdade no médium, é essencial que ele não abuse dela. A satisfação que ela proporciona a alguns principiantes excita um entusiasmo que é importante moderar; devem pensar que ela lhes foi dada para o bem e não para satisfazer uma vã curiosidade; por isso é útil se servir dela apenas nos momentos oportunos, e não a todo instante. Como os espíritos não estão constantemente às suas ordens, esses médiuns correm o risco de ser enganados por mistificadores. É bom escolher dias e horas determinados para isso, criando-se as condições para um maior recolhimento, e de modo que os espíritos que queiram vir se encontrem prevenidos e se disponham nesse mesmo sentido.

218. Se, malgrado todas as tentativas, a mediunidade não se revelou de maneira alguma, seria preciso renunciar a ela, como se renuncia a cantar quando não se tem voz. Quem não sabe uma língua serve-se de um tradutor; é preciso fazer o mesmo, isto é, recorrer a outro médium. Na falta de médium, a pessoa não deve acreditar que está privada da assistência dos espíritos. Para eles, a mediunidade é um meio de se expressar, mas não o meio exclusivo de atração; os que nos têm afeto estão juntos de nós quer sejamos médiuns ou não; um pai não abandona seu filho porque este é surdo e cego, e porque não pode vê-lo nem ouvi-lo; ele o envolve com sua solicitude, como os espíritos bons fazem conosco. Se eles não podem nos transmitir materialmente o seu pensamento, vêm em nossa ajuda através da inspiração.

MUDANÇA DE CALIGRAFIA

219. Um fenômeno muito comum entre os médiuns escreventes é a mudança de caligrafia conforme o espírito que se comunica. E o que há de mais notável é que a mesma caligrafia se reproduz constantemente com o mesmo espírito e, às vezes, é idêntica à que ele tinha em vida; veremos mais tarde as consequências que se pode tirar da identidade. A mudança de caligrafia só ocorre com os médiuns mecânicos ou semimecânicos, porque neles o movimento da mão é involuntário e dirigido pelo espírito. O mesmo não ocorre com os médiuns puramente intuitivos, visto que, nesse caso, o espírito age apenas sobre o pensamento, e a mão é dirigida pela vontade do médium, como nas circunstâncias comuns. Mas a uniformidade da caligrafia, mesmo num médium mecânico, nada prova contra sua faculdade, não sendo a mudança de letra uma condição absoluta da manifestação dos espíritos; está ligada a uma aptidão especial da qual os médiuns mais mecânicos nem sempre são dotados. Designamos os que possuem essa aptidão sob o nome de *médiuns polígrafos*.

PERDA E SUSPENSÃO DA MEDIUNIDADE

220. A faculdade mediúnica está sujeita a intermitências e a suspensões momentâneas, seja para as manifestações físicas, seja para a escrita. Eis as respostas dos espíritos a algumas perguntas feitas sobre este assunto:

1. Os médiuns podem perder sua faculdade?

"Isso acontece com frequência, qualquer que seja o gênero de sua faculdade. Mas frequentemente não é senão uma interrupção momentânea, que cessa com a causa que a produziu."

2. A causa da perda da mediunidade está no esgotamento do fluido?

"Qualquer que seja a faculdade da qual o médium é dotado, ele nada pode sem a participação simpática dos espíritos. Quando não obtém mais comunicação, nem sempre é porque a faculdade lhe falta, sendo frequentemente os espíritos que não querem ou não podem mais se servir dele."

3. Que causa pode provocar o abandono do médium pelos espíritos?

"O uso que ele faz da mediunidade é a mais poderosa causa sobre os espíritos bons. Podemos abandoná-lo quando se serve da mediunidade para coisas frívolas ou com finalidades ambiciosas, quando se recusa a contar o que falamos ou os fenômenos que produzimos para os encarnados que o procuram ou que têm necessidade de ver para se convencer. Esse dom de Deus não é concedido ao médium para seu prazer, e menos ainda para servir à sua ambição, mas em vista de seu próprio melhoramento, e para dar a conhecer a verdade aos homens. Se o espírito vê que o médium não corresponde mais aos seus propósitos e não aproveita as instruções e os conselhos que lhe dá, retira-se e vai procurar um protegido mais digno."

4. O espírito que se retira não pode ser substituído? Nesse caso, não haveria suspensão da faculdade.

"Não faltam espíritos que não pedem outra coisa senão se comunicar, e estão sempre prontos a substituir os que se retiram. Porém, quando é um espírito bom que abandona o médium, pode tê-lo deixado momentaneamente e pode lhe privar por algum tempo de qualquer comunicação, para que isso lhe sirva de lição e lhe prove que sua faculdade *não depende dele*, e que não deve usá-la para sua vã glória. Essa impotência momentânea também oferece ao médium a prova de que ele escreve sob influência de outro, caso contrário não haveria interrupção.

"Mas a interrupção da faculdade nem é sempre uma punição. Ela às vezes testemunha a solicitude do espírito para com o médium, por quem tem afeição; quer lhe proporcionar um repouso material, que julga necessário, e nesse caso não permite que outros espíritos o substituam."

5. Vemos, no entanto, médiuns de muito merecimento, moralmente falando, que não sentem nenhuma necessidade de repouso e ficam muito contrariados com interrupções, cujo objetivo não compreendem.

"Serve para pôr à prova sua paciência e julgar sua perseverança. Por isso os espíritos geralmente não assinalam o fim da suspensão: querem ver se o médium vai refugar. Muitas vezes também é para lhe dar tempo de meditar sobre as instruções que lhe foram dadas, e é nesta meditação de nossos ensinamentos que reconhecemos os espíritas verdadeiramente sérios; não podemos dar esse nome àqueles que são apenas admiradores de comunicações."

6. É necessário, nesse caso, que o médium persista nas tentativas de escrever?

"Se o espírito o aconselhar, sim; se lhe disser para se abster, deve fazê-lo."

7. Haveria um meio de abreviar esta provação?

"A resignação e a prece. De resto, basta fazer diariamente uma tentativa de alguns minutos, pois seria inútil perder tempo em tentativas infrutíferas. A tentativa tem o objetivo apenas de assegurar se já recobrou a faculdade."

8. A suspensão implica o afastamento dos espíritos que habitualmente se comunicam?

"De maneira alguma. O médium se acha na situação da pessoa que tivesse perdido a vista momentaneamente, mas nem por isso deixaria de estar cercada por seus amigos, embora não os possa ver. O médium pode e até deve continuar a conversar pelo pensamento com os espíritos familiares, e pode convencer-se de que é ouvido. Se a falta de mediunidade pode privá-lo de comunicações materiais com certos espíritos, não o priva de comunicações mentais."

9. Assim, a interrupção da faculdade mediúnica nem sempre é uma censura por parte dos espíritos?

"Não, sem dúvida, pois pode ser uma prova de benevolência."

10. Por que sinal se poderia reconhecer censura em uma interrupção?

"Que o médium interrogue sua consciência e se pergunte sobre o uso que tem feito de sua faculdade, o bem que isso tem resultado aos outros, *o proveito que ele tem tirado dos conselhos que lhe foram dados*, e terá a resposta."

11. O médium que não pode mais escrever pode recorrer a outro médium?

"Isso depende da causa da interrupção; este tem quase sempre por motivo deixá-lo certo tempo sem comunicação, após receberem conselhos para que não se habituem a sempre recorrer a nós para tudo que forem fazer; nesse caso, o objetivo não será cumprido se vocês se servirem de outro médium; e tem ainda o objetivo de lhes provar que os espíritos são livres e que não depende de vocês fazê-los agir segundo sua vontade. É também por essa razão que os que não são médiuns nem sempre obtêm as comunicações que desejam."

Observação. É de se observar, com efeito, que quem recorre a um terceiro para obter comunicações, não obstante ser ele mesmo médium, muitas vezes não obtém nada de satisfatório, ao passo que em outras situações as respostas eram muito explícitas. Isso depende de tal forma da vontade dos espíritos, que não se consegue avançar em nenhum sentido mudando de médium. Os próprios espíritos parecem estar de acordo nesse ponto, pois o que não se obtém de um, tampouco se obterá de outro. É preciso, pois, evitar de insistir e de se impacientar, para não ser vítima de espíritos enganadores, que responderão se tentarmos fazê-lo à força, e os bons deixarão que o façam para nos punir por nossa teimosia.

12. Com que fim a Providência dotou certas pessoas de mediunidade de uma maneira especial?

"É uma missão da qual são encarregadas, e se sentem felizes por isso: são intérpretes entre os espíritos e os homens."

13. Entretanto, há médiuns que só exercem sua faculdade com repugnância.

"São médiuns imperfeitos. Não sabem o valor da graça que lhes é concedida."

14. Se é uma missão, por que não é privilégio dos homens de bem, e por que é dada a pessoas que não merecem nenhuma consideração e que podem abusar dela?

"Ela lhes é dada porque dela necessitam para seu próprio aperfeiçoamento, e para que estejam em condições de receber bons ensinamentos. Se não a aproveitarem, sofrerão as consequências. Jesus não dava sua palavra de preferência aos pecadores, dizendo que é preciso dar a quem não tem?"

15. As pessoas que têm grande desejo de escrever como médiuns, e não o conseguem, podem concluir disso algo contra si mesmas, quanto à benevolência dos espíritos a seu respeito?

"Não, porque Deus pode ter-lhes recusado essa faculdade como pode recusar o dom da poesia ou da música; porém, se não usufruem desse favor, podem ter outros."

16. Como um homem pode aperfeiçoar-se pelo ensinamento dos espíritos quando não tem, nem por si nem por outros médiuns, os meios de receber esse ensinamento direto?

"Não tem ele os livros, como os cristãos têm o Evangelho? Para praticar a moral de Jesus, o cristão não precisa ter ouvido suas palavras de sua própria boca."

Capítulo XVIII

INCONVENIENTES E PERIGOS DA MEDIUNIDADE

Influência do exercício da mediunidade sobre a saúde, sobre o cérebro e sobre as crianças

221. 1. A faculdade mediúnica é indício de algum estado patológico qualquer, ou de um estado simplesmente anormal?

"Anormal algumas vezes, mas não patológico. Há médiuns de saúde robusta; os que são doentes o são por outras causas."

2. O exercício da faculdade mediúnica pode causar fadiga?

"O exercício muito prolongado de qualquer faculdade leva à fadiga. A mediunidade é o mesmo caso, e principalmente aquela que se aplica aos efeitos físicos; ela necessariamente ocasiona um dispêndio de fluidos que leva à fadiga, o qual se repara com o repouso."

3. O exercício da mediunidade pode ter algum inconveniente em si, do ponto de vista da saúde, excluindo-se os casos de abuso?

"Há casos em que é prudente, e mesmo necessário, abster-se dela, ou pelo menos moderar seu uso. Isso depende do estado físico e moral do médium. Além do mais, o médium geralmente o percebe, e quando sentir fadiga, deve abster-se."

4. Há pessoas para as quais esse exercício possa ter mais inconvenientes do que para outras?

"Eu disse que isso depende do estado físico e moral do médium. Há pessoas que devem evitar toda causa de superexcitação, e esta seria uma delas." (Ver nº 188 e 194.)

5. A mediunidade poderia produzir a loucura?

"Não mais do que qualquer outra coisa, quando há uma predisposição para fraqueza do cérebro. A mediunidade não produzirá loucura quando não houver seu princípio ali; mas se o princípio existe, o que facilmente se reconhece pelo estado moral, o bom-senso diz que se deve ter cuidado em todos os aspectos, pois, nesse caso, qualquer causa de comoção pode ser prejudicial."

6. Há algum inconveniente em desenvolver a mediunidade nas crianças?

"Certamente, e sustento que é muito perigoso, porque esses organismos frágeis e delicados ficariam muito abalados, e sua imaginação infantil, bastante superexcitada. Assim, os pais sensatos as afastarão dessas ideias, ou, pelo menos, só lhes falarão a respeito das consequências morais."

7. Há, entretanto, crianças que são naturalmente médiuns, seja de efeitos físicos, de escrita ou de visões. Haveria nesses casos o mesmo inconveniente?

"Não. Quando a faculdade é espontânea numa criança, é porque é de sua natureza, e sua constituição se presta a ela. Não acontece o mesmo quando é provocada e superexcitada. Observe que a criança que tem visões geralmente fica pouco impressionada com isso; as visões lhe parecem uma coisa muito natural, à qual presta pouca atenção, e que frequentemente ela esquece. Mais tarde a lembrança lhe volta à memória, e é facilmente explicada se ela conhece o espiritismo."

8. Em que idade se pode, sem inconveniente, praticar a mediunidade?

"Não há uma idade precisa. Depende inteiramente do desenvolvimento físico e mais ainda do desenvolvimento moral. Há crianças de doze anos que seriam menos afetadas do que algumas pessoas feitas. Falo da mediunidade em geral, mas a que se aplica aos efeitos físicos é mais fatigante para o corpo. A escrita tem outro inconveniente que se relaciona à inexperiência da criança, no caso de querer praticá-la sozinha ou de fazer dela uma brincadeira."

222. A prática do espiritismo, como veremos mais tarde, requer muito tato para impedir as artimanhas dos espíritos enganadores; se homens feitos se tornam suas vítimas, a infância e a juventude estão ainda mais expostas a isso, por sua inexperiência. Sabe-se, além do mais, que o recolhimento é uma condição sem a qual não se pode estabelecer relação com espíritos sérios; as evocações deslumbradas ou feitas por diversão são uma verdadeira profanação, que permite acesso fácil aos espíritos zombeteiros ou maldosos. Como não se pode esperar de uma criança a seriedade necessária para tal ato, seria de se temer que, entregue a si mesma, fizesse disso uma brincadeira. Mesmo nas condições mais favoráveis, é desejável que uma criança dotada de mediunidade só a exerça sob a vigilância de pessoas experientes, que lhes ensinarão, por exemplo, o respeito devido às almas daqueles que viveram. Vê-se, com base nisso, que a questão da idade está subordinada tanto às circunstâncias do temperamento quanto do caráter. Entretanto, o que ressalta claramente das respostas acima é que não se deve forçar o desenvolvimento dessa faculdade nas crianças quando não é espontânea, e que, em todos os casos, é necessário usá-la com grande circunspecção, não se devendo provocá-la nem encorajá-la em pessoas frágeis. É preciso afastar da prática mediúnica, por todos os meios possíveis, as pessoas que apresentem o menor sintoma de excentricidade de pensamento ou de fragilidade das faculdades mentais, porque há nelas uma evidente predisposição à loucura que qualquer causa de superexcitação pode desencadear. As ideias espíritas não têm, sob esse aspecto, influência muito grande, mas se a loucura se instalasse, tornar-se-iam a preocupação dominante, assim como a loucura toma um caráter religioso se a pessoa se entrega com excesso às práticas de devoção, e a responsabilidade disso seria atribuída ao espiritismo. O que há de melhor a fazer com qualquer pessoa que demonstre tendência à ideia fixa é dirigir suas preocupações numa outra direção, a fim de proporcionar descanso aos órgãos enfraquecidos.

Chamamos a atenção de nossos leitores, a esse respeito, para o parágrafo XII da introdução de *O Livro dos Espíritos*.

Capítulo XIX

PAPEL DO MÉDIUM NAS COMUNICAÇÕES ESPÍRITAS

Influência do espírito do próprio médium – Teoria dos médiuns inertes – Aptidão de certos médiuns para coisas que não conhecem: línguas, música, desenho – Dissertação dos espíritos sobre o papel dos médiuns

INFLUÊNCIA DO ESPÍRITO DO PRÓPRIO MÉDIUM

223. 1. O médium, no momento em que exerce sua faculdade, está em estado perfeitamente normal?

"Às vezes encontra-se num estado de crise mais ou menos acentuado; é isso que o cansa, e é por isso que tem necessidade de repouso. Mas, na maioria das vezes, seu estado não difere sensivelmente do normal, sobretudo nos médiuns escreventes."

2. As comunicações escritas ou verbais podem provir do espírito encarnado do próprio médium?

"A alma do médium pode comunicar-se como a de qualquer outro. Se ela goza de certo grau de liberdade, recobra suas qualidades de espírito. Vocês têm a prova disso nas almas de pessoas vivas que vêm visitá-los e se comunicam com vocês através da escrita, muitas vezes sem serem chamadas. Pois saibam que entre os espíritos que evocam há os que estão encarnados na Terra; *nesse caso, eles lhes falam como espíritos e não como homens.* Por que querem que seja diferente com o espírito do médium?"

– Essa explicação parece confirmar a opinião dos que acreditam que todas as comunicações emanam do espírito do médium, e não de outros espíritos?

"Eles só estão errados de achar que isso se aplica a tudo. Porque é certo que o espírito do médium pode agir por si mesmo, mas esta não é uma razão para que outros não possam agir por seu intermédio."

3. Como distinguir se o espírito que responde é do médium ou de outro?

"Pela natureza das comunicações. Estudem as circunstâncias e a linguagem, e distinguirão. É sobretudo no estado sonambúlico ou de êxtase que o espírito do médium se manifesta, pois então ele se encontra mais livre. No estado normal é mais difícil. Além disso, há respostas que é impossível atribuir a ele. Por isso digo-lhes para observarem e estudarem."

Observação. Quando uma pessoa nos fala, facilmente distinguimos o que é dela daquilo a que ela apenas faz eco. Acontece o mesmo com os médiuns.

4. Visto que o espírito do médium pôde adquirir, em existências anteriores, conhecimentos que esqueceu em seu atual envoltório corporal, mas dos quais se lembra como espírito, não pode tirar de seu próprio repertório profundo as ideias que parecem ultrapassar o alcance de sua instrução?

"Isso acontece muitas vezes nos casos de crise sonambúlica ou extática, mas, ainda uma vez: há circunstâncias que não deixam dúvida; estudem *longamente* e meditem."

5. As comunicações que provêm do espírito do médium são sempre inferiores às que poderiam ser feitas por outros espíritos?

"Sempre não, porque o espírito alheio pode ser de ordem inferior à do médium, e por isso falar com menos sensatez. Vê-se isso no sonambulismo, pois nesse caso o mais frequente é que o espírito do próprio sonâmbulo se manifeste, e às vezes ele diz coisas muito boas."

6. O espírito que se comunica através de um médium transmite diretamente seu pensamento ou tem como intermediário o espírito encarnado do médium?

"O espírito do médium é o intérprete, porque está ligado ao corpo que serve à fala, e é necessário esse elo entre vocês e os outros espíritos, assim como é necessário um fio elétrico para transmitir uma notícia à distância, e na ponta do fio uma pessoa inteligente que a receba e transmita."

7. O espírito encarnado do médium exerce influência nas comunicações que deve transmitir e que provêm de outros espíritos?

"Sim, pois, se não lhe for simpático, pode alterar suas respostas e assimilá-las às suas próprias ideias e tendências, *mas ele não influencia os próprios espíritos*: somente é um mau intérprete."

8. É essa a causa da preferência dos espíritos por certos médiuns?

"Não há outro motivo. Procuram o intérprete que mais simpatize com eles e que transmita com maior exatidão seu pensamento. Se não há simpatia entre eles, o espírito do médium será um antagonista que oferece resistência, tornando-se um intérprete de má vontade e quase sempre infiel. Acontece o mesmo entre vocês quando o conselho de um sábio é transmitido pela voz de um tolo ou por uma pessoa de má-fé."

9. Compreende-se que seja assim com os médiuns intuitivos, mas não com os médiuns mecânicos.

"Vocês não compreendem bem o papel que desempenha o médium. Há uma lei que vocês ainda não captaram. Lembrem-se de que, para dar movimento a um corpo inerte, o espírito necessita de uma porção do fluido animalizado, que ele empresta do médium para animar momentaneamente a mesa, a fim de que essa obedeça à sua vontade. Pois bem: compreendam também que, para uma comunicação inteligente, é necessário um intermediário inteligente, e esse intermediário é o espírito do médium."

– Isto não parece aplicar-se ao que se chama de *mesas falantes*, pois quando objetos *inertes* como mesas, pranchetas e cestas dão respostas inteligentes, parece que o espírito do médium não participa em nada.

"É um erro. O espírito pode dar ao corpo inerte uma vida factícia momentânea, mas não inteligente. Nunca um corpo inerte foi inteligente. É, pois, o espírito do médium que recebe o pensamento, à sua revelia, e o transmite, de modo aproximado, com a ajuda de diversos intermediários."

10. Parece resultar dessas explicações que o espírito do médium nunca é completamente passivo.

"Ele é passivo quando não mistura suas próprias ideias com as do outro espírito, mas nunca é completamente nulo; sua participação é sempre necessária como intermediário, mesmo nisso que vocês chamam de *médiuns mecânicos*."

11. Não há mais garantia de independência no médium mecânico do que no intuitivo?

"Sem dúvida alguma, e para certas comunicações é preferível um médium mecânico. Mas quando se conhecem as faculdades de um médium intuitivo, isso se torna indiferente, conforme as circunstâncias; quero dizer que há comunicações que exigem menos precisão."

TEORIA DOS MÉDIUNS INERTES

12. Entre as diferentes teorias propostas para explicar os fenômenos espíritas, há uma que consiste em acreditar que a verdadeira mediunidade está num corpo completamente inerte, na cesta ou na caixa de papelão, por exemplo, que servem de instrumento; o espírito se identificaria com esse objeto e o tornaria não somente vivo, mas também inteligente, daí o nome de *médiuns inertes* para esses objetos. O que vocês pensam disso?

"Só há uma palavra a dizer sobre isso: se o espírito transmitisse inteligência à caixa e, ao mesmo tempo, lhe transmitisse vida, a caixa escreveria sozinha, sem o concurso do médium. Seria algo singular que o homem inteligente se tornasse máquina, e que um objeto inerte se tornasse inteligente. É uma das inúmeras teorias originadas de ideia preconcebida, e que são derrubadas, como tantas outras, diante da experiência e da observação."

13. Um fenômeno bem conhecido poderia dar algum crédito à opinião de que há corpos inertes animados não só de vida como também de inteligência: o das mesas, cestas, etc. que exprimem por seus movimentos a cólera ou a afeição?

"Quando um homem agita uma bengala com cólera, não é a bengala que está encolerizada, nem mesmo a mão que a segura, mas o pensamento que dirige a mão. As mesas e as cestas não são mais inteligentes do que a bengala. Não têm nenhum sentimento inteligente, mas obedecem a uma inteligência. Numa palavra: não é o espírito que se transforma em cesta, nem tampouco tem nela seu domicílio."

14. Se não é racional atribuir inteligência a esses objetos, pode-se considerá-los como uma variedade de médiuns, e designá-los com o nome de *médiuns inertes*?

"É uma questão de palavras, que pouco nos importa, desde que vocês se entendam. São livres para chamarem uma marionete de homem."

APTIDÃO DE CERTOS MÉDIUNS PARA COISAS QUE NÃO CONHECEM: LÍNGUAS, MÚSICA, DESENHO

15. Os espíritos só têm a linguagem do pensamento, não têm linguagem articulada; é por isso que só há uma língua para eles; com base nisso, um espírito poderia exprimir-se por via mediúnica numa língua que jamais falou quando vivo; nesse caso, de onde tira as palavras das quais se serve?

"Vocês mesmos acabam de responder à sua pergunta dizendo que os espíritos têm uma só língua, que é a do pensamento; essa língua é compreendida por todos, tanto pelos homens como pelos espíritos. O espírito errante, ao dirigir-se ao espírito encarnado do médium, não lhe fala em francês nem em inglês, mas na língua universal que é a do pensamento; para traduzir suas ideias numa linguagem articulada, transmissível, ele vai buscar as palavras no vocabulário do médium."

16. Se é assim, o espírito só deveria exprimir-se na língua do médium, ao passo que o vemos escrever em línguas desconhecidas deste. Não há aí uma contradição?

"Observem primeiro que nem todos os médiuns são igualmente adequados a esse tipo de exercício; em seguida, que os espíritos só se prestam a ele ocasionalmente, quando julgam que isso pode ser útil; mas para as comunicações usuais e de certa extensão, preferem servir-se de uma língua familiar, porque ela lhes oferece menos dificuldade material a superar."

17. A aptidão de certos médiuns para escrever numa língua que lhes é estrangeira não se deveria ao fato de essa língua lhes ter sido familiar numa outra existência, da qual teriam conservado uma intuição?

"Isso certamente pode acontecer, mas não é uma regra. O espírito pode, com algum esforço, superar momentaneamente a resistência material que encontra; é o que acontece quando o médium escreve, em sua própria língua, palavras que não conhece."

18. Uma pessoa que não soubesse escrever poderia fazê-lo como médium?

"Sim, mas compreenda-se que há uma grande dificuldade mecânica a vencer, pois a mão não tem o hábito do movimento necessário para formar as letras. Acontece o mesmo com os médiuns desenhistas que não sabem desenhar."

19. Um médium pouco inteligente poderia transmitir comunicações de ordem elevada?

"Sim, pela mesma razão que um médium pode escrever numa língua que não conhece. A mediunidade propriamente dita é independente da inteligência, assim como das qualidades morais, e na falta de melhor instrumento o espírito pode servir-se do que tem à mão. Mas é natural que, para as comunicações de certa ordem, ele prefira o médium que lhe ofereça menos obstáculos materiais. E ainda uma outra consideração: o idiota[52] frequentemente só é idiota devido à imperfeição dos seus órgãos, mas seu espírito pode ser mais adiantado do que vocês imaginam; vocês têm a prova disso por algumas evocações de idiotas mortos ou vivos."

Observação. Este é um fato comprovado pela experiência. Diversas vezes evocamos espíritos de idiotas vivos que deram provas patentes de sua identidade, e nos responderam de maneira muito sensata e até mesmo superior. Esse estado é uma punição para o espírito que sofre com o constrangimento em que se encontra. Também um médium idiota pode oferecer ao espírito que quer se manifestar maiores recursos do que se pensa. (Ver *Revista Espírita*, julho de 1860, artigos sobre a frenologia e a fisiognomonia.)

20. De onde vem a aptidão de certos médiuns para escrever versos, apesar de sua ignorância sobre poesia?

"A poesia é uma linguagem; eles podem escrever em verso, como podem escrever numa língua que desconhecem; além disso, podem ter sido poetas em outra existência. Como eu já lhes disse, os conhecimentos adquiridos jamais se perdem para o espírito, que deve atingir a perfeição em todas as coisas. Assim, o que aprenderam no passado lhes dá, sem que percebam, uma facilidade que não possuem em seu estado habitual."

21. O mesmo se dá com os que têm aptidão especial para o desenho e a música?

"Sim. O desenho e a música são também maneiras de exprimir o pensamento. Os espíritos se servem dos instrumentos que lhes oferecem mais facilidade."

22. A expressão do pensamento pela poesia, o desenho ou a música depende unicamente da aptidão do médium, ou também do espírito que se comunica?

---

52 Expressão usada à época (hoje se tornou um anacronismo); refere-se às pessoas com déficit no desenvolvimento cerebral ("idiotia"). (NE)

"Algumas vezes do médium, outras do espírito. Os espíritos superiores têm todas as aptidões; os espíritos inferiores têm conhecimentos limitados."

23. Por que um homem dotado de talento superior numa existência não o possui mais na existência seguinte?

"Não é sempre assim, pois muitas vezes ele aperfeiçoa numa existência o que começou na precedente. Mas pode acontecer de uma faculdade superior adormecer durante certo tempo para deixar outra mais livre para se desenvolver. É um germe latente que se encontrará mais tarde e do qual permanece sempre alguns traços, ou pelo menos uma vaga intuição."

224. O espírito sem dúvida compreende todas as línguas, pois as línguas são a expressão do pensamento, e o espírito compreende pelo pensamento; mas, para transmitir esse pensamento, ele precisa de um instrumento: esse instrumento é o médium. A alma do médium que recebe a comunicação do espírito só pode transmiti-la pelos órgãos de seu corpo; ora, esses órgãos não podem ter, para a transmissão de uma língua desconhecida, a flexibilidade que possuem para uma língua que lhes é familiar. Um médium que só saiba falar o francês poderá, ocasionalmente, dar uma resposta em inglês, por exemplo, se o espírito quiser fazê-lo; mas os espíritos, que já acham a linguagem humana muito lenta em relação à rapidez do pensamento, abreviando-a o quanto podem, impacientam-se com a resistência mecânica que experimentam e, por isso, nem sempre o fazem. É também a razão pela qual um médium novato, que escreve penosamente e com lentidão em sua própria língua, só obtém respostas breves e sem muito desenvolvimento; além disso, os espíritos recomendam que só se faça, por seu intermédio, perguntas simples. Para as de maior alcance, é necessário um médium desenvolvido, que não ofereça nenhuma dificuldade mecânica ao espírito. Não escolheríamos para nosso leitor um aluno que apenas sabe soletrar. Um bom operário não gosta de servir-se de maus instrumentos.

Acrescentemos outra consideração de grande importância quanto às línguas estrangeiras. As tentativas desse tipo são sempre feitas por curiosidade e com o objetivo de experimentação; ora, nada é mais antipático aos espíritos do que as provas às quais tentam submetê-los. Os espíritos superiores nunca se prestam a isso, e se afastam quando se pretende fazê-los entrar nesse caminho. Quanto mais apreciam os assuntos sérios e úteis, tanto mais lhes repugna ocupar-se de coisas fúteis e sem finalidade. "Isso serve", diriam os incrédulos, "para nos convencer, e esse objetivo é útil, pois pode conquistar adeptos para a causa dos espíritos". A isso respondem os espíritos: "Nossa causa não tem necessidade dos que são bastante orgulhosos para se julgarem indispensáveis. Chamamos para junto de nós *aqueles que queremos,* e que são sempre os pequenos e os mais humildes. Jesus fez os milagres que lhe pediam os escribas? De que homens se serviu para revolucionar o mundo? Se quiserem se convencer, têm outros meios que não as façanhas. Comecem primeiro por se submeter: não é da ordem natural que o estudante imponha sua vontade ao mestre."

Disso resulta que, salvo poucas exceções, o médium transmite o pensamento dos espíritos pelos meios mecânicos que estão à sua disposição, e a expressão desse pensamento pode (e deve mesmo, na maioria das vezes) ressentir-se da imperfeição desses meios. Assim, o homem inculto, o camponês, poderão dizer as mais belas coisas, exprimir os pensamentos mais elevados, os mais filosóficos, falando como um camponês – pois, como sabemos, para os espíritos o pensamento domina tudo. Isso responde à objeção de certos críticos a respeito das incorreções de estilo e de ortografia que se censuram aos espíritos, e que tanto podem ser deles quanto dos médiuns. É uma futilidade prender-se a tais coisas. E não é menos pueril pôr-se a reproduzir essas incorreções com minuciosa exatidão, como vimos fazerem algumas vezes. Podemos corrigi-las sem nenhum acanhamento, a menos que sejam características do espírito que se comunica, e nesse caso será útil conservá-las como prova de identidade. Assim, por exemplo, vimos um espírito escrever repetidamente *Jule* (sem s) referindo-se ao neto, porque, quando vivo, escrevia assim, embora o neto, que servia de médium, soubesse perfeitamente escrever o seu nome.

DISSERTAÇÃO DOS ESPÍRITOS SOBRE O PAPEL DOS MÉDIUNS

225. A dissertação a seguir, dada espontaneamente por um espírito superior que se revelou por comunicações de ordem muito elevada, resume de maneira mais clara e completa a questão do papel do médium:

"Qualquer que seja a natureza dos médiuns escreventes, sejam eles mecânicos, semimecânicos ou simplesmente intuitivos, nossos processos de comunicação com eles não variam essencialmente. Com efeito, nós nos comunicamos com os próprios espíritos encarnados, e também com os espíritos propriamente ditos, unicamente pela irradiação do nosso pensamento.

"Nossos pensamentos não têm necessidade da vestimenta da palavra para serem compreendidos pelos espíritos. Todos os espíritos captam o pensamento que desejamos comunicar-lhes pelo único fato de dirigirmos esse pensamento a eles, e isso em razão de suas faculdades intelectuais. Quer dizer que um determinado pensamento pode ser compreendido por este ou aquele, segundo seu avanço, ao passo que, para outros, esse mesmo pensamento, não despertando nenhuma lembrança, nenhum conhecimento no fundo de seu coração ou de seu cérebro, não é percebido por eles. Nesse caso, o espírito encarnado que nos serve de médium é mais apropriado a transmitir o nosso pensamento a outros encarnados, embora não o compreenda, do que um espírito desencarnado e pouco adiantado a cuja mediação fôssemos obrigados a recorrer. Porque o ser terreno põe o seu corpo, como instrumento, à nossa disposição, o que o espírito errante não pode fazer.

"Assim, quando encontramos num médium o cérebro cheio de conhecimentos adquiridos na sua vida atual, e o espírito rico de conhecimentos anteriores, latentes, próprios a facilitar nossas comunicações, dele nos servimos de preferência, pois com ele o fenômeno da comunicação nos é muito mais fácil do que com um médium cuja inteligência fosse limitada e cujos conhecimentos anteriores ainda fossem insuficientes. Vamos nos fazer compreender por meio de algumas explicações claras e precisas.

"Com um médium cuja inteligência atual ou anterior se encontra desenvolvida, nosso pensamento se comunica instantaneamente, de espírito a espírito, por uma faculdade intrínseca à essência do próprio espírito. Nesse caso, encontramos no cérebro do médium os elementos apropriados para dar ao nosso pensamento a roupagem de palavra correspondente a esse pensamento, seja o médium intuitivo, semimecânico ou só mecânico. É por isso que, qualquer que seja a diversidade de espíritos que se comunicam através de um médium, os ditados obtidos por ele e procedentes de espíritos diversos trazem sempre a marca da forma e o colorido pessoal desse médium. Sim, pois, embora o pensamento lhe seja estranho, embora o assunto saia da amplitude em que habitualmente ele está posto, embora o que desejamos dizer não provenha dele de maneira alguma, ele não deixa de influenciar a forma, dando-lhe as qualidades, as propriedades próprias de sua individualidade. É como se olhássemos diferentes pontos de vista através de lunetas coloridas (brancas, verdes ou azuis); embora os pontos de vista ou objetos olhados sejam completamente diferentes e independentes uns dos outros, não deixam de ser afetados pela coloração que provém da cor das lunetas. Melhor ainda: comparemos os médiuns a essas garrafas coloridas e transparentes, cheias de líquidos, que vemos nas vitrines das farmácias; pois bem: nós somos como luzes que iluminam certos pontos de vista morais, filosóficos e íntimos, através de médiuns azuis, verdes ou vermelhos, de tal maneira que nossos raios luminosos, obrigados a passar através de vidros mais ou menos lapidados, mais ou menos transparentes, isto é, através de médiuns mais ou menos inteligentes, só atingem os objetos que desejamos iluminar emprestando a coloração, ou melhor, a forma própria e particular desses médiuns.

"Enfim, para terminar com uma última comparação: nós, espíritos, somos como compositores de música, que queremos compor ou improvisar uma ária e só temos à mão um piano, ou só um violino, uma flauta, um fagote, ou mesmo um mero apito. É incontestável que com o piano, com a flauta ou com o violino nós executaremos nosso trecho de maneira compreensível aos nossos ouvintes; embora os sons do piano, do fagote ou do clarinete sejam essencialmente diferentes entre si, nossa composição será sempre a mesma, salvo as nuances de sonoridade. Mas se tivermos à nossa disposição apenas um apito, ou um fole de vendedor de rua, então estaremos em dificuldade.

"Com efeito, quando somos obrigados a nos servir de médiuns pouco avançados, nosso trabalho torna-se bem mais longo, bem mais penoso, pois somos obrigados a recorrer a formas incompletas, o que é uma complicação para nós. Somos forçados a decompor nossos pensamentos e proceder de palavra a palavra, letra a letra, o que é cansativo e fatigante, e um verdadeiro entrave à prontidão e ao desenvolvimento de nossas manifestações.

"Por isso nos sentimos felizes ao encontrar médiuns apropriados, bem aparelhados, munidos de material pronto a funcionar: bons instrumentos, em uma palavra; então nosso perispírito, agindo sobre o perispírito daquele que *mediunizamos*, só tem que dar impulso à mão, que nos serve de porta-canetas ou porta-lápis. Com os médiuns mal aparelhados, ao contrário, somos obrigados a realizar um trabalho semelhante ao que temos quando nos comunicamos por meio de pancadas, quer dizer, indicando, letra por letra, palavra por palavra, cada uma das frases que formam a tradução dos pensamentos que queremos comunicar.

"Por essas razões nos dirigimos de preferência às classes esclarecidas e instruídas para a divulgação do espiritismo e o desenvolvimento das faculdades mediúnicas escritas, embora seja nessas classes que se encontram os indivíduos mais incrédulos, mais rebeldes e mais imorais. É pela mesma razão que deixamos hoje aos espíritos brincalhões e pouco avançados o exercício das comunicações tangíveis, de pancadas e transporte, assim como os homens pouco sérios entre vocês preferem os fenômenos que lhes tocam os olhos ou os ouvidos aos fenômenos puramente espirituais, puramente psicológicos.

"Quando queremos proceder por meio de ditados espontâneos, agimos sobre o cérebro, nos arquivos do médium, e juntamos nossos materiais com os elementos que ele nos fornece, e tudo isso à sua revelia; é como se tirássemos da bolsa do médium a soma que tem, e dispuséssemos as moedas na ordem que nos parecesse a mais útil.

"Mas quando o próprio médium quer nos interrogar de tal ou qual maneira, é bom que ele reflita seriamente, a fim de nos questionar de maneira metódica, facilitando-nos assim o trabalho de responder. Porque, como já lhes foi dito numa instrução anterior, seu cérebro está frequentemente numa desordem inextrincável, e nos é tão difícil quanto penoso nos mover no labirinto de seus pensamentos. Quando as perguntas devem ser feitas por terceiros, é bom e útil que sejam antes comunicadas ao médium, para que este se identifique com o espírito do evocador, impregnando-se, por assim dizer, dele. Assim, nós mesmos teremos muito mais facilidade para responder, graças à afinidade existente entre nosso perispírito e o do médium que nos serve de intérprete.

"Podemos certamente tratar de matemática através de um médium que a desconheça, mas frequentemente o espírito do médium possui esse conhecimento em estado latente, isto é, conhecimento que é pessoal do ser fluídico e não do ser encarnado, porque seu corpo atual é um instrumento rebelde ou contrário a essa forma de conhecimento. O mesmo se dá com a astronomia, a poesia, a medicina e as diversas línguas, assim como com todos os outros conhecimentos peculiares à espécie humana. Enfim, temos ainda usado, nos médiuns a quem é estranho o assunto tratado, um meio penoso de elaboração, que vem a ser a reunião das letras e das palavras como se faz em tipografia.

"Como já dissemos, os espíritos não têm necessidade de revestir seus pensamentos; eles captam e comunicam o pensamento pelo único fato de ele existir neles. Os seres corporais, ao contrário, só podem captar o pensamento quando revestido de palavras. Enquanto a letra, a palavra, o substantivo, o verbo, a frase, enfim, lhes são necessários para sua percepção, mesmo mental, nenhuma forma visível ou tangível é necessária para nós." (Erasto e Timóteo)

Observação. Essa análise do papel dos médiuns e dos procedimentos com a ajuda dos quais os espíritos se comunicam é tão clara quanto lógica. Dela decorre o princípio de que o espírito extrai *não suas ideias*, mas os elementos necessários para exprimi-las, no cérebro do médium, e de que quanto mais rico em elementos for esse cérebro, mais fácil é a comunicação. Quando o espírito se exprime na língua familiar ao médium, encontra nele as palavras já formadas para traduzir sua ideia. Se o faz numa língua que lhe é estranha, não encontra as palavras, mas apenas letras; por isso o espírito é obrigado a ditar letra por letra, por assim dizer, como se quiséssemos fazer escrever em alemão quem não soubesse uma só palavra dessa língua. Se o médium não souber ler nem escrever, não possui nem mesmo as letras; é preciso então lhe conduzir a mão como se faria com um aluno, e aí está uma dificuldade material ainda maior a ser vencida. Esses fenômenos são, pois, possíveis, e temos deles inúmeros exemplos. Mas compreende-se que essa maneira de proceder não se ajusta muito à necessidade de extensão e rapidez das comunicações, e que os espíritos devem preferir instrumentos mais fáceis, ou, como eles mesmos dizem, médiuns bem aparelhados, sob seu ponto de vista.

Se os que pedem esses fenômenos como meio para se convencerem tivessem antes estudado a teoria, saberiam em que condições excepcionais eles se produzem.

Capítulo XX

INFLUÊNCIA MORAL DO MÉDIUM

Questões diversas – Dissertação de um espírito sobre a influência moral

226. 1. O desenvolvimento da mediunidade está na razão do desenvolvimento moral do médium?

"Não. A faculdade propriamente dita depende do organismo; ela é independente da moral; mas não acontece o mesmo com seu uso, que pode ser bom ou mau, segundo as qualidades do médium."

2. Sempre se disse que a mediunidade é um dom de Deus, uma graça, um favor. Por que então ela não é privilégio dos homens de bem, e por que há criaturas indignas que são dotadas dessa faculdade em seu mais alto grau e dela fazem mal uso?

"Todas as nossas faculdades são favores que devemos agradecer a Deus, pois há homens que são privados delas. Vocês poderiam também perguntar por que Deus concede boa visão a malfeitores, destreza aos fora da lei, eloquência aos que a utilizam para dizer coisas ruins. Acontece o mesmo com a mediunidade: criaturas indignas são dotadas porque dela necessitam mais do que outras, para se aperfeiçoar. Vocês acham que Deus recusa meios de salvação aos culpados? Ele os multiplica nos seus passos, *Ele os coloca em suas mãos*, cabe a eles aproveitá-los. Judas, o traidor, não fez milagres e não curou doentes como apóstolo? Deus lhe permitiu esse dom para tornar sua traição mais odiosa."

3. Os médiuns que fazem mal uso de suas faculdades, que não as utilizam para o bem ou que não as aproveitam para sua instrução, sofrerão as consequências disso?

"Se as usarem mal, serão duplamente punidos, pois têm um meio a mais de se esclarecer e não o aproveitam. Aquele que vê claramente e tropeça é mais censurável que o cego que cai na fossa."

4. Há médiuns que recebem comunicações espontâneas, constantemente, sobre o mesmo assunto, sobre certas questões morais – por exemplo, sobre alguns defeitos específicos. Isso tem alguma finalidade?

"Sim, e essa finalidade é esclarecê-los sobre um assunto constantemente repetido, ou corrigi-los de certos defeitos. É por isso que para uma pessoa os espíritos falarão sem cessar do orgulho, e para outra, da caridade, pois somente a insistência poderá enfim abrir seus olhos. Não há médium que, usando mal sua faculdade, por ambição ou interesse, ou prejudicando-a por uma falha capital, como o egoísmo, o orgulho, a leviandade, não receba de tempos em tempos alguma advertência por parte dos espíritos. O mal é que na maioria das vezes ele não a toma para si."

Observação. Os espíritos são geralmente cautelosos em suas lições, dando-as de maneira indireta, para deixar maior mérito àquele que sabe aplicá-las e aproveitá-las. Mas é tamanha a cegueira e o orgulho de certas pessoas que elas não se reconhecem nas lições que são postas debaixo de seus olhos. E ainda mais: se o espírito dá a entender que é delas que se trata, zangam-se e chamam o espírito de mentiroso ou zombador. Isso, por si só, já prova que o espírito tem razão.

5. Nas lições de sentido geral e sem aplicação pessoal que lhe são ditadas, o médium não age como instrumento passivo para servir à instrução de outro?

"Frequentemente esses avisos e conselhos não são dirigidos a ele pessoalmente, mas a outras pessoas às quais só podemos nos dirigir por intermédio desse médium, que também deve tomar sua parte se não estiver cego pelo amor-próprio.

"Não pensem que a faculdade mediúnica foi dada para corrigir somente uma ou duas pessoas. Não. O objetivo é maior: trata-se da humanidade. Um médium é um instrumento muito pouco importante como indivíduo. Por isso, quando damos instruções que devem beneficiar à generalidade das pessoas, nos servimos dos que possuem as faculdades necessárias. Mas tenham como certo que chegará um tempo em que os bons médiuns serão suficientemente comuns para que os espíritos bons não precisem mais servir-se de maus instrumentos."

6. Visto que as qualidades morais do médium afastam os espíritos imperfeitos, por que um médium dotado de boas qualidades transmite respostas falsas e grosseiras?

"Vocês conhecem todos os cantos da alma dele? Além disso, mesmo não sendo vicioso, ele pode ser leviano e frívolo, e às vezes pode necessitar de uma lição, a fim de se manter em guarda."

7. Por que os espíritos superiores permitem que pessoas dotadas de grande poder como médiuns, e que poderiam fazer muito bem, sejam instrumentos do erro?

"Eles se esforçam para influenciá-las, mas, quando elas se deixam arrastar para um mau caminho, eles as deixam ir. É por isso que delas se servem com repugnância, porque *a verdade não pode ser interpretada pela mentira*."

8. É absolutamente impossível ter boas comunicações por um médium imperfeito?

"Um médium imperfeito pode, algumas vezes, obter boas coisas, porque, se tem uma boa faculdade, os espíritos bons podem servir-se dele na falta de outro, numa determinada circunstância. Mas não é senão provisoriamente, pois, quando encontram outro que melhor lhes convenha, dão preferência a este."

Observação. Deve-se notar que quando os espíritos julgam que um médium deixa de ser bem assistido, tornando-se, por suas imperfeições, presa de espíritos enganadores, quase sempre provocam circunstâncias que revelem seus defeitos e o afastem de pessoas sérias e bem-intencionadas, de cuja boa-fé poderiam abusar. Nesse caso, sejam quais forem suas faculdades, nada se tem a lamentar.

9. Qual seria o médium que poderíamos considerar perfeito?

"Perfeito? Ai de mim! Vocês bem sabem que não há perfeição sobre a Terra, se não fosse assim, não estariam nela. Digam, pois, *bom médium*, e já é muito, pois são raros. O médium perfeito seria aquele que os maus espíritos jamais *ousariam* tentar enganar; o melhor é aquele que, simpatizando somente com os bons espíritos, tem sido enganado menos vezes."

10. Se ele só simpatiza com bons espíritos, como podem permitir que seja enganado?

"Os espíritos às vezes permitem que isso ocorra com os melhores médiuns para que exercitem seu julgamento e aprendam a discernir o verdadeiro do falso. E depois, por melhor que seja o médium, jamais é tão perfeito que não tenha seu lado fraco, pelo qual pode ser atingido, e isso deve lhe servir de lição. As comunicações falsas que recebe de tempos em tempos são advertências para evitar que se julgue infalível e se torne orgulhoso. Porque o médium que recebe as mais notáveis comunicações não tem que se vangloriar mais que o tocador de realejo que produz belas árias virando a manivela do seu instrumento."

11. Quais as condições necessárias para que a palavra dos espíritos superiores nos cheguem puras, sem qualquer alteração?

"Querer o bem; repelir o *egoísmo* e o *orgulho*: um e outro são necessários."

12. Se a palavra dos espíritos superiores só nos chega pura em condições difíceis de encontrar, isso não é um obstáculo à propagação da verdade?

"Não, porque a luz chega sempre àquele que quer recebê-la. Quem quiser esclarecer-se deve fugir das trevas, e as trevas estão na impureza do coração.

"Os espíritos que vocês consideram como a personificação do bem não atendem de boa vontade ao apelo dos que têm um coração maculado pelo orgulho, pela cupidez e falta de caridade.

"Que os que queiram se esclarecer se despojem de toda vaidade humana e humilhem sua razão perante o poder infinito do Criador. Essa será a melhor prova de sua sinceridade. E esta condição, todos podem cumprir."

227. Se o médium, do ponto de vista da execução, é apenas um instrumento, no aspecto moral ele tem grande influência. Uma vez que para se comunicar o espírito se identifica com o espírito do médium, essa identificação só pode acontecer se houver simpatia entre eles e, se assim podemos dizer, afinidade. A alma exerce sobre os espíritos uma espécie de atração ou de repulsão, conforme o grau de semelhança ou desigualdade entre eles. Ora, os bons têm afinidade com os bons, e os maus com os maus, de onde se segue que as qualidades morais do médium têm uma influência capital sobre a natureza dos espíritos que se comunicam por seu intermédio. Se o médium é vicioso, os espíritos inferiores se agrupam em torno dele e estão sempre prontos a tomar o lugar dos espíritos bons que ele tinha chamado. As qualidades que atraem de preferência os espíritos bons são: bondade, benevolência, simplicidade de coração, amor ao próximo, desprendimento das coisas materiais; os defeitos que os repelem são: orgulho, egoísmo, inveja, ciúme, ódio, cupidez, sensualidade e todas as paixões pelas quais os homens se apegam à matéria.

228. Todas as imperfeições morais são portas abertas aos espíritos maus, mas a que eles exploram com mais habilidade é o orgulho, porque é essa a que menos se confessa. O orgulho tem posto a perder inúmeros médiuns dotados das mais belas faculdades, que, sem ele, teriam se tornado sujeitos notáveis e muito úteis, ao passo que, tornando-se presa de espíritos mentirosos, suas faculdades foram primeiramente pervertidas, depois aniquiladas, e muitos se viram humilhados pelas mais amargas decepções.

O orgulho se traduz, nos médiuns, por sinais inequívocos para os quais é necessário chamar a atenção, porque é uma das dificuldades que mais devem despertar a desconfiança sobre a veracidade de suas comunicações. Começa por uma confiança cega na superioridade dessas comunicações e na infalibilidade do espírito que as dá. Disso resulta um certo desdém por tudo que não procede deles, porque julgam ter o privilégio sobre a verdade. O prestígio dos grandes nomes com que se adornam os espíritos que se dizem seus protetores deslumbra esses médiuns, e como seu amor-próprio sofreria se confessassem ser enganados, repelem toda espécie de conselhos, e até os evitam, afastando-se dos amigos e de quem lhes pudesse abrir os olhos. Se têm a condescendência de ouvir essas pessoas, não levam em conta suas advertências, porque duvidar da superioridade do espírito que os guia é, para eles, quase uma profanação. Eles apresentam objeções à menor contradição, a uma simples observação crítica, e chegam até a odiar pessoas que lhes prestaram serviços. Para aumentar o isolamento provocado pelos espíritos que não querem ter contraditores, esses mesmos espíritos se esforçam para entreter os médiuns em suas ilusões, fazendo-os facilmente tomar os maiores absurdos como coisas sublimes. Assim, confiança absoluta na superioridade das comunicações que eles obtêm, desprezo pelas que não vêm por seu intermédio, importância irrefletida dada aos grandes nomes, rejeição a conselhos, repulsa a qualquer crítica, afastamento dos que podem dar conselhos desinteressados, crença em sua própria habilidade, a despeito de sua falta de experiência: tais são as características dos médiuns orgulhosos.

É preciso convir também que o orgulho muitas vezes é provocado no médium pelos que o cercam. Se possui faculdades que transcendem um pouco o comum, é procurado e elogiado; passa a julgar-se indispensável, e logo afeta um ar de autossuficiência e desdém quando presta seu concurso. Mais de uma vez acabamos lamentando os elogios que fizemos a certos médiuns com o objetivo de encorajá-los.

229. Ao lado desse quadro, observemos o do médium verdadeiramente bom, aquele em quem se pode confiar. Suponhamos, primeiro, uma facilidade de execução suficientemente grande para permitir que os espíritos se comuniquem livremente, sem os entraves de qualquer dificuldade material. Isso posto, o que mais importa considerar é a natureza dos espíritos que o assistem habitualmente, e para tanto não é ao nome que devemos nos reportar, mas à linguagem. O médium jamais deve perder de vista que a simpatia que conseguir entre os espíritos bons está na razão dos esforços que fizer para afastar os maus. Persuadido de que sua faculdade é um dom que lhe foi concedido para o bem, não procurará se prevalecer dela de maneira alguma, nem se atribuirá nenhum mérito por conta dela. Ele aceitará as boas comunicações que receber como uma graça, devendo se esforçar para se tornar digno delas por meio da bondade, da benevolência e da modéstia. Aquele médium que mencionamos acima se orgulha de suas relações com os espíritos superiores; este de que tratamos agora se torna humilde, porque sempre se considera indigno desse favor.

DISSERTAÇÃO DE UM ESPÍRITO SOBRE A INFLUÊNCIA MORAL

230. A instrução a seguir nos foi dada sobre esse assunto por um espírito de quem já reproduzimos muitas comunicações:

"Já dissemos: os médiuns, enquanto médiuns, têm apenas uma influência secundária nas comunicações dos espíritos. Sua tarefa é a de uma máquina elétrica que transmite telegramas entre dois pontos distantes da Terra. Assim, quando queremos ditar uma comunicação, agimos sobre o médium como o empregado do telégrafo sobre o aparelho, quer dizer: da mesma maneira que o *tique-taque* do telégrafo vai traçando a milhares de léguas, numa tira de papel, os sinais que reproduzem o telegrama, da mesma forma nós comunicamos, através das distâncias imensuráveis que separam o mundo visível do mundo invisível, o mundo imaterial do mundo corporal, o que desejamos lhes ensinar por meio do aparelho mediúnico. Mas, assim como as influências atmosféricas agem sobre e frequentemente perturbam as transmissões do telégrafo elétrico, a influência moral do médium age sobre e às vezes perturbam a transmissão dos nossos telegramas do além-túmulo, porque somos obrigados a fazê-los passar por um meio que lhes oferece resistência. Entretanto, na maioria das vezes essa influência é anulada por nossa energia e nossa vontade, e nenhum fato perturbador se manifesta.

Com efeito, ditados de elevado alcance filosófico e comunicações de uma perfeita moralidade são transmitidos, algumas vezes, por médiuns pouco apropriados a esses ensinamentos superiores, enquanto, por outro lado, comunicações pouco edificantes chegam também, algumas vezes, por médiuns envergonhados de lhes ter servido de condutores.

"De maneira geral, pode-se afirmar que os espíritos semelhantes se atraem, e que raramente os espíritos das plêiades elevadas se comunicam por aparelhos maus condutores, quando têm à mão bons aparelhos mediúnicos – em outras palavras: bons médiuns.

"Assim, os médiuns levianos e pouco sérios atraem espíritos de mesma natureza. É por isso que suas comunicações são marcadas por banalidades, frivolidades, ideias descontinuadas e frequentemente muito heterodoxas, falando em termos espíritas. Certamente eles podem dizer, e às vezes dizem mesmo, coisas boas; é exatamente nesse caso que é preciso submetê-las a um exame severo e escrupuloso, porque, no meio das coisas boas, certos espíritos hipócritas insinuam com habilidade, e com uma perfídia calculada, fatos controvertidos, asserções mentirosas, com o fim de enganar a boa-fé de sua audiência. Deve-se, então, eliminar sem dó toda palavra, toda frase equívoca, conservando do ditado somente o que a lógica aceita ou o que a doutrina já ensinou. As comunicações dessa natureza só são temerosas para os espíritas que agem isoladamente, para grupos recentes ou pouco esclarecidos, porque nas reuniões onde os adeptos são mais avançados e experientes é inútil a gralha se revestir com plumas de pavão: será sempre impiedosamente barrada.

"Não falarei dos médiuns que se comprazem em solicitar e escutar comunicações sórdidas; deixemos que se comprazam na sociedade dos espíritos cínicos. Aliás, as comunicações dessa espécie buscam elas próprias a solidão e o isolamento, e só poderiam provocar desdém e asco entre os membros de grupos filosóficos e sérios. Mas onde a influência moral do médium se faz realmente sentir é quando este substitui as ideias que os espíritos se esforçam em lhe sugerir por suas ideias pessoais; é quando tira de sua própria imaginação as teorias fantásticas que julga, até de boa-fé, resultar de uma comunicação intuitiva. Nesse caso, há mil possibilidades contra uma de que este seja apenas o reflexo do espírito do próprio médium; acontece até mesmo este fato curioso: a mão do médium se movimenta às vezes quase mecanicamente, impulsionada por um espírito secundário e zombeteiro. É contra essa pedra de toque que vêm se chocar as imaginações ardentes, pois, levados pelo ímpeto de suas próprias ideias, pelo fulgor de seus conhecimentos literários, os médiuns menosprezam o ditado modesto de um espírito sábio e, trocando o certo pelo duvidoso, o substituem por uma paráfrase empolada. É também nesse temível escolho que vêm encalhar as personalidades ambiciosas que, na falta das comunicações que os espíritos bons lhes recusam, apresentam suas próprias obras como sendo desses espíritos. Eis porque é necessário que os líderes de grupos espíritas sejam dotados de um tato apurado e de rara sagacidade para discernir as comunicações autênticas das que não o são e, ao mesmo tempo, para não ferir os que iludem a si próprios.

"Na dúvida, abstenham-se, diz um de seus antigos provérbios. Só admitam aquilo que virem como uma evidência segura. Quando vem à luz uma opinião nova, por menos que lhes pareça duvidosa, passem-na pelo crivo da razão e da lógica. O que a razão e o bom-senso reprovam, rejeitem corajosamente; mais vale rejeitar dez verdades do que admitir uma única mentira, uma única teoria falsa. Sobre essa teoria poderiam edificar todo um sistema, que desmoronaria ao primeiro sopro da verdade, como um monumento construído sobre areia movediça, ao passo que, se rejeitarem hoje certas verdades, porque não estão para vocês clara e logicamente demonstradas, logo um fato chocante ou uma demonstração irrefutável virá afirmar sua autenticidade.

"Lembrem-se, entretanto, ó espíritas!, que não há impossível para Deus e para os espíritos bons, senão a injustiça e a iniquidade.

"O espiritismo é bastante propagado hoje entre os homens, e já moralizou suficientemente os adeptos sinceros de sua santa doutrina, para que os espíritos não se vejam mais obrigados a utilizar maus instrumentos, médiuns imperfeitos. Assim, hoje, se um médium, seja quem for ele, por sua conduta ou seus modos, por seu orgulho, por sua falta de amor e de caridade, der um motivo legítimo de suspeita, rejeitem, rejeitem suas comunicações, porque há uma serpente escondida na relva. Eis minha conclusão sobre a influência moral dos médiuns." (Erasto)

Capítulo XXI

INFLUÊNCIA DAS PESSOAS AO REDOR

231. 1. As pessoas ao redor do médium exercem alguma influência sobre as manifestações?

"Todos os espíritos que cercam o médium o ajudam tanto no bem como no mal."

2. Os espíritos superiores não podem triunfar sobre a má vontade do espírito encarnado que lhes serve de intérprete e daqueles que o cercam?

"Sim, quando julgam isso útil, e conforme a intenção da pessoa que se dirige a eles. Como já dissemos: os espíritos mais elevados podem, às vezes, comunicar-se em vista de um favor especial, a despeito da imperfeição do médium e das pessoas no ambiente, mas, nesse caso, estes são alheios à comunicação."

3. Os espíritos superiores procuram converter reuniões fúteis a ideias mais sérias?

"Os espíritos superiores não vão a reuniões onde sabem que sua presença é inútil. Nos círculos pouco instruídos, mas onde há sinceridade, vamos de boa vontade, mesmo que neles só encontremos instrumentos medíocres; mas não vamos aos círculos instruídos onde predomina a ironia. Aí é preciso falar aos olhos e aos ouvidos: este é o papel dos espíritos batedores e zombeteiros. É bom que as pessoas que se gabam de sua ciência sejam humilhadas por espíritos menos sábios e menos avançados."

4. O acesso às reuniões sérias é impedido aos espíritos inferiores?

"Não, às vezes eles ficam ali para aproveitar os ensinamentos que são dados a vocês, mas se calam, *como os tolos numa reunião de sábios*."

232. Seria um erro acreditar que é preciso ser médium para atrair a si os seres do mundo invisível. Eles povoam o espaço; estão constantemente em torno de nós, ao nosso lado, vendo-nos, observando-nos, tomando parte em nossas reuniões, seguindo-nos ou nos evitando, conforme a atração ou repulsa que lhes provocamos. A faculdade mediúnica em nada influi sobre isso: ela é apenas um meio de comunicação. Com base naquilo que já vimos sobre as causas de simpatia ou antipatia dos espíritos, facilmente se compreenderá que estamos cercados por aqueles que têm afinidade com nosso próprio espírito, conforme este seja elevado ou inferior. Consideremos agora o estado moral de nosso globo e compreenderemos que tipo de espíritos deve predominar entre os espíritos errantes. Se tomarmos cada povo em particular, poderemos julgar, pelo caráter predominante dos habitantes, por suas preocupações, seus sentimentos mais ou menos morais e *humanitários*, as categorias de espíritos que preferencialmente se reúnem entre eles.

Partindo desse princípio, imaginemos uma reunião de homens levianos, inconsequentes, ocupados com seus prazeres; quais são os espíritos que ali preferencialmente se encontram? Certamente não serão espíritos superiores, do mesmo modo que nossos sábios e filósofos não iriam perder ali o seu tempo. Assim, sempre que pessoas se reúnem, têm consigo uma assembleia oculta que simpatiza com suas qualidades ou seus defeitos, e isso *independente de qualquer pensamento de evocação.* Admitamos agora que elas tenham a possibilidade de conversar com os seres do mundo invisível através de um intérprete, ou seja, um médium: quais responderão ao seu chamado? Evidentemente, aqueles que já estão ali, prontos, e que só esperam uma oportunidade de se comunicar. Se, numa assembleia fútil, se convoca um espírito superior, ele poderá vir e até dizer algumas palavras razoáveis, como um bom pastor que vai para junto de suas ovelhas desgarradas; mas, tão logo perceba que não é compreendido nem escutado, ele se vai, como vocês mesmos fariam em seu lugar, e então os outros têm liberdade de ação.

233. Não basta que uma assembleia seja séria para ter comunicações de ordem elevada; há pessoas que nunca riem, e nem por isso seu coração é mais puro; ora, é sobretudo o coração que atrai os bons espíritos. Nenhuma condição moral impossibilita as comunicações espíritas; porém, se estamos em condições ruins, tratamos com nossos semelhantes, e esses não perdem a chance de nos enganar, e frequentemente afagam nossos preconceitos.

Por tudo isso se percebe a enorme influência do meio sobre a natureza das manifestações inteligentes. No entanto, essa influência não é exercida como supunham algumas pessoas, quando não se conhecia o mundo dos espíritos como se conhece hoje, e antes que experiências mais concludentes viessem esclarecer as dúvidas. Quando as comunicações estão em concordância com a opinião dos assistentes, não é porque essa opinião se reflete no espírito do médium como num espelho, mas porque vocês têm consigo espíritos que lhes são simpáticos, tanto para o bem quanto para o mal, muitos dos quais têm o mesmo entendimento que vocês. E a prova disso é que, se tiverem força de atrair para si espíritos que não sejam aqueles que os cercam, esse mesmo médium irá manter uma linguagem completamente diferente, e lhes dizer coisas que estão muito longe do pensamento e das convicções de vocês. Em resumo, as condições do meio serão melhores à medida que houver mais homogeneidade para o bem, mais sentimentos puros e elevados, mais desejo sincero de se instruir sem segundas intenções.

Capítulo XXII

SOBRE A MEDIUNIDADE NOS ANIMAIS

Dissertação de um espírito sobre esta questão

234. Os animais podem ser médiuns? Sempre se fez essa pergunta, e certos fatos pareciam respondê-la afirmativamente. O que leva a crer nessa opinião são sobretudo os notáveis sinais de inteligência de algumas aves treinadas, que, parecendo adivinhar o pensamento, tiram de um maço de cartas aquelas que podem trazer a resposta exata a uma questão proposta. Observamos essas experiências com um cuidado todo especial, e o que mais admiramos é a arte que é necessário empregar no seu treinamento. Sem dúvida, não se pode negar-lhes certa dose de relativa inteligência, mas é preciso convir que, nessa circunstância, sua perspicácia ultrapassaria em muito a do homem, pois não há pessoa que possa se gabar de fazer o que elas fazem; e até seria preciso, em certas experiências, atribuir a elas um dom de segunda vista superior à dos sonâmbulos mais clarividentes. Sabe-se que a clarividência é essencialmente variável e está sujeita a frequentes interrupções, ao passo que nessas aves seria permanente e funcionaria no momento certo, com uma regularidade e precisão que não se encontram em nenhum sonâmbulo; em uma palavra, nunca lhes faltaria. A maior parte das experiências que presenciamos é do mesmo tipo das que os prestidigitadores realizam, e não nos deixam dúvida de haver emprego de alguns de seus meios, notadamente o das cartas marcadas[53]. A arte da prestidigitação consiste em dissimular esses meios, sem o que o efeito não teria graça. O fenômeno, mesmo posto em sua real dimensão, não deixa de ser muito interessante, e é sempre de se admirar o talento do treinador, assim como a inteligência do aluno, pois a dificuldade a ser superada é muito maior do que seria

53 A expressão francesa é "*cartes forcées*", isto é, aquelas que um ilusionista induz ou "força" a escolher, dando a aparência de livre escolha; trata-se de uma escolha induzida de cartas. (NE)

se a ave agisse apenas em virtude de suas próprias faculdades; ora, fazê-la realizar coisas que ultrapassam o limite do que seria possível à inteligência humana é provar, justamente por isso, o emprego de um procedimento secreto. Além disso, é comum essas aves só alcançarem esse nível de habilidade depois de certo tempo, e com a ajuda de cuidados especiais e perseverantes, o que não seria necessário se sua inteligência desse conta disso por si. Não é mais extraordinário treiná-las a puxar cartas do que habituá-las a repetir gestos ou palavras.

A mesma coisa aconteceu quando a prestidigitação quis imitar a segunda vista; sobrecarregava-se ainda mais um sujeito, para que a ilusão durasse longo tempo. Desde a primeira vez que assistimos a uma sessão desse tipo, não vimos nela nada além de uma imitação imperfeita do sonambulismo, revelando ignorância a respeito das condições mais essenciais a essa faculdade.

235. A despeito de todas as experiências acima descritas, a questão principal continua sem resposta, se encarada sob outro ponto de vista; afinal, assim como a imitação do sonambulismo não impede que essa faculdade exista, a imitação da mediunidade por meio das aves não provaria nada contra a possibilidade de existir uma faculdade análoga nelas ou em outros animais. Trata-se, portanto, de saber se os animais são aptos, como os homens, a servir de intermediários aos espíritos em suas comunicações inteligentes. Parece até bastante lógico pensar que um ser vivo, dotado de certa dose de inteligência, é mais adequado para esse fim do que um corpo inerte, sem vitalidade, como uma mesa, por exemplo. Todavia, não é o que ocorre.

DISSERTAÇÃO DE UM ESPÍRITO SOBRE A MEDIUNIDADE NOS ANIMAIS

236. A questão da mediunidade dos animais se encontra inteiramente resolvida na dissertação que segue, feita por um espírito de quem é possível avaliar a profundidade e a perspicácia por suas citações que já tivemos oportunidade de fazer. Para melhor apreender o valor de sua demonstração, é essencial reportar-se à explicação que deu sobre o papel do médium nas comunicações, que reproduzimos anteriormente (ver nº 225).

A comunicação a seguir foi feita após uma discussão sobre esse assunto ocorrida na Sociedade Parisiense de Estudos Espíritas:

"Abordarei hoje a questão da mediunidade dos animais, levantada e sustentada por um dos mais fervorosos adeptos entre vocês. Ele supõe (em virtude do axioma *Quem consegue o mais difícil, consegue o mais fácil*) que nós podemos mediunizar as aves e os outros animais e nos servir deles em nossas comunicações com a espécie humana. Isso é o que vocês chamam em filosofia, ou antes em lógica, pura e simplesmente de *sofisma*. 'Vocês podem animar', diz ele, 'a matéria inerte, isto é, uma mesa, uma cadeira, um piano; *a fortiori*[54], devem animar a matéria já

54 *A fortiori*: "com mais forte razão"; "mais ainda". (NE)

animada, notadamente as aves'. Pois bem: no espiritismo em seu estado normal, isso não existe, não pode existir!

"Em primeiro lugar, entremos em acordo a respeito dos fatos que temos. O que é um médium? É o ser, o indivíduo que serve como elo de ligação aos espíritos para que estes possam comunicar-se mais facilmente com os homens, que são os espíritos encarnados. Consequentemente, sem médium não há comunicações tangíveis, mentais, escritas, físicas, nem de espécie alguma.

"Há um princípio que, tenho certeza, é admitido por todos os espíritas: o de que os semelhantes atuam com seus semelhantes e como seus semelhantes. Ora, quem são os semelhantes dos espíritos, senão os espíritos, encarnados ou não? Pois bem, eu lhes repetirei mais uma vez: o seu perispírito e o nosso foram tirados do mesmo meio, são de natureza idêntica, em uma palavra, são semelhantes; possuem uma propriedade de assimilação mais ou menos desenvolvida, de magnetização mais ou menos vigorosa, que nos permite, espíritos e encarnados, colocar-nos rápida e facilmente em relação. Enfim, aquilo que é próprio aos médiuns, que é a essência de sua individualidade, é uma afinidade especial e, ao mesmo tempo, uma particular força de expansão, que anulam neles qualquer refratabilidade, e estabelecem entre eles e nós uma espécie de corrente, uma fusão, que facilita nossas comunicações. De resto, é essa refratabilidade da matéria que, na maioria dos que não são médiuns, se opõe ao desenvolvimento da mediunidade.

"Os homens sempre tendem a exagerar tudo: uns (e não falo aqui dos materialistas) recusam alma aos animais, e outros querem dar a eles uma alma semelhante à nossa, por assim dizer. Por que confundir dessa maneira o perfectível com o imperfectível? Não, não; convençam-se disto: a chama que anima os animais, o sopro que os faz agir, mover-se e falar em sua linguagem não possui, no presente, nenhuma aptidão a misturar-se, unir-se e fundir-se com o sopro divino, a alma etérea, em uma palavra, com o espírito que anima o ser essencialmente perfectível: o homem, este rei da criação. Ora, a superioridade da espécie humana sobre as outras espécies terrenas não consiste nessa condição essencial de perfectibilidade? Pois bem! Reconheçam então que não se pode assimilar ao homem, o único perfectível em si e em suas obras, nenhum indivíduo das outras raças que vivem sobre a Terra.

"O cão, cuja inteligência superior entre os animais o tornou amigo e comensal do homem, é perfectível se deixado a seu próprio comando, e por sua iniciativa pessoal? Ninguém ousaria defender isso, pois o cão não faz progredir o cão, e o mais bem treinado entre eles é sempre treinado por seu mestre. Desde que o mundo é mundo, a lontra sempre fundou sua morada sob as águas, nas mesmas proporções e seguindo uma regra invariável; os rouxinóis e as andorinhas nunca construíram seus ninhos de uma forma diferente da que fizeram seu pais; um ninho de pardais antes do dilúvio, assim como um ninho de pardais da época moderna, é sempre um ninho de pardais, edificado nas mesmas condições e com o mesmo sistema de entrelaçamento de palha e de restos, recolhidos na primavera, a época dos amores; as abelhas e as formigas, essas pequenas repúblicas atarefadas, nunca mudaram seus hábitos de abastecimento, de marcha, seus modos, sua produção; enfim, a aranha tece sempre sua teia da mesma maneira.

"Por outro lado, se vocês procurarem as cabanas de ramagens e as tendas das primeiras eras da Terra, verão em seu lugar os palácios e os castelos da civilização moderna; às vestimentas de pele rude sucederam os tecidos de ouro e de seda; a cada passo, enfim, encontrarão a prova dessa marcha incessante da humanidade para o progresso.

"Desse progresso constante, invencível e irrecusável da espécie humana, e do indefinido estacionamento das outras espécies animadas, concluam comigo que, se existem princípios comuns a tudo que vive e se move na Terra (o sopro de vida e a matéria), não é menos verdadeiro que somente vocês, espíritos encarnados, são submetidos a essa inevitável lei do progresso que fatalmente os empurra para frente, e sempre para frente. Deus pôs os animais ao seu lado como auxiliares, para alimentar vocês, vesti-los e ampará-los; deu a eles certa dose de inteligência porque, para ajudar vocês, era preciso que compreendessem, e adaptou a inteligência deles aos serviços que seriam chamados a prestar; porém, em Sua sabedoria, não quis que também fossem submetidos à lei do progresso; tal como foram criados, eles permanecem, e assim permanecerão até a extinção de suas raças.

"Diz-se: os espíritos mediunizam e movem a matéria inerte, cadeiras, mesas, pianos; sim, eles a movem, mas mediunizar, não! Mais uma vez: sem médium, nenhum desses fenômenos podem ser produzidos. O que há de extraordinário no fato de, com a ajuda de um ou de vários médiuns, nós movermos a matéria inerte, passiva, que justamente em razão de sua passividade e inércia é apropriada para receber os movimentos e impulsos que desejamos imprimir-lhes? É certo que para isso precisamos da ajuda de médiuns, mas não é necessário que o médium esteja presente ou *consciente*, pois podemos agir com os elementos que ele nos fornece sem o seu conhecimento e distante dele, sobretudo nos fatos de tangibilidade e de transporte. Ao unir, casar e combinar nosso envoltório fluídico (mais imponderável e sutil que o mais sutil e imponderável dos seus gases) com o envoltório fluídico e *animalizado* do médium (cuja propriedade de expansão e penetração é inapreensível aos seus sentidos grosseiros, e quase inexplicável para vocês), isso nos permite mover os móveis em cômodos não habitados, e até mesmo quebrá-los.

"Os espíritos certamente podem tornar-se visíveis e tangíveis para os animais, e muitas vezes aquele súbito pavor de que são tomados, e que para vocês parece não ter motivo, é causado pela visão de um ou de vários desses espíritos, mal-intencionados em relação aos indivíduos presentes ou em relação àqueles a quem pertencem os animais. Com frequência, vocês presenciam cavalos que não querem avançar nem recuar, ou que empinam diante de um obstáculo imaginário. Pois bem: estejam certos de que o obstáculo imaginário muitas vezes é um espírito ou um grupo de espíritos que têm prazer em impedi-los de avançar. Lembrem-se da mula de Balaão, que, vendo um anjo diante de si, e temendo sua espada flamejante, obstinava-se em não se mexer; isso porque, antes de se manifestar visivelmente a Balaão, o anjo queria tornar-se visível apenas para o animal. Porém, repito: nós não mediunizamos diretamente nem animais, nem a matéria inerte; sempre precisamos do concurso *consciente* ou *inconsciente* de um médium humano, porque precisamos da união de fluidos similares, o que não encontramos nos animais nem na matéria bruta.

"O senhor T., conforme ele mesmo disse, magnetizou seu cachorro; o que conseguiu com isso? Ele o matou; esse infeliz animal morreu depois de ter caído numa espécie de atonia, de languidez, em consequência de sua magnetização. Com efeito, ao inundá-lo com um fluido retirado de uma essência superior à essência própria de sua natureza, ele o fulminou, agindo sobre o animal à maneira de um raio, embora mais lentamente. Portanto, como não há nenhuma assimilação possível entre nosso perispírito e o envoltório fluídico dos animais propriamente ditos, nós os abateríamos instantaneamente ao mediunizá-los.

"Isso posto, reconheço claramente que os animais possuem diversas aptidões; que certos sentimentos e paixões idênticos às paixões e sentimentos humanos se desenvolvem neles; que são sensíveis e reconhecidos, ou vingativos e rancorosos, conforme tenhamos agido bondosa ou maldosamente para com eles. É que Deus, que não faz nada incompleto, deu aos animais, companheiros ou servidores do homem, qualidades de sociabilidade que faltam inteiramente aos animais selvagens que habitam lugares insólitos. Porém, daí a servirem de intermediários para a transmissão do pensamento dos espíritos há um abismo: a diferença entre as naturezas.

"Vocês sabem que buscamos no cérebro do médium os elementos necessários para dar ao nosso pensamento uma forma sensível e apreensível por vocês; é com a ajuda dos materiais que possui que o médium traduz nosso pensamento para a linguagem comum. Assim, que elementos encontraríamos no cérebro de um animal? Há nele palavras, números, letras, quaisquer signos similares àqueles que existem no homem, mesmo no menos inteligente? No entanto, vocês dirão, os animais compreendem o pensamento do homem, e chegam até a adivinhá-lo; sim, os animais treinados compreendem certos pensamentos, mas alguma vez vocês os viram reproduzi-los? Não. Concluam, pois, que os animais não podem nos servir de intérpretes.

"Para resumir: os fatos mediúnicos não podem manifestar-se sem o concurso consciente ou inconsciente dos médiuns, e apenas entre os encarnados, espíritos como nós, encontramos aqueles que podem nos servir de médiuns. Quanto a treinar cães, pássaros ou outros animais para fazer estes ou aqueles exercícios, isso é negócio de vocês, não nosso." (Erasto)

Observação. Encontrar-se-á na *Revista Espírita* de setembro de 1861 a descrição minuciosa do procedimento empregado pelos treinadores de pássaros inteligentes para fazê-los retirar, de um maço, as cartas desejadas.

Capítulo XXIII

SOBRE A OBSESSÃO

Obsessão simples – Fascinação – Subjugação – Causas da obsessão – Meios de combater a obsessão

237. Entre os obstáculos que a prática do espiritismo apresenta, é preciso colocar na linha de frente o da *obsessão*, ou seja, a dominação que alguns espíritos podem exercer sobre certas pessoas. Ela só ocorre por parte de espíritos inferiores que querem dominar alguém; os espíritos bons não praticam nenhuma coação; eles aconselham, combatem a influência dos maus e, se não são escutados, retiram-se. Os maus, ao contrário, apegam-se àqueles em quem encontram presa fácil; se conseguem se apoderar de alguém, identificam-se com o espírito deste e o conduzem como a uma criancinha.

A obsessão apresenta características diversas, as quais é necessário distinguir, e que resultam do grau de coação e da natureza dos efeitos por ela produzidos. A palavra *obsessão* é, por assim dizer, um termo genérico pelo qual se designa esse tipo de fenômeno, cujas principais variedades são: a *obsessão simples*, a *fascinação* e a *subjugação*.

OBSESSÃO SIMPLES

238. A obsessão simples ocorre quando um espírito malfeitor se impõe sobre um médium, intromete-se à sua revelia nas comunicações que recebe, impede-o de comunicar-se com outros espíritos e se põe no lugar daqueles que são evocados.

Estar obsidiado não significa apenas ser enganado por um espírito mentiroso; mesmo o melhor médium está sujeito a isso, sobretudo no início, quando ainda lhe falta a experiência necessária, assim como, entre nós, as pessoas mais honestas podem ser logradas por malandros. Pode-se, pois, ser enganado sem estar obsidiado; a obsessão consiste na tenacidade do espírito, do qual não se consegue livrar-se.

Na obsessão simples, o médium sabe perfeitamente que está tratando com um espírito enganador, e este não oculta isso; ele não dissimula suas más intenções e seu desejo de aborrecer. O médium reconhece sem dificuldade o embuste e, como se mantém alerta, raramente é enganado. Assim, esse tipo de obsessão é apenas algo desagradável, e seu único inconveniente é opor um obstáculo às comunicações que se gostaria de manter com os espíritos sérios, ou com aqueles por quem se tem afeição.

Podem-se colocar nessa categoria os casos de *obsessão física*, ou seja, aquela obsessão que consiste em manifestações ruidosas e obstinadas de espíritos que espontaneamente produzem pancadas ou outros ruídos. A respeito desse fenômeno, remetemos ao capítulo V, "Manifestações físicas espontâneas" (ver nº 82).

FASCINAÇÃO

239. A *fascinação* tem consequências muito mais graves. É uma ilusão produzida pela ação direta do espírito sobre o pensamento do médium, ilusão que, de certa forma, paralisa seu julgamento em relação às comunicações. O médium fascinado não acredita estar sendo enganado; o espírito consegue o artifício de lhe inspirar uma confiança cega, impedindo-o de enxergar a fraude e de compreender o absurdo do que está escrevendo, mesmo que isso esteja saltando aos olhos de todo mundo; a ilusão chega a fazê-lo enxergar sublimidade na linguagem mais ridícula. Incorreria em erro quem acreditasse que esse tipo de obsessão só pode atingir pessoas simples, ignorantes e desprovidas de bom-senso; mesmo os homens que em outros assuntos são os mais espirituosos, instruídos e inteligentes não estão livres dela, o que prova que essa aberração é efeito de uma causa externa, da qual sofrem a influência.

Dissemos que os efeitos dessa fascinação são muito mais graves. Realmente, com o concurso da ilusão que lhe é consequente, o espírito conduz aquele a quem conseguiu dominar como faria com um cego, e pode fazê-lo aceitar as mais bizarras doutrinas, as mais falsas teorias como sendo a única expressão da verdade. Mais do que isso, pode incitá-lo a atitudes ridículas, comprometedoras e até mesmo perigosas.

Compreende-se com facilidade a diferença que existe entre a obsessão simples e a fascinação. Também se compreende que o caráter dos espíritos que produzem esses dois efeitos deve ser diferente um do outro. Na primeira, o espírito que se prende a vocês é apenas um ser importuno por sua tenacidade, de quem há pressa de se livrar. Na segunda, o caso é outro; para alcançar aqueles fins, é preciso um espírito hábil, astucioso e profundamente hipócrita, pois ele somente consegue enganar e ser aceito assumindo uma máscara e um falso semblante de virtude; as grandes palavras de caridade, humildade e amor a Deus servem-lhe de carta de crédito; porém, por tudo isso ele acaba deixando à mostra sinais de inferioridade que é preciso estar *fascinado* para não perceber. Além disso, teme acima de tudo as pessoas que enxergam com lucidez, e por isso sua tática quase sempre consiste em inspirar ao seu intérprete o afastamento de qualquer um que lhe possa abrir os olhos; por meio disso, evitando qualquer contradição, o médium fica com a certeza de que está sempre com a razão.

SUBJUGAÇÃO

240. A *subjugação* é um arrebatamento que paralisa a vontade daquele que é submetido, e que o faz agir alheio a si mesmo. Em uma palavra, fica-se sob um verdadeiro *jugo*.

A subjugação pode ser *moral* ou *corporal*. No primeiro caso, o subjugado é levado a tomar decisões muitas vezes absurdas e comprometedoras, as quais, devido a uma espécie de ilusão, acredita serem sensatas; é uma espécie de fascinação. No segundo caso, o espírito age sobre os órgãos materiais e provoca movimentos involuntários. Esse tipo de subjugação se traduz, no médium escrevente, em uma necessidade incessante de escrever, mesmo nos momentos mais inoportunos. Já pudemos observar que, não havendo pena ou lápis, esses médiuns simulam escrever com o dedo, em qualquer lugar em que se encontrem, mesmo nas ruas, sobre portas e paredes.

A subjugação corporal às vezes vai ainda mais longe: pode levar aos atos mais ridículos. Conhecemos um homem que, não sendo jovem nem bonito, sob o domínio de uma obsessão dessa natureza, viu-se obrigado por uma força irresistível a pôr-se de joelhos diante de uma jovem que nunca tinha visto e pedi-la em casamento. Em outra ocasião, sentiu nas costas e pernas uma pressão enérgica que o forçava, a despeito da vontade que opunha a isso, a pôr-se de joelhos e a beijar a terra em locais públicos e na presença da multidão. Esse homem passava por louco entre seus conhecidos; nós, porém, estamos convencidos de que ele não estava louco, pois tinha plena consciência do ridículo daquilo que fazia contra sua vontade, e de que sofria terrivelmente com isso.

241. Antigamente, dava-se o nome de *possessão* ao domínio exercido pelos espíritos maus quando sua influência chegava a ponto de distorcer as faculdades. Para nós, possessão seria sinônimo de subjugação. Se não adotamos esse termo, foi por dois motivos: primeiro, por implicar a crença em seres criados para o mal e perpetuamente devotados a ele, ao passo que o que existe são apenas seres mais ou menos imperfeitos, sendo que todos podem melhorar. Segundo, porque implica a ideia de tomada em possessão também do corpo, por um espírito estranho, numa espécie de co-habitação, ao passo que o que existe é apenas coação. A palavra *subjugação* exprime o pensamento perfeitamente. Assim, para nós, não há *possessos* no sentido vulgar da palavra: há apenas *obsidiados*, *subjugados* e *fascinados*.

CAUSAS DA OBSESSÃO

242. A obsessão, como dissemos, é um dos maiores obstáculos à mediunidade, e também uma das mais frequentes. Assim, nunca serão demais os esforços empregados para combatê-la, pois, além dos inconvenientes pessoais que dela podem resultar, é um obstáculo absoluto à bondade e à veracidade das comunicações. Como a obsessão, em qualquer grau de intensidade, é sempre efeito de uma coação, e como essa coação nunca pode ser exercida por um espírito bom, disso resulta que toda comunicação dada por um médium obsidiado é por princípio suspeita e não merece nenhuma confiança. Se às vezes nela se encontra algo de bom, é preciso recolhê-lo e rejeitar tudo que levantar a menor dúvida.

243. Reconhece-se a obsessão pelas seguintes características:

1ª) Persistência de um espírito em se comunicar, queira o médium ou não, através da escrita, audição, tiptologia, etc., opondo-se a que outros espíritos possam fazê-lo.

2ª) Ilusão que, não obstante a inteligência do médium, o impede de reconhecer a falsidade e o ridículo das comunicações que recebe.

3ª) Crença absoluta na infalibilidade e identidade dos espíritos que se comunicam e que, sob nomes respeitáveis e venerados, dizem coisas falsas ou absurdas.

4ª) Confiança do médium nos elogios que lhe fazem os espíritos que se comunicam com ele.

5ª) Disposição a se afastar das pessoas que lhe possam dar conselhos úteis.

6ª) Levar a mal críticas sobre as comunicações que recebe.

7ª) Necessidade inoportuna e incessante de escrever.

8ª) Qualquer espécie de constrangimento físico que domina a vontade do médium e o força a agir e falar alheio a si mesmo.

9ª) Ruídos e transtornos persistentes, em torno de si, dos quais se é a causa ou o alvo.

244. Quando se está sob o perigo da obsessão, questiona-se se ser médium não é uma coisa penosa; se não é essa faculdade que provoca a obsessão; em uma palavra, se isso não prova o inconveniente das comunicações espíritas. Nossa resposta é fácil, e pedimos que se medite sobre ela com atenção.

Não foram os médiuns nem os espíritas que criaram os espíritos, mas os próprios espíritos é que fizeram com que haja espíritas e médiuns. Não sendo os espíritos senão a alma dos homens, desde que existem homens necessariamente existiram espíritos e, por consequência, estes sempre exerceram influência salutar ou perniciosa sobre a humanidade. A faculdade mediúnica, para eles, é apenas um meio de se manifestar; não havendo essa faculdade, irão se manifestar de mil outras maneiras, mais ou menos ocultas. Portanto, seria um erro acreditar que os espíritos só exercem influência através de comunicações escritas ou orais; essa influência ocorre a todo momento, e aqueles que não se preocupam com os espíritos, ou mesmo que não acreditam neles, estão tão expostos a isso quanto os outros, e até mais que os outros, pois não têm como contrabalançar essa influência. Para o espírito, a mediunidade é um meio de se fazer conhecer; se ele é mau, inevitavelmente se trai, por mais hipócrita que seja; portanto, pode-se dizer que a mediunidade permite encarar seu inimigo face a face, se podemos nos exprimir assim, e combatê-lo com suas próprias armas; sem essa faculdade, ele age na sombra, e, tendo a seu favor a invisibilidade, pode fazer o mal (e realmente faz, muito). A quantos atos não se é levado a fazer, para sua própria desgraça, e que teriam sido evitados se houvesse um meio de se esclarecer! Os incrédulos não acreditam dizer tanta verdade quando dizem, de um homem que obstinadamente se desencaminha: "É seu mau gênio que o leva à sua própria perda". O conhecimento do espiritismo, longe de entregar o domínio aos maus espíritos, deve ter como resultado, num tempo mais ou menos próximo, e quando já se tiver propagado, *destruir esse domínio*, oferecendo a todas as pessoas os meios de estar alerta contra suas sugestões, e aquele que sucumbir só poderá acusar a si mesmo.

Regra geral: todo aquele que recebe comunicações espíritas más, escritas ou orais, está sob uma má influência; essa influência seria exercida sobre ele caso escrevesse ou não, isto é, fosse ele médium ou não, acreditasse ou não. A escrita oferece um meio de se assegurar da natureza dos espíritos que lidam com o médium, e de combatê-los, se forem maus, o que se faz com maior êxito quando se consegue descobrir o motivo de seu comportamento. Se ele é demasiadamente cego para compreender isso, outros podem abrir-lhe os olhos.

Em resumo, o perigo não reside no espiritismo em si, uma vez que ele pode, ao contrário, servir de controle e nos preservar dos riscos que, sem saber, continuamente corremos. O perigo está na orgulhosa propensão de certos médiuns a acreditarem, muito levianamente, ser eles os instrumentos exclusivos de espíritos superiores; está também na espécie de fascinação que não lhes permite compreender as tolices das quais são intérpretes. Mesmo aqueles que não são médiuns podem deixar-se levar. Façamos uma comparação. Um homem tem um inimigo secreto, que não conhece e que espalha contra ele, de forma velada, calúnias e tudo que a mais tenebrosa maldade pode inventar. Ele vê sua fortuna se perder, seus amigos se afastarem, sua paz interior perturbada; não podendo conhecer a mão que o fere, não pode se defender e sucumbe. Um dia, porém, esse inimigo secreto lhe escreve e se trai, a despeito de sua astúcia. Eis seu inimigo descoberto; então, pode confundi-lo e reerguer-se. Tal é o papel dos espíritos maus, que o espiritismo nos dá a oportunidade de conhecer e desmascarar.

245. Os motivos da obsessão variam conforme o caráter do espírito: às vezes é uma vingança que ele exerce contra um indivíduo de quem teve do que se queixar durante sua vida ou em outra existência. Com frequência, também, não há outra razão senão o desejo de fazer o mal; como ele sofre, quer causar sofrimento aos outros: encontra uma espécie de gozo em atormentá-los, em molestá-los. A impaciência que advém disso também o excita, pois é este seu objetivo, ao passo que o cansa a paciência; irritando-se, mostrando despeito, faz-se precisamente o que ele quer. Esses espíritos muitas vezes agem com ódio e por inveja do bem; por isso lançam seus olhares maus sobre as pessoas mais honestas. Um espírito assim se agarrou como uma tinha[55] a uma honrada família de nossas relações (à qual, ao cabo, ele não teve a satisfação de enganar). Interrogado sobre o motivo por que atacara gente de bem em vez de homens maus como ele, respondeu: "Estes não me fazem inveja". Outros são guiados por um sentimento de covardia que os leva a se aproveitar da fraqueza moral de certos indivíduos, os quais sabem ser incapazes de resistir-lhes. Um destes últimos, que subjugava um moço de inteligência muito limitada, interrogado sobre os motivos dessa escolha, nos respondeu: "Eu tenho uma necessidade enorme de atormentar qualquer um; uma pessoa sensata iria repelir-me; eu me agarro a um idiota que não me opõe nenhuma virtude".

246. Há espíritos obsessores sem maldade, e até com algo de bom, mas que têm o orgulho de sua pseudossabedoria. Eles têm suas ideias, seus sistemas sobre as ciências, a economia social, a moral, a religião, a filosofia; querem fazer prevalecer sua opinião e com esse fim procuram médiuns suficientemente crédulos para aceitá-los de olhos fechados, aos quais fascinam, impedindo-os de discernir o verdadeiro do falso. Esses são os mais perigosos, pois os sofismas não lhes custam nada e porque conseguem que se acredite nas mais ridículas utopias. Como eles sabem do prestígio dos grandes nomes, não têm nenhum escrúpulo em se revestir com aqueles diante dos quais as pessoas se inclinam, e não recuam sequer diante do sacrilégio de se dizer "Jesus", "a Virgem Maria" ou um santo venerado. Eles procuram causar admiração com uma linguagem pomposa, antes pretensiosa que profunda, cravejada de termos técnicos e ornada de grandes palavras de caridade e moral; e evitarão dar um mau conselho, pois sabem muito bem que serão repelidos. Aqueles de quem abusam os defendem cegamente, dizendo: "Vocês estão vendo que não dizem nada de mau". Para eles, porém, a moral é apenas um passaporte, é a menor de suas preocupações; o que eles querem mais que tudo é dominar e impor suas ideias, por mais insensatas que sejam.

247. Os espíritos dados a sistemas geralmente são escrevinhadores; por isso procuram médiuns que escrevem com facilidade, esforçando-se por torná-los instrumentos dóceis, e sobretudo entusiastas, fascinando-os. Esses espíritos quase sempre são verborrágicos, muito prolixos, procurando compensar a qualidade pela quantidade. Agrada-lhes ditar a seus intérpretes textos volumosos, indigestos e muitas vezes pouco inteligíveis, que felizmente têm como antídoto a impossibilidade material de serem lidos pelas massas. Os espíritos verdadeiramente superiores são sóbrios em suas falas, e dizem muito com poucas palavras. Assim, essa fecundidade prodigiosa sempre será suspeita.

É necessário agir sempre com circunspecção quando se trata de publicar semelhantes escritos; as utopias e excentricidades, das quais muitas vezes são

55 "Tinha": fungos na pele; espécie de micose. (NE)

abundantes, e que chocam o bom-senso, produzem uma lamentável impressão nas pessoas que estão se iniciando no espiritismo, dando-lhes uma ideia falsa sobre este, sem contar que se tornam armas das quais seus inimigos se servirão para ridicularizá-lo. Dentre essas publicações, há aquelas que, sem ser maldosas nem provir de obsessão, podem ser consideradas *imprudentes*, *intempestivas* ou *canhestras*.

248. Ocorre com frequência que um médium só consiga se comunicar com um único espírito, o qual se prende a ele e, por seu intermédio, responde por aqueles a quem se evoca. Isso nem sempre é uma obsessão, pois pode estar relacionado à falta de flexibilidade do médium, e a uma afinidade especial de sua parte por este ou aquele espírito. Só há obsessão propriamente dita se o espírito se impõe e afasta os outros por sua vontade, o que jamais é feito por um espírito bom. Geralmente, o espírito que se apodera do médium com vistas a dominá-lo não suporta o exame crítico de suas comunicações; quando vê que elas não são aceitas e que são discutidas, em vez de se retirar ele inspira ao médium a ideia de isolar-se, e muitas vezes até lhe ordena isso. Todo médium que se ofende com a crítica das comunicações que obtém é eco do espírito que o domina, e esse espírito não pode ser bom, uma vez que lhe inspira um pensamento ilógico, o de se recusar ao exame. O isolamento do médium é sempre algo lamentável para ele, porque então não terá nenhum controle sobre suas comunicações. Ele não apenas deve esclarecer-se com o conselho de terceiros, mas é até necessário que estude todos os tipos de comunicações, para compará-las. Limitando-se àquelas que obtém, por melhores que lhe pareçam, fica exposto a iludir-se sobre seu valor, sem contar que lhe é impossível saber de tudo, e suas comunicações quase sempre giram em torno de um mesmo círculo. (Ver nº 192, médiuns exclusivos.)

MEIOS DE COMBATER A OBSESSÃO

249. Os meios de combater a obsessão variam conforme a característica de que ela se reveste. Não existe perigo real para o médium que sabe estar tratando com um espírito mentiroso, como ocorre na obsessão simples; para ele, isso é apenas uma coisa desagradável. No entanto, justamente por lhe ser desagradável, é uma razão a mais para o espírito obstinar-se em molestá-lo. Duas coisas essenciais devem ser feitas nesse caso: provar ao espírito que não somos tolos e que lhe é *impossível* enganar-nos; em segundo lugar, cansar sua paciência, mostrando-se mais paciente que ele; se este ficar suficientemente convencido de que está perdendo seu tempo, acabará se retirando, como fazem os importunos a quem não damos ouvidos.

Mas nem sempre isso basta, e pode até durar muito tempo, pois há espíritos tenazes, e, para estes, meses e anos são pouca coisa. Além disso, o médium deve fazer um apelo fervoroso a seu bom anjo, assim como aos espíritos bons que lhe são simpáticos, e rogar que o assistam. Com relação ao espírito obsessor, por mais maldoso que ele seja, é preciso tratá-lo com severidade, mas com benevolência, vencendo-o pelos bons exemplos, e rogando por ele. Se este for realmente perverso, no princípio irá zombar disso; porém, se o moralizamos com perseverança, acabará se emendando: é uma conversão a ser empreendida, tarefa muitas vezes penosa, ingrata e até repugnante, mas cujo mérito está exatamente na dificuldade e que, se bem executada, sempre traz a satisfação do dever de caridade cumprido, e muitas vezes a satisfação de trazer de volta ao bom caminho uma alma perdida.

Da mesma forma, convém interromper qualquer comunicação escrita assim que se reconheça que provém de um espírito mau que não quer ouvir a razão, para não dar a ele o prazer de ser escutado. Em certos casos, pode ser útil até parar de escrever por um tempo – regula-se a ação conforme as circunstâncias. Todavia, se o médium escrevente pode evitar essas conversas abstendo-se de escrever, o mesmo não se dá com o médium audiente, a quem às vezes o espírito obsessor persegue a todo instante com seu falatório grosseiro e obsceno, e o médium sequer tem o recurso de tapar os ouvidos. Por fim, é preciso reconhecer que algumas pessoas se divertem com a linguagem vulgar desse tipo de espíritos, a quem encorajam e estimulam ao rir de suas bobagens, em vez de lhes impor o silêncio e de moralizá-los. Nossos conselhos não podem aplicar-se àqueles que querem se prejudicar.

250. Portanto, há apenas aborrecimento, mas não perigo, para o médium que não se deixa abusar, pois não pode ser enganado. Já a *fascinação* é totalmente diferente, pois nesse caso não tem limites o domínio que o espírito consegue sobre aquele de quem se apoderou. A única coisa que se pode fazer por ele é esforçar-se para convencê-lo de que está sendo enganado, e fazer sua obsessão retroceder ao estágio de obsessão simples; mas isso nem sempre é fácil, se não for até impossível, algumas vezes. A ascendência do espírito pode chegar a ponto de tornar o fascinado surdo a qualquer raciocínio sensato, e pode até fazê-lo questionar (quando o espírito diz alguma heresia científica grosseira) se não é a ciência quem está enganada. Como já dissemos, ele recebe muito mal os conselhos; a crítica o ofende e irrita, e o faz pegar implicância com aqueles que não partilham sua admiração. Levantar suspeitas sobre o espírito com quem se comunica é, a seus olhos, quase uma profanação, e é isso mesmo que o espírito mais busca, pois quer que nos coloquemos de joelhos diante de sua palavra. Um espírito desses exercia fascinação fora do comum sobre uma pessoa nossa conhecida. Nós o evocamos e, após algumas fanfarronices, vendo que não podia nos enganar sobre sua identidade, acabou confirmando que não era aquele cujo nome usava. Tendo sido perguntado por que se aproveitava daquela pessoa, respondeu com estas palavras, que revelam nitidamente o caráter dos espíritos desse tipo: “Procurava um homem a quem pudesse manipular; eu o encontrei, e aqui ficarei”. Porém, se vocês o fazem ver com clareza, ele os rechaçará: “É o que veremos!”. Como não há pior cego do que aquele que não quer ver, quando se percebe a inutilidade de qualquer tentativa de abrir os olhos daquele que está fascinado, o melhor a fazer é deixá-lo com suas ilusões. Não se pode curar um doente que se obstina em conservar sua doença e nela se compraz.

251. A subjugação corporal quase sempre tira do obsidiado a energia necessária para dominar o espírito mau, e por isso é necessária a intervenção de uma terceira pessoa, atuando seja pelo magnetismo, seja pelo poder de sua vontade. Não sendo possível contar com o obsidiado, essa terceira deve alcançar ascendência sobre o espírito; porém, como essa ascendência só pode existir no plano moral, apenas alguém *moralmente superior* ao espírito pode exercê-la, e seu poder será tanto maior quanto maior for sua superioridade moral, pois assim se impõe ao espírito, que é forçado a inclinar-se diante dele; por isso Jesus tinha um poder tão grande para expulsar aqueles que então eram chamados de *demônios*, isto é, os espíritos obsessores.

Não podemos oferecer aqui senão conselhos gerais, pois não há nenhum procedimento material, nenhuma fórmula nem palavra sacramental que tenham poder de expulsar espíritos obsessores. O que às vezes falta ao obsidiado é força fluídica suficiente; nesse caso, a ação magnética de um bom magnetizador pode vir em sua ajuda. De resto, é sempre bom tomar conselhos com um espírito superior ou com seu anjo guardião, por um médium seguro.

252. As imperfeições morais do obsidiado quase sempre são um obstáculo à sua libertação. Eis aqui um exemplo notável, que pode servir para a instrução de todos:

Certas irmãs eram, já havia alguns anos, vítimas de depredações muito desagradáveis. Suas roupas eram constantemente espalhadas por todos os cantos da casa, inclusive sobre o teto, além de serem cortadas, rasgadas e crivadas de buracos, por mais cuidado que elas tivessem de guardá-las a chave. Essas senhoras, relegadas a uma pequena localidade da província, nunca tinham ouvido falar em espiritismo. Seu primeiro pensamento naturalmente foi o de que estavam sendo alvo de brincalhões de mau gosto, mas aquela persistência e as precauções tomadas lhes tiraram essa ideia. Apenas muito tempo depois, através de algumas indicações, julgaram que deviam dirigir-se a nós, para conhecer a causa daqueles estragos e os meios de remediá-los, se fosse possível. A causa não deixava dúvida; já remediar era mais difícil. O espírito que se manifestava por aqueles atos era evidentemente mau. Quando evocado, mostrou-se de uma grande perversidade, inacessível a qualquer bom sentimento. Todavia, a prece pareceu exercer uma influência salutar; após algum tempo de trégua, porém, as depredações recomeçaram. A esse respeito, eis o conselho dado por um espírito superior:

"O melhor que essas senhoras têm a fazer é rogar a seus espíritos protetores que não as abandonem; e o melhor conselho que tenho para dar a elas é que adentrem em suas consciências para se confessarem a si mesmas, examinando se sempre praticaram o amor ao próximo e a caridade: não digo a caridade que dá ou distribui, mas a caridade da língua, pois infelizmente elas não sabem conter a sua, e por isso seus atos piedosos não legitimam o desejo que têm de serem libertadas do que as atormenta. Elas adoram maldizer seu próximo, e o espírito que as obsidia realiza sua vingança, pois em vida foi vítima de suas maledicências. Basta-lhes buscar na memória, e logo verão com quem estão tratando.

"No entanto, se conseguirem melhorar, seus anjos da guarda se reaproximarão delas, e sua presença já bastará para expulsar o espírito mau, que só persegue uma delas porque seu anjo guardião teve que se afastar diante de seus atos repreensíveis ou de seus maus pensamentos. O que elas precisam é fazer fervorosas preces por aqueles que sofrem, e sobretudo a prática das virtudes, imposta por Deus a cada um segundo sua condição."

Diante da observação de que essas palavras nos pareciam um pouco severas, e que talvez fosse preciso amenizá-las para as transmitir, o espírito acrescentou:

"Eu tinha de dizer o que disse e como disse, porque as pessoas em questão costumam acreditar que não fazem o mal pela língua, quando fazem muito. Eis porque é preciso chocar seu espírito, de maneira que isso lhes sirva como uma grave advertência."

Disso ressalta um ensinamento de grande alcance: o de que as imperfeições morais dão espaço aos espíritos obsessores, e o mais seguro meio de se livrar deles é atrair os bons pela prática do bem. Os bons espíritos sem dúvida têm mais poder que os maus, e sua vontade basta para afastar estes últimos; porém, só assistem aqueles que os auxiliam através dos esforços para melhorar-se, do contrário se afastam e deixam o campo livre aos espíritos maus, que assim se tornam, em certos casos, instrumentos de punição, pois os bons os deixam agir com esse objetivo.

253. Por outro lado, é preciso guardar-se de atribuir à ação direta dos espíritos todas as contrariedades que vêm a ocorrer; essas contrariedades quase sempre são consequência da incúria ou da imprevidência. Um lavrador fez que nos escrevessem que havia doze anos aconteciam todos os tipos de desgraças com seus animais: ora eram suas vacas que morriam ou não davam mais leite; ora eram seus cavalos, seus carneiros ou porcos. Ele fez muitas novenas, que não remediaram o mal, assim como as missas que fez rezar, e os exorcismos que pediu para serem praticados. Então, seguindo o preconceito dos camponeses, convenceu-se de que tinham lançado um feitiço sobre seus animais. Julgando-nos dotados de um poder para esconjurar indubitavelmente maior do que o do padre de sua aldeia, fez com que viessem pedir nossa opinião. Eis a resposta que obtivemos:

"A mortalidade ou as doenças dos animais desse homem advêm do fato de seus currais estarem infectados, e de ele não mandar fazer sua limpeza, porque *isso custa*."

254. Finalizaremos este capítulo com as respostas dadas pelos espíritos a algumas questões, instruções que vêm dar apoio ao que já dissemos.

1) Por que certos médiuns não conseguem se livrar dos espíritos maus que se ligam a eles, e por que os espíritos bons que esses médiuns evocam não são suficientemente poderosos para afastar os outros, comunicando-se diretamente?

"Não é que falte poder ao espírito bom; quase sempre é o médium que não é suficientemente forte para acompanhá-lo: sua natureza se presta melhor a outras relações; seu fluido se identifica mais com o de um espírito que com o de outro; isso é o que dá tamanho domínio àqueles que querem se aproveitar dele."

2) Todavia, parece-nos que há pessoas com muito mérito, e de moralidade irrepreensível, impedidas de comunicar-se com os bons espíritos.

"Isso é uma provação; por outro lado, quem disse a vocês que esse coração não é nem um pouco maculado pelo mal? Que o orgulho não domina nem um pouco a aparência de bondade? Essas provações, mostrando ao obsidiado sua fraqueza, devem fazer com que voltem à humildade.

"Há alguém na Terra que possa se dizer perfeito? Mesmo aquele que tem todas as aparências de virtude pode muito bem ter defeitos escondidos, um velho fermento de imperfeição. Assim, por exemplo, vocês falam daquele que não faz nenhum mal, que é leal em suas relações sociais, que é um homem digno, um homem de bem; todavia, sabem se essas boas qualidades não estão manchadas pelo orgulho? Se não há nele um fundo de egoísmo? Se não é avarento, invejoso, rancoroso, maledicente, e muitas outras coisas que vocês não percebem, pois suas relações com ele não lhes deram oportunidade para isso? O mais poderoso meio de combater a influência dos espíritos maus é aproximar-se o máximo possível da natureza dos bons."

3) A obsessão que impede o médium de obter as comunicações que deseja é sempre um sinal de indignidade de sua parte?

"Eu não disse que isso era um sinal de indignidade, mas um obstáculo que pode impedir certas comunicações; o médium deve concentrar-se em eliminar o obstáculo que se encontra nele mesmo; sem isso, suas preces e súplicas de nada adiantarão. Não basta a um doente dizer a seu médico: 'Dê-me saúde, quero ficar bem'. O médico nada pode se o doente não faz o que é necessário."

4) A privação de comunicar-se com certos espíritos seria, portanto, um tipo de punição?

"Em certos casos pode realmente ser uma punição, assim como a oportunidade de comunicar-se com eles é uma recompensa que vocês devem se esforçar por merecer." (Ver *perda e suspensão da mediunidade*, nº 220.)

5) Não é possível, também, combater a influência dos espíritos maus moralizando-os?

"Sim, mas não é isso que se faz, e é justamente o que não pode deixar de ser feito; essa tarefa muitas vezes lhes é dada, e vocês devem cumpri-la caridosa e religiosamente. Através de conselhos sábios é possível levá-los ao arrependimento e apressar seu avanço."

– Como um homem pode ter mais influência sobre isso do que os próprios espíritos?

"Os espíritos perversos se aproximam mais dos homens que eles querem atormentar do que dos espíritos, dos quais se afastam o máximo possível. Nessa aproximação com os humanos, quando encontram quem os tente moralizar, a princípio não escutam, e riem deles; depois, quando se sabe cativá-los, acabam se comovendo. Os espíritos elevados só lhes podem falar em nome de Deus, e isso os assusta. O homem certamente não tem mais poder que os espíritos superiores, mas sua linguagem se identifica melhor com a natureza dos espíritos inferiores e, em vista da ascendência que pode exercer sobre eles, compreende melhor a solidariedade existente entre o céu e a Terra.

"Além disso, a ascendência que o homem pode exercer sobre os espíritos existe em razão de sua superioridade moral. Ele não domina os espíritos superiores, nem mesmo aqueles que, apesar de não serem superiores, são bons e benevolentes, mas pode dominar os espíritos que lhe são moralmente inferiores." (Ver nº 279.)

6) A subjugação corporal, levada a certo grau, poderia ter como consequência a loucura?

"Sim, uma espécie de loucura cuja causa é desconhecida para o mundo, e que não tem ligação com a loucura vulgar. Dentre os que são tratados como loucos há muitos que na realidade são subjugados: ser-lhes-ia preciso um tratamento moral, ao passo que são realmente transformados em loucos com os tratamentos físicos que recebem. Quando os médicos conhecerem bem o espiritismo, saberão fazer essa distinção e curarão mais doentes do que o fazem com as duchas." (Ver nº 221.)

7) O que se deve pensar daqueles que, vendo no espiritismo um perigo qualquer, julgam que o meio de preveni-lo seria proibir as comunicações espíritas?

"Se eles podem proibir que algumas pessoas se comuniquem com os espíritos, não poderão impedir as manifestações espontâneas, realizadas por essas mesmas pessoas, pois não podem suprimir os espíritos nem impedir sua influência oculta. Isso lembra aquelas crianças que tapam os olhos e acreditam não estar sendo vistas. Seria loucura querer suprimir uma coisa que oferece grandes vantagens só porque os imprudentes podem abusar dela; o meio de prevenir esses inconvenientes, ao contrário, é fazer que a conheçam a fundo."

Capítulo XXIV

IDENTIDADE DOS ESPÍRITOS

Possíveis provas de identidade – Distinção entre espíritos bons e maus – Questões sobre a natureza e a identidade dos espíritos

POSSÍVEIS PROVAS DE IDENTIDADE

255. A questão da identidade dos espíritos é uma das mais controversas, mesmo entre os adeptos do espiritismo; isso porque os espíritos realmente não portam certidão de identidade, e sabemos com que facilidade alguns dentre eles tomam nomes emprestados; é por isso que, depois da obsessão, esta é uma das maiores dificuldades do espiritismo prático; por outro lado, em muitos casos a identidade absoluta é uma questão secundária e sem importância real.

A identidade do espírito de personagens antigas é a mais difícil de constatar, na verdade é quase sempre impossível, e nesse campo ficamos reduzidos a uma apreciação puramente moral. Julgam-se os espíritos, como os homens, por sua linguagem; se um espírito se apresenta com o nome de Fénelon, por exemplo, mas diz trivialidades ou puerilidades, seguramente não pode ser ele; mas se só diz coisas dignas do caráter de Fénelon, as quais este não iria contradizer, então existe, se não uma prova material, pelo menos uma grande probabilidade moral de que seja ele. É sobretudo neste caso que a identidade real é uma questão acessória; desde que o espírito diga apenas coisas boas, pouco importa o nome sob o qual elas são ditas.

Vai-se colocar a objeção, sem dúvida, de que o espírito que tomasse um nome suposto, mesmo para dizer apenas o bem, não deixaria com isso de cometer uma fraude e, assim, não poderia ser um espírito bom. É aí que há delicadas nuances muito difíceis de captar, as quais tentaremos desenvolver.

256. À medida que os espíritos se purificam e se elevam na hierarquia, as características distintivas de sua personalidade como que se apagam na uniformidade da perfeição, e, no entanto, eles não deixam de conservar sua individualidade; é o que ocorre com os espíritos superiores e os espíritos puros. Nessa posição, o nome que eles tinham na Terra, em uma das mil *efêmeras* existências corporais pelas quais passaram, é uma coisa inteiramente insignificante. Notemos ainda que os espíritos são atraídos uns aos outros pela semelhança de suas qualidades, e que assim formam grupos ou famílias simpáticas. Por outro lado, se considerado o imenso número de espíritos que, desde a origem dos tempos, devem ter atingido as primeiras categorias, e se comparado com o número bem restrito de homens que deixaram um grande nome na Terra, compreender-se-á que, entre os espíritos superiores que podem se comunicar, a maioria não deve ter nomes para nós; mas, como precisamos de nomes para fixar nossas ideias, podem usar o nome do personagem conhecido cuja natureza melhor se identifica com a sua. Por isso nossos anjos guardiães se apresentam quase sempre com o nome de um dos santos que veneramos, e geralmente com o nome daquele por quem temos mais simpatia. Disso resulta que, quando o anjo guardião de uma pessoa se apresenta, por exemplo, como São Pedro, não há nenhuma prova material de que seja mesmo o apóstolo que teve esse nome; tanto pode ser ele quanto um espírito absolutamente desconhecido, pertencente à família de espíritos da qual São Pedro faz parte, e disso resulta ainda que, seja qual for o nome com que se invoque seu anjo guardião, este virá ao chamado que lhe foi feito porque é atraído pelo pensamento, e o nome lhe é indiferente.

O mesmo ocorre todas as vezes que um espírito superior se comunica espontaneamente com o nome de um personagem conhecido; nada prova que seja mesmo o espírito desse personagem; porém, se não diz nada que desminta a elevação de caráter deste último, há *presunção* de que seja ele; em todo caso, pode-se dizer que, se não for ele, deve ser um espírito do mesmo nível, talvez até enviado por ele. Em resumo, a questão do nome é secundária, podendo este ser considerado como um simples indício do lugar que o espírito ocupa na escala espírita.

A situação é totalmente diferente quando um espírito de ordem inferior se adorna com um nome respeitável para dar crédito a suas palavras, e o caso é tão frequente que todo cuidado sempre é pouco contra essas substituições; apoiando-se nesses nomes emprestados e com a ajuda sobretudo da fascinação, certos espíritos sistemáticos, antes orgulhosos que sábios, tentam fazer com que se acredite nas ideias mais ridículas.

Portanto, a questão da identidade chega a ser, como dissemos, quase indiferente quando se trata de instruções gerais, uma vez que os melhores espíritos podem substituir-se uns aos outros sem que isso tenha consequência. Os espíritos superiores formam, por assim dizer, um todo coletivo, cujas individualidades nos são, com raras exceções, completamente desconhecidas. O que nos interessa não é sua pessoa, mas seu ensinamento; ora, desde que esse ensinamento seja bom, pouco importa se aquele que o deu se chama Pedro ou Paulo; julgamo-lo por sua qualidade e não por sua insígnia. Se um vinho é ruim, não é o rótulo que o tornará melhor. Outro é o caso em se tratando de comunicações íntimas, pois então é o indivíduo, sua pessoa mesmo, que nos interessa. E é com razão que, nessa circunstância, se insiste em nos assegurarmos de que o espírito que vem a nosso chamado é realmente aquele que desejamos.

257. É muito mais fácil constatar a identidade quando se trata de espíritos contemporâneos, de quem se conhece o caráter e os hábitos, pois são justamente esses hábitos (dos quais ainda não tiveram tempo de se despojar) que permitem reconhecê-los, e, seja logo dito, é este um dos sinais mais seguros da identidade. Não há dúvida de que um espírito pode fornecer provas a partir da interrogação que lhe é feita, mas só o faz se lhe convém, e geralmente essa interrogação o magoa, por isso devemos evitá-la. Ao deixar seu corpo, o espírito não se despoja de sua suscetibilidade; ele se ofende com toda questão que tem por objetivo pô-lo à prova. *É o mesmo caso das questões que não se ousaria fazer quando ele era vivo*, por medo de ser inconveniente. Por que se teria menos respeito por ele depois de sua morte? Se um homem se apresentasse num salão declinando seu nome, iria-se dizer-lhe à queima-roupa que provasse, exibindo seus títulos, ser mesmo aquela pessoa, com o pretexto de que há impostores? Esse homem seguramente teria o direito de lembrar ao inquiridor as regras da boa educação. É o que fazem os espíritos, não respondendo ou se retirando. Tomemos um exemplo para comparação. Suponhamos que o astrônomo Arago, quando vivo, se apresentasse numa casa onde não era conhecido, e fosse assim interpelado: Você diz que é Arago, mas, como não o conhecemos, queira provar-nos respondendo às nossas questões; resolva este problema de astronomia; diga-nos seu primeiro nome, os nomes de seus filhos, o que você fez tal dia, a tal hora, etc. O que ele teria respondido? Pois bem: como espírito, fará o que teria feito quando vivo, e os demais espíritos fazem o mesmo.

258. Ao mesmo tempo que os espíritos se recusam a responder a questões pueris e ridículas que se teria escrúpulo de dirigir à sua pessoa viva, muitas vezes oferecem por si mesmos e espontaneamente provas irrecusáveis de sua identidade, pelo caráter que se revela em sua linguagem, pelo emprego de palavras que lhes foram familiares, pela citação de certos fatos, de particularidades de sua vida, às vezes desconhecidas dos assistentes, e cuja exatidão pode ser verificada. Além disso, as provas de identidade se manifestam numa grande quantidade de circunstâncias imprevistas, que nem sempre se apresentam num primeiro contato, mas na sequência das conversações. Convém, pois, aguardá-las sem as provocar, observando com cuidado todas aquelas provas que podem ser deduzidas da natureza das comunicações. (Ver o fato relatado no nº 70.)

259. Um meio às vezes empregado com sucesso para confirmar a identidade, quando o espírito que se comunica é suspeito, consiste em fazê-lo afirmar, *em nome de Deus todo-poderoso*, que ele realmente é aquele que diz ser. Ocorre muitas vezes que aquele que está usurpando um nome recua diante de um sacrilégio e, depois de ter começado a escrever: "Afirmo em nome de"..., para e traça com cólera rabiscos sem sentido, ou quebra o lápis; se é um pouco mais hipócrita, esquiva-se da questão com uma restrição mental, escrevendo, por exemplo: "Eu lhes asseguro que digo a verdade", ou ainda: "Eu atesto, em nome de Deus, que sou mesmo eu quem vos fala", etc. Mas há os que não são tão escrupulosos, e que juram por tudo o que se pede. Um desses tinha se comunicado com um médium dizendo ser *Deus*, e o médium, muito honrado com tão alta deferência, não hesitou em acreditar. Evocado por nós, o espírito não ousou sustentar sua impostura e disse: "Não sou Deus, mas sou Seu filho". "Então você é Jesus? Não é provável, pois Jesus é elevado demais para empregar artimanhas. Ousa então afirmar, em nome de Deus, que é o Cristo?" "Eu não disse que sou Jesus; disse que sou o filho de Deus, porque sou uma de Suas criaturas".

Daí se deve concluir que a recusa de um espírito em confirmar sua identidade em nome de Deus é sempre uma prova manifesta de que o nome por ele tomado é uma impostura; já sua confirmação é apenas uma presunção, e não uma prova segura.

260. Pode-se também colocar entre as provas de identidade a semelhança de grafia e de assinatura. No entanto, além de não estar ao alcance de todos os médiuns obter esse resultado, nem sempre é garantia suficiente; há falsários tanto no mundo dos espíritos como neste; assim, esta é apenas uma presunção de identidade, que só adquire valor conforme as circunstâncias que a acompanham. O mesmo ocorre com todos os sinais materiais que alguns têm como talismãs inimitáveis pelos espíritos mentirosos. Para aqueles que ousam perjurar em nome de Deus, ou imitar uma assinatura, um sinal material qualquer não oferece maior obstáculo. A melhor de todas as provas de identidade está na linguagem e em circunstâncias fortuitas.

261. Sem dúvida se irá dizer que, se um espírito pode imitar uma assinatura, pode muito bem imitar a linguagem. Isso é verdade. Já vimos espíritos que descaradamente tomavam o nome de Cristo e, para melhor enganar, simulavam o estilo evangélico, prodigalizando a torto e direito estas palavras bem conhecidas: *Em verdade, em verdade, vos digo.* Porém, quando se estudava o conjunto *sem tomar partido*; quando se perscrutava o fundo dos pensamentos, o alcance das expressões; quando, ao lado de belas máximas de caridade, se viam recomendações pueris e ridículas, então seria preciso estar fascinado para deixar-se enganar. Sim, algumas características formais da linguagem podem ser imitadas, mas não o pensamento; nunca a ignorância imitará a sabedoria verdadeira, e nunca o vício imitará a verdadeira virtude; em algum momento sempre se mostrará a ponta da orelha, e é aí que o médium, assim como o evocador, necessita de toda sua perspicácia e bom-senso para separar a verdade da mentira. Eles devem estar convencidos de que os espíritos perversos são capazes de qualquer ardil, e de que, quanto mais elevado é o nome com o qual um espírito se anuncia, mais deve inspirar desconfiança. Quantos médiuns já não receberam comunicações apócrifas assinadas "Jesus", "Maria" ou um santo venerado!

DISTINÇÃO ENTRE ESPÍRITOS BONS E MAUS

262. Se em muitos casos a identidade absoluta dos espíritos é uma questão acessória e sem importância, o mesmo não ocorre no caso da distinção entre espíritos bons e maus; sua individualidade pode nos ser indiferente, mas sua qualidade nunca é. Em todas as comunicações instrutivas, é sobre esse ponto que se deve concentrar toda atenção, pois só ele pode nos dar a medida da confiança que podemos ter no espírito que se manifesta, seja qual for o nome com que o faça. O espírito que se manifesta é bom ou mau? A que grau da escala espírita ele pertence? Eis a questão capital. (Ver a escala espírita, em *O Livro dos Espíritos*, nº 100.)

263. Julgam-se os espíritos, já o dissemos, como se faz com os homens, pela sua linguagem. Suponhamos que um homem receba vinte cartas de pessoas que lhe são desconhecidas; pelo estilo, pelos pensamentos, por uma grande quantidade de sinais, enfim, julgará quais são instruídos ou ignorantes, cultos ou incultos, superficiais, profundos, frívolos, orgulhosos, sérios, levianos, sentimentais, etc. O mesmo ocorre com os espíritos; devemos considerá-los correspondentes que nunca vimos, e perguntarmo-nos o que pensaríamos do conhecimento e do caráter de um homem que dissesse ou escrevesse coisas parecidas. Pode-se estabelecer, como regra invariável e sem exceção, que *a linguagem dos espíritos é sempre proporcional ao seu grau de elevação.* Os espíritos realmente superiores não apenas dizem coisas boas, mas as dizem com palavras que excluem, de forma absoluta, qualquer vulgaridade; por melhores que sejam suas falas, se forem manchadas por uma só expressão que exale baixeza, este é um sinal indubitável de inferioridade, e com mais forte razão se o conjunto da comunicação fere as conveniências por sua grosseria. A linguagem sempre revela sua origem, seja pelo pensamento que traduz, seja por sua forma; assim, mesmo que um espírito quisesse fingir uma pretensa superioridade, basta conversar algum tempo com ele para avaliá-lo.

264. Bondade e benevolência também são atributos essenciais aos espíritos depurados; eles não sentem ódio dos homens nem dos espíritos; lamentam suas fraquezas, criticam seus erros, mas sempre com moderação, sem amargor nem animosidade. Admitindo-se que os espíritos verdadeiramente bons só podem desejar o bem e dizer coisas boas, concluir-se-á que tudo o que em sua linguagem revele falta de bondade ou de benevolência não pode ter emanado de um espírito bom.

265. A inteligência está longe de ser um sinal garantido de superioridade, pois inteligência e moralidade nem sempre caminham juntas. Um espírito pode ser bom e benevolente, mas ter conhecimentos limitados, ao passo que um espírito inteligente e instruído pode ser muito inferior em moralidade.

Em geral se acredita que, interrogando o espírito de um homem que foi sábio em certa especialidade na Terra, obter-se-á a verdade com mais segurança; isso é lógico, mas nem sempre é verdadeiro. A experiência demonstra que os sábios, assim como os outros homens (e sobretudo aqueles que deixaram a Terra há pouco tempo), ainda estão sob o domínio dos preconceitos da vida corporal; eles não se desfazem imediatamente do espírito de sistema. Pode então ocorrer que, sob a influência das ideias que alimentaram quando vivos, e com as quais fizeram sua glória, vejam com menos clareza do que imaginamos. Não estamos dando esse princípio como regra, longe disso; apenas estamos dizendo que isso acontece e que, consequentemente, sua ciência humana nem sempre é uma prova de sua infalibilidade como espíritos.

266. Submetendo todas as comunicações a um exame escrupuloso; perscrutando e analisando o pensamento e as expressões, como se faz quando se trata de julgar uma obra literária; rejeitando *sem hesitar* tudo o que peca pela falta de lógica e de bom-senso, tudo o que desmente o caráter daquele espírito que supomos estar se manifestando: assim desencorajamos os espíritos enganadores, que acabam se retirando, uma vez convencidos de que não podem se aproveitar de nós. Repetimos que esse é o único meio, mas é infalível, pois não há má comunicação que possa resistir a uma crítica rigorosa. Os bons espíritos nunca se ofendem com isso, porque eles mesmos o aconselham e por não terem nada a temer com o exame; só os maus se melindram e contestam, pois têm tudo a perder, e justamente com esse comportamento provam quem são.

A esse respeito, eis o conselho dado por São Luís:

"Por mais legítima a confiança que lhes inspirem os espíritos que presidem os seus trabalhos, nunca é demais repetirmos uma recomendação que deve, ter sempre em mente quando se dedicarem a seus estudos: a de pesar, desenvolver e submeter ao mais rigoroso exame da razão todas as comunicações que receberem; a de não abrir mão, quando um ponto lhes parecer suspeito, duvidoso ou obscuro, de pedir as explicações necessárias para se informar a esse respeito."

267. Podem-se resumir os meios de reconhecer a qualidade dos espíritos nos seguintes princípios:

1º) Não há outro critério para discernir o valor dos espíritos senão o bom-senso. Qualquer fórmula dada com essa finalidade pelos próprios espíritos é absurda e não pode provir de espíritos superiores.

2º) Julgam-se os espíritos por sua linguagem e suas ações. As ações dos espíritos são os sentimentos que inspiram e os conselhos que dão.

3º) Admitindo-se que os espíritos bons devem dizer e fazer apenas o bem, tudo o que é mal não pode vir de um espírito bom.

4º) Os espíritos superiores sempre têm uma linguagem digna, nobre, elevada, sem se misturar com nenhuma vulgaridade; dizem tudo com simplicidade e modéstia, nunca se vangloriam, nunca ostentam seu conhecimento nem sua posição perante os outros. A linguagem dos espíritos inferiores ou vulgares traz sempre algum reflexo das paixões humanas; qualquer expressão que denote baixeza, autossuficiência, arrogância, fanfarronice ou mordacidade é um indício característico de inferioridade, ou de fraude, se o espírito se apresenta com um nome respeitável e venerado.

5º) Não se deve julgar os espíritos pelo aspecto formal e a correção de seu estilo, mas sondar o sentido profundo, perscrutar suas falas, pesá-las friamente, com ponderação e sem prevenção. Qualquer desvio da lógica, da razão e da prudência não deixa dúvida sobre a origem do espírito, seja qual for o nome com que ele se fantasie. (Ver nº 224.)

6º) A linguagem dos espíritos elevados é sempre idêntica, senão pela forma, ao menos pelo conteúdo. Os pensamentos são os mesmos, seja qual for o tempo ou o lugar; eles podem ser mais ou menos desenvolvidos, conforme as circunstâncias, as necessidades e as facilidades de comunicação, mas não serão contraditórios. Se duas comunicações de espírito com o mesmo nome estão em oposição entre si, uma delas evidentemente é apócrifa, e a verdadeira será aquela na qual *nada* desmente o caráter conhecido da personagem. Entre duas comunicações assinadas, por exemplo, por São Vicente de Paulo, das quais uma pregasse a união e a caridade e a outra tendesse a semear a discórdia, não haveria uma pessoa sensata que se enganasse.

7º) Os espíritos bons só dizem aquilo que sabem; calam-se ou confessam sua ignorância sobre aquilo que não sabem. Os maus falam de tudo com segurança, sem se preocupar com a verdade. Qualquer notória heresia científica, qualquer princípio que choque o bom-senso revela a fraude, se o espírito se apresenta como um espírito esclarecido.

8º) Também é possível reconhecer os espíritos levianos pela facilidade com que predizem o futuro e indicam com precisão fatos materiais que não nos é dado conhecer. Os espíritos bons podem fazer com que se pressintam coisas futuras quando esse conhecimento pode ser útil, mas nunca indicam com precisão datas; todo anúncio de acontecimento com época fixada é indício de uma mistificação.

9º) Os espíritos superiores se exprimem de forma simples, sem prolixidade; seu estilo é conciso, sem excluir a poesia das ideias e das expressões, um estilo claro, inteligível para todos, e não exige esforço para ser compreendido. Dominam a arte de dizer muito com poucas palavras, pois cada palavra tem sua força. Os espíritos inferiores, ou falsos sábios, escondem debaixo da empolação e do tom enfático o vazio das ideias; sua linguagem é quase sempre pretensiosa, exagerada ou obscura, devido ao esforço de parecerem profundos.

10º) Os espíritos bons nunca ordenam: eles não se impõem, mas aconselham, e, se não são escutados, retiram-se. Os maus são imperiosos, dão ordens, querem ser obedecidos, mas ficam mesmo que isso não ocorra. Todo espírito que quer se impor trai sua origem. São exclusivistas e absolutos em suas opiniões e se pretendem os únicos a deter o privilégio da verdade. Exigem uma crença cega e nunca apelam para a razão, pois sabem que a razão os desmascararia.

11º) Os espíritos bons não bajulam; eles nos aprovam quando fazemos o bem, mas sempre com reserva. Já os maus fazem elogios exagerados, estimulam o orgulho e a vaidade mesmo ao pregar a humildade, e procuram *exaltar a importância pessoal* daqueles que conseguem arrebatar.

12º) Os espíritos superiores estão acima das puerilidades formais, em *todas as coisas*. Só os espíritos vulgares podem atribuir importância a detalhes mesquinhos, incompatíveis com ideias verdadeiramente elevadas. *Toda prescrição meticulosa* é um sinal garantido de inferioridade e de farsa por parte de um espírito que toma um nome imponente.

13º) Deve-se desconfiar de nomes bizarros e ridículos assumidos por certos espíritos que querem impô-los à credulidade; seria altamente absurdo levar esses nomes a sério.

14º) Deve-se também desconfiar de espíritos que com a maior facilidade se dão nomes extremamente venerados, e só receber suas palavras com a maior reserva; é sobretudo nesse caso que se faz indispensável um controle severo, pois muitas vezes é uma máscara que usam para fazer com que as pessoas acreditem estar tendo relações íntimas com espíritos fora do comum. Através desse artifício, adulam a vaidade do médium e quase sempre se aproveitam para induzi-lo a atitudes lamentáveis ou ridículas.

15º) Os espíritos bons são muito escrupulosos em relação às atitudes que aconselham; em todos os casos, suas orientações sempre têm um objetivo *sério e eminentemente útil.* Portanto, devemos ver com suspeita todas aquelas que não tivessem esse caráter, ou que fossem condenáveis pela razão, e refletir ponderadamente antes de empreendê-las, pois é possível expor-se a mistificações desagradáveis.

16º) Também reconhecemos os espíritos bons por sua prudente reserva em relação a tudo que possa ser comprometedor; eles repugnam expor o mal; já os espíritos levianos ou maldosos gostam de torná-lo evidente. Enquanto os bons procuram amenizar os erros e pregam a indulgência, os maus os exageram e insuflam a cizânia com pérfidas insinuações.

17º) Os espíritos bons não recomendam senão o bem. Toda máxima, todo conselho que não for *estritamente conforme à pura caridade evangélica* não pode ser obra de espíritos bons.

18º) Os espíritos bons nunca aconselham senão coisas absolutamente racionais; *toda recomendação que se desvia da estrita linha do bom-senso ou das leis imutáveis da natureza* acusa a presença de um espírito limitado e, por consequência, pouco digno de confiança.

19º) Os espíritos maus ou simplesmente imperfeitos se traem também por sinais materiais com os quais não se pode equivocar-se. Sua ação sobre o médium algumas vezes é violenta e provoca-lhe chacoalhões e movimentos bruscos, uma agitação febril e convulsiva que contrasta com a calma e a doçura dos espíritos bons.

20º) Os espíritos imperfeitos se aproveitam com frequência dos meios de comunicação de que dispõem para dar conselhos pérfidos; provocam a desconfiança e a animosidade contra os que lhes são antipáticos. Aqueles que podem desmascarar suas imposturas são o principal objeto de sua aversão crítica.

O alvo a que se dirigem para a indução ao mal são os homens fracos. Empregando alternadamente sofismas, sarcasmos, injúrias e até sinais materiais de seu poder oculto, para melhor convencer, esforçam-se por desviá-los da senda da verdade.

21º) Os espíritos dos homens que na Terra tiveram uma preocupação única, seja material ou moral, se eles ainda não se libertaram da influência da matéria, permanecem sob o domínio das ideias terrenas e levam consigo uma parte dos preconceitos, predileções e *até manias* que eles tiveram aqui. Isso é fácil de ser reconhecido através de sua linguagem.

22º) Os conhecimentos com que certos espíritos muitas vezes se adornam, com uma espécie de ostentação, nunca serão sinal de superioridade. A esse respeito, a verdadeira pedra de toque é a inalterável pureza dos sentimentos morais.

23º) Não basta interrogar os espíritos para conhecer a verdade. É preciso antes saber a quem nos dirigimos, pois os espíritos inferiores, eles próprios ignorantes, tratam com frivolidade as mais sérias questões.

Não basta que um espírito tenha sido um grande homem na Terra para que, no mundo espírita, possua o conhecimento soberano. Somente a virtude, purificando-o, pode reaproximá-lo de Deus e ampliar seus conhecimentos.

24º) Da parte dos espíritos superiores, um chiste é quase sempre fino e incisivo, mas nunca banal. Nos espíritos gozadores, que não chegam a ser grosseiros, a sátira mordaz às vezes tem sua pertinência.

25º) Estudando com cuidado o caráter dos espíritos que se manifestam, sobretudo do ponto de vista moral, descobrir-se-á sua natureza e o grau de confiança que neles se pode depositar. O bom-senso não se deixaria enganar.

26º) Para julgar os espíritos, assim como para julgar os homens, primeiro é preciso saber julgar a si mesmo. Infelizmente, há muitas pessoas que têm sua opinião pessoal como medida exclusiva do bom e do ruim, do verdadeiro e do falso; tudo o que a seus olhos contradiz sua maneira de ver, suas ideias, o sistema que conceberam ou adotaram, é ruim. A tais pessoas falta, evidentemente, a primeira qualidade para uma correta apreciação: a retidão de julgamento; elas, porém, não duvidam que o têm. Eis o defeito sobre o qual se constroem as maiores ilusões.

Todas essas instruções provêm da experiência e do ensinamento dado pelos espíritos; nós as completamos com as próprias respostas dadas por eles sobre os pontos mais importantes.

QUESTÕES SOBRE A NATUREZA E A IDENTIDADE DOS ESPÍRITOS

268. 1. Por meio de quais sinais se pode reconhecer a superioridade ou inferioridade dos espíritos?

"Por meio de sua linguagem, assim como vocês distinguem um tolo de um homem sensato. Já dissemos: os espíritos superiores nunca se contradizem, e só dizem coisas boas; eles só desejam o bem: esta é sua preocupação.

"Os espíritos inferiores ainda estão sob o domínio de ideias materiais; seu discurso se ressente de sua ignorância e imperfeição. Somente aos espíritos superiores é possível conhecer todas as coisas e julgá-las sem paixão."

2. A ciência que um espírito detém é sempre um sinal garantido de sua elevação?

"Não, pois se ele ainda está sob a influência da matéria, pode ter os mesmos vícios e preconceitos que vocês, encarnados. Há, no seu mundo, pessoas excessivamente invejosas e orgulhosas; vocês acreditam que elas perdem seus defeitos assim que o deixam? Ainda resta, depois de partir daí, e sobretudo naquelas pessoas que tiveram paixões muito intensas, uma espécie de atmosfera que as envolve e conserva todas essas coisas ruins.

"Há mais motivo para se preocupar com esses espíritos ainda imperfeitos do que com os espíritos maus, pois os primeiros, em sua maioria, juntam astúcia e orgulho à inteligência. Eles impõem sua suposta sabedoria às pessoas simples e ignorantes, que aceitam sem exame suas teorias absurdas e mentirosas; embora essas teorias não possam prevalecer contra a verdade, não deixam de causar um mal momentâneo, porque atrapalham a marcha do espiritismo e porque os próprios médiuns se deixam enganar quanto ao mérito do que lhes é comunicado. Esse aspecto requer um grande estudo da parte dos espíritas esclarecidos e dos médiuns; devem aplicar toda sua atenção em distinguir o verdadeiro do falso."

3. Muitos espíritos protetores se apresentam com nomes de santos ou de personagens conhecidos. O que se deve pensar disso?

"Nem mesmo todos os nomes de santos e de personagens conhecidos bastariam para oferecer a cada homem um protetor; dentre os espíritos, há poucos que tenham nome conhecido na Terra: é por isso que muitas vezes eles não o dão. Porém, como na maior parte do tempo vocês querem um nome, para satisfazê-los eles usam o nome de homens que vocês conhecem e respeitam."

4. Esse nome emprestado não pode ser considerado uma fraude?

"Seria uma fraude da parte de um espírito mau que quisesse se aproveitar disso; todavia, quando é para o bem, Deus permite que isso ocorra entre os espíritos de mesma ordem, pois há entre eles solidariedade e semelhança de pensamento."

5. Dessa forma, quando um espírito protetor diz ser, por exemplo, São Paulo, não é garantido que esse seja mesmo seu espírito ou a alma do apóstolo desse nome?

"De jeito nenhum, pois vocês encontram milhares de pessoas às quais foi dito que seu anjo guardião era São Paulo, ou algum outro; mas em que isso lhes importa, se o espírito que os protege for tão elevado quanto São Paulo? Já lhes disse: como vocês precisam de um nome, eles usam um que lhes permita ser invocados e reconhecidos, assim como vocês usam nomes de batismo para distingui-los de outros membros de sua família. Eles também podem usar os nomes dos arcanjos Rafael, São Miguel, etc., sem que isso altere a consequência do que dizem.

"Por outro lado, quanto mais elevado o espírito, mais sua irradiação é múltipla. Por isso, entendam que um espírito protetor de ordem superior pode ter sob sua tutela centenas de encarnados. Na Terra, vocês têm notários que se encarregam dos negócios de cem ou duzentas famílias; por que imaginariam que somos, espiritualmente falando, menos aptos à direção moral dos homens que aqueles para a direção material de seus interesses?"

6. Por que os espíritos que se comunicam muitas vezes usam nomes de santos?

"Eles se identificam com os costumes daqueles com quem falam e usam nomes que, em razão das crenças dos homens, causam-lhes maior impressão."

7. Quando evocados, certos espíritos superiores vêm sempre em pessoa ou, como pensam alguns, os que vêm são apenas mandatários encarregados de transmitir seu pensamento?

"Por que não viriam em pessoa, se pudessem? Porém, se o espírito não pode, aquele que vier será obrigatoriamente um mandatário."

8. O mandatário é sempre suficientemente esclarecido para responder às questões, como é o espírito que o envia?

"Os espíritos superiores sabem a quem confiam a tarefa de substituí-los. Além disso, quanto mais elevados, mais estão unidos num pensamento comum, de modo que, para eles, a personalidade é uma coisa indiferente, e o mesmo deve ocorrer com vocês; ou vocês pensam que, no mundo dos espíritos superiores, só são capazes de instruí-los aqueles que vocês conheceram na Terra? Vocês são de tal forma levados a se considerar os estereótipos do Universo que sempre acreditam não haver ninguém fora de seu mundo; se parecem àqueles selvagens que não saíram de sua ilha e pensam que o mundo não vai além dela."

9. Compreendemos que isso ocorra quando se trata de um ensinamento sério; mas como espíritos superiores permitem a espíritos de baixos estágios usar de nomes respeitáveis para induzir ao erro, através de máximas muitas vezes perversas?

"Não é com a permissão deles que os espíritos inferiores o fazem. Isso também não ocorre entre vocês? Aqueles que enganam serão punidos, podem acreditar nisso, e sua punição será proporcional à gravidade da impostura. Além disso, se vocês não fossem imperfeitos, teriam em torno de si somente espíritos bons, e, se são enganados, não devem cobrar senão de si mesmos. Deus permite que seja assim para experimentar sua perseverança e seu julgamento, e para ensiná-los a distinguir o verdadeiro do falso; se não conseguem fazer isso, é porque não são suficientemente elevados, e ainda necessitam das lições da experiência."

10. Espíritos pouco avançados, mas animados de boas intenções e do desejo de progredir, não são às vezes incumbidos de substituir um espírito superior para ter a oportunidade de se exercitar no ensino?

"Nunca nos grandes centros, e eu me refiro aos centros sérios, e no caso de ensinamentos gerais; aqueles que ali se apresentam o fazem por vontade própria e, como vocês disseram, para se exercitar; é por isso que suas comunicações, embora boas, sempre trazem traços de sua inferioridade. São incumbidos somente no caso de comunicações pouco importantes e daquelas que se pode chamar de *pessoais*."

11. As comunicações espíritas ridículas às vezes vêm entremeadas de excelentes máximas; como conciliar essa anomalia que parece indicar a presença simultânea de espíritos bons e maus?

"Espíritos maus ou levianos se metem a criar sentenças, não se importando nem um pouco com seu alcance ou significação. Todos os que fazem isso, entre vocês, são homens superiores? Não. Espíritos bons e maus não convivem junto. Vocês reconhecerão a presença dos espíritos bons pela uniformidade constante das boas comunicações."

12. Os espíritos que induzem ao erro sempre o fazem conscientemente?

"Não. Há espíritos bons, mas ignorantes que podem se enganar mesmo agindo de boa-fé. Quando têm a consciência de sua insuficiência, reconhecem isso e só dizem aquilo que sabem."

13. Quando um espírito realiza uma comunicação falsa, é sempre com uma intenção malévola?

"Não. Se é um espírito leviano, ele se diverte em mistificar, e não tem outro objetivo."

14. Como certos espíritos podem enganar através de sua linguagem, podem também, aos olhos de um médium vidente, tomar uma falsa aparência?

"Isso acontece, mas é mais difícil. Em todo caso, nunca ocorre senão com um objetivo que nem os próprios espíritos maus conhecem. Eles servem de instrumento para dar uma lição. O médium vidente pode ver espíritos levianos e mentirosos assim como outros os ouvem ou escrevem sob sua influência. Os espíritos levianos podem aproveitar-se dessa disposição para lográ-lo com aparências enganosas; isso depende das qualidades do próprio espírito do médium."

15. Para não ser logrado, basta estar animado de boas intenções? E os homens totalmente sérios, que não misturam em seus estudos nenhum sentimento de curiosidade vã, também estão sujeitos a ser enganados?

"Menos que outros, evidentemente, mas o homem sempre tem alguns defeitos que atraem os espíritos zombeteiros; acredita ser forte e muitas vezes não é. Ele deve, pois, ter ciência da fragilidade que nasce do orgulho e dos preconceitos. Não se leva suficientemente em conta essas duas causas das quais os espíritos se aproveitam; adulando as manias dos homens, eles se asseguram de que terão êxito."

16. Por que Deus permite que espíritos maus se comuniquem e digam coisas más?

"Mesmo no maior mal há algum ensinamento; cabe a vocês saber extraí-lo. É preciso que haja comunicações de todos os tipos para lhes ensinar a distinguir os espíritos bons dos maus, e para servir de espelho a vocês mesmos."

17. Os espíritos podem, por meio de comunicações escritas, inspirar desconfianças injustas contra certas pessoas, e indispor amigos?

"Espíritos perversos e invejosos são capazes de fazer tanto mal quanto os próprios homens; por isso é preciso ter precaução. Espíritos superiores são sempre prudentes e reservados quando têm de censurar; eles não falam mal: advertem com cautela. Se querem que duas pessoas, no interesse delas mesmas, deixem de se ver, farão surgir incidentes que as separarão de maneira natural. A linguagem dirigida para semear perturbação e desconfiança é sempre ato de um espírito mau, seja qual for o nome com que ele se disfarce. Assim, recebam com muita circunspecção o mal que um espírito disser sobre um de vocês, sobretudo quando um espírito bom lhes disse coisas boas dele; e desconfiem também de si mesmos e de suas próprias prevenções. Nas comunicações dos espíritos, peguem apenas o que for bom, grande, racional, e o que sua consciência aprova."

18. Pela facilidade com que os espíritos maus se imiscuem nas comunicações, parece que nunca podemos estar seguros de obter a verdade.

"Podem, sim, porque têm o bom-senso para avaliá-las. Na simples leitura de uma carta vocês já conseguem reconhecer se é um cafajeste ou um homem elevado, um tolo ou um sábio quem lhes escreve; por que não poderiam fazer o mesmo quando são os espíritos que lhes escrevem? Se recebem uma carta de um amigo que está longe, o que lhes prova que é mesmo dele? Sua caligrafia, dirão; mas não há falsários que imitam qualquer caligrafia, e golpistas que podem conhecer seus negócios? No entanto, há sinais pelos quais vocês nunca se enganam; o mesmo ocorre em relação aos espíritos. Imaginem que é um amigo que lhes escreve, ou que leem a obra de um escritor, e julguem com os mesmos recursos."

19. Os espíritos superiores poderiam impedir os espíritos maus de usar nomes falsos?

"Certamente podem; porém, quanto mais mau é o espírito, mais teimoso, e muitas vezes resiste às imposições. É preciso que vocês saibam também que há pessoas por quem os espíritos superiores se interessam mais do que por outras e, quando julgam necessário, podem preservá-las de ser atingidas pela mentira. Contra essas pessoas, os espíritos enganadores são impotentes."

20. Qual é o motivo dessa parcialidade?

"Não é parcialidade, é justiça. Os espíritos bons se importam com aqueles que levam seus conselhos a sério, e que trabalham com afinco em seu próprio melhoramento. Estes são os preferidos dos espíritos superiores, e eles os auxiliam, mas não se ocupam muito daqueles com quem perdem tempo e boas palavras."

21. Por que Deus permite aos espíritos cometerem o sacrilégio de usar falsamente nomes venerados?

"Da mesma forma, vocês poderiam perguntar por que Deus permite que os homens mintam e blasfemem. Os espíritos, assim como os homens, têm seu livre-arbítrio tanto para o bem quanto para o mal; porém, para uns como para outros, não faltará a justiça de Deus."

22. Há fórmulas eficazes para expulsar espíritos enganadores?

"Fórmula é matéria; bons pensamentos dirigidos a Deus valem mais."

23. Alguns espíritos disseram possuir sinais gráficos inimitáveis, espécie de emblemas que podem fazer com que sejam reconhecidos, e constatada sua identidade. Isso é verdade?

"Espíritos superiores não têm outros sinais para se fazer reconhecer senão a superioridade de suas ideias e de sua linguagem. Todos os espíritos podem imitar um sinal material. Quanto aos espíritos inferiores, eles se traem de tantas maneiras que é preciso ser cego para deixar-se enganar."

24. Espíritos enganadores não podem imitar também o pensamento?

"Imitam o pensamento assim como cenógrafos imitam a natureza."

25. Parece, dessa forma, que é sempre fácil descobrir a fraude através de um estudo atento.

"Não duvidem disso; os espíritos só enganam aqueles que se deixam enganar. Porém, é preciso ter olhos de joalheiro para distinguir a pedra verdadeira da falsa; ora, quem não sabe distinguir o diamante da pedra falsa procura o lapidário."

26. Há pessoas que se deixam seduzir por uma linguagem afetada, que são levadas antes pelas palavras que pelas ideias, e chegam a tomar ideias falsas e vulgares por sublimes. Como essas pessoas, que sequer são aptas a julgar as obras dos homens, podem julgar as dos espíritos?

"Quando essas pessoas têm modéstia suficiente para reconhecer suas limitações, não se atêm a seu próprio julgamento; quando, por orgulho, acreditam ser mais capazes do que realmente são, pagam a pena de sua tola vaidade. Os espíritos enganadores sabem exatamente a quem se dirigem; há pessoas simples e pouco instruídas mais difíceis de ser enganadas do que algumas que têm engenho e saber. Adulando as paixões do homem, esses espíritos fazem tudo o que querem com ele."

27. Na escrita, os espíritos maus algumas vezes se traem por sinais materiais involuntários?

"Os hábeis não fazem isso; os desajeitados se atrapalham. Todo sinal inútil e pueril é um indício garantido de inferioridade; os espíritos elevados não fazem nada inútil."

28. Muitos médiuns reconhecem espíritos bons e maus pela impressão agradável ou penosa que sentem com sua aproximação. Queremos saber se a impressão desagradável, a agitação convulsiva, numa palavra, o mal-estar, são sempre indícios da natureza má dos espíritos que se manifestam?

"O médium experimenta sensações do estado em que se encontra o espírito que vem até ele. Quando o espírito é venturoso, é tranquilo, leve, equilibrado; quando é desaventurado, é agitado e febril, e essa agitação naturalmente passa pelo sistema nervoso do médium. Além disso, assim é o homem na Terra: aquele que é bom, é calmo e tranquilo; aquele que é perverso, é sempre agitado."

Observação. Há médiuns de maior ou menor sensibilidade nervosa, e por isso a agitação não poderia ser vista como regra absoluta. A respeito disso é preciso, como em todas as coisas, levar em conta as circunstâncias. O caráter penoso e desagradável da impressão é um efeito de contraste, pois se o espírito do médium simpatiza com o espírito mau que se manifesta, então será pouco ou nada afetado por ele. Além disso, não se deve confundir a rapidez de escrita, que está ligada à extrema flexibilidade de alguns médiuns, com a agitação convulsiva que médiuns mais lentos podem experimentar no contato com espírito imperfeitos.

Capítulo XXV

SOBRE AS EVOCAÇÕES

Considerações gerais – Espíritos que podem ser evocados – Linguagem a usar com os espíritos – Utilidade das evocações particulares – Questões sobre as evocações – Evocação de animais – Evocação de pessoas vivas – Telegrafia humana

CONSIDERAÇÕES GERAIS

269. Os espíritos podem comunicar-se espontaneamente ou vir a nosso apelo, isto é, quando evocados. Algumas pessoas acham que não devemos evocar este espírito determinado ou aquele, e que é preferível esperar o que queira se comunicar. Baseiam-se na opinião de que, chamando determinado espírito, não se tem a certeza de que é ele que se apresenta, enquanto o que vem espontaneamente, por sua própria iniciativa, prova melhor sua identidade, pois revela assim o desejo de conversar conosco. A nosso ver, isso é um erro. Primeiramente, porque estamos sempre rodeados de espíritos, na maioria das vezes inferiores, que anseiam se comunicar. Em segundo lugar, e ainda por essa mesma razão, não chamar nenhum espírito em particular é abrir a porta a todos os que queiram entrar. Em uma assembleia, não dar a palavra a ninguém é deixá-la livre a todos, e sabemos o que resulta disso. O apelo direto a determinado espírito estabelece um laço entre ele e nós: nós o chamamos por nossa vontade e assim opomos uma espécie de barreira aos intrusos. Sem um apelo direto, em geral o espírito não teria nenhum motivo para vir até nós, se não for um espírito familiar.

Essas duas maneiras de atuar têm as suas vantagens, e só haveria inconveniente na exclusão de uma delas. As comunicações espontâneas não têm nenhum inconveniente, quando controlamos os espíritos e nos asseguramos de não deixar que os maus venham a dominar. Então, é quase sempre conveniente aguardar a boa vontade dos que desejam manifestar-se, pois dessa maneira seu pensamento não sofre nenhum constrangimento, e podemos obter comunicações admiráveis, enquanto o espírito evocado pode não estar disposto a falar, ou não ser capaz de fazê-lo no sentido que desejamos. Aliás, o exame escrupuloso que aconselhamos é uma garantia contra as más comunicações. Nas reuniões regulares, sobretudo quando se desenvolve um trabalho continuado, há sempre espíritos que as frequentam sem que precisemos chamá-los, pela simples razão de já estarem prevenidos da regularidade das sessões. Manifestam-se quase sempre espontaneamente para tratar de algum assunto, desenvolver um tema ou dar uma orientação. Nesses casos é fácil reconhecê-los, seja pela linguagem, que é sempre a mesma, seja pela escrita ou por certos hábitos peculiares.

270. Quando se quer comunicar com um espírito *determinado,* é necessário evocá-lo (ver nº 203). Se ele puder atender, obtém-se geralmente por resposta "Sim", ou "Aqui estou", ou ainda "Que querem de mim?". Às vezes, ele entra diretamente no assunto, respondendo por antecipação às perguntas que se pretende fazer a ele.

Quando se evoca um espírito pela primeira vez, é conveniente designá-lo com alguma precisão. Devem-se evitar as perguntas formuladas de maneira dura e imperativa, que podem afastá-lo. As perguntas devem ser afetuosas ou respeitosas, conforme o espírito, e em todos os casos revelar a boa vontade do evocador.

271. Muitas vezes nos surpreendemos com a presteza com que um espírito evocado se apresenta, mesmo na primeira vez: dir-se-ia que já estava avisado. É realmente o que acontece quando nos preocupamos de antemão com sua evocação. Essa preocupação é uma espécie de evocação antecipada, e como temos sempre os espíritos familiares que se identificam com o nosso pensamento, eles preparam os caminhos, de tal maneira que, se não houver obstáculos, o espírito que queremos chamar já está presente ao ser evocado. Em outros casos, é o espírito familiar do médium ou do interrogante, ou de um dos frequentadores habituais, que o vai buscar, e para isso não precisa de muito tempo. Se o espírito evocado não pode vir imediatamente, o mensageiro (os pagãos diriam *Mercúrio*) marca um prazo, às vezes de cinco minutos, um quarto de hora, uma hora, e mesmo de muitos dias; quando ele chega, diz: "Ele está aqui", e então é possível começar a fazer as questões que se deseja.

O mensageiro nem sempre é um intermediário necessário, porque o apelo do evocador pode ser ouvido diretamente pelo espírito, como está explicado no nº 282, questão 5, sobre o modo de transmissão de pensamento.

Quando dissemos para se fazer a evocação em nome de Deus, entendemos que nossa recomendação deve ser tomada a sério e não levianamente. Os que pensarem que se trata de uma fórmula sem consequência farão melhor em se abster.

272. As evocações frequentemente trazem mais dificuldades aos médiuns que os ditados espontâneos, sobretudo quando se trata de obter respostas precisas a perguntas circunstanciais. Para tanto, são necessários médiuns especiais, ao mesmo tempo *flexíveis* e *positivos* (e já vimos, no nº 193, que eles são muito raros), porque, como dissemos, as relações fluídicas nem sempre se estabelecem instantaneamente com o primeiro espírito que se apresenta. Convém, por isso, que os médiuns não se entreguem a evocações detalhadas sem estar seguros do desenvolvimento de suas faculdades e da natureza dos espíritos que os assistem, pois, entre os que são mal assistidos, as evocações não terão nenhuma autenticidade.

273. Os médiuns são geralmente muito mais procurados para as evocações de interesse privado do que para as evocações de interesse geral. Isso se explica pelo desejo muito natural que temos de conversar com nossos entes queridos. Acreditamos ser necessário fazer, sobre esse assunto, diversas recomendações importantes aos médiuns. Primeiro, a de só consentirem a esse desejo com reserva diante das pessoas sobre cuja sinceridade não estejam suficientemente seguros, e se manterem atentos contra as armadilhas que lhes podem estender as pessoas malévolas. Segundo, a de não se prestarem a essas evocações, sob nenhum pretexto, se perceberem como fim a curiosidade e o interesse, e não uma intenção séria da parte do evocador; e a de recusarem qualquer questão ociosa ou que saia do âmbito das que racionalmente se podem propor aos espíritos. As perguntas devem ser feitas com clareza, precisão e sem segundas intenções, se o que se quer são respostas categóricas. É necessário repelir todas as que tiverem um caráter insidioso, pois os espíritos não gostam das que têm por fim submetê-los à prova. Insistir em perguntas dessa natureza é o mesmo que querer ser enganado. O evocador deve ir ao objetivo de forma franca e aberta, sem subterfúgios ou rodeios; se ele teme explicar-se, é melhor que se abstenha.

Também é conveniente ter muita prudência em evocações na ausência das pessoas que as pediram, e é até preferível não fazê-las, porque somente essas pessoas estão aptas a fazer a averiguação das respostas, a julgar a identidade do espírito, a pedir esclarecimentos, quando é possível, e a fazer questões oportunas, quando as circunstâncias permitirem. Além disso, sua presença é um laço que atrai o espírito, em geral pouco disposto a se comunicar com estranhos pelos quais não tem nenhuma simpatia. Em resumo, o médium deve evitar tudo o que possa transformá-lo em agente de consultas, algo que, aos olhos de muita gente, é sinônimo de *ler a sorte*.

ESPÍRITOS QUE PODEM SER EVOCADOS

274. Podemos evocar todos os espíritos, de qualquer grau da escala: os bons e os maus, os que deixaram recentemente a vida e os que viveram em tempos mais remotos, os homens ilustres e os mais desconhecidos, nossos parentes, nossos amigos, assim como aqueles que nos são indiferentes. Mas isso não quer dizer que eles sempre queiram ou possam atender nosso apelo; independente de sua própria vontade ou de terem a permissão, que pode lhes ser recusada por um poder superior, eles podem estar impedidos por motivos que nem sempre podemos penetrar. O que desejamos dizer é que não há nenhum impedimento absoluto que se oponha às comunicações, salvo o que dissertaremos a seguir. Os obstáculos que podem impedir um espírito de se manifestar são quase sempre pessoais, e frequentemente decorrem das circunstâncias.

275. Entre as causas que podem opor-se à manifestação de um espírito, umas lhe são próprias e outras lhe são estranhas. É preciso colocar entre as primeiras as suas ocupações ou as missões que cumprem, das quais não pode se afastar para atender nossos desejos; nesse caso, sua visita fica apenas adiada.

Há também sua própria situação. Embora o estado da encarnação anterior não seja um obstáculo absoluto, pode ser impedimento em certos casos, principalmente quando se passa em mundos inferiores e quando o próprio espírito é pouco desmaterializado. Nos mundos superiores, naqueles em que os laços que prendem o espírito à matéria são muito frágeis, a manifestação é quase tão fácil quanto se comunicar entre si no estado de erraticidade e, em todo caso, é mais fácil do que nos mundos em que a matéria corpórea é mais compacta.

As causas estranhas ligam-se principalmente à natureza do médium, à natureza da pessoa que evoca, ao meio em que se faz a evocação e, por fim, ao objetivo a que se propõe. Certos médiuns recebem mais comunicações de seus espíritos familiares, que podem ser mais ou menos elevados; outros são aptos a servir de intermediários a todos os espíritos. Isso depende da simpatia ou da antipatia, da atração ou da repulsão que o espírito do médium exerce sobre o outro espírito, que pode tomá-lo por intérprete com satisfação ou com aversão. E depende ainda do desenvolvimento da faculdade mediúnica, abstração feita às qualidades pessoais do médium. Os espíritos vêm com mais boa vontade e sobretudo são mais explícitos com um médium que não lhes oferece obstáculo material. Havendo igualdade de condições morais, quanto mais facilidade o médium tiver para escrever ou exprimir-se, mais se ampliam suas relações com o mundo espírita.

276. É preciso considerar ainda a facilidade que vem do hábito de se comunicar com este ou aquele espírito; com o tempo, este se identifica com o espírito do médium, e também com o daquele que evoca. À parte a questão da simpatia, estabelecem-se entre eles relações fluídicas que tornam as comunicações mais rápidas. É por isso que uma primeira conversação nem sempre é tão satisfatória quanto se desejaria, e também por isso os próprios espíritos sempre pedem para ser chamados de novo. O espírito que vem habitualmente sente-se como que em casa: familiariza-se com os ouvintes e os intérpretes, fala e age com mais liberdade.

277. Em resumo, do que acabamos de expor resulta: que a faculdade de evocar todo e qualquer espírito não implica para o espírito a obrigação de estar às nossas ordens; que ele pode vir num momento e não em outro, com este médium ou evocador que o agrade e não com outro; que diz o que quer, sem poder ser constrangido a dizer o que não quer; que se vai quando lhe convém; enfim, que, por causas que dependem ou não de sua própria vontade, após ter sido assíduo durante algum tempo, pode subitamente parar de vir.

Por todos esses motivos, quando se quer chamar um espírito novo, é necessário perguntar ao seu guia protetor se a evocação é possível; no caso de não ser, ele geralmente dá os motivos, e então é inútil insistir.

278. Uma importante questão se apresenta aqui: a de saber se é inconveniente ou não evocar espíritos maus. Isso depende do fim a que se propõe e da ascendência que se pode ter sobre eles. Não há inconveniente quando são chamados com um fim sério, instrutivo, e tendo em vista a melhoria deles; é muito grande, por outro lado, quando se faz por mera curiosidade ou por brincadeira, ou se nos colocamos sob sua dependência, pedindo-lhes um serviço qualquer. Os espíritos bons, nesse caso, podem muito bem lhes dar o poder de fazer o que lhes foi pedido, mas há de se punir severamente, mais tarde, o homem temerário que ousou invocar o seu auxílio considerando-os mais poderosos que Deus. É em vão que se faz a promessa de fazer bom uso disso dali em diante, ou que se despede o servidor após o serviço prestado; o próprio serviço solicitado, por menor que seja, é um verdadeiro pacto fechado com o espírito mau, e este não larga facilmente a presa. (Ver nº 212.)

279. A ascendência sobre os espíritos inferiores só pode ser exercida pela *superioridade moral*. Os espíritos perversos sentem a autoridade dos homens de bem; frente a alguém que apenas opõe a eles a energia da vontade, espécie de força bruta, eles lutam e frequentemente são mais fortes. Alguém tentava dominar um espírito rebelde dessa forma, ou seja, aplicando a vontade. Este lhe respondeu: “Deixe-me em paz com esse seu ar presunçoso, logo você, que não vale mais do que eu! Que moral um ladrão pode pregar a outro ladrão?”.

Espanta-se que o nome de Deus, que se invoca contra eles, seja quase sempre impotente. São Luís explicou a razão na resposta a seguir:

“O nome de Deus só tem influência sobre os espíritos imperfeitos quando vem da boca de quem pode usá-lo com a autoridade de suas próprias virtudes. Da boca de um homem que não tenha nenhuma superioridade moral, é uma palavra como qualquer outra. Dá-se o mesmo com as coisas sagradas com que se os confrontam. A arma mais terrível é inofensiva em mãos inábeis para usá-la ou incapazes de carregá-la.”

LINGUAGEM A USAR COM OS ESPÍRITOS

280. O grau de superioridade ou de inferioridade dos espíritos indica naturalmente o tom com que convém falar com eles. É evidente que, quanto mais elevados, mais direito têm ao nosso respeito, à nossa consideração e à nossa submissão. Não devemos demonstrar-lhes menos deferência do que faríamos se estivessem vivos, mas por outros motivos: na Terra, consideraríamos seu cargo e sua posição social; no mundo dos espíritos, nosso respeito só se deve à sua superioridade moral. Sua própria elevação os coloca acima das puerilidades das nossas fórmulas bajulatórias. Não é com palavras que podemos conquistar sua boa vontade, mas com a sinceridade dos sentimentos. Seria ridículo, portanto, dar-lhes os títulos que usamos na distinção das posições, e que em vida poderiam agradar sua vaidade; se forem realmente superiores, não somente não se apegarão a esses títulos, mas isso até os desagrada. Um bom pensamento os agrada mais do que os epítetos mais lisonjeiros; se fosse de outra forma, eles não estariam acima da humanidade. O espírito de um venerável eclesiástico, que na Terra foi um príncipe da igreja, homem de bem, praticante do ensino de Jesus, um dia respondeu a alguém que o evocava pelo título de monsenhor: "Você deveria pelo menos dizer *ex-monsenhor*, pois aqui não há outro senhor senão Deus. Saiba que ora vejo aqueles que, na Terra, se punham de joelhos diante de mim: hoje sou eu que me inclino diante deles".

Quanto aos espíritos inferiores, seu caráter nos indica a linguagem que convém usar. Há entre eles os que, embora inofensivos e até mesmo benévolos, são levianos, ignorantes, tolos. Tratá-los como aos espíritos sérios, como fazem algumas pessoas, seria o mesmo que nos inclinar diante de um pupilo ou perante um asno com barrete de doutor. O tom familiar não lhes causaria estranheza, e eles não se incomodam; ao contrário, é o que usam espontaneamente.

Entre os espíritos inferiores, há os que são infelizes. Sejam quais forem as faltas que expiam, seus sofrimentos merecem igualmente a nossa piedade, pois ninguém pode se gabar de escapar às palavras do Cristo: "Aquele que está sem pecado atire a primeira pedra". A benevolência com que os tratamos é um consolo para eles. À falta de simpatia, que encontrem em nós a indulgência que queríamos que tivessem conosco.

Os espíritos que revelam sua inferioridade pelo cinismo de sua linguagem, pelas mentiras, pela baixeza dos seus sentimentos e a perfidez de seus conselhos são certamente menos dignos do nosso interesse do que aqueles cujas palavras atestam o arrependimento; no entanto, devemos tratá-los pelo menos com a piedade que nos inspiram os grandes criminosos; o meio de os reduzir ao silêncio é ser superior a eles: eles só se entregam às pessoas de quem acreditam nada ter a temer, porque os espíritos perversos reconhecem a superioridade dos homens de bem, como reconhecem a dos espíritos superiores.

Em resumo, seria desrespeitoso tratar de igual para igual com os espíritos superiores, como seria ridículo dispensar a todos, sem exceção, a mesma deferência. Tenhamos veneração pelos que a merecem, reconhecimento pelos que nos protegem e assistem, e, para todos os outros, a boa vontade de que talvez nós mesmos necessitemos um dia. Sondando o mundo incorpóreo, aprendemos a conhecê-lo, e esse conhecimento deve regular as nossas relações com os seus habitantes; os antigos, na sua ignorância, levantaram-lhes altares; para nós, são criaturas mais ou menos perfeitas, e só elevamos altares a Deus.

UTILIDADE DAS EVOCAÇÕES PARTICULARES

281. As comunicações que se obtêm de espíritos bastante superiores, ou dos que animaram grandes personagens da Antiguidade, são valiosas pelo alto ensinamento que encerram. Esses espíritos atingiram um grau de perfeição que lhes permite abranger uma esfera mais ampla de ideias, penetrar mistérios que ultrapassam o alcance humano vulgar e, por consequência, iniciar-nos, melhor que outros, em certas coisas. Mas isso não quer dizer que as comunicações dos espíritos de ordem menos elevada sejam inúteis: o observador pode extrair delas mais de uma instrução. Para conhecer os costumes de um povo, é necessário estudá-lo em todos os graus de sua estrutura. Quem apenas observar uma de suas faces vai conhecê-lo mal. A história de um povo não é a dos seus reis ou de suas sumidades sociais; para julgá-lo, é preciso vê-lo em sua vida íntima, em seus hábitos privados. Ora, os espíritos superiores são as sumidades do mundo espírita; sua própria elevação os coloca de tal maneira acima de nós que nos assombramos com a distância que nos separa. Os espíritos mais burgueses (que se nos releve o uso dessa expressão) nos tornam mais palpáveis as condições de sua nova existência. Neles, a ligação entre a vida corporal e a vida espírita é mais íntima e podemos compreendê-la melhor, porque ela nos toca mais de perto. Aprendendo diretamente deles aquilo que se tornaram, como pensam e o que experimentam os homens de todas as condições e de todos os caracteres, os homens de bem e os viciosos, os grandes e os pequenos, os felizes e os infelizes do nosso século, em uma palavra, os que viveram entre nós, aqueles que vimos e conhecemos, cuja vida real pudemos conhecer em suas virtudes e seus erros, compreendemos suas alegrias e seus sofrimentos, nos identificamos e deles tiramos o ensinamento moral, tanto mais proveitoso quanto mais íntimas foram as ligações entre nós e eles. É mais fácil nos colocarmos no lugar daquele que foi nosso igual do que daquele que apenas vemos através da miragem de uma glória celestial. Os espíritos vulgares nos mostram a aplicação das grandes e sublimes verdades das quais os espíritos superiores nos dão a teoria. Além do mais, no estudo de uma ciência nada é inútil: Newton descobriu a lei das forças universais no mais simples fenômeno.

A evocação dos espíritos vulgares tem ainda a vantagem de nos pôr em relação com os espíritos sofredores, a quem podemos aliviar e cujo avanço podemos facilitar com conselhos úteis. Assim, podemos ser úteis ao mesmo tempo em que nos instruímos; é egoísmo só procurar a própria satisfação na relação com os espíritos, e aquele que menospreza o ato de estender a mão aos desgraçados dá prova de orgulho. De que lhe serve obter belas recomendações de espíritos de elite, se isso não o torna melhor para si mesmo, nem mais caridoso e benevolente para seus irmãos deste mundo e do outro? O que aconteceria com os pobres doentes se os médicos se recusassem a tocar suas chagas?

QUESTÕES SOBRE AS EVOCAÇÕES

282. 1. Podem-se evocar os espíritos sem ser médium?

"Todo mundo pode evocar espíritos, e se aqueles que vocês chamaram não podem se manifestar materialmente, não quer dizer que não estão perto de vocês, ou que não os ouvem."

2. O espírito evocado sempre atende ao chamado?

"Isso depende das condições em que se encontra, porque há circunstâncias em que não pode fazê-lo."

3. Quais são as causas que podem impedir um espírito de vir a nosso apelo?

"Primeiro, a sua vontade; depois, o seu estado corporal, se ele é encarnado; as missões de que pode estar encarregado; ou ainda a permissão, que pode lhe ser negada.

"Há espíritos que nunca podem se comunicar; são aqueles que, por sua natureza, ainda pertencem a mundos inferiores à Terra. Os que se encontram em esferas de punição também não podem, a menos que tenham permissão superior, só concedida com objetivo da utilidade geral. Para que um espírito possa se comunicar, é necessário que tenha atingido o grau de evolução do mundo onde é chamado, de outra forma, será estranho às ideias desse mundo, e não disporá de nenhum meio de identificação. Não se dá o mesmo com os que são enviados em missão ou expiação aos mundos inferiores: esses têm pensamento necessário para responder."

4. Por quais motivos a permissão de se comunicar pode ser recusada a um espírito?

"Pode ser uma prova ou uma punição para ele ou para quem o chama."

5. Como espíritos dispersos no espaço ou em diversos mundos podem ouvir evocações feitas de todos os pontos do Universo?

"Frequentemente são prevenidos pelos espíritos familiares que cercam vocês e que vão procurá-los; porém, ocorre aqui um fenômeno que é difícil de explicar para vocês, porque ainda não podem compreender o modo de transmissão do pensamento entre os espíritos. O que posso lhes dizer é que o espírito evocado, por mais distante que esteja, recebe, por assim dizer, a repercussão do pensamento como uma espécie de comoção elétrica, que chama sua atenção para o lado de onde vem o pensamento a ele endereçado. Podemos dizer que ele ouve o pensamento como na Terra vocês ouvem a voz."

– O fluido universal é o veículo do pensamento, como o ar é o veículo do som?

"Sim, com a diferença de que o som só pode ser ouvido num raio muito limitado, enquanto o pensamento atinge o infinito. O espírito no espaço é como o viajante que, no meio de uma vasta planície, ouvindo subitamente o seu nome, se dirige para o lado de onde o chamam."

6. Sabemos que as distâncias são bem pouco para os espíritos, ainda assim nos admiramos de ver que respondem prontamente ao chamado, como se estivessem bem perto.

"É que às vezes realmente estão. Se a evocação foi premeditada, o espírito é advertido com antecedência, e frequentemente se encontra no lugar antes do momento em que será chamado."

7. O pensamento do evocador será ouvido com maior ou menor facilidade conforme as circunstâncias?

"Sem nenhuma dúvida. O espírito chamado com um sentimento simpático e benevolente é mais vivamente tocado; é como se reconhecesse uma voz amiga; sem isso, muitas vezes acontece de a evocação *não andar*. O pensamento que emana da evocação toca o espírito; se é mal dirigido, bate no vazio. Acontece com os espíritos o mesmo que com os homens: se quem os chama é indiferente para eles ou lhes é antipático, podem ouvi-lo, mas na maioria das vezes não dão ouvidos."

8. O espírito evocado vem voluntariamente ou é constrangido a isso?

"Ele obedece à vontade de Deus, quer dizer, à lei geral que rege o Universo. No entanto, *constrangido* não é a palavra, porque ele julga se é conveniente vir: e também aí dispõe do livre-arbítrio. O espírito superior atende sempre que o chamam com uma finalidade útil. Só se recusa a responder a reuniões de pessoas pouco sérias e que tratam a coisa como brincadeira."

9. O espírito evocado pode se recusar a vir a um chamado que lhe é feito?

"Perfeitamente. Onde estaria seu livre-arbítrio sem isso? Vocês pensam que todos os seres do Universo estão às suas ordens? Vocês mesmos: vocês se consideram obrigados a responder a todos que pronunciam seu nome? Quando digo que ele pode se recusar, refiro-me ao chamado do evocador, porque um espírito inferior pode ser constrangido a vir por um espírito superior."

10. Há algum meio de o evocador constranger o espírito a vir, a despeito da vontade deste?

"Nenhum, se o espírito é igual ou superior a ele em moralidade (digo *em moralidade* e não em inteligência), porque então não tem nenhuma autoridade sobre ele. Se for inferior, poderá fazê-lo, desde que seja para o seu bem, porque então outros espíritos o ajudarão." (Ver nº 279.)

11. Há inconveniente em evocar espíritos inferiores? E deve-se temer, ao chamá-los, cair sob sua dominação?

"Eles só dominam os que se deixam dominar. Quem for assistido por espíritos bons nada tem a temer; ele se impõe aos espíritos inferiores e não estes a ele. Quando sozinhos, os médiuns, sobretudo os que começam, devem evitar essa espécie de evocações." (Ver nº 278.)

12. É necessário preparar disposições especiais para as evocações?

"A mais essencial de todas as disposições é o recolhimento, quando se deseja relacionar-se com espíritos sérios. Com fé e o desejo do bem, tem-se mais poder para evocar espíritos superiores. Elevando sua alma em alguns instantes de recolhimento, no momento da evocação, a pessoa identifica-se com os espíritos bons e eles se dispõem a vir."

13. A fé é necessária para as evocações?

"A fé em Deus, sim. Quanto ao resto, a fé virá se vocês quiserem o bem e se tiverem o desejo de se instruir."

14. Reunidos pela comunidade de pensamentos e intenções, os homens têm mais poder para evocar os espíritos?

"Quando todos se reúnem pela caridade e para o bem, conseguem grandes coisas. Nada é mais prejudicial ao êxito das evocações do que a divergência de pensamentos."

15. A precaução de formar uma corrente dando-se as mãos por alguns minutos, no começo das reuniões, é útil?

"A corrente é um meio material que não faz a união entre vocês se ela não existe nos pensamentos. Mais útil que tudo isso é unir-se num pensamento comum, apelando cada qual para os espíritos bons. Vocês não imaginam tudo o que se poderia obter numa reunião séria da qual se houvesse banido todo sentimento de orgulho e de personalismo, e onde reinasse um perfeito sentimento de mútua cordialidade."

16. As evocações em dias e horários determinados são preferíveis?

"Sim, e se possível no mesmo local: os espíritos aí virão mais espontaneamente. O desejo constante que vocês mantêm é o que ajuda os espíritos a virem comunicar-se com vocês. Eles têm as suas ocupações, que não podem deixar *imprevistamente* para a satisfação pessoal de vocês. Eu disse *no mesmo local*, mas isso não é uma obrigação absoluta, pois os espíritos vêm em toda parte. Quero dizer que é preferível um local consagrado às reuniões, porque o recolhimento fica mais perfeito aí."

17. Certos objetos, como medalhas e talismãs, têm a propriedade de atrair ou repelir os espíritos, como pretendem alguns?

"Essa questão é inútil, pois vocês já sabem que a matéria não exerce nenhuma ação sobre os espíritos. Podem estar certos de que um espírito bom nunca aconselha semelhantes absurdos. A virtude dos talismãs, de qualquer natureza que sejam, nunca existiu, a não ser na imaginação das criaturas supersticiosas."

18. O que pensar de espíritos que marcam encontros em lugares lúgubres e horários indevidos?

"Esses espíritos se divertem à custa dos que lhes dão ouvidos. É sempre inútil e frequentemente perigoso ceder a essas sugestões. Inútil, porque nada se ganha, além de ser mistificado; perigoso, não pelo mal que os espíritos possam fazer, mas pela influência que isso pode exercer nos cérebros fracos."

19. Há dias e horas mais propícios às evocações?

"Para os espíritos, isso é completamente indiferente, como tudo o que é material, e seria supersticioso acreditar na influência dos dias e das horas. Os momentos mais propícios são aqueles em que o evocador esteja menos absorvido por suas preocupações habituais, em que seu corpo e seu espírito estejam mais calmos."

20. A evocação é agradável ou penosa para os espíritos? Eles atendem de boa vontade quando os chamamos?

"Isso depende do seu caráter e do motivo por que o chamam. Quando o objetivo é louvável, e o meio lhes é simpático, para eles se torna uma coisa agradável e mesmo atrativa; os espíritos se sentem sempre felizes com a afeição que lhes testemunhamos. Há os que consideram uma grande felicidade poder comunicar-se com os homens e que sofrem com o esquecimento destes. Mas, como já disse, isso também depende do seu caráter. Entre os espíritos existem também os misantropos que não gostam de ser incomodados, cujas respostas se ressentem do seu mau humor, sobretudo quando são chamados por pessoas indiferentes, pelas quais não se interessam. Um espírito em geral não tem nenhum motivo para atender ao apelo de um desconhecido que lhe é indiferente, e que quase sempre é movido pela curiosidade. Se ele vem, é apenas em rápidas aparições, a menos que haja um objetivo sério e instrutivo na evocação."

Observação. Vemos pessoas que só evocam seus parentes para fazer perguntas sobre as coisas mais vulgares da vida material. Por exemplo: um para saber se alugará ou venderá sua casa; outro, para descobrir o lucro que obterá com sua mercadoria; o lugar onde o dinheiro foi colocado; se tal negócio será ou não vantajoso. Nossos parentes de além-túmulo só se interessam por nós em razão da afeição que temos por eles. Se todos os nossos pensamentos se limitam a julgá-los feiticeiros, se só pensamos neles para pedir informações, não podem ter grande simpatia por nós, e não devemos nos espantar de que demonstrem pouca boa vontade conosco.

21. Há diferença entre os espíritos bons e maus no que diz respeito à presteza com que atendem ao nosso chamado?

"Há uma diferença bem grande. Os espíritos maus só atendem de boa vontade quando esperam dominar e fazer vítimas; experimentam viva contrariedade quando são forçados a se manifestar para confessar suas faltas, e só o que desejam é ir embora, como um aluno que chamamos para repreendê-lo. Podem ser constrangidos a vir por espíritos superiores, como castigo e para instrução dos encarnados. A evocação é penosa para os espíritos bons quando os chamamos inutilmente, por motivos fúteis; então eles não vêm, ou logo se retiram.

"Pode-se dizer que, em princípio, os espíritos, quem quer que sejam, não gostam de servir de distração para curiosos, como vocês próprios não gostam. Muitas vezes, vocês não têm outro fim ao evocar um espírito senão o de ver o que ele lhes dirá, ou o de interrogá-lo sobre particularidades de sua vida que não cabe a vocês conhecer, pois ele não tem nenhum motivo para lhes fazer confidências; ainda assim vocês acham que ele vai se colocar no meio da sala, apenas para lhes agradar? Podem se desenganar, pois o que ele não faria em vida, muito menos fará como espírito."

Observação. A experiência prova que, efetivamente, a evocação é sempre agradável para os espíritos quando feita com um objetivo sério e útil: os bons vêm com prazer para nos instruir; aqueles que sofrem encontram alívio na simpatia que lhes demonstramos; aqueles que foram nossos conhecidos ficam satisfeitos com nossa lembrança. Já os espíritos levianos gostam de ser evocados pelas pessoas frívolas, porque isso lhes dá oportunidade de se divertir à sua custa; eles não se sentem bem com pessoas sérias.

22. Os espíritos sempre precisam ser evocados para se manifestar?

"Não. Frequentemente se manifestam sem ser chamados, o que prova que o fazem de boa vontade."

23. Quando um espírito se apresenta espontaneamente, podemos ficar mais seguros sobre sua identidade?

"De maneira nenhuma, pois os espíritos enganadores frequentemente usam esse meio para melhor disfarçar quem não são."

24. Quando invocamos pelo pensamento o espírito de uma pessoa, ele vem até nós mesmo que não haja manifestação escrita ou de outra maneira?

"A escrita é o meio material pelo qual o espírito atesta sua presença, mas é o pensamento que o atrai, e não o fato de escrever."

25. Quando um espírito inferior se manifesta, podemos obrigá-lo a se retirar?

"Sim, não lhe dando ouvidos. Mas como querem que se retire, quando vocês se divertem com suas torpezas? Os espíritos inferiores se apegam aos que gostam de ouvi-los, como os tolos entre vocês."

26. A evocação feita em nome de Deus é uma garantia contra a intromissão dos espíritos maus?

"O nome de Deus não é um freio para todos os espíritos perversos, mas segura muitos deles. Por esse meio, vocês sempre afastam alguns, e afastariam muitos mais se o fizessem do fundo do coração, e não como uma fórmula banal."

27. Poderíamos evocar nominalmente muitos espíritos ao mesmo tempo?

"Não há nenhuma dificuldade para isso. Se houver três ou quatro mãos para escrever, três ou quatro espíritos responderão ao mesmo tempo. É o que acontece quando dispomos de muitos médiuns."

28. Quando muitos espíritos são evocados simultaneamente, e só há um médium, qual é o que responde?

"Um deles responde por todos e exprime o pensamento coletivo."

29. O mesmo espírito poderia comunicar-se ao mesmo tempo, na mesma sessão, por dois médiuns diferentes?

"Tão facilmente quanto entre vocês há homens que ditam mais de uma carta diferente de uma só vez."

Observação. Vimos um espírito responder ao mesmo tempo, por dois médiuns diferentes, às questões que lhe faziam, por um médium em francês, e por outro em inglês, e as respostas eram idênticas quanto ao sentido, e algumas eram traduções literais uma da outra.

Dois espíritos evocados simultaneamente por dois médiuns podem conversar entre si. Não necessitando dessa forma de comunicação, já que leem reciprocamente seus pensamentos, assim o fazem às vezes para nossa instrução. Se forem espíritos inferiores, como ainda estão imbuídos das paixões terrenas e das ideias corpóreas, pode acontecer que briguem e se ofendam com palavrões, que se acusem mutuamente por seus erros e até mesmo que atirem os lápis, as cestas, as pranchetas, etc., um no outro.

30. O espírito que é evocado ao mesmo tempo em lugares diversos pode responder simultaneamente às perguntas que lhe fazem?

"Sim, se for um espírito elevado."

– Nesse caso, o espírito se divide, ou tem o dom da ubiquidade?

"O sol é um só e, no entanto, irradia por tudo ao seu redor, lançando ao longe seus raios sem se subdividir; o mesmo ocorre com os espíritos. O pensamento do espírito é como uma estrela que projeta ao longe sua claridade e pode ser vista de todos os pontos do horizonte. Quanto mais puro é o espírito, mais o seu pensamento *irradia* e se difunde como a luz. Os espíritos inferiores são mais materiais; eles não podem responder a mais de uma pessoa de cada vez, e não podem vir se já foram chamados em outro lugar.

"Um espírito superior chamado ao mesmo tempo em dois lugares responderá às duas evocações, se elas forem igualmente sérias e fervorosas. Caso contrário, dará preferência à mais séria."

Observação. Dá-se o mesmo com o homem que, sem mudar de lugar, pode transmitir seu pensamento por meio de sinais, vistos de diferentes lados.

Numa sessão da Sociedade Parisiense de Estudos Espíritas em que a questão da ubiquidade estava em discussão, um espírito ditou espontaneamente a seguinte comunicação:

"Vocês perguntaram esta noite qual a hierarquia dos espíritos quanto à ubiquidade. Comparem isso a um aerostato que se eleva pouco a pouco no ar. Enquanto ainda está raspando a terra, só um pequeno círculo de pessoas pode percebê-lo; à medida que se eleva, o círculo se alarga e, quando atinge certa altura, é visto por uma infinidade de pessoas. O mesmo acontece conosco. Um espírito mau, que ainda está apegado à Terra, fica restrito a um pequeno círculo de pessoas que o veem. Eleve-se ele na graça, melhore-se e poderá conversar com muitas pessoas. E, quando se tornar um espírito superior, poderá irradiar como a luz do sol, mostrar-se a muitas pessoas e em muitos lugares ao mesmo tempo." (Channing)

31. Podem-se evocar os espíritos puros, que já terminaram a série de suas encarnações?

"Sim, mas muito raramente; eles só se comunicam aos corações puros e sinceros, e não *aos orgulhosos e egoístas.* Assim, é necessário desconfiar dos espíritos inferiores que tomam para si essa qualidade para se fazerem mais importantes aos seus olhos."

32. Como os espíritos dos homens mais ilustres vêm tão facilmente, e atendem de maneira tão familiar, ao chamado dos homens mais desconhecidos?

"Os homens julgam os espíritos por si mesmos, o que é um erro. Após a morte do corpo, as posições terrenas desaparecem. A única distinção entre os espíritos é a bondade, e os que são bons vão a todos os lugares onde possam fazer o bem."

33. Quanto tempo depois da morte se pode evocar um espírito?

"Pode-se evocá-lo no próprio instante da morte; porém, como o espírito ainda está em tumulto nesse momento, só responde imperfeitamente."

Observação. Sendo muito variável a duração dessa perturbação, não se pode fixar um prazo para a evocação. No entanto, é raro que o espírito, ao fim de oito dias, não esteja suficientemente consciente de si para responder. Às vezes, pode fazê-lo muito bem dois ou três dias após a morte. Pode-se, em todo caso, experimentar com cautela.

34. A evocação no instante da morte é mais penosa para o espírito do que mais tarde?

"Algumas vezes. É como se fizessem vocês levantar no meio do sono, sem estar completamente acordados. No entanto, há os que não se mostram de todo contrariados, e aos quais isso até ajuda a sair da perturbação."

35. Como o espírito de uma criança morta em tenra idade pode responder com consciência de causa, ao passo que, quando viva, ainda não tinha consciência de si mesma?

"A alma da criança é um espírito *ainda envolto nas fraldas da matéria.* Mas, liberto da matéria, goza de suas faculdades de espírito, porque os espíritos não têm idade, e isso prova que o espírito da criança já viveu antes. No entanto, até que esteja completamente liberto, pode conservar na linguagem alguns traços do caráter da criança."

Observação. A influência corporal que se faz sentir mais ou menos tempo no espírito da criança às vezes também se nota no espírito dos que morreram na loucura. O espírito em si não é louco, mas sabe-se que certos espíritos acreditam, durante algum tempo, ainda ser deste mundo. Não é, pois, de se espantar que o espírito do louco ainda se ressinta dos entraves que, durante a vida, se opunham à sua livre manifestação, até que esteja completamente liberto. Esse efeito varia segundo as causas da loucura, porque há loucos que recobram toda a lucidez de seus pensamentos imediatamente após a morte.

EVOCAÇÃO DE ANIMAIS

283. 36. Pode-se evocar o espírito de um animal?

"Após a morte do animal, o princípio inteligente que estava nele fica em estado latente; ele é logo utilizado por certos espíritos encarregados desse trabalho, para animar novos seres, nos quais continuará a obra de sua elaboração. Assim, no mundo dos espíritos, não há espíritos de animais errantes, mas somente espíritos humanos. Isso responde à sua questão."

– Como se explica, então, que certas pessoas tenham evocado animais e recebido respostas?

"Evoque um rochedo, e ele lhes responderá. Há sempre uma multidão de espíritos prontos a falar sobre tudo."

Observação. É por essa mesma razão que, se evocarmos um mito ou um personagem alegórico, ele responderá. Isso quer dizer que responderão por ele, e o espírito que se apresentar em seu lugar tomará o seu caráter e suas maneiras. Alguém teve um dia a ideia de evocar Tartufo[56], e Tartufo logo se apresentou; mais ainda: falou de Orgon, de Elmira, de Damis e Valéria, dos quais trouxe novidades; quanto a ele, imitou Tartufo com tanta arte como se fosse um personagem real. Disse, mais tarde, ser o espírito de um ator que havia interpretado esse papel. Os espíritos levianos sempre se aproveitam da inexperiência dos interrogantes, mas evitam manifestar-se aos que são esclarecidos o bastante para descobrir suas imposturas, e que não dariam crédito a seus contos. É o mesmo que acontece entre os homens.

Um senhor tinha em seu jardim um ninho de pintassilgos, pelos quais se interessava muito. Certo dia, o ninho desapareceu. Tendo se assegurado de que ninguém de sua casa cometera o delito, e sendo médium, teve a ideia de evocar a mãe dos passarinhos; ela veio, e lhe disse em bom francês: "Não acuse ninguém, e tranquilize-se quanto à sorte dos meus filhotes. Foi o gato que saltou e derrubou o ninho. Você poderá encontrá-lo sob o arbusto, assim como aos filhotes, que não foram comidos". Verificação feita, a coisa foi encontrada exatamente como se disse. Devemos concluir que foi a ave quem respondeu? Não, certamente, mas apenas que um espírito conhecia a história. Isso prova o quanto devemos desconfiar das aparências, e o quanto é correta a resposta acima: evoquem um rochedo, e ele lhes responderá. (Ver o capítulo sobre mediunidade nos animais, nº 234.)

EVOCAÇÃO DE PESSOAS VIVAS

284. 37. A encarnação do espírito é um obstáculo absoluto à sua evocação?

"Não, mas é necessário que o estado do corpo permita ao espírito se desprender nesse momento. O espírito encarnado vem mais facilmente quando o mundo em que se encontra é de uma ordem mais elevada, porque lá os corpos são menos materiais."

38. Podemos evocar o espírito de uma pessoa viva?

"Sim, uma vez que se pode evocar um espírito encarnado. O espírito de um vivo também pode, nos seus momentos de liberdade, apresentar-se *sem ser evocado*. Isso depende da simpatia que tiver pelas pessoas com as quais se comunica." (Ver nº 116, a história do homem da tabaqueira.)

---

56 *Tartufo* (1664) é uma peça de teatro do dramaturgo francês Molière (1622-1673); a personagem que dá título à obra é fictícia, inventada pelo autor, assim como todas as outras personagens, citadas na sequência do parágrafo; no enredo, Tartufo representa um falso religioso, um hipócrita que louva a virtude em público, mas na verdade se guia por seus interesses pessoais. (NE)

39. Em que estado se encontra o corpo da pessoa cujo espírito é evocado?

"Dorme ou cochila; é quando o espírito está livre."

– O corpo poderia despertar enquanto o espírito está ausente?

"Não; para isso, o espírito é forçado *a voltar ao corpo*; se nesse momento estiver conversando com vocês, ele os deixa, e em geral lhes diz o motivo."

40. Como o espírito ausente do corpo é avisado da necessidade de sua presença?

"O espírito de um corpo vivo nunca está completamente separado. Por mais que se distancie, continua ligado por um laço fluídico que serve para chamá-lo quando necessário. Só com a morte se rompe esse laço."

Observação. Esse laço fluídico muitas vezes é percebido pelos médiuns videntes. É uma espécie de rastro fosforescente que se perde no espaço, na direção do corpo. Certos espíritos disseram que é por meio dele que reconhecem os que ainda estão no mundo corporal.

41. O que aconteceria se, durante o sono e na ausência do espírito, o corpo fosse mortalmente ferido?

"O espírito seria advertido e voltaria antes que a morte se consumasse."

– Dessa forma, não poderia ocorrer que o corpo morresse na ausência do espírito, e que este, por sua vez, não pudesse retomá-lo?

"Não, isso seria contrário à lei que rege a união da alma com o corpo."

– Mas e se o golpe fosse desferido subitamente, de imprevisto?

"O espírito seria prevenido antes que o golpe mortal fosse dado."

Observação. O espírito de um vivo, interrogado a respeito, respondeu: "Se o corpo pudesse morrer na ausência do espírito, esse seria um meio muito cômodo de se praticar suicídios hipócritas."

42. O espírito de uma pessoa evocada durante o sono é tão livre para se comunicar quanto o de uma pessoa morta?

"Não. A matéria sempre influencia em maior ou menor grau."

Observação. Uma pessoa nesse estado, a quem dirigimos essa questão, respondeu: "Estou sempre acorrentado à bola de ferro que arrasto atrás de mim".

– Nesse estado de sono, o espírito poderia ser impedido de vir por estar em outro lugar?

"Sim, pode acontecer de o espírito estar num lugar em que gosta de ficar, então não vem quando evocado, sobretudo quando é chamado por alguém que não lhe interessa."

43. É absolutamente impossível evocar o espírito de uma pessoa acordada?

"Embora difícil, isso não é absolutamente impossível, porque, se a evocação *chega até ela*, pode ocorrer de a pessoa adormecer; mas o espírito só pode comunicar-se, como espírito, nos momentos em que sua presença não é necessária à atividade inteligente do corpo."

Observação. A experiência prova que a evocação feita durante o estado de vigília pode provocar o sono, ou ao menos um arrebatamento próximo do sono, mas esse efeito só se produz por uma vontade bastante enérgica, e se houver laços de simpatia entre as duas pessoas; de outra maneira, a evocação *não chega ao evocado*. Mesmo quando a evocação puder provocar o sono, se o momento for inoportuno e a pessoa não quiser dormir, ela oporá resistência e, caso sucumba, seu espírito estará perturbado com isso e dificilmente responderá. Conclui-se que o momento mais favorável à evocação de uma pessoa viva é o do sono natural, porque o espírito, estando livre, pode vir até aquele que o chama, como pode ir a outro lugar.

Quando a evocação é feita com o consentimento da pessoa, tentando esta dormir sob o seu efeito, pode acontecer que essa preocupação retarde o sono e perturbe o espírito. É por isso que o sono não forçado ainda é preferível.

44. A pessoa viva evocada tem consciência disso ao acordar?

"Não. Você mesmo é evocado com mais frequência do que pensa. Só o espírito sabe; às vezes, pode deixar ao encarnado uma vaga impressão, como de um sonho."

– Quem pode nos evocar, quando somos pessoas desconhecidas?

"Em outras existências, você poderia ter sido uma pessoa conhecida nesse mundo ou em outros; além disso, você também tem parentes e amigos desse mundo ou de outros mundos. Suponhamos que seu espírito tenha animado o corpo do pai de outra pessoa; pois bem: quando essa pessoa evocar seu pai, é o seu espírito que será sendo evocado e que responderá."

45. O espírito da pessoa viva responde como espírito ou com as ideias do estado de vigília?

"Isso depende de sua elevação, mas ele julga as coisas com mais lucidez e menos preconceitos, exatamente como os sonâmbulos. É um estado muito semelhante."

46. Se o espírito de um sonâmbulo, em estado de sono magnético, fosse evocado, seria mais lúcido que o de qualquer outra pessoa?

"Responderia mais facilmente, sem dúvida, porque está mais desprendido. Tudo depende do grau de independência do espírito em relação ao corpo."

– O espírito de um sonâmbulo poderia responder a uma pessoa que o evocasse à distância, ao mesmo tempo em que respondesse verbalmente a outra pessoa?

"A faculdade de se comunicar simultaneamente em dois pontos diferentes só pertence aos espíritos completamente libertos da matéria."

47. Poderíamos modificar as ideias de uma pessoa em estado de vigília agindo sobre o seu espírito durante o sono?

"Sim, às vezes. Não estando o espírito ligado tão estreitamente à matéria, durante o sono, torna-se mais acessível às sugestões morais, e essas impressões podem influir sobre sua maneira de ver no estado ordinário. Desafortunadamente, acontece quase sempre que, ao acordar, a natureza corporal torna a arrebatá-lo e o faz esquecer as boas resoluções que possa ter tomado."

48. O espírito de uma pessoa viva é livre para dizer ou não dizer tudo aquilo que quer?

"Ele tem suas faculdades de espírito, por consequência, seu livre-arbítrio, e como dispõe de mais perspicácia, fica até mais circunspecto que no estado de vigília."

49. Poderíamos obrigar uma pessoa evocada a dizer o que desejaria calar?

"Eu disse que o espírito tem o livre-arbítrio, mas pode acontecer que, como espírito, uma pessoa dê menos importância a certas coisas que no seu estado ordinário. Sua consciência pode falar mais livremente. Além disso, se ela não quer falar, pode sempre escapar às importunações indo embora, pois não se pode reter o espírito como se reteria seu corpo."

50. O espírito de uma pessoa viva não poderia ser constrangido por outro espírito a se apresentar e falar, como acontece com espíritos errantes?

"Entre os espíritos, sejam mortos ou vivos, só há supremacia pela superioridade moral. Vocês devem compreender que um espírito superior nunca prestaria seu apoio a uma indiscrição covarde."

Observação. Esse abuso de confiança seria de fato uma ação má, que, entretanto, não daria resultado, pois não se pode arrancar um segredo que o espírito quer calar, a menos que, dominado por um sentimento de justiça, confessasse o que calaria em outras circunstâncias.

Uma pessoa quis saber, por esse meio, se o testamento de um de seus parentes era em seu favor. O espírito respondeu: "Sim, minha querida sobrinha, e logo você terá a prova". A coisa foi realmente assim, mas, poucos dias depois, o parente destruiu o seu testamento e teve a malícia de fazê-lo saber a essa pessoa, mas sem saber que havia sido evocado. Um sentimento instintivo o levou, sem dúvida, a executar a resolução que seu espírito deve ter tomado após lhe fazerem a questão. Há covardia em perguntar ao espírito de um morto ou de um vivo o que não se ousaria perguntar à sua pessoa, e essa covardia não tem sequer a compensação do resultado que se espera.

51. Pode-se evocar um espírito cujo corpo ainda se encontra no seio da mãe?

"Não. Vocês sabem muito bem que nesse momento o espírito se acha em uma completa turvação."

Observação. A encarnação definitivamente não acontece a não ser no momento em que a criança respira; porém, desde a concepção, o espírito designado para animá-la é tomado de uma perturbação que aumenta conforme se aproxima o momento do nascimento, a qual lhe tira a consciência de si e, por consequência, a capacidade de responder. (Ver *O Livro dos Espíritos*, "Retorno à vida corporal – União da alma e do corpo", nº 344.)

52. Um espírito enganador poderia tomar o lugar da alma de uma pessoa viva que tivesse sido evocada?

"Não duvidem disso, o que é algo até frequente, sobretudo quando a intenção do evocador não é pura. De resto, a evocação de pessoas vivas só tem interesse como estudo psicológico; convém se abster dessa prática todas as vezes que ela não possa ter um resultado instrutivo."

Observação. Se a evocação dos espíritos errantes nem sempre *chega até eles*, para usarmos a expressão deles, isso ainda é mais frequente no tocante aos encarnados. É sobretudo nessas ocasiões que os espíritos enganadores tomam o seu lugar.

53. A evocação de uma pessoa viva tem inconvenientes?

"Ela nem sempre é livre de perigo. Depende da condição da pessoa; se ela estiver doente, podemos aumentar seus sofrimentos."

54. Quando a evocação de uma pessoa viva pode ter mais inconvenientes?

"Deve-se evitar evocar as crianças de tenra idade, as pessoas gravemente doentes, os velhos enfermos; em resumo: ela pode ter inconvenientes todas as vezes que o corpo estiver muito debilitado."

Observação. A brusca suspensão das capacidades intelectuais durante o estado de vigília também poderia oferecer perigo, se a pessoa, nesse momento, precisasse de toda sua presença de espírito.

55. Durante a evocação de uma pessoa viva, seu corpo pode experimentar a fadiga em consequência do trabalho de seu espírito, embora ausente?

Uma pessoa nesse estado, e que declarava que o seu corpo se cansava, respondeu assim à questão:

"Meu espírito é como um balão cativo, amarrado a um poste; meu corpo é o poste, que estremece com os puxões do balão."

56. Haja vista que a evocação dos vivos pode ter inconvenientes, quando feita sem precaução, não há perigo também em evocar um espírito que não se sabe se está encarnado, e que poderia não se encontrar em condições favoráveis?

"Não, as circunstâncias não são as mesmas. Ele só viria se estivesse em condições de fazê-lo. Além disso, eu já não disse que, antes de fazer a evocação, vocês devem perguntar se ela é possível?"

57. Quando experimentamos, nos momentos mais impróprios, uma irresistível vontade de dormir, isso poderia ocorrer por estarmos sendo evocados em algum lugar?

"Isso pode sem dúvida acontecer, mas o mais frequente é tratar-se de um efeito puramente físico, seja porque o corpo necessita de repouso, seja porque o espírito precisa de sua liberdade."

Observação. Uma senhora de nosso conhecimento, médium, teve um dia a ideia de evocar o espírito do seu neto, que dormia no mesmo cômodo. A identidade ficou constatada pela linguagem, pelas expressões familiares da criança, e pelo relato bastante exato de várias coisas que lhe haviam acontecido no internato. Mas outra circunstância ainda a confirmou. De repente, a mão do médium parou em meio de uma frase, sem que fosse possível obter mais nada. Nesse momento, meio acordado, o menino mexeu-se diversas vezes no leito; alguns instantes depois, voltando a dormir, a mão se pôs a escrever, continuando a conversa interrompida. A evocação de pessoas vivas, feita nas condições convenientes, prova de maneira quase incontestável a atividade distinta do espírito e do corpo e, por conseguinte, a existência de um princípio inteligente independente da matéria. (Ver, na *Revista Espírita* de 1860, vários exemplos notáveis de evocação de pessoas vivas.)

TELEGRAFIA HUMANA

285. 58. Duas pessoas, evocando-se reciprocamente, poderiam transmitir-se seus pensamentos e corresponder-se?

"Sim, e *essa telegrafia humana será um dia um meio universal de correspondência*."

– Por que não poderia ser praticada desde agora?

"Já é por algumas pessoas, mas não por todo mundo. É preciso que os homens *se depurem*, para que seu espírito se liberte da matéria, e esta ainda é uma razão para que se faça a evocação em nome de Deus. Até lá, estará circunscrita a *almas de elite* e desmaterializadas, o que raramente se encontra no estado atual dos habitantes da Terra."

Capítulo XXVI

QUESTÕES QUE PODEM SER FEITAS AOS ESPÍRITOS

Observações preliminares – Questões simpáticas ou antipáticas aos espíritos – Questões sobre o futuro – Sobre existências passadas e futuras – Sobre interesses morais e materiais – Sobre o destino dos espíritos – Sobre a saúde – Sobre invenções e descobertas – Sobre tesouros escondidos – Sobre outros mundos

OBSERVAÇÕES PRELIMINARES

286. Nunca será demais a atenção com a maneira de colocar as questões aos espíritos, e mais ainda com a natureza delas. Duas coisas devemos considerar nas questões que dirigimos aos espíritos: a forma e o fundo. No que diz respeito à forma, devem ser redigidas com clareza e precisão, evitando as questões complexas. Outro ponto importante é a ordem que deve presidir o arranjo delas. Quando um assunto requer uma série de questões, é essencial que se encadeiem com método, decorrendo naturalmente umas das outras; os espíritos respondem com muito mais facilidade e clareza do que se perguntássemos ao acaso, passando de um assunto para outro. Por essa razão, é sempre muito útil prepará-las antes, deixando para intercalar, durante a sessão, aquelas que surgirem com as circunstâncias. Além de a redação ficar bem melhor quando feita com a cabeça tranquila, esse trabalho preparatório funciona, já dissemos, como uma evocação antecipada, a que o espírito pode ter assistido, e ter-se disposto a responder. Notar-se-á que muito frequentemente o espírito responde por antecipação a certas perguntas, o que prova que ele as conhecia de antemão.

O fundo da questão requer uma atenção ainda mais séria, porque frequentemente é a natureza da pergunta que provoca uma resposta correta ou falsa. Há as que os espíritos não podem ou não devem responder, por motivos que nos são desconhecidos. É, portanto, inútil insistir. Mas o que devemos evitar acima de tudo são as questões feitas com o objetivo de testar sua perspicácia. Quando uma coisa é evidente, diz-se, eles a devem saber; ora, é precisamente por que a coisa é conhecida por nós, ou porque podemos verificá-la por nós mesmos, que eles não se dão ao trabalho de responder. Aquela suspeita os ofende, e não se obtém mais nada de satisfatório. Não temos todos os dias exemplos entre nós? Os homens superiores, que têm consciência de seu valor, gostariam de responder a todas as tolas questões que lhe fossem propostas, para submetê-los a um exame, como se fossem escolares? O desejo de fazer desta ou daquela pessoa um adepto não é razão, para os espíritos, de satisfazer uma curiosidade vã. Eles sabem que a convicção virá cedo ou tarde, e os meios que empregam para conduzi-la nem sempre são aqueles que nós cogitamos.

Imaginem um homem sério, ocupado em coisas úteis e graves, incessantemente amolado pelas perguntas pueris de uma criança, e vocês poderão fazer ideia do que devem pensar os espíritos superiores sobre todas as ninharias que se matraqueiam para eles. Isso não quer dizer que não se possam obter dos espíritos ensinamentos úteis e, sobretudo, excelentes conselhos, mas que eles respondem mais ou menos bem segundo seus próprios conhecimentos, segundo o interesse que merecemos deles, a afeição que nos votam e, por fim, segundo o objetivo a que nos propomos e a utilidade que eles veem no assunto. Mas se todo nosso pensamento se limita a julgá-los mais capazes do que outros a nos informar de forma útil sobre as coisas desse mundo, eles não poderão ter muita simpatia por nós. Daí por diante, só farão aparições bem curtas e, conforme seu grau de imperfeição, na maioria dos casos demonstrarão seu mau humor por ter sido importunados inutilmente.

287. Algumas pessoas pensam que é preferível abster-se de fazer perguntas, e que é mais conveniente esperar o ensinamento dos espíritos, sem provocá-lo; trata-se de um erro. É inegável que os espíritos dão instruções espontâneas de grande alcance, que faríamos mal se negligenciássemos; mas há explicações pelas quais esperaríamos muito tempo se não as solicitássemos. Sem as questões que nós propusemos, *O Livro dos Espíritos* e *O Livro dos Médiuns* ainda estariam por fazer, ou seriam bastante incompletos, e uma infinidade de problemas de grande importância ainda estariam por resolver. As perguntas, longe de ser um inconveniente, são de enorme utilidade do ponto de vista da instrução, quando sabemos encerrá-las nos limites desejados. Elas têm outra vantagem: ajudar a desmascarar os espíritos enganadores que, sendo antes fúteis que sábios, raramente suportam o exame das questões de uma lógica cerrada, com as quais os levamos até seu limite. Como os espíritos verdadeiramente superiores não têm nada a temer de tal verificação, são os primeiros a provocar explicações sobre pontos obscuros.

Os outros, ao contrário, temendo ter de se confrontar com questões mais difíceis, têm enorme cuidado em evitá-las. Também recomendam aos médiuns a quem querem dominar, e a quem tentam fazer aceitar suas utopias, que se abstenham de qualquer controvérsia a respeito daquilo que ensinam.

Se foi bem compreendido o que dissemos até agora nesta obra, já se fez uma boa ideia do círculo em que convém manter as questões que dirigimos aos espíritos; todavia, para dar mais segurança, apresentamos a seguir as respostas que nos foram dadas sobre as principais questões que as pessoas pouco experientes geralmente se dispõem a lhes fazer.

QUESTÕES SIMPÁTICAS OU ANTIPÁTICAS AOS ESPÍRITOS

288. 1. Os espíritos respondem de boa vontade às questões dirigidas a eles?

"Isso depende das perguntas. Os espíritos sérios sempre respondem com prazer às questões que têm como finalidade o bem e os meios de fazer com que vocês progridam. Eles não dão ouvidos a questões fúteis."

2. Basta que uma questão seja séria para obter uma resposta séria?

"Não. Isso depende do espírito que responde."

– Mas uma questão séria afasta os espíritos levianos?

"Não é a questão que afasta os espíritos levianos, é *o caráter daquele que a faz*."

3. Quais são as questões particularmente antipáticas aos espíritos bons?

"Todas aquelas que são inúteis ou que são feitas por curiosidade ou com o objetivo de prová-los; então eles não respondem e se afastam."

– Há questões que sejam antipáticas aos espíritos imperfeitos?

"Aquelas que podem desvendar sua ignorância ou sua farsa, quando eles procuram enganar; quando não é este caso, eles respondem a tudo, sem ter cuidado com a verdade."

4. O que pensar das pessoas que veem nas comunicações espíritas apenas uma distração ou um passatempo, ou também um meio de obter revelações sobre aquilo que lhes interessa?

"São os espíritos inferiores que gostam muito dessas pessoas; como elas, o que eles querem é se divertir; ficam contentes quando conseguem mistificá-las."

5. Quando os espíritos não respondem a certas questões, é por sua própria vontade, ou porque um poder superior se opõe a certas revelações?

"Uma e outra; há coisas que não podem ser reveladas, e outras que o espírito não conhece mesmo."

– Repetindo insistentemente, o espírito acabaria por responder?

"Não. O espírito que não quer responder tem sempre facilidade para ir embora. Por isso é necessário esperar, quando lhes dizemos para fazer isso, e sobretudo não teimar em querer nos fazer responder. Insistir em obter uma resposta que não queremos lhes dar é um meio certo de ser enganado."

6. Todos os espíritos estão aptos a compreender as perguntas que lhes fazem?

"Longe disso. Os espíritos inferiores são incapazes de responder a certas questões, o que não os impede de responder, bem ou mal, como acontece entre vocês."

Observação. Em certos casos, e quando for útil, frequentemente acontece de um espírito mais esclarecido ajudar um espírito ignorante e lhe soprar o que deve dizer. Reconhece-se isso facilmente pelo contraste entre certas respostas, e também porque o próprio espírito frequentemente o confirma. No entanto, isso só acontece com os espíritos ignorantes, mas de boa-fé, e jamais com os que se apresentam com um falso saber.

QUESTÕES SOBRE O FUTURO

289. 7. Os espíritos podem nos fazer conhecer o futuro?

"Se o homem conhecesse o futuro, negligenciaria o presente.

"E aí volta um ponto sobre o qual vocês sempre insistem em obter uma resposta precisa. Trata-se de um grave erro, porque a manifestação dos espíritos não é um meio de adivinhação. Se vocês insistirem numa resposta, ela lhes será dada por um espírito louco: nós lhes dizemos isso a todo instante." (Ver, em *O Livro dos Espíritos*, conhecimentos do futuro, nº 868.)

8. Às vezes, entretanto, alguns acontecimentos futuros não são anunciados espontaneamente pelos espíritos, e de maneira verídica?

"Pode acontecer que o espírito preveja coisas que considera conveniente dar a conhecer, ou que tenha por missão revelar a vocês. Mas é nesses casos que mais vocês devem temer os espíritos enganadores, que se divertem fazendo predições. Somente o conjunto das circunstâncias propicia julgar o grau de confiança que eles merecem."

9. De que tipo de predições devemos mais desconfiar?

"De todas aquelas que não forem de utilidade *geral*. As predições pessoais podem quase sempre ser consideradas apócrifas."

10. Com que fim os espíritos anunciam espontaneamente acontecimentos que não se realizam?

"Na maioria das vezes, é para se divertir com a credulidade, com o terror ou com a alegria que causam, pois riem do desapontamento. Mas essas predições mentirosas às vezes têm um fim mais sério: o de pôr à prova aquele a quem são dirigidas, a fim de ver a maneira como as recebem, e a natureza boa ou má dos sentimentos que essa provação faz nascer nele."

Observação. Tal seria, por exemplo, o anúncio de algo que pode incensar a cupidez ou a ambição, como a morte de uma pessoa, a perspectiva de uma herança, etc.

11. Por que os espíritos sérios, quando fazem pressentir um acontecimento, geralmente não fixam a data? É porque não podem ou porque não querem?

"Por ambos. Eles podem, em certos casos, fazer *pressentir* um acontecimento: é, então, um aviso que dão a vocês. Quanto a precisar a época, em geral não devem fazê-lo; e em geral também não podem, porque eles mesmos não sabem. O espírito pode prever que algo vai acontecer, mas o momento preciso pode depender de acontecimentos que ainda não se cumpriram e que só Deus conhece. Os espíritos levianos, que não têm nenhum escrúpulo em enganá-los, indicam os dias e as horas sem se inquietarem se vai acontecer ou não. É por isso que toda predição *circunstanciada* deve ser considerada suspeita.

"Ainda uma vez: nossa missão é a de fazer com que vocês progridam; nós lhes ajudamos na medida que podemos. Aquele que pede a sabedoria aos espíritos superiores jamais será enganado. E não pensem que nós perderemos nosso tempo escutando suas ninharias e lendo sua sorte. Deixamos isso aos espíritos levianos, que se divertem com isso como moleques travessos.

"A Providência pôs limites às revelações que podem ser feitas aos homens. Os espíritos sérios guardam silêncio sobre tudo o que lhes é proibido dar a conhecer. Insistindo em obter uma resposta, a pessoa se expõe às artimanhas dos espíritos inferiores, sempre prontos a aproveitar as oportunidades de pregar peças na credulidade de vocês."

Observação. Os espíritos veem, ou pressentem por indução, os acontecimentos futuros. Eles veem que se realizam num tempo que não medem como nós. Para precisar a época da ocorrência, teriam de identificar-se com nossa maneira de calcular a duração, o que nem sempre julgam necessário. Esta é quase sempre a causa de erros aparentes.

12. Não existem homens dotados de uma faculdade especial que os faz ver o futuro?

"Sim, aqueles cuja alma se desprende da matéria. Nesse caso, é o espírito que vê; e quando é útil, Deus lhes permite revelar algumas coisas para o bem. Mas ainda há muito mais impostores e charlatães. Essa faculdade se tornará mais comum no futuro."

13. Que pensar dos espíritos que se divertem predizendo a alguém a sua morte, com dia e hora fixados?

"São brincalhões, e de muito mau gosto, que só querem se divertir com o medo que causam. Nunca se deve preocupar-se com isso."

14. Mas como ocorre de certas pessoas serem avisadas por pressentimento da época da sua morte?

"Na maioria das vezes, é o próprio espírito que o sabe nos seus momentos de liberdade, e que conserva uma intuição ao acordar. É por isso que essas pessoas, estando já preparadas, não se assustam nem se comovem. Elas veem essa separação do corpo e da alma apenas como uma mudança de situação, ou, se preferirem um exemplo mais vulgar, como o abandono de uma roupa de pano grosso por uma de seda. O medo da morte diminuirá à medida que se propagar as crenças espíritas."

QUESTÕES SOBRE EXISTÊNCIAS PASSADAS E FUTURAS

290. 15. Os espíritos podem nos dar a conhecer nossas existências passadas?

"Deus às vezes permite que elas sejam reveladas, dependendo do objetivo. Se for para a edificação e instrução de vocês, as revelações serão verdadeiras, e, nesse caso, quase sempre feitas espontaneamente e de maneira inteiramente imprevista. Mas nunca Deus as permite para satisfazer a vã curiosidade."

– Por que certos espíritos nunca se recusam a fazer essas revelações?

"São espíritos zombeteiros, que se divertem à custa de vocês. Em geral, vocês devem considerar falsas, ou pelo menos suspeitas, todas as revelações dessa natureza que não tiverem um fim eminentemente sério e útil. Os espíritos trocistas se divertem lisonjeando seu amor-próprio com pretensas origens. Há médiuns e crentes que acreditam na palavra dos que lhes falam sobre isso, sem notar que o estado atual do seu espírito em nada justifica a posição que pretendem haver ocupado anteriormente; é uma pequena vaidade com a qual os espíritos zombeteiros se divertem, como os próprios homens também o fazem. Seria mais lógico e mais de acordo com a marcha progressiva dos seres que eles tivessem subido ao invés de descer, o que, aliás, lhes seria mais honroso. Para que se pudesse pôr fé nessas revelações, seria necessário que fossem feitas espontaneamente por diversos médiuns desconhecidos entre si, e também daquele que primeiro a fez. Só então haveria razão evidente para crer."

– Se não podemos conhecer nossa individualidade anterior, dá-se o mesmo com o tipo de existência que tivemos, com a posição social que ocupamos e as qualidades e defeitos que predominaram em nós?

"Não, isso pode ser revelado, porque vocês podem tirar proveito disso para sua melhoria. Mas, independente disso, estudando seu presente, vocês mesmos podem deduzir o seu passado." (Ver, em *O Livro dos Espíritos*, nº 392, sobre esquecimento do passado.)

16. Pode ser-nos revelado alguma coisa sobre nossas existências futuras?

"Não. Tudo o que alguns espíritos lhes disserem a respeito será apenas traquinagem. E isso se compreende: sua existência futura não pode ser percebida antes, pois ela será aquilo que vocês mesmos tiverem feito com sua conduta na Terra e com as resoluções que tomarem quando forem espíritos. Quanto menos tiverem a expiar, mas feliz ela será. Mas saber onde e como será essa existência, dizemos ainda uma vez: isso é impossível, salvo no caso especial e raro dos espíritos que só estão na Terra para cumprir missão importante, porque então sua rota é, de certa forma, traçada com antecedência."

QUESTÕES SOBRE INTERESSES MORAIS E MATERIAIS

291. 17. Podemos pedir conselhos aos espíritos?

"Sim, não há dúvida. Os espíritos bons jamais se recusam a ajudar os que os invocam cheios de confiança, principalmente quando se trata de assuntos da alma. Mas repelem hipócritas, *aqueles que fingem buscar a luz e se comprazem nas trevas*."

18. Os espíritos podem aconselhar sobre questões de interesse particular?

"Algumas vezes, conforme o motivo. Isso depende também dos espíritos a quem nos dirigimos. Os conselhos sobre a vida particular são dados com mais exatidão pelo espírito familiar, porque ele está ligado a uma pessoa e se interessa pelo que lhe diz respeito: é o amigo, o confidente de seus mais secretos pensamentos. Mas frequentemente vocês o cansam com perguntas tão despropositadas que ele os deixa para lá. Também seria absurdo perguntar coisas íntimas a espíritos estranhos, como também seria fazê-las ao primeiro indivíduo que encontrassem pela frente. Vocês nunca devem esquecer que a infantilidade das questões é incompatível com a superioridade dos espíritos. Também é preciso considerar as qualidades do espírito familiar, que pode ser bom ou mau, conforme as simpatias que o ligarem à pessoa. O espírito familiar de um homem mau é um espírito mau, cujos conselhos podem ser perniciosos, mas que se afasta e cede o lugar a um espírito melhor, se o homem melhora. O semelhante atrai o semelhante."

19. Os espíritos familiares podem favorecer interesses materiais por meio de revelações?

"Eles podem, e às vezes o fazem, segundo as circunstâncias, mas estejam certos de que os espíritos bons jamais se prestam a servir à cupidez. Os maus fazem cintilar mil encantos aos olhos de vocês, para incitá-los e mistificá-los, levando-os em seguida à decepção. Saibam também, que, se sua prova é sofrer esta ou aquela vicissitude, os espíritos protetores podem ajudá-los a suportá-la com mais resignação, às vezes amenizá-la, mas, no interesse do próprio futuro de vocês, não é permitido a eles liberá-los dela – assim como um bom pai não concede ao filho tudo que este deseja."

Observação. Nossos espíritos protetores podem, em muitas circunstâncias, indicar-nos o melhor caminho, sem, no entanto, nos conduzir em um cabresto; se não fosse assim, perderíamos toda iniciativa e não ousaríamos dar um passo sem recorrer a eles, em prejuízo de nosso aperfeiçoamento. Para progredir, o homem tem sempre necessidade de adquirir experiências à sua própria custa. É por isso que os espíritos sábios, mesmo nos aconselhando, entregam-nos às nossas próprias forças, como um instrutor hábil faria com os seus alunos. Nas circunstâncias ordinárias da vida, eles nos aconselham pela inspiração e nos deixam, assim, todo o mérito do bem, como também nos deixam toda a responsabilidade pela má escolha.

Seria abusar da condescendência dos espíritos familiares, e fazer-se de mal-entendido sobre sua missão, interrogá-los a todo instante sobre as questões mais corriqueiras, como o fazem certos médiuns. Há os que, por um sim ou um não, tomam o lápis e pedem conselhos para as mais simples decisões. Essa mania denota a pequenez das ideias e, ao mesmo tempo, a presunção de ter sempre um espírito serviçal às suas ordens, sem ter mais o que fazer a não ser se ocupar de nós e de nossos pequenos interesses. Além disso, equivale a aniquilar seu próprio julgamento e reduzir-se a um papel passivo, sem nenhum proveito na vida presente e com prejuízo certo para o avanço futuro. Se é pueril interrogar os espíritos sobre questões fúteis, também o é da parte dos espíritos que se ocupam espontaneamente do que podemos chamar de detalhes da arrumação doméstica. Esses espíritos podem ser bons, mas seguramente ainda são muito terrenos.

20. Se uma pessoa, ao morrer, deixa seus negócios enrolados, pode-se pedir ao seu espírito que ajude a desembaraçá-los? E pode-se ainda interrogá-lo sobre os bens reais que deixou, no caso de essa soma não ser conhecida, e se for no interesse da justiça?

"Vocês se esquecem de que a morte é uma libertação das preocupações terrenas. Acham que o espírito, feliz com a sua liberdade, virá de boa vontade retomar a cadeia e ocupar-se de coisas que não mais lhe dizem respeito, para satisfazer a cupidez de herdeiros talvez contentes com sua morte, na esperança de que lhes seja proveitosa? Vocês falaram de justiça, mas a justiça está na decepção da ganância destes; é o começo das punições que Deus reserva para sua avidez por bens terrenos. Além disso, os embaraços às vezes deixados com a morte de uma pessoa fazem parte das provas da vida, e nenhum espírito tem o poder de desfazê-los, pois pertencem aos decretos de Deus.

Observação. Essa resposta certamente desapontará aqueles que imaginam que os espíritos nada têm de melhor a fazer do que nos servir de auxiliares clarividentes para nos guiar, não em direção ao céu, mas na própria Terra. Outra consideração vem apoiar essa resposta. Se um homem deixou em vida os seus negócios em desordem por desleixo, não é verossímil que depois da morte ele tenha mais zelo, pois deve sentir-se feliz de estar livre das preocupações que eles lhe causavam; e, por menos elevado que seja, dar-lhes-á menos importância como espírito do que como homem. Quanto aos bens não conhecidos que possa ter deixado, não há nenhuma razão para se interessar por herdeiros ávidos, que provavelmente nem pensariam nele se não esperassem lucrar alguma coisa. E se ele ainda estiver imbuído de paixões humanas, poderá sentir até um prazer malicioso com seu desapontamento.

Se, no interesse da justiça e das pessoas que estima, um espírito julgar útil fazer revelações desse tipo, ele as faz espontaneamente, sem necessidade de ser médium nem de recorrer a um médium para isso; ele leva ao conhecimento das coisas por circunstâncias fortuitas, mas nunca pelos pedidos que lhe façam, pois os pedidos não podem mudar a natureza das provas que se tem de suportar; esse desejo pode antes agravá-las, pois são quase sempre um indício da cupidez, e também prova ao espírito que só se pensa nele por interesse. (Ver nº 295.)

QUESTÕES SOBRE O DESTINO DOS ESPÍRITOS

292. 21. Podemos solicitar aos espíritos informações sobre sua situação no mundo dos espíritos?

"Sim, e eles respondem de boa vontade quando o pedido é ditado pela simpatia ou pelo desejo de ser útil, e não pela curiosidade."

22. Os espíritos podem descrever a natureza dos seus sofrimentos ou da sua felicidade?

"Perfeitamente, e esse tipo de revelação é um grande ensinamento para vocês, pois os iniciam na verdadeira natureza das penas e recompensas futuras. Ao destruir as ideias falsas que vocês fazem sobre o assunto, essas revelações tendem a reavivar sua fé e a confiança na bondade de Deus. Os espíritos bons se sentem felizes de lhes relatar a felicidade dos eleitos; os maus podem ser constrangidos a descrever seus sofrimentos, a fim de provocar neles mesmos o arrependimento. Às vezes, encontram nisso uma espécie de alívio: é o infeliz que expressa seu lamento na esperança da compaixão.

"Não se esqueçam de que o fim essencial e exclusivo do espiritismo é o melhoramento dos encarnados, é para atingi-lo que os espíritos têm a permissão de iniciá-los na vida futura, oferecendo-lhes exemplos que poderão aproveitar. Quanto mais se identificarem com o mundo que os espera, menos vocês sofrerão com este em que estão agora. Eis, em suma, o objetivo atual da revelação."

23. Evocando-se uma pessoa cujo destino é ignorado, pode-se saber dela mesma se ainda está viva?

"Sim, se a incerteza quanto à sua morte não for uma *necessidade* ou uma prova para aqueles que têm interesse em sabê-lo."

– Se tiver morrido, poderá dar a conhecer as circunstâncias de sua morte, de maneira a se poder verificá-la?

"Se der alguma importância a isso, poderá fazê-lo. Se não, pouco se importa."

Observação. A experiência prova que, nesses casos, o espírito não é tocado pelo interesse que se possa ter de conhecer as circunstâncias de sua morte. Se quiser revelá-las, ele o fará por si mesmo, seja por via mediúnica, seja por meio de visões e aparições, e pode então dar as indicações mais precisas. Caso contrário, um espírito mistificador pode perfeitamente tomar-lhe o lugar, e irá se divertir em levá-los a fazer pesquisas inúteis.

Acontece frequentemente que o desaparecimento de uma pessoa cuja morte não pode ser oficialmente constatada cria entraves aos negócios de família. Somente em casos raros e excepcionais temos visto os espíritos nos colocarem no caminho da verdade, quando lhes é pedido isso. Se querem fazê-lo, não há dúvida de que poderiam, mas quase sempre isso não lhes é permitido, se esses embaraços constituem provas para aqueles que desejam liberar-se deles.

Assim, é enganar-se com uma esperança quimérica tentar recuperar herança por esse meio, pois o mais garantido é o dinheiro que se gasta com esse fim.

Não faltam espíritos dispostos a adular essas esperanças e que não têm nenhum escrúpulo de induzir a providências com as quais a pessoa será feliz se sair delas apenas passando um pouco de ridículo.

QUESTÕES SOBRE A SAÚDE

293. 24. Os espíritos podem dar conselhos de saúde?

"A saúde é uma condição necessária para o trabalho que devemos cumprir na Terra, por isso os espíritos se ocupam dela de boa vontade. Mas, como há ignorantes e sábios entre eles, neste caso (como em outros) não convém dirigir-se ao primeiro que aparecer."

25. Dirigindo-se ao espírito de uma celebridade médica, estaríamos mais seguros de obter um bom conselho?

"As celebridades médicas não são infalíveis e muitas vezes têm ideias sistemáticas que nem sempre são verdadeiras, e das quais a morte não as livra imediatamente. A ciência terrena é bem pouca coisa perto da ciência celeste; só os espíritos superiores possuem esta última. Sem ter nomes conhecidos por vocês, eles podem saber muito mais do que seus sábios da Terra, sobre todas as coisas. A ciência por si só não é suficiente para tornar superiores os espíritos, e vocês ficariam bastante espantados com o lugar que certos doutores ocupam entre nós. Assim, o espírito de um doutor pode não saber nada mais do que quando estava na Terra, se não progrediu como espírito."

26. O sábio, como espírito, reconhece seus erros científicos?

"Se atingiu um grau bastante elevado para se desembaraçar de sua vaidade e compreender que seu desenvolvimento não é completo, reconhece-os e os admite sem se envergonhar. Mas, se não estiver suficientemente desmaterializado, pode conservar alguns dos preconceitos de que estava imbuído na Terra."

27. Um médico poderia, evocando alguns de seus clientes que morreram, obter esclarecimentos sobre a causa de suas mortes, sobre as falhas que pode ter cometido no tratamento, e adquirir assim um ganho em sua experiência?

"Pode. E isso lhe seria muito útil, sobretudo se ele se fizesse assistir por espíritos esclarecidos, que supririam a falta de conhecimento de alguns doentes. Mas, para isso, seria necessário fazer esses estudos de maneira séria, assídua, com fim humanitário, e não como meio de adquirir saber e fortuna sem esforço próprio."

QUESTÕES SOBRE INVENÇÕES E DESCOBERTAS

294. 28. Os espíritos podem guiar pesquisas científicas e descobertas?

"A ciência é obra do gênio; só deve ser adquirida pelo trabalho, porque é somente pelo trabalho que o homem avança no seu caminho. Que mérito teria se lhe bastasse interrogar os espíritos para tudo saber? Qualquer imbecil poderia tornar-se sábio a esse preço. Acontece o mesmo com as invenções e as descobertas industriais. Mais uma consideração: cada coisa deve vir no seu tempo, e quando as mentes estão maduras para recebê-la. Se o homem tivesse esse poder, subverteria a ordem das coisas, fazendo os frutos nascerem antes de sua estação.

"Deus disse ao homem: 'Ganhará o pão com o suor do seu rosto'. Esta é uma admirável imagem, que retrata a condição em que o homem se encontra nesse seu mundo. Ele tem que progredir em tudo pelo esforço no trabalho. Se as coisas lhe forem dadas todas prontas, de que lhe serviria sua inteligência? Ele seria como um aluno cujas tarefas fossem feitas por outro."

29. O sábio e o inventor nunca são assistidos pelos espíritos em suas pesquisas?

"Oh, isso é bem diferente! Quando chega o tempo de uma descoberta, os espíritos encarregados de dirigir seu andamento procuram o homem capaz de a levar a bom termo, e inspiram-lhe as ideias necessárias, mas de maneira a lhe deixar o mérito, porque ele terá que elaborar essas ideias e colocá-las em execução. Assim acontece com todos os grandes trabalhos da inteligência humana. Os espíritos deixam cada homem em sua esfera; aquele que só é capaz de cavar a terra não será feito depositário dos segredos de Deus, mas saberão tirar da obscuridade o homem capaz de ajudar em Seus desígnios. Não se deixem, pois, arrastar pela curiosidade ou a ambição de um caminho que não é o objetivo do espiritismo, e que acabaria, para vocês, nas mais ridículas mistificações."

Observação. O conhecimento mais esclarecido do espiritismo acalmou a febre das descobertas que, no princípio, muitos se vangloriavam de poder fazer por esse meio. Chegou-se até mesmo a pedir aos espíritos receitas para tingir e fazer crescer cabelos, para curar calos dos pés, etc. Vimos muitas pessoas que acreditaram já ter a fortuna garantida, e só colheram procedimentos mais ou menos ridículos. Acontece o mesmo quando se deseja penetrar o mistério da origem das coisas com a ajuda dos espíritos. Certos espíritos têm seus sistemas, sobre esses assuntos, que não valem mais do que os dos homens, e que convém receber com a maior reserva.

QUESTÕES SOBRE TESOUROS ESCONDIDOS

295. 30. Os espíritos podem levar a descobrir tesouros escondidos?

"Os espíritos superiores não se ocupam com essas coisas, mas os zombeteiros muitas vezes indicam tesouros que não existem, ou podem ainda fazer com que se procure em um lugar, enquanto o tesouro está em outro. E isso tem sua utilidade, por mostrar que a verdadeira fortuna está no trabalho. Se a Providência destina riquezas ocultas a alguém, ele as encontrará naturalmente, e não de outra maneira."

31. O que pensar da crença nos espíritos guardiões de tesouros escondidos?

"Os espíritos que ainda não se desmaterializaram se apegam às coisas. Os avarentos que ocultaram seus tesouros podem ainda vigiá-los e guardá-los após sua morte, e a perplexidade em que ficam ao vê-los serem roubados é um dos seus castigos, até que compreendam sua inutilidade para si. Mas também existem os espíritos da Terra, encarregados de lhe dirigir as transformações interiores, e que, por alegoria, foram transformados em guardiões das riquezas naturais."

Observação. A questão dos tesouros escondidos é do mesmo gênero da questão das heranças ignoradas. Bem tolo seria aquele que contasse com as pretensas revelações que lhe podem fazer os malandros do mundo invisível. Já dissemos que, quando os espíritos querem ou podem fazer essas revelações, as fazem espontaneamente, não precisando de médiuns para isso. Eis aqui um exemplo:

Uma senhora acabara de perder o marido após trinta anos de casamento e estava prestes a ser expulsa de sua residência, sem nenhum recurso, pelos seus enteados, para os quais tinha assumido o papel de mãe. Seu desespero chegava ao auge, quando, numa noite, o marido lhe apareceu e lhe disse para segui-lo até seu escritório. Lá lhe mostrou sua escrivaninha, que ainda estava selada, e, por um efeito de segunda vista, lhe fez ver seu interior. Indicou-lhe uma gaveta secreta, que ela não conhecia, explicando seu mecanismo, e acrescentou: "Eu previ o que está acontecendo e quis assegurar sua sorte; nessa gaveta estão as minhas últimas disposições; eu lhe deixei o usufruto desta casa e uma renda de...". Depois desapareceu. No dia de tirar os selos judiciais, ninguém soube abrir a gaveta; a senhora então contou o que lhe havia acontecido. Ela abriu a gaveta seguindo as instruções do marido, e lá encontraram o testamento, conforme lhe tinha sido anunciado.

QUESTÕES SOBRE OUTROS MUNDOS

296. 32. Qual o grau de confiança que podemos ter nas descrições dos espíritos sobre outros mundos?

"Isso depende do grau de avanço *real* dos espíritos que dão essas descrições. Compreendam que espíritos vulgares são tão incapazes de lhes informar a respeito quanto seria um ignorante, entre vocês, para descrever todas as regiões da Terra. Vocês muitas vezes formulam questões científicas sobre esses mundos que esses espíritos não podem resolver. Se são de boa-fé, falam a respeito segundo suas ideias pessoais. Se são levianos, divertem-se em lhes dar descrições bizarras e fantásticas, tanto mais que esses espíritos, tão imaginosos na erraticidade como na Terra, tiram da própria imaginação o relato de muitas coisas que nada têm de real. Entretanto, não pensem que é absolutamente impossível obter alguns esclarecimentos sobre esses mundos; os espíritos bons até gostam de descrever aqueles onde habitam, a fim de oferecer ensinamentos que ajudem vocês a melhorar, e que os incentivem a seguir o caminho que pode conduzi-los até lá. É ainda uma maneira de fixar em vocês ideias sobre o futuro, e de não os deixar no vácuo."

– Como podemos controlar a exatidão dessas descrições?

"O melhor controle é a concordância que possa haver entre elas. Mas lembrem-se que elas têm por fim o seu melhoramento moral. Por consequência, é sobre o estado moral dos habitantes que vocês podem ser melhor informados, e não sobre o estado físico ou geológico desses globos. Com seus conhecimentos atuais, vocês não poderiam compreender; esse estudo de nada serviria ao seu progresso neste mundo, e terão toda chance de fazê-lo quando lá estiverem."

Observação. As perguntas sobre a constituição física e os elementos astronômicos desses mundos entram no campo das pesquisas científicas das quais os espíritos não podem nos poupar. Sem isso, um astrônomo acharia muito cômodo mandar que lhe fizessem seus cálculos, algo que, sem dúvida, ele guardaria de confessar. Se os espíritos pudessem, pela revelação, poupar o trabalho de uma descoberta, provavelmente o fariam em favor de um sábio modesto o bastante para reconhecer abertamente sua fonte, e não em proveito dos orgulhosos que os negam e aos quais, pelo contrário, muitas vezes reservam as decepções do amor-próprio.

Capítulo XXVII

SOBRE CONTRADIÇÕES E MISTIFICAÇÕES

SOBRE CONTRADIÇÕES

297. Os adversários do espiritismo nunca deixam de objetar que seus adeptos não concordam entre si; que nem todos partilham das mesmas crenças; numa palavra: que se contradizem. Se o ensinamento é dado pelos espíritos, dizem eles, como ocorre de não ser o mesmo? Somente um estudo sério e aprofundado da ciência pode reduzir esses argumentos ao seu real valor.

Digamos desde logo, para começar, que essas contradições, de que certas pessoas fazem grande alarde, em geral são mais aparentes que reais, referem-se antes à superfície que ao fundo dos problemas, e por consequência não têm importância. Essas contradições procedem de duas fontes: os homens e os espíritos.

298. As contradições de origem humana foram suficientemente explicadas no capítulo sobre teorias, nº 36, ao qual nos reportamos. Todos compreenderão que, no início, quando as observações eram ainda incompletas, surgiram opiniões divergentes sobre as causas e as consequências dos fenômenos espíritas, e três quartos dessas opiniões já caíram diante de um estudo mais sério e profundo. Com poucas exceções, e à parte as pessoas que não se livram facilmente das ideias que deram à luz e que acariciaram, pode-se dizer que hoje há unidade da imensa maioria dos espíritas quanto aos princípios gerais, com exceção talvez de alguns detalhes insignificantes.

299. Para compreender a causa e o valor das contradições de origem espiritual, temos que nos identificar com a natureza do mundo invisível e ter estudado todos os seus aspectos. À primeira vista, pode parecer estranho que os espíritos não pensem todos da mesma maneira, mas isso não pode surpreender a quem conhecer o número infinito de graus que eles devem percorrer para chegar ao alto da escala. Para supor que tenham uma apreciação única das coisas, teríamos de supô-los todos no mesmo nível; pensar que todos devem ver de forma verdadeira seria admitir que todos chegaram à perfeição, o que não acontece, e nem poderia acontecer, quando lembramos que eles não são mais do que a humanidade desprovida do envoltório corporal. Como os espíritos de todos os graus podem manifestar-se, resulta disso que suas comunicações trazem a marca de sua ignorância ou de seu saber, de sua inferioridade ou de sua superioridade moral. E é justamente para distinguir o verdadeiro do falso, o bom do mau, que devem servir as instruções que temos dado.

Não se deve esquecer que há entre os espíritos, como entre os homens, falsos e pseudossábios, orgulhosos, presunçosos e sistemáticos. Como só aos espíritos perfeitos é dado tudo conhecer, para os demais, como para nós, há mistérios que eles explicam à sua maneira, segundo suas ideias, e sobre os quais podem formar opiniões mais ou menos corretas, que, por seu amor-próprio, querem fazer prevalecer, e que gostam de repetir em suas comunicações. O erro está na atitude de alguns de seus intérpretes, esposando muito levianamente opiniões contrárias ao bom-senso e tornando-se seus divulgadores. Assim, as contradições de origem espiritual só têm por causa a diversidade natural das inteligências, dos conhecimentos, do julgamento e da moralidade de certos espíritos que ainda não estão aptos a conhecer tudo e compreender tudo. (Ver *O Livro dos Espíritos*, "Introdução", parágrafo XIII, e "Conclusão", parágrafo IX.)

300. De que serve o ensino dos espíritos, dirão algumas pessoas, se não nos oferece maior grau de certeza que o ensinamento humano? A resposta para isso é fácil. Não aceitamos com a mesma confiança o ensino de todos os homens, e entre duas doutrinas preferimos aquela cujo autor nos parece mais esclarecido, mais capaz, judicioso, e menos exposto às paixões. É necessário agir da mesma maneira com os espíritos. Se, entre eles, há os que não se elevaram acima da humanidade, há também muitos que a ultrapassaram e podem nos dar instruções que em vão buscaríamos entre os homens mais instruídos. É em distingui-los da turba dos espíritos inferiores que devemos nos dedicar se quisermos nos esclarecer, e é a essa distinção que conduz o conhecimento aprofundado do espiritismo. Mas essas mesmas instruções têm seu limite, e se não é dado aos espíritos saber tudo, menos ainda o é para os homens. Há coisas, portanto, sobre as quais os interrogaríamos em vão, seja porque não lhes é permitido fazer revelações, seja porque as ignoram, e não podem dar senão sua opinião pessoal. Ora, são essas opiniões pessoais que os espíritos orgulhosos nos dão como verdades absolutas. É sobretudo a respeito do que deve permanecer oculto, como o futuro e o princípio das coisas, que eles mais insistem, a fim de dar a impressão de que estão em posse dos segredos de Deus. Também é sobre esses pontos que há mais contradições. (Ver o capítulo precedente.)

301. Eis as respostas dadas pelos espíritos às questões que fizemos sobre o problema das contradições:

1. O mesmo espírito, comunicando-se em dois centros diferentes, pode transmitir sobre o mesmo assunto opiniões contraditórias?

"Se os dois centros diferem em ideias e opiniões, a resposta poderá chegar-lhes travestida, porque estão sob a influência de diferentes grupos de espíritos: então não é a resposta que é contraditória, mas a maneira com que é transmitida."

2. Compreende-se que uma resposta possa ser alterada, mas, quando as qualidades do médium excluem toda ideia de má influência, como os espíritos superiores podem usar uma linguagem diferente e contraditória sobre o mesmo assunto, para pessoas inteiramente sérias?

"Os espíritos realmente superiores jamais se contradizem, e sua linguagem é sempre a mesma *com as mesmas pessoas*. Pode ser diferente conforme as pessoas e os lugares; porém, deve-se prestar atenção, a contradição frequentemente é apenas aparente; está antes nas palavras que no pensamento, pois, refletindo-se a respeito, vê-se que a ideia fundamental é a mesma. Ademais, o mesmo espírito pode responder diferentemente sobre a mesma questão conforme o grau de perfeição dos que o evocam, pois nem sempre convém que todos recebam a mesma resposta, já que nem sempre estão igualmente avançados. É exatamente como se uma criança e um sábio lhes fizessem a mesma questão: vocês responderiam a cada um de maneira a se fazer compreender e satisfazê-los; a resposta, embora diferente, teria ainda assim o mesmo sentido."

3. Com que fim os espíritos sérios parecem aceitar, com certas pessoas, ideias e até mesmo preconceitos que combatem quando junto de outras?

"É necessário que nos façamos compreensíveis. Se alguém tem uma convicção bem estabelecida sobre uma doutrina, mesmo que falsa, devemos afastá-lo dessa convicção, mas pouco a pouco. É por isso que nos servimos muitas vezes dos *seus termos* e aparentamos desenvolver as suas ideias, a fim de não contrariá-lo muito repentinamente, de modo que deixe de se instruir conosco.

"Além disso, não é conveniente atacar muito bruscamente os preconceitos, pois esse seria o meio de não sermos ouvidos. Eis porque os espíritos falam frequentemente de acordo com a opinião dos que o escutam, procurando levá-los pouco a pouco à verdade. Eles tornam sua linguagem própria às pessoas, como você mesmo fará se for um orador relativamente hábil. É por isso que não falarão a um chinês ou a um muçulmano como falariam a um francês ou a um cristão, pois estariam certos de ser repelidos.

"Não se deve tomar por uma contradição o que frequentemente é apenas uma parte da elaboração da verdade. Todos os espíritos têm sua tarefa marcada por Deus. Eles as cumprem nas condições que julgam convenientes ao bem daqueles que recebem suas comunicações."

4. As contradições, mesmo aparentes, podem lançar dúvidas no espírito de certas pessoas. Que controle podemos ter para conhecer a verdade?

"Para discernir o erro da verdade, é necessário se aprofundar nessas respostas, meditando nelas de modo sério e demorado. É todo um estudo a fazer. Precisa-se de tempo para isso, como para todos os estudos.

"Estudem, comparem, aprofundem-se; temos dito incessantemente a vocês: o conhecimento da verdade tem esse preço. E como querem chegar à verdade interpretando tudo segundo suas ideias estreitas, que vocês consideram grandes ideias? Mas não está longe o dia em que o ensino dos espíritos será uniforme para todos, tanto nos detalhes como no principal. A missão deles é destruir o erro, mas isso só se consegue gradativamente."

5. Há pessoas que não têm tempo nem aptidão necessários a um estudo sério e aprofundado, e que aceitam sem exame o que lhes ensinam. Não há para elas o inconveniente de acreditar em erros?

"Que pratiquem o bem e não façam o mal, isso é o essencial. Para isso não há duas doutrinas. O bem é sempre o bem, quer o façam em nome de Alá ou de Jeová, porque só há um mesmo Deus para o Universo."

6. Como podem os espíritos que parecem desenvolvidos em inteligência ter ideias evidentemente falsas sobre certas coisas?

"Eles têm suas doutrinas. Os que não são suficientemente avançados, mas acreditam que são, tomam suas ideias pela verdade. É como entre vocês."

7. O que pensar das doutrinas segundo as quais um único espírito poderia se comunicar, e que esse espírito seria Deus ou Jesus?

"O espírito que ensina isso é um espírito que deseja prevalecer e, para isso, quer fazer acreditar que é o único. Mas o infeliz que ousa tomar o nome de Deus pagará bem caro por seu orgulho. Quanto a essas doutrinas, elas se refutam a si mesmas, porque estão em contradição com os fatos mais amplamente verificados. Não merecem exame sério, pois não têm raízes.

"A razão lhes diz que o bem procede de uma boa fonte, e o mal, de uma fonte má. Como querem que uma árvore boa dê maus frutos? Vocês já colheram uvas na macieira? A diversidade das comunicações é a prova mais patente da diversidade de sua origem. Além disso, os espíritos que pretendem ser os únicos a se comunicar se esquecem de dizer por que motivo os outros não o poderiam fazer. Sua pretensão é a negação do que o espiritismo tem de mais belo e consolador: as relações do mundo visível com o mundo invisível, dos homens com os entes que lhe são caros e que estariam perdidos para eles, sem retorno. São essas relações que identificam o homem com seu futuro, que o destacam do mundo material. Suprimir essas relações seria tornar a mergulhá-lo na dúvida que é o seu tormento, seria alimentar o seu egoísmo. Examinando com atenção a doutrina desses espíritos, deparamos a cada passo com contradições injustificáveis, provas da sua ignorância sobre as coisas mais evidentes e, por consequência, com os sinais garantidos de sua inferioridade." (O Espírito de Verdade)

8. De todas as contradições que se notam nas comunicações dos espíritos, uma das mais chocantes é a relativa à reencarnação. Se a reencarnação é

uma necessidade da vida espiritual, como nem todos os espíritos a ensinam?

"Vocês não sabem que existem espíritos cujas ideias estão limitadas ao presente, como muitos homens da Terra? Eles pensam que sua situação deve durar para sempre, não enxergam além do círculo de suas percepções, não se perguntam de onde vêm e para onde vão, e no entanto devem sujeitar-se à lei da necessidade. A reencarnação é para eles uma necessidade na qual não pensam enquanto ela não chega. Eles sabem que o espírito progride, mas de que maneira? Isso é para eles um problema. Então, se vocês lhes perguntarem, falarão dos sete céus superpostos como andares. Há mesmo os que responderão com a esfera de fogo, a esfera de estrelas, depois a cidade das flores, a dos eleitos."

9. Entendemos que os espíritos pouco adiantados não possam compreender essa questão. Mas, então, como é que outros espíritos, de inferioridade moral e intelectual notórias, falam espontaneamente de suas diferentes existências e de seu desejo de reencarnar para resgatar o passado?

"No mundo dos espíritos se passam coisas que é bem difícil de vocês compreenderem. Vocês não têm entre si pessoas que são muito ignorantes de certas coisas e esclarecidas sobre outras? Não sabem também que certos espíritos gostam de manter os homens na ignorância, ao mesmo tempo que se dão ares de que os estão instruindo, aproveitando-se da facilidade com que estes põem fé em suas palavras? Eles podem seduzir os que não vão ao fundo das questões, mas quando levamos o raciocínio às últimas consequências, não sustentam seu papel por muito tempo.

"É necessário, por outro lado, levar em conta a prudência geral dos espíritos na propagação da verdade: uma luz muito viva e muito súbita ofusca, não esclarece. Eles podem, pois, em certos casos, julgar útil expandi-la gradualmente, conforme os tempos, os lugares e as pessoas. Moisés não ensinou tudo o que o Cristo ensinaria, e o próprio Cristo disse muitas coisas cuja compreensão estava reservada às gerações futuras. Vocês falam da reencarnação e se admiram de que esse princípio não tenha sido ensinado em certas regiões. Lembrem-se, então, de que num país dominado pelo preconceito de cor, com a escravidão enraizada nos costumes, o espiritismo seria repelido pelo simples fato de proclamar a reencarnação, porque a ideia de que o senhor possa tornar-se escravo, e vice-versa, teria parecido monstruosa. Não valeria a pena divulgar primeiro a ideia geral, deixando para tirar mais tarde as suas consequências?

"Oh, homens! Como a sua vista é curta para julgar os desígnios de Deus! Saibam, pois, que nada se faz sem Sua permissão e sem um objetivo, no qual frequentemente vocês não conseguem penetrar. Eu já lhes disse que será feita a unidade da crença espírita. Tenham certeza de que ela se fará, e que as dissidências, já menos profundas, irão se apagando pouco a pouco, à medida que os homens se esclarecerem, e desaparecerão por completo, porque essa é a vontade de Deus, contra a qual o erro não pode prevalecer." (O Espírito de Verdade)

10. As doutrinas errôneas que certos espíritos podem ensinar não retardam o progresso da ciência verdadeira?

"Vocês querem obter tudo sem dificuldades, mas saibam que não há campo onde não cresçam ervas daninhas, as quais o lavrador deve arrancar. Essas doutrinas errôneas são uma consequência da inferioridade do seu mundo. Se os homens fossem perfeitos, só aceitariam a verdade. Os erros são como as joias falsas, que só um olho experiente pode distinguir; falta a vocês, portanto, a aprendizagem necessária para distinguir o verdadeiro do falso. Pois bem, as falsas doutrinas têm a utilidade de exercitá-los em distinguir a verdade do engano."

– Os que adotam o erro não estão retardando seu progresso?

"Se adotam o erro, é porque não estão suficientemente avançados para compreender a verdade."

302. Esperando que se faça a unidade, cada qual acredita possuir ele a verdade, e sustenta ser o único a estar certo. Ilusão que os espíritos mistificadores certamente vão acalentar. Sobre o que o homem imparcial e desinteressado poderá se apoiar para fazer seu julgamento?

"A luz mais pura não é obscurecida por nenhuma nuvem; o diamante sem falha é o de maior valor; portanto, julguem os espíritos pela pureza de seus ensinamentos. A unidade se fará onde o bem jamais tiver se misturado com o mal. É ali que os homens se reunirão, pela própria força das circunstâncias, porque julgarão que ali se encontra a verdade. Notem também que os princípios fundamentais são os mesmos em toda parte, e devem uni-los num pensamento comum: o amor a Deus e a prática do bem. Seja qual for o modo de progressão que se pretenda para as almas, o objetivo final é o mesmo, e o meio de atingi-lo também é o mesmo: praticar o bem. Ora, não há duas maneiras de fazê-lo. Se surgirem dissidências capitais quanto ao próprio princípio da doutrina, vocês têm uma regra segura para apreciá-las. A regra é esta: a melhor doutrina é aquela que melhor satisfaz ao coração e à razão e que dispõe de mais elementos para conduzir os homens ao bem. Esta é, eu lhes garanto, a que prevalecerá." (O Espírito de Verdade)

Observação. As contradições que se apresentam nas comunicações espíritas podem advir das seguintes causas: a ignorância de certos espíritos; a manipulação de espíritos inferiores que, por malícia ou maldade, dizem o contrário do que foi dito em outro lugar pelo espírito cujo nome estão usurpando; a vontade do próprio espírito que fala, conforme a época, o lugar e as pessoas, de não dizer tudo a todo mundo, se não julgar isso útil; a insuficiência da linguagem humana para exprimir as coisas do mundo incorpóreo; a insuficiência dos meios de comunicação, que nem sempre permitem ao espírito expressar seu pensamento; enfim, a interpretação que cada pessoa pode dar a uma palavra ou a uma explicação, conforme as ideias, os preconceitos ou o ponto de vista sob o qual ela encare a coisa. Só o estudo, a observação, a experiência e a abnegação de qualquer sentimento de amor-próprio podem ensinar a distinguir essas diversas nuances.

SOBRE MISTIFICAÇÕES

303. Se é desagradável ser enganado, pior ainda é ser mistificado. Mas esse é um dos inconvenientes do qual é mais fácil nos preservarmos. Os meios de desmanchar as armadilhas dos espíritos enganadores resultam de tudo que foi exposto nas instruções precedentes; por isso, acrescentaremos pouca coisa. Eis as respostas dos espíritos sobre o assunto:

1. As mistificações são um dos obstáculos mais desagradáveis do espiritismo prático; haverá um meio de evitá-las?

"Parece-me que vocês podem encontrar essa resposta em tudo que já lhes foi ensinado. Sim, certamente, há um meio simples para isso: não pedir ao espiritismo nada além do que ele pode e deve lhes dar. Seu objetivo é o aperfeiçoamento moral da humanidade. Desde que vocês não se desviem disso, jamais serão mistificados, pois não há duas maneiras de compreender a verdadeira moral, somente aquela que todo homem de bom-senso pode admitir.

"Os espíritos vêm instruir-lhes e guiá-los na rota do bem, e não naquelas das honrarias e da fortuna, nem para servir a suas paixões mesquinhas. Se vocês não lhes pedirem nada de fútil ou que seja além de suas atribuições, não darão nenhum espaço aos espíritos enganadores. Do que vocês devem concluir que aquele que é mistificado tem o que merece.

"O papel dos espíritos não é instruí-los nas coisas deste mundo, mas guiá-los com segurança naquilo que lhes possa ser útil no outro. Quando lhes falam das coisas daqui, é porque as julgam necessárias, e não porque vocês pediram. Se quiserem ver nos espíritos os substitutos dos adivinhos e dos feiticeiros, é então que serão enganados.

"Se bastasse aos homens dirigir-se aos espíritos para tudo saber, não teriam mais seu livre-arbítrio e sairiam do caminho traçado por Deus para a humanidade. O homem deve agir por si mesmo. Deus não envia os espíritos para lhe aplainar a estrada da vida material, mas para lhe preparar a do futuro.

– Mas há pessoas que não pedem nada e são indignamente logradas por espíritos que se manifestam espontaneamente, sem que os evoquem.

"Se, por um lado, nada perguntam, por outro, recebem tudo o que eles dizem, o que dá no mesmo. Se separassem com reserva e desconfiança tudo o que se desvia do objetivo essencial do espiritismo, os espíritos levianos não as enganariam tão facilmente."

2. Por que Deus permite que pessoas sinceras, que aceitam de boa-fé o espiritismo, sejam mistificadas? Isso não poderia ter por inconveniente abalar sua crença?

"Se isso lhes abalasse a crença, seria por não terem a fé bastante sólida. As pessoas que renunciassem ao espiritismo por um simples desapontamento provariam que não o compreenderam, e que não se ligaram à sua parte séria. Deus permite as mistificações para provar a perseverança dos verdadeiros adeptos e punir os que fazem do espiritismo um simples meio de divertimento." (O Espírito de Verdade)

Observação. A habilidade dos espíritos mistificadores ultrapassa, às vezes, tudo que se possa imaginar. A arte com que dispõem suas armas e tramam os meios de persuadir seria apenas uma coisa curiosa caso se limitassem a brincadeiras inocentes, mas as mistificações podem ter consequências desagradáveis para os que não se guardarem contra elas. Ficamos muito felizes por poder abrir os olhos *a tempo* de muitas pessoas que pediram nosso conselho, e de livrá-las de situações ridículas e comprometedoras. Entre os meios mais empregados por esses espíritos, devemos colocar na primeira linha, como os mais frequentes, os que excitam a cupidez, como a revelação de pretensos tesouros escondidos, o anúncio de heranças e de outras fontes de riqueza. Devemos também considerar como suspeitas todas as predições com datas marcadas, assim como todas as indicações precisas referentes a interesses materiais, e guardar-nos de qualquer providência prescrita ou aconselhada pelos espíritos quando o objetivo não for eminentemente razoável; nunca nos deixar deslumbrar pelos nomes usados pelos espíritos para dar uma aparência de verdade a suas falas; desconfiar das teorias e sistemas científicos ousados; enfim, desconfiar de tudo que se afaste do objetivo moral das manifestações. Poderíamos encher um livro dos mais curiosos com as histórias de todas as mistificações que têm chegado ao nosso conhecimento.

Capítulo XXVIII

CHARLATANISMO E PRESTIDIGITAÇÃO

Médiuns interesseiros – Fraudes espíritas

MÉDIUNS INTERESSEIROS

304. Como tudo pode se tornar objeto de exploração, não há nada de espantoso em que também se queira explorar os espíritos. Resta saber como os espíritos recebem isso: a tentativa de especular com eles. Digamos, primeiramente, que nada se presta melhor ao charlatanismo e à prestidigitação do que semelhante empreendimento. Se temos falsos sonâmbulos, teremos ainda mais falsos médiuns, e só essa razão já seria um motivo fundamentado de desconfiança. O desinteresse, pelo contrário, é a resposta mais definitiva que poderíamos opor àqueles que só veem nos fatos uma hábil manipulação. Não há charlatanismo desinteressado. Qual seria então o objetivo de pessoas que praticassem essa farsa sem levar vantagem, ainda mais quando sua notória honradez as coloca acima de suspeita?

E se o ganho que o médium extraísse com sua faculdade pode ser motivo de suspeita, isso por si não é prova de que a suspeita seja fundada; ele poderia ter uma aptidão real e agir de muita boa-fé, mesmo se fazendo pagar. Vejamos se, neste caso, é possível esperar algum resultado satisfatório.

305. Se ficou bem compreendido o que dissemos sobre as condições necessárias para servir de intérprete aos espíritos bons, sobre as numerosas causas que podem afastá-los, sobre as circunstâncias independentes da sua vontade que são obstáculos à sua vinda, enfim, sobre todas as condições *morais* que podem influenciar a natureza das comunicações, como poderíamos supor que um espírito, por pouco elevado que fosse, estivesse a todo momento à disposição de um promotor de sessões, sujeito às suas exigências para atender ao primeiro curioso? Conhecemos a aversão dos espíritos por tudo o que cheira a cupidez e egoísmo, o pouco caso que fazem das coisas materiais, e vamos querer que eles ajudem a comerciar sua presença? Isso repugna à razão, e seria necessário conhecer muito pouco do mundo espírita para acreditar que possa ser assim. Porém, como os espíritos levianos são menos escrupulosos e só o que fazem é buscar ocasiões de se divertir à nossa custa, daí resulta que, se não fomos mistificados por um falso médium, é bem possível que o sejamos por alguns desses espíritos. Essas simples reflexões nos dão a medida da confiança que podemos ter em comunicações desse tipo. Mas de que serviriam hoje os médiuns pagos, uma vez que, mesmo que nós mesmos não tenhamos essa faculdade, já podemos encontrá-la entre familiares, amigos e conhecidos?

306. Médiuns interesseiros não são somente os que exigem uma retribuição fixa; o interesse nem sempre se traduz na esperança de ganho material, mas também nas perspectivas ambiciosas de qualquer natureza, sobre as quais se levantam esperanças pessoais; essa é também uma inclinação com que os espíritos zombeteiros, aproveitando-se com habilidade e astúcia notáveis, embalam em enganosas ilusões os que caem sob sua dependência. Em resumo: a mediunidade é uma faculdade concedida para o bem, e os espíritos bons se afastam de quem pretender transformá-la em meio para alcançar qualquer coisa que não responda aos desígnios da Providência. O egoísmo é a chaga da sociedade; os espíritos bons o combatem, e não podemos supor que queiram servir a ele. Isso é tão lógico que seria inútil insistir a respeito.

307. Os médiuns de efeitos físicos não estão na mesma categoria; esses efeitos geralmente são produzidos por espíritos inferiores, menos escrupulosos. Não queremos dizer que esses espíritos sejam necessariamente maus por isso: um carregador pode ser a pessoa mais honesta. Um médium dessa categoria que desejasse explorar sua faculdade poderia encontrar um espírito que o assistisse sem aversão; mas ainda nesse caso há um inconveniente: o médium de efeitos físicos, como o de comunicações inteligentes, não recebeu essa faculdade para seu prazer – ela lhe foi concedida sob a condição de que fizesse bom uso dela; se ele se aproveitar, sua faculdade poderá lhe ser retirada, ou tornar-se prejudicial a si, pois, definitivamente, os espíritos inferiores estão sob as ordens dos espíritos superiores.

Os espíritos inferiores gostam de mistificar, mas não gostam de ser mistificados. Se espontaneamente se entregam a brincadeiras, a curiosidades, porque gostam de se divertir, não gostam que outros os explorem, nem de servir de comparsas para outros ganharem dinheiro, e mostram a todo instante que têm vontade própria, que agem como e quando bem lhes parece, o que torna os médiuns de efeitos físicos ainda menos seguros da regularidade das manifestações que os médiuns escreventes. Pretender produzi-las em dias e horas certos seria dar prova da mais profunda ignorância. O que fazer então para ganhar seu dinheiro? Simular os fenômenos. É o que pode acontecer aos que se entregam confessamente a esse mister, e mesmo às pessoas aparentemente simples que acham neste um modo mais fácil e cômodo de trabalhar. Se o espírito não faz sua parte, suprem a sua falta: a imaginação é tão fecunda quando se trata de ganhar dinheiro! Sendo o interesse um motivo legítimo de suspeita, ele dá direito a um exame rigoroso, com o qual ninguém poderia ofender-se sem justificar as suspeitas. Mas as suspeitas são tão legítimas nesses casos quanto são ofensivas em relação a pessoas honradas e desinteressadas.

308. A faculdade mediúnica, mesmo restrita aos limites das manifestações físicas, não foi concedida para exibições teatrais. Quem pretender dispor de espíritos às suas ordens para os exibir em público pode com justiça ser suspeito de charlatanismo ou prestidigitação, mais ou menos hábil. Que todos se considerem alertados disso para todas as vezes em que virem anúncios de pretensas sessões de *espiritismo* ou de *espiritualismo* pagas, e que se lembrem do direito que se adquire ao entrar.

De tudo que precede, concluímos que o mais absoluto desinteresse é a melhor garantia contra o charlatanismo. Se ele nem sempre assegura a bondade das comunicações inteligentes, por outro lado tira dos espíritos maus um poderoso meio de ação, e cala os detratores.

309. Restaria o que podemos chamar de manobras de amadores, isto é, fraudes inocentes de alguns brincalhões de mau gosto. Poderiam ser praticadas como passatempo em reuniões frívolas, mas nunca em assembleias sérias em que só se admitem pessoas sérias. Além disso, pode alguém se dar ao prazer de uma mistificação momentânea, mas seria preciso uma estranha paciência para insistir nesse papel durante meses e anos, por horas seguidas de cada vez. Somente o interesse poderia dar essa perseverança, e o interesse, repetimos, autoriza todas as suspeitas.

310. Dir-se-á que um médium que dá seu tempo ao público, no interesse da coisa em si, não pode dá-lo sem receber nada, pois precisa viver. Mas é no interesse das comunicações ou *no seu próprio* que ele o dá, e não será antes por ver nisso uma ocupação lucrativa? Sempre se encontrará gente dedicada por esse preço. Só há essa indústria ao seu dispor? Não esqueçamos que os espíritos, qualquer que seja seu grau de superioridade ou de inferioridade, são as almas dos mortos, e se a moral e a religião fazem do respeito aos seus restos um dever, a obrigação de respeitar seus espíritos não é ainda maior?

O que se diria de alguém que tirasse um corpo do túmulo para exibi-lo por dinheiro, porque esse corpo poderia provocar a curiosidade? Seria menos desrespeitoso exibir o espírito do que o corpo, sob pretexto de que é curioso ver como age um espírito? E note-se que o preço dos lugares estará na razão dos truques que ele possa fazer e da atração do espetáculo. Mesmo que em vida tivesse sido um comediante, certamente não suspeitaria que, após a morte, encontraria um diretor que o fizesse representar de graça, e em proveito próprio.

Não se deve esquecer que as manifestações físicas, assim como as inteligentes, só são permitidas por Deus para nossa instrução.

311. À parte essas considerações morais, não contestamos a possibilidade de existirem médiuns ganhando a vida com isso e que sejam honestos e conscienciosos, porque há pessoas honestas em todas as ocupações. Falamos do abuso. Mas, há de se convir, pelos motivos que expusemos, que há mais razão de ocorrer abuso entre os médiuns pagos do que entre os que, considerando a sua faculdade como um favor, só a empregam para servir.

O grau de confiança ou desconfiança que se pode conceder a um médium pago depende, antes de tudo, da estima determinada por seu caráter e sua moral, além das circunstâncias. O médium que, agindo com um fim eminentemente sério e proveitoso, estivesse impedido de utilizar seu tempo em outra atividade, e por essa razão estivesse *dispensado* de outras obrigações, não pode ser confundido com o médium *especulador* que premeditadamente fizesse da mediunidade um comércio. Conforme *o motivo e o fim,* os espíritos podem condená-lo, absolvê-lo ou mesmo favorecê-lo. Eles julgam antes a intenção do que o fato material.

312. Os sonâmbulos que utilizem sua faculdade de maneira lucrativa não se encontram no mesmo caso. Embora essa exploração esteja também sujeita a abusos, e embora o desinteresse constitua a maior garantia da sinceridade, a situação é diferente, porque é o seu próprio espírito que age, estando sempre à sua disposição. Na realidade, exploram a si mesmos, porque têm a liberdade de dispor de si como quiserem, ao passo que os médiuns especuladores exploram as almas dos falecidos. (Ver nº 172, "Médiuns sonâmbulos".)

313. Não ignoramos que nossa severidade com os médiuns interesseiros incite contra nós todos os que exploram ou que são tentados a explorar esse novo mercado, fazendo-os nossos inimigos encarniçados, bem como seus amigos, que naturalmente tomam a causa para si. Consolamo-nos lembrando que os mercadores expulsos do templo por Jesus não deviam encará-lo com bons olhos. Temos contra nós pessoas que não consideram o assunto com a mesma seriedade; não obstante, julgamo-nos no direito de ter opinião e de emiti-la. Não forçamos ninguém a adotá-la; mas, se a imensa maioria se juntar a ela, é que aparentemente a considera justa. Não vemos como se poderia provar que há menos chance de fraude e abuso na especulação do que no desinteresse. Quanto a nós, se os nossos escritos contribuíram para lançar descrédito sobre a mediunidade interesseira, na França e em outros países, cremos não ser esse um dos menores serviços que eles prestaram ao espiritismo *sério.*

FRAUDES ESPÍRITAS

314. Os que não admitem a realidade das manifestações físicas geralmente atribuem à fraude os efeitos produzidos. Partem do princípio de que os prestidigitadores hábeis fazem coisas que parecem prodígios, quando não conhecemos os seus segredos; daí concluem que os médiuns são apenas escamoteadores. Já refutamos esse argumento (ou melhor, essa opinião), particularmente nos artigos sobre o senhor Home, nas edições da *Revista Espírita* de janeiro e fevereiro de 1858. Diremos pois, somente algumas palavras antes de tratar de uma coisa mais séria.

Há uma consideração que não escapará a quem refletir um pouco. Existem, sem dúvida, prestidigitadores de prodigiosa habilidade, mas são raros. Se todos os médiuns praticassem a escamoteação, teríamos de convir que essa arte teria feito, em pouco tempo, um progresso nunca visto, e que teria se tornado subitamente bem comum, pois se encontraria em estado inato entre pessoas que dela nunca suspeitaram, e até mesmo entre as crianças.

Do fato de haver charlatões que anunciam remédios nas praças públicas, e mesmo médicos que, sem ir à praça pública, abusam da confiança, não se segue que todos os médicos são charlatões e que a classe médica tenha perdido a consideração de que desfruta. Do fato de haver pessoas que vendem tintura por vinho, não segue que todos os vendedores de vinho sejam falsificadores e que não exista vinho puro. Abusa-se de tudo, mesmo das coisas mais respeitáveis, e pode-se dizer que a fraude também possui seu gênio. Mas a fraude tem sempre uma finalidade, um interesse material qualquer. Lá onde nada se tem a ganhar, não há nenhum interesse em enganar. Por isso já dissemos, a propósito dos médiuns mercenários, que a melhor de todas as garantias é o desinteresse absoluto.

315. De todos os fenômenos espíritas, os que mais se prestam à fraude são os de efeitos físicos, por motivos que é útil levarmos em consideração. Primeiro, por se dirigirem antes aos olhos que à inteligência, são os que a prestidigitação mais facilmente pode imitar. Segundo, porque açulam mais a curiosidade do que os outros, e são mais apropriados a atrair a multidão e, consequentemente, mais proveitosos; sob esse duplo ponto de vista, os charlatões têm todo interesse em imitar essas manifestações. Os espectadores, na maior parte ignorando a ciência, aí procuram antes uma distração que uma instrução séria, e sabe-se que sempre se paga mais pelo divertimento do que pela instrução. Mas, isso à parte, há outro motivo mais categórico. Se a prestidigitação pode imitar os efeitos materiais para os quais só se precisa de destreza, não conhecemos até agora o dom de improvisação exigido por uma dose de inteligência pouco comum, nem para produzir esses belos e sublimes ditados, sempre tão a propósito, que os espíritos apresentam em suas comunicações. Isso nos lembra o fato seguinte:

Um homem de letras bastante conhecido um dia veio nos ver e disse que era um médium escrevente *intuitivo* muito bom e que se punha à disposição da sociedade espírita. Como temos por hábito não admitir na sociedade médiuns cujas faculdades não conhecemos, nós lhe pedimos se poderia vir primeiramente a uma reunião particular, fazer uma comprovação. Ele realmente compareceu. Diversos médiuns experimentados deram suas dissertações, ou responderam com notável precisão a questões propostas e assuntos desconhecidos para eles. Quando chegou a vez desse senhor, ele escreveu algumas palavras insignificantes, disse estar indisposto nesse dia, e depois não o tornamos a ver. Achou, sem dúvida, que o papel do médium de efeitos inteligentes era mais difícil de representar do que pensara.

316. Em todas as coisas, as pessoas mais fáceis de enganar são as que não são do ofício. O mesmo acontece com o espiritismo. Os que não o conhecem são facilmente enganados pelas aparências, enquanto um estudo preliminar e atento inicia as pessoas não só nas causas dos fenômenos, mas também nas condições normais em que eles podem ser produzidos, e lhes fornece assim os meios de reconhecer a fraude, se ela existir.

317. Os médiuns enganadores são estigmatizados, como merecem, na seguinte carta, que também reproduzimos na *Revista Espírita* do mês de agosto de 1861:

Paris, 21 de julho de 1861.

"Meu senhor,

"Podemos estar em desacordo sobre alguns pontos, e em perfeito acordo sobre outros. Acabo de ler, à página 213 do último número de sua revista, as reflexões sobre a fraude no que diz respeito a experiências espiritualistas (ou espíritas), às quais sou feliz por me associar com todas as minhas forças; nelas, toda dissidência em matéria de teorias e doutrinas desaparece como por encanto.

"Não sou talvez tão severo como o senhor a respeito dos médiuns que, de uma forma digna e conveniente, aceitam uma remuneração como indenização ao tempo consagrado a experiências muitas vezes longas e fatigantes. Mas o sou, tanto quanto o senhor – e não se poderia ser mais –, com relação àqueles que, quando têm oportunidade, suprem pelo embuste e pela fraude a ausência ou insuficiência de resultados prometidos e esperados. (Ver nº 311.)

"Misturar o verdadeiro e o falso, quando se trata de fenômenos obtidos pela intervenção dos espíritos, é simplesmente uma infâmia, e haveria obliteração do senso moral do médium que acreditasse poder fazê-lo sem escrúpulo. Como o senhor observou perfeitamente, *é lançar o descrédito sobre o assunto no espírito dos indecisos, quando a fraude é desvendada.* Acrescentarei que é comprometer da maneira mais deplorável os homens honrados que prestam aos médiuns o apoio desinteressado de seus conhecimentos e de suas luzes, e que se tornam fiadores de sua boa-fé, patrocinando-os dessa forma. É cometer para com eles uma verdadeira traição.

"Todo médium que fosse surpreendido em manobras fraudulentas, que fosse apanhado, para me servir de uma expressão um pouco trivial, com a mão na massa, mereceria ser banido por todos os espiritualistas ou espíritas do mundo, para os quais constitui um dever rigoroso desmascará-lo e afastá-lo.

"Se lhe convier, meu senhor, inserir essas poucas linhas em sua revista, elas estão à sua disposição.

"Aceite meus cumprimentos, etc." (Mathieu)

318. Nem todos os fenômenos espíritas são igualmente fáceis de imitar, e há mesmo os que desafiam qualquer habilidade de prestidigitação: tais são, notadamente, o movimento dos objetos sem contato, a suspensão de corpos pesados no espaço, os golpes desferidos de diferentes lados, as aparições, etc., salvo o emprego de truques e comparsas. Por isso dizemos que, em tais casos, o que é preciso fazer é observar atentamente as circunstâncias, e sobretudo levar em conta o caráter e a posição das pessoas, bem como o objetivo e o interesse que elas poderiam ter em enganar: este é o melhor de todos os controles, porque é de tais circunstâncias que decorrem todos os motivos de suspeita. Pensamos, pois, em princípio, que é preciso desconfiar de quem quer que faça desses fenômenos um espetáculo ou objeto de curiosidade e diversão, ou que pretenda produzi-los à vontade, da maneira que for indicada, como nós já explicamos. Não seria demais repetir que as inteligências ocultas que se manifestam têm suas suscetibilidades e querem nos provar que também têm o seu livre-arbítrio, não se submetendo aos nossos caprichos. (Ver nº 38.)

Basta-nos assinalar alguns estratagemas empregados, ou que é possível empregar em certos casos, para prevenir os observadores de boa-fé contra a fraude. Quanto às pessoas que se obstinam em julgar sem aprofundar a observação, seria esforço perdido tentar tirá-las de seu equívoco.

319. Um dos fenômenos mais comuns é o dos golpes interiores, produzidos no próprio cerne da madeira, acompanhados ou não de movimentos da mesa ou de outro objeto de que se sirvam. Esse efeito é um dos mais fáceis de imitar, seja pelo contato dos pés, seja provocando pequenos estalidos no móvel; há uma pequena manobra específica que é útil desvelar: basta colocar as mãos espalmadas sobre a mesa e aproximá-las de modo que as unhas dos polegares se apoiem fortemente uma na outra; então, por um movimento muscular imperceptível, provoca-se um atrito que produz um ruído seco, bastante semelhante aos da tiptologia interior. Esse ruído repercute na madeira e produz uma ilusão completa; assim, nada é mais fácil do que fazer ouvir tantos golpes quantos sejam pedidos, toques de tambor etc., responder a certas questões por "sim" ou "não", por números, ou mesmo por indicação de letras do alfabeto.

Uma vez prevenida, é muito fácil reconhecer a fraude. Ela não é possível se as mãos estiverem distantes uma da outra, e se for assegurado que nenhum outro contato pode produzir o ruído. Os golpes reais apresentam, aliás, isto de característico: mudam de lugar e de timbre à vontade, o que não pode acontecer quando produzidos pelas causas que assinalamos, ou qualquer outra análoga; deixam a mesa para se produzir em outro móvel que ninguém toca, nas paredes, no teto, etc., respondendo, enfim, a questões não previstas. (Ver nº 41.)

320. A escrita direta é ainda mais fácil de imitar. Sem falar dos agentes químicos bem conhecidos que fazem aparecer a escrita em dado tempo num papel em branco, o que se pode evitar com as precauções mais triviais, também poderia acontecer que, por uma hábil escamoteação, se substituísse um papel por outro. Poderia dar-se também que a pessoa que quisesse fraudar tivesse o artifício de desviar a atenção enquanto escrevesse rapidamente algumas palavras. Disseram-nos ainda que viram uma pessoa escrever assim com um pedacinho de grafite escondido sob a unha.

321. O fenômeno dos aportes também se presta à manipulação; pode-se facilmente ser enganado por um escamoteador mais ou menos destro, mesmo que não seja um prestidigitador profissional. No artigo especial que publicamos no nº 96 e seguintes, anteriormente, os próprios espíritos determinaram as condições excepcionais em que ele pode se produzir, sendo lícito concluir-se que a obtenção *fácil e facultativa* pode no mínimo ser considerada suspeita. A escrita direta está no mesmo caso.

322. No capítulo XVI, sobre *médiuns especiais*, mencionamos, de acordo com os espíritos, as aptidões mediúnicas comuns e as que são raras. Assim, convém desconfiar dos médiuns que pretendem possuir estas últimas muito facilmente ou ambicionam a multiplicidade das faculdades, pretensão muito raramente justificada.

323. As manifestações inteligentes são, conforme as circunstâncias, as que oferecem maior garantia, mas nem por isso estão ao abrigo da imitação, pelo menos no que se refere às comunicações banais e vulgares. Acredita-se ter mais segurança nos médiuns mecânicos, não somente quanto à independência de ideias, mas também contra os embustes; é por essa razão que certas pessoas preferem os intermediários materiais. Mas trata-se de um engano! A fraude se insinua em toda parte. Sabemos que com habilidade se pode dirigir à vontade uma cesta ou uma prancheta para escrever, dando-lhes toda a aparência de movimentos espontâneos. O que afasta todas as dúvidas são os pensamentos expressos, seja através de um médium mecânico, intuitivo, auditivo, falante ou vidente. Há comunicações que são de tal modo fora das ideias, dos conhecimentos e mesmo do alcance intelectual do médium, que seria necessário enorme exagero atribuí-las a eles. Reconhecemos no charlatanismo uma grande habilidade e fecundos recursos, mas não soubemos ainda de nenhum que tenha o dom de transmitir sabedoria ao ignorante, nem gênio a quem não o tem.

Em resumo, repetimos, a melhor garantia está na moralidade reconhecida dos médiuns e na ausência de todas as causas de interesse material ou de amor-próprio que pudessem estimular o exercício de suas faculdades mediúnicas, porque essas mesmas causas podem levá-los a simular aquelas faculdades que eles não têm.

Capítulo XXIX

REUNIÕES E SOCIEDADES

Reuniões em geral – Sobre as sociedades propriamente ditas – Assuntos a estudar – Rivalidade entre sociedades

REUNIÕES EM GERAL

324. As reuniões espíritas podem ter grandes vantagens, pois permitem o esclarecimento pela troca mútua de pensamentos, pelas questões e observações que qualquer um pode fazer, e de que todos podem aproveitar. No entanto, para obter todos os resultados desejados, elas requerem condições especiais que vamos examinar, pois seria um erro tratá-las como uma reunião qualquer. De resto, como cada reunião é um todo coletivo, o que vamos referir a elas é uma consequência natural das instruções dadas anteriormente aos indivíduos; elas devem tomar as mesmas precauções e preservar-se das mesmas dificuldades destes; foi por isso que deixamos este capítulo por último.

As reuniões espíritas têm caráter muito diferente conforme o objetivo a que se propõem, e por isso mesmo seu *status* deve também diferir. Conforme sua natureza, elas podem ser *frívolas*, *experimentais* ou *instrutivas*.

325. As *reuniões frívolas* constituem-se de pessoas que só buscam passatempo nas manifestações, que se entretêm com os gracejos dos espíritos levianos, os quais gostam muito desse tipo de assembleias, onde têm toda liberdade de inventar, e das quais nunca faltam. É nessas reuniões que se costumam demandar as coisas mais banais, que se pede a leitura da sorte pelos espíritos, que se experimenta sua perspicácia para adivinhar a idade das pessoas, o que elas trazem nos bolsos, para revelar pequenos segredos, e mil outras coisas dessa importância.

Essas reuniões são inconsequentes, mas, como os espíritos levianos às vezes são muito inteligentes, e em geral bem-humorados e joviais, acontecem frequentemente coisas bastante curiosas, de que o observador pode tirar o seu proveito. Aquele que só tivesse presenciado essas sessões e julgasse o mundo dos espíritos segundo essa amostra, teria dele uma ideia tão falsa quanto a de alguém que julgasse toda a população de uma cidade por uns poucos quarteirões. O simples bom-senso nos diz que os espíritos elevados não podem comparecer a tais reuniões, onde os espectadores não são mais sérios que os atores. Quem quiser se ocupar de coisas fúteis é livre para evocar espíritos levianos, como se chamariam comediantes para divertir uma reunião social, mas seria uma profanação convidar nomes veneráveis para ela, misturando o sagrado com o profano.

326. As *reuniões experimentais* têm por objeto especificamente a produção de manifestações físicas. Para muitas pessoas, é um espetáculo mais curioso que instrutivo. Os incrédulos saem delas mais espantados do que convencidos, quando não tenham visto outra coisa, e todos os seus pensamentos se voltam para a procura de possíveis artifícios, pois, não entendendo nada, instintivamente supõem a existência de truques. Acontece o contrário com os que estudaram o assunto; estes compreendem de antemão sua possibilidade, e os fatos positivos determinam a consolidação de suas convicções; se houvessem artimanhas, eles estariam em condições de descobri-las.

Apesar disso, esse tipo de experimentações tem uma utilidade que ninguém poderia negar, pois são elas que levaram à descoberta das leis que regem o mundo invisível, e para muitas pessoas elas ainda são, não há dúvida, um poderoso motivo de convicção. Mas nós sustentamos que elas não são suficientes para iniciar alguém na ciência espírita, pois a visão de um engenhoso mecanismo não dá conhecimento da mecânica para quem não conhece suas leis. Todavia, se essas experiências fossem dirigidas com método e prudência, poder-se-ia obter resultados bem melhores. Voltaremos logo a tratar desse assunto.

327. As *reuniões instrutivas* têm um caráter bem distinto, e como é delas que podemos extrair o verdadeiro ensinamento, insistiremos sobretudo nas condições em que devem ser realizadas.

A primeira de todas é manter a seriedade em toda a acepção do termo. É necessário que todos estejam convencidos de que os espíritos a quem se deseja dirigir são de uma natureza especial; que, não podendo o sublime se misturar ao banal, nem o bem com o mal, se desejamos obter bons resultados, é necessário nos dirigirmos aos espíritos bons. Mas não basta evocar bons espíritos. Devemos, como condição expressa, estar em situação propícia para que eles *queiram vir*. Ora, os espíritos superiores não comparecerão às reuniões de homens levianos e superficiais, às quais não compareceriam quando estavam vivendo aqui.

Uma sociedade não é verdadeiramente séria se não se ocupar de assuntos úteis, com exclusão de todos os outros. Se ela deseja obter fenômenos extraordinários por curiosidade ou passatempo, os espíritos que os produzem poderão comparecer, mas os outros irão embora; numa palavra: seja qual for o caráter da reunião, ela sempre encontrará espíritos dispostos a seguir suas tendências. Uma reunião séria afasta-se da sua finalidade se troca o ensinamento pelo divertimento. As manifestações físicas têm sua utilidade, como já dissemos; aqueles que desejam vê-las devem participar de reuniões experimentais, e os que desejam compreender devem dirigir-se a reuniões de estudos; é assim que uns e outros poderão completar sua instrução espírita, assim como, no estudo da medicina, uns vão aos cursos e outros à clínica.

328. A instrução espírita não compreende somente o ensino moral dado pelos espíritos, mas também o estudo dos fatos. Cabe a ela desvendar a teoria de todos os fenômenos, pesquisar suas causas e, como consequência, cabe-lhe a constatação do que é possível e do que não é possível; em uma palavra: a observação de tudo quanto possa fazer com que a ciência avance. Seria subestimar esse mundo acreditar que seus fatos estejam limitados aos fenômenos extraordinários, e que os fatos que mais tocam os sentidos são os únicos dignos de atenção. Encontramos a cada passo, nas comunicações inteligentes, fatos que os homens ali reunidos para o estudo não poderiam negligenciar. Esses fatos, que seria impossível enumerar, surgem de numerosas circunstâncias fortuitas. Embora menos evidentes, não são de menor interesse para o observador que neles encontra a confirmação de um princípio conhecido ou a revelação de um novo princípio, o qual o faz penetrar mais fundo nos mistérios do mundo invisível. Nisso também há filosofia.

329. Além disso, as reuniões de estudo são de imensa utilidade para os médiuns de manifestações inteligentes, sobretudo para os que têm um desejo sério de aperfeiçoar-se, e que não comparecem a elas com a tola presunção da infalibilidade. Uma das grandes dificuldades da mediunidade, como já dissemos, é a obsessão e a fascinação; os médiuns podem iludir-se de boa-fé quanto ao mérito das comunicações que obtêm, e entendemos que os espíritos enganadores encontram caminho aberto quando lidam com uma pessoa que está cega; é por isso que procuram afastar seu médium de todo o controle externo; quando acham necessário, até o fazem pegar aversão por quem quer que possa esclarecê-lo; com o isolamento e a fascinação, podem facilmente levá-lo a aceitar tudo o que querem.

Nunca seria demasiado repetir: aí está não somente uma dificuldade, mas um perigo. O único meio de escapar a ele é submeter-se o médium ao controle de pessoas desinteressadas e bondosas que, julgando as comunicações com frieza e imparcialidade, possam abrir-lhe os olhos e levá-lo a perceber o que não pode ver por si mesmo. Ora, todo médium que teme esse julgamento já se encontra no caminho da obsessão; aquele que pensa que a luz só foi feita para ele já está completamente subjugado; se leva a mal as observações, se as repele, se irrita-se com isso, não pode haver dúvida quanto à natureza ruim do espírito que o assiste.

Já dissemos que um médium pode carecer dos conhecimentos necessários para compreender erros; que pode se deixar enganar pelas belas palavras e pela linguagem pretensiosa, deixando-se seduzir pelos sofismas, tudo isso na maior boa-fé do mundo; é por isso que, na falta de suas próprias luzes, deve modestamente recorrer às luzes dos outros, conforme esses dois ditados populares: que quatro olhos veem melhor que dois, e que ninguém é bom juiz em causa própria. É desse ponto de vista que as reuniões são de grande utilidade para o médium, se ele for sensato o bastante para ouvir os conselhos, porque aí encontrará pessoas mais perspicazes do que ele, capazes de captar as nuances frequentemente muito delicadas nas quais os espíritos traem sua inferioridade.

Todo médium que sinceramente não queira se transformar em instrumento da mentira deve procurar produzir nas reuniões sérias, levando até elas o que obtém em particular; deve aceitar com reconhecimento (e até mesmo solicitar) o exame crítico das comunicações que recebe; se estiver assediado por espíritos enganadores, este será o meio mais seguro para se livrar deles, provando que não o podem enganar. Além disso, o médium que se irrita com a crítica não tem a menor razão para isso, uma vez que seu amor-próprio não estaria envolvido no assunto, pois o que ele diz não vem de si – ele é tão responsável por isso quanto se lesse os versos de um mau poeta.

Insistimos nesse ponto porque, se é um obstáculo para os médiuns, também o é para as reuniões onde não se quer dar confiança irrefletidamente a todo e qualquer intérprete dos espíritos. O concurso de qualquer médium obsidiado ou fascinado seria mais prejudicial do que útil; portanto, elas não devem aceitá-lo. Acreditamos haver desenvolvido suficientemente o tema para que seja impossível enganar-se quanto às características da obsessão, se o médium não for capaz de reconhecê-la por si mesmo; uma das características mais destacadas é sem dúvida a pretensão de só ele ter razão, contra todos os demais. Os médiuns obsidiados que não querem reconhecer sua situação assemelham-se a esses doentes que se iludem quanto a sua saúde, perdendo-se por não se submeter a um regime salutar.

330. Uma reunião séria deve propor-se a se afastar dos espíritos mentirosos; ela estaria em erro caso se considerasse ao abrigo deles apenas por sua finalidade e pela qualidade de seus médiuns; só o conseguirá quando houver criado para si mesma as condições favoráveis.

Para bem compreender o que se passa nessa circunstância, remetemos o leitor ao que dissemos atrás, nº 231, sobre a *influência do meio.* É preciso representar-se cada indivíduo como cercado por certo número de acólitos invisíveis que se identificam com o seu caráter, seus gostos e suas tendências; assim, toda pessoa que entra numa reunião leva consigo os espíritos que lhe são simpáticos. Segundo seu número e sua natureza, esses acompanhantes podem exercer sobre a reunião e sobre as comunicações uma influência boa ou má. Uma reunião perfeita seria aquela em que todos os membros, animados do mesmo amor pelo bem, só levassem consigo espíritos bons; na falta de perfeição, a melhor reunião será aquela em que o bem supere o mal. Tudo isso é muito lógico para que seja necessário insistir no assunto.

331. Uma reunião é um ser coletivo cujas qualidades e propriedades são a resultante de todas aquelas dos seus membros, formando uma espécie de feixe. Ora, esse feixe será tanto mais forte quanto mais homogêneo. Se ficou bem compreendido o que foi dito antes (nº 282, questão 5), sobre a maneira como os espíritos são avisados quando os evocamos, compreender-se-á facilmente o poder da associação de pensamentos dos assistentes. Se o espírito for de alguma maneira atingido pelo pensamento, como nós somos pela voz, vinte pessoas unidas numa mesma intenção terão necessariamente mais força que uma só. Mas para que todos os pensamentos concorram para o mesmo fim, é necessário que vibrem em uníssono, que se confundam, por assim dizer, em um só, o que não pode se dar sem o recolhimento.

Por outro lado, o espírito, chegando a um meio que lhe é inteiramente simpático, sente-se mais à vontade. Só encontrando amigos, comparece de boa vontade e mais disposto a responder. Quem quer que tenha seguido com alguma atenção as manifestações espíritas inteligentes certamente pôde se convencer dessa verdade. Se os pensamentos são divergentes, isso resulta num choque de ideias, desagradável para o espírito, e por consequência prejudicial à manifestação. Acontece o mesmo com um homem que deve falar numa assembleia; se sentir que todos os pensamentos lhe são simpáticos e favoráveis, a impressão que recebe age sobre suas próprias ideias e lhe dá maior verve; a unanimidade dessa influência exerce sobre ele uma espécie de ação magnética que duplica seus recursos, enquanto a indiferença ou a hostilidade o perturbam e paralisam. É assim que os atores se sentem eletrizados pelos aplausos. Ora, os espíritos, muito mais impressionáveis que os humanos, devem sofrer muito mais a influência do meio.

Toda reunião espírita deve, portanto, buscar a maior homogeneidade possível. Falamos, bem entendido, daquelas que desejam chegar a resultados sérios e verdadeiramente úteis. Se o que se quer é apenas obter comunicações, quaisquer que sejam, não se preocupando com o caráter daqueles que as fazem, é evidente que todas essas precauções não são necessárias, mas então não se deve lamentar a qualidade do produto.

332. O recolhimento e a comunhão de pensamentos sendo a condição necessária de toda reunião séria, compreende-se que um número muito grande de assistentes é uma das causas mais contrárias à homogeneidade. Não há, é certo, nenhum limite absoluto para esse número, e entendemos que cem pessoas em suficiente recolhimento e atenção estarão em melhores condições do que dez pessoas distraídas e barulhentas; mas é evidente que, quanto maior o número, mais difícil de preencher essas condições. É, aliás, um fato provado pela experiência que os pequenos círculos íntimos são sempre mais favoráveis às boas comunicações, e isso pelos motivos que nós explicamos.

333. Outro ponto não menos necessário é a regularidade das reuniões. Em todas sempre há espíritos que poderíamos chamar de *frequentadores habituais,* e com isso não pensamos naqueles espíritos que estão em toda parte e se intrometem em tudo, mas nos espíritos protetores ou naqueles com quem mais frequentemente dialogamos. Não se pense que esses espíritos não têm outra coisa a fazer senão nos escutar; eles têm suas ocupações e podem, às vezes, encontrar-se em condições desfavoráveis à evocação. Quando as reuniões se realizam em dias e horas fixos, eles se colocam à disposição em vista disso, e raramente faltam. Há mesmo os que levam a pontualidade ao extremo; ofendem-se com o atraso de um quarto de hora e, se foram eles mesmos que marcaram o momento do encontro, será inútil iniciá-lo alguns minutos antes. Mas acrescentemos que, embora os espíritos prefiram a regularidade, aqueles que são verdadeiramente superiores não são meticulosos a esse ponto. A exigência de rigorosa pontualidade é sinal de inferioridade, como tudo o que é pueril. Mesmo fora das horas consagradas, eles podem vir, e na verdade vêm até espontaneamente, quando a finalidade é útil. Mas nada é mais prejudicial às boas comunicações do que chamá-los a torto e direito, levados por nossos devaneios, e sobretudo sem motivo sério. Como eles não estão sujeitos aos nossos caprichos, podem muito bem não atender, e é sobretudo nessas ocasiões que outros podem tomar o seu lugar e o seu nome.

SOBRE AS SOCIEDADES PROPRIAMENTE DITAS

334. Tudo o que dissemos sobre as reuniões em geral se aplica naturalmente às sociedades regularmente constituídas. Estas, entretanto, têm que lutar contra algumas dificuldades especiais que nascem dos próprios laços que unem seus membros. Como temos recebido diversos pedidos de conselho sobre sua organização, vamos resumi-los abaixo em algumas palavras.

O espiritismo, que acaba de nascer, ainda é avaliado de maneiras muito diversas e muito pouco compreendido em sua essência por um grande número de seus adeptos para se estabelecer um vínculo suficientemente forte entre seus membros, que poderíamos chamar de *associação*. Esse vínculo só irá existir entre os que enxergam seu objetivo moral, que o compreendem e *o aplicam a si mesmos.* Entre os que só veem no espiritismo fatos mais ou menos curiosos, não poderá haver nenhum vínculo sério; colocando os fatos acima dos princípios, uma simples divergência na maneira de considerá-los provocaria a divisão; não se daria o mesmo em relação aos princípios, porque sobre a questão moral não podem existir duas maneiras de ver; também é de se notar que, onde quer que se encontrem, uma confiança recíproca os atrai uns aos outros; a boa vontade mútua que reina entre eles afasta qualquer constrangimento e as restrições que nascem da susceptibilidade, do orgulho que se irrita com a menor contradição, do egoísmo que tudo reporta a si mesmo. Uma sociedade em que os sentimentos de confiança e boa vontade reinassem sem divisões, onde as pessoas se reunissem com o fim de se instruir com os ensinamentos dos espíritos, e não com a esperança de ver coisas mais ou menos interessantes, nem para fazer prevalecer sua opinião, uma tal sociedade, dizíamos, seria não somente viável, mas também indissolúvel. A dificuldade de reunir numerosos elementos dessa maneira homogênea leva-nos a dizer que, no interesse dos estudos e para o bem da própria causa, as reuniões espíritas devem visar multiplicar-se em pequenos grupos, mais que procurar se constituir em grandes aglomerações. Esses grupos, correspondendo-se entre si, visitando-se, transmitindo uns aos outros as suas observações, podem desde já formar o núcleo da grande família espírita que um dia reunirá todas as opiniões, e unirá os homens num mesmo sentimento de fraternidade, selado pela caridade cristã.

335. Vimos como é importante a uniformidade de sentimentos para a obtenção de bons resultados. Essa uniformidade é naturalmente mais difícil de obter quando o número de pessoas é maior. Em pequenos comitês, as pessoas se conhecem mais, e têm mais segurança sobre os novos membros que vão ser introduzidos; o silêncio e o recolhimento são mais fáceis, e tudo se passa como em família. As grandes assembleias excluem a intimidade, pela variedade de elementos de que se compõem; exigem locais especiais, recursos pecuniários e um aparelho administrativo que os pequenos grupos dispensam; a divergência de caracteres, de pensamento, de opiniões, se delineia com mais intensidade, oferecendo aos espíritos perturbadores mais facilidade para semear a discórdia. Quanto mais numerosa a reunião, mais difícil de contentar a todos; cada um quer que os trabalhos sejam dirigidos a seu modo, que sejam tratados de preferência os assuntos que mais lhe interessam, e alguns julgariam que o título de "sócio" lhes dá o direito de impor os seus pontos de vista; daí as disputas, causas de mal-estar que cedo ou tarde levam à desunião e, depois, à dissolução, destino de todas as sociedades, qualquer que seja seu objetivo. Os pequenos comitês não estão sujeitos a essas dificuldades. A queda de uma grande sociedade pareceria um fracasso para a causa espírita, e seus inimigos não deixariam de usar isso. A dissolução de um pequeno grupo passa despercebida e, se um se dispersa, vinte outros se formam ao lado. Ora, vinte grupos de quinze a vinte pessoas obterão mais, e farão mais para a divulgação, do que uma assembleia de trezentas a quatrocentas pessoas.

Dir-se-á, sem dúvida, que os membros de uma sociedade que agem como acabamos de dizer não seriam verdadeiros espíritas, já que o primeiro dever que a doutrina impõe é a caridade e a boa vontade; esta última parte da frase é perfeitamente justa, mas os que pensam não ser caridoso reunir-se em pequenos grupos são espíritas mais de nome que de fato; eles certamente não pertencem à terceira categoria (ver nº 28). Mas quem diz que são mesmo espíritas, de qualquer categoria? Aqui cabe uma consideração de certa gravidade.

336. Não nos esqueçamos de que o espiritismo tem inimigos interessados em pará-lo, que veem seus sucessos com despeito. Os mais perigosos não são os que o atacam abertamente, mas os que agem na sombra, os que acariciam com uma das mãos e o apunhalam com a outra. Esses seres malfazejos se infiltram por todos os lugares onde possam fazer o mal; como sabem que a união é uma força, tratam de destruí-la, lançando estopins de discórdia. Quem dirá que aqueles que semeiam a perturbação e a cizânia nas reuniões não são agentes provocadores, interessados na desordem? Seguramente, não são nem verdadeiros nem bons espíritas; eles não podem fazer o bem, mas podem fazer muito mal. Compreende-se que tenham muito mais facilidade de se insinuar nas reuniões numerosas do que nos pequenos comitês onde todos se conhecem. Usando as manobras escusas, que passam despercebidas, semeiam a dúvida, a desconfiança e a inimizade; sob a aparência de pretenso interesse pela causa, criticam tudo, formam conluios e panelinhas que logo rompem a harmonia do conjunto: é o que eles querem. Com essas pessoas, apelar aos sentimentos de caridade e fraternidade é falar a surdos voluntários, porque seu objetivo é justamente destruir esses sentimentos, que são o maior obstáculo às suas manobras. Esse estado de coisas, ruinoso para qualquer sociedade, é ainda mais ruinoso para as sociedades espíritas, porque, se não levar a uma ruptura, provocará uma preocupação incompatível com o recolhimento e a concentração.

337. Se a reunião se encaminha mal, perguntar-se-á, os homens sensatos e bem-intencionados não têm o direito de criticar, e devem deixar que o mal prevaleça sem nada dizer, aprovando-o pelo silêncio? Sem nenhuma dúvida, é seu direito falar: mais ainda, é um dever. Se sua intenção realmente for boa, eles farão sua advertência de maneira conveniente e benévola, abertamente e não às escondidas; se não forem ouvidos, ele se retirarão; porque não se imagina que alguém que não esteja com segundas intenções insista em permanecer numa sociedade onde se fazem coisas com as quais não concorda.

Pode-se então estabelecer como princípio que todo aquele que em uma reunião espírita provoca desordem ou desunião, ostensivamente ou por baixo do pano, é um agente provocador ou, pelo menos, um mau espírita, de quem se deve desembaraçar o quanto antes. Todavia, os próprios compromissos que ligam todos os membros de uma sociedade criam obstáculos para isso. Eis porque é conveniente evitar compromissos indissolúveis: os homens de bem são sempre sensatamente comprometidos, enquanto os mal-intencionados sempre vão além da medida.

338. Além das pessoas notoriamente mal-intencionadas que se infiltram nas reuniões, há as que, por seu caráter, levam a perturbação com elas onde quer que vão: por isso, nunca será demasiada a prudência com novos elementos que vão ser admitidos. Os mais prejudicados, nesse caso, não são os ignorantes da matéria, nem mesmo os descrentes: a convicção só se adquire com a experiência, e há pessoas que querem se esclarecer de boa-fé. Aqueles contra os quais particularmente se deve preservar são os indivíduos com teorias preconcebidas; os incrédulos intransigentes que duvidam de tudo, mesmo com a evidência; os orgulhosos que pretendem ser os únicos iluminados, e querem impor sua opinião em todo lugar, olhando com desdém os que não pensam como eles. Não se deixem levar por seu suposto desejo de esclarecer-se; há muitos entre eles que ficariam bem contrariados se fossem obrigados a assumir que se enganaram; guardem-se, sobretudo, desses oradores insípidos que sempre querem dar a última palavra, e dos que só se comprazem na contradição; uns e outros fazem perder tempo, sem proveito nem mesmo para eles próprios; os espíritos não gostam de palavras inúteis.

339. Tendo em vista a necessidade de evitar qualquer motivo de perturbação e distração, uma sociedade espírita que começa a se organizar deve pôr toda sua atenção em medidas destinadas a eliminar os fatores de desordem, facilitando ao máximo os meios de afastá-los. As pequenas reuniões necessitam de um regulamento disciplinar bem simples para a ordem das sessões; as sociedades regularmente constituídas exigem uma organização mais completa; a melhor será a de sistema menos complicado; umas e outras poderão extrair do regulamento da Sociedade Parisiense de Estudos Espíritas o que lhes for aplicável, ou que creiam lhes ser útil, regulamento que apresentamos logo adiante.

340. As sociedades, pequenas ou grandes, e todas as reuniões, seja qual for sua importância, têm de lutar contra outra dificuldade. Os fatores de perturbação não se encontram somente em seu seio, mas também no mundo invisível. Assim como há espíritos protetores para as instituições, as cidades e os povos, os espíritos malfeitores também se ligam aos grupos e aos indivíduos. Atacam primeiro os mais fracos, os mais acessíveis, procurando transformá-los em seus instrumentos, e pouco a pouco vão envolvendo a todos, porque sua alegria perversa é tanto maior quanto maior o número dos que tenham sob seu jugo. Todas as vezes, pois, que num grupo uma pessoa cai nessa armadilha, é necessário dizer que se tem um inimigo no campo, um lobo no rebanho, e que se deve manter em guarda, porque o mais provável é que ele multiplique suas tentativas. Se ele não for desencorajado por uma resistência enérgica, a obsessão se torna um mal contagioso, que se manifesta entre os médiuns pela perturbação da mediunidade, e entre os outros pela hostilidade de sentimentos, a perversão do senso moral e a destruição da harmonia. Como o mais poderoso antídoto contra esse veneno é a caridade, é a caridade que eles procuram sufocar. Não se deve, pois, esperar que o mal se torne incurável para lhe aplicar o remédio; nem mesmo se devem esperar os primeiros sintomas, pois é necessário sobretudo buscar preveni-lo. Para isso, há dois meios eficazes, quando bem empregados: a prece feita de coração e o estudo atento dos menores sinais que revelem a presença de espíritos enganadores; a primeira atrai os espíritos bons, que só assistem zelosamente aqueles que os apoiam com sua confiança em Deus; o outra prova aos maus que estão tratando com pessoas esclarecidas e sensatas o bastante para não se deixar enganar. Se um dos membros do grupo cair sob a influência da obsessão, todos os esforços devem ser feitos, desde os primeiros indícios, para lhe abrir os olhos, prevenindo que o mal se agrave, e para levá-lo à compreensão de que foi enganado e ao desejo de apoiar os que procuram libertá-lo.

341. A influência do meio decorre da natureza dos espíritos e do modo como agem sobre as pessoas vivas. Dessa influência, cada qual pode deduzir por si mesmo as condições mais favoráveis para uma sociedade que aspire atrair a simpatia dos espíritos bons, obtendo boas comunicações e afastando as más.

Essas condições dependem inteiramente das disposições morais dos assistentes; elas se resumem nos seguintes pontos:

– perfeita comunhão de perspectivas e de sentimentos;

– boa vontade recíproca entre todos os membros;

– renúncia de todo sentimento contrário à verdadeira caridade cristã;

– desejo de se instruir e de melhorar com o ensinamento dos espíritos bons, aproveitando seus conselhos. Quem estiver convencido de que os espíritos superiores se manifestam com o fim de nos fazer progredir, e não para nos agradar, compreenderá que eles vão se afastar daqueles que se limitam a admirar seu estilo sem tirar nenhum fruto disso, e só são atraídos às sessões pelo maior ou menor interesse que elas tenham para eles, segundo seus gostos particulares;

– exclusão de tudo o que, nas comunicações solicitadas aos espíritos, só tenha como fim a curiosidade;

– recolhimento e silêncio respeitoso durante as conversas com os espíritos;

– associação de todos os assistentes, pelo pensamento, no apelo feito aos espíritos que se evoca;

– concurso dos médiuns da assembleia, com renúncia de qualquer sentimento de orgulho, de amor-próprio e de supremacia, e com o desejo único de se tornar útil.

Essas condições são tão difíceis de preencher que não se encontrará quem as cumpra? Não pensamos assim. Esperamos, ao contrário, que as reuniões verdadeiramente sérias, como já existem em diferentes localidades, se multipliquem, e não hesitamos em dizer que é a elas que o espiritismo deverá sua melhor propagação. Unindo os homens honestos e conscienciosos, elas imporão silêncio à crítica e, quanto mais puras forem suas intenções, mais serão respeitadas, até mesmo por seus adversários. *Quando a zombaria ataca o bem, ela deixa de fazer rir: torna-se desprezível.* Entre as reuniões desse tipo é que se estabelecerão verdadeiros laços de simpatia, uma solidariedade mútua pela força das circunstâncias, contribuindo para o progresso geral.

342. Seria um erro acreditar que as reuniões especialmente dedicadas às manifestações físicas estejam fora desse concerto fraterno, ou que excluam qualquer pensamento sério. Se elas não requerem condições tão rigorosas, não será impunemente que se vão acompanhá-las levianamente, e seria engano pensar que o concurso dos assistentes é nulo nessas sessões; a prova do contrário está no fato de que, em geral, as manifestações desse tipo, mesmo provocadas por médiuns com poder, não conseguem se produzir em determinados ambientes. As influências contrárias agem também sobre elas, e essas influências estão na divergência ou hostilidade de sentimentos, que paralisam os esforços dos espíritos.

As manifestações físicas, como já dissemos, têm grande utilidade. Abrem um vasto campo ao observador, pois é uma ordem inteiramente nova de fenômenos insólitos que se desenrola aos seus olhos, e cujas consequências são incalculáveis. Uma assembleia pode, portanto, ocupar-se dessas manifestações com finalidades bastante sérias, mas não poderia atingir o seu objetivo, seja como estudo, seja como meio de convicção, se não se colocasse em condições favoráveis. A primeira de todas elas não está na crença dos assistentes, mas em seu desejo de se esclarecer, sem segundas intenções, sem a ideia preconcebida de rejeitar a própria evidência. A segunda é a restrição do número de assistentes para evitar a mistura de elementos heterogêneos. Se as manifestações físicas são em geral produzidas por espíritos pouco avançados, nem por isso sua finalidade é menos providencial, e os espíritos bons as favorecem todas as vezes que elas possam atingir resultados úteis.

ASSUNTOS A ESTUDAR

343. A evocação de parentes e amigos ou de certas personagens célebres, com o fim de comparar suas opiniões de além-túmulo com as que tinham em vida, em geral não redunda em diálogos frutíferos, pois tende a cair em banalidades, futilidades. Muitas pessoas também pensam que *O Livro dos Espíritos* esgotou a série de questões de moral e filosofia. É um erro. Por isso mesmo pode ser útil indicar a fonte de que se podem tirar novos assuntos para estudar, que são, por assim dizer, ilimitados.

344. Se a evocação de homens ilustres, de espíritos superiores, é eminentemente útil pelos ensinamentos que eles podem dar, a evocação de espíritos comuns não é menos útil, embora eles sejam incapazes de resolver problemas de grande alcance. Pela sua própria inferioridade, retratam a si mesmos, e quanto menor a distância que os separa de nós, mais encontramos relações com nossa própria situação, sem contar que eles muitas vezes nos mostram traços característicos do mais alto interesse, como explicamos anteriormente (nº 281) ao tratar da utilidade das evocações particulares. Esta é, portanto, uma mina inesgotável de observações, sendo espíritos de homens que nos oferecem particularidades a respeito de sua vida, como o tipo de morte, a idade, suas boas ou más qualidades, sua posição feliz ou infeliz na Terra, seus hábitos, seu estado mental, etc.

Com os espíritos elevados, o campo de estudos se amplia. Além das questões psicológicas, que têm um limite, podemos propor-lhes uma quantidade de problemas morais que se estendem ao infinito sobre todas as situações da vida, sobre a melhor conduta que se pode ter nesta ou naquela circunstância, sobre nossos deveres recíprocos, etc. O valor da instrução que se recebe sobre um assunto qualquer, moral, histórico, filosófico ou científico, depende inteiramente do estado do espírito que se interroga. Cabe a nós avaliar.

345. Além das evocações propriamente ditas, os ditados espontâneos oferecem uma infinidade de assuntos para estudarmos. Consiste em esperar o assunto que os próprios espíritos querem tratar. Nesse caso, muitos médiuns podem trabalhar ao mesmo tempo. Às vezes, podemos chamar um espírito determinado. Ordinariamente, porém, costuma-se esperar os que desejam se apresentar, que frequentemente vêm da maneira mais imprevista. Esses ditados podem, em sua sequência, dar espaço a inúmeras questões sobre o tema assim trazido. Devem ser comentados cuidadosamente, para estudar todas as ideias que eles encerram, verificando-se se trazem o selo da verdade. Esse exame, feito com rigor, é a melhor garantia contra a intromissão de espíritos enganadores. Por esse motivo, assim como para a instrução de todos, pode-se dar conhecimento das comunicações obtidas também fora da reunião. Temos aí, como se vê, uma fonte inesgotável de elementos eminentemente sérios e instrutivos.

346. As atividades de cada sessão podem ser guiadas da seguinte maneira:

1º) *Leitura das comunicações* espíritas obtidas na sessão anterior, passadas a limpo.

2º) *Relatórios diversos*: correspondência, leitura das comunicações obtidas fora da sessões, relato de fatos que interessam ao espiritismo.

3º) *Preparação do estudo*: ditados espontâneos, questões diversas e problemas morais a serem propostos aos espíritos, evocações.

4º) *Conferência*: exame crítico e analítico das diversas comunicações, discussão sobre os diversos problemas da ciência espírita.

347. Os grupos principiantes às vezes ficam estacionados em seus trabalhos pela falta de médiuns. Os médiuns seguramente são elementos essenciais das reuniões espíritas, mas não são o elemento indispensável, e seria errado acreditar que na sua falta nada se tem a fazer. Não há dúvida de que numa reunião com o fim de fazer experimentações não podem faltar médiuns, como não poderiam faltar músicos num concerto. As pessoas que visam o estudo sério, porém, têm muitos assuntos úteis e proveitosos de que poderiam se ocupar por si sós, sem depender de médiuns. Além disso, os grupos que contam com médiuns podem ocasionalmente ficar desprovidos deles, e seria de lamentar se acreditassem não ter mais o que fazer senão se retirar. Os próprios espíritos podem, de tempos em tempos, deixá-los nessa situação, a fim de ensiná-los a passar sem eles. Diremos mais: que é mesmo necessário, para o aproveitamento dos ensinos recebidos, consagrar certo tempo a meditá-los. As sociedades científicas nem sempre dispõem dos instrumentos de observação sob seus olhos, e nem por isso deixam de procurar temas para discussão. Na falta de poetas e de oradores, as sociedades literárias leem e comentam as obras de autores antigos e modernos; as sociedades religiosas meditam sobre as escrituras; as sociedades espíritas devem fazer o mesmo, e conseguirão grande proveito para o seu avanço ao promover conferências em que seja lido e comentado tudo o que possa ter relação com o espiritismo, a favor ou contra. Dessa discussão, em que cada um traz a contribuição de suas reflexões, brotam momentos de iluminação que ficariam despercebidos numa leitura individual. Ao lado das obras específicas, os periódicos também contribuem com fatos, relatos, notícias, figuras de virtude ou de vício que levantam graves problemas morais que só o espiritismo pode resolver, e é também um meio de análise que amarra todos os ramos da estrutura social. Para nós, uma sociedade espírita que organizasse seu trabalho nesse sentido, provendo-se para isso dos materiais necessários, não teria muito tempo para dar às comunicações diretas dos espíritos. É por isso que chamamos a atenção dos grupos realmente sérios para esse ponto, os grupos que desejam mais ardentemente instruir-se do que encontrar um passatempo. (Ver nº 207, capítulo XVII, "Formação dos médiuns".)

RIVALIDADE ENTRE SOCIEDADES

348. As reuniões que tratam exclusivamente de comunicações inteligentes e as que se entregam ao estudo das manifestações físicas têm cada qual sua missão. Nem umas nem outras estariam no verdadeiro propósito do espiritismo se quisessem olhar-se com maus olhos, e aquela que atirasse a primeira pedra já provaria, simplesmente por isso, estar dominada por más influências. Todas devem concorrer, mesmo por vias diferentes, ao objetivo comum que é a pesquisa e a propagação da verdade. Seu antagonismo, que seria apenas um efeito do orgulho superexcitado, forneceria armas aos detratores, prejudicando a causa que elas pretendem defender.

349. Estas últimas reflexões se aplicam igualmente a todos os grupos que possam divergir sobre alguns pontos da doutrina. Como dissemos no capítulo XXVII, sobre as *contradições*, essas divergências têm por motivo, na maioria das vezes, questões acessórias ou até mesmo simples palavras. Seria pueril, portanto, dividir o grupo e formar outro à parte por não se pensar exatamente igual. Haveria coisa ainda pior se os diferentes grupos ou sociedades de uma mesma cidade se olhassem reciprocamente com inveja. Compreende-se a inveja entre pessoas que concorrem entre si e podem causar prejuízos materiais umas às outras. Mas, quando não há especulação, a inveja nada mais é do que mesquinha rivalidade do amor-próprio. Como obviamente não há uma sociedade que possa reunir todos os adeptos, as que realmente desejam propagar a verdade, e cujo objetivo é unicamente moral, devem ver com prazer a multiplicação dos grupos e, se houver concorrência entre eles, deve ser a de quem faz mais o bem. Aquelas que pretendessem estar na posse exclusiva da verdade, deveriam comprová-lo tomando por divisa *amor e caridade,* porque é esta a de todo verdadeiro espírita. Querem se vangloriar da superioridade dos espíritos que as assistem? Que o provem pela superioridade dos ensinos que recebem e pela aplicação que deles fazem em si mesmas. É esse um critério infalível para distinguir as que estão no melhor caminho.

Certos espíritos, mais presunçosos do que racionais, tentam às vezes impor sistemas estranhos e impraticáveis, sob o prestígio dos nomes veneráveis com os quais se adornam. O bom-senso logo faz justiça a essas utopias, mas, enquanto se espera, elas podem semear a dúvida e a incerteza entre os adeptos. Essa é frequentemente uma causa de discordâncias momentâneas. Além dos meios que indicamos para avaliar esses sistemas, há outro critério que pode dar a medida exata do seu valor: o número de partidários que recrutam. A razão diz que o sistema que encontra mais eco entre as massas deve estar mais próximo da verdade do que aquele repelido pela maioria, e que vê suas fileiras se esvaziarem. Assim, vocês podem ter certeza de que os espíritos que recusam a discussão de seus ensinamentos sabem da fraqueza deles.

350. Se o espiritismo deve, como foi anunciado, realizar a transformação da humanidade, só poderá fazê-lo pelo melhoramento das massas, o qual só se dará gradualmente, pouco a pouco, pelo melhoramento dos indivíduos. Que importa crer na existência dos espíritos, se essa crença não nos tornar melhores, mais bondosos e mais indulgentes para os nossos semelhantes, mais humildes e mais pacientes na adversidade? De que serve ao avarento ser espírita, se continuar sempre avarento; ao orgulhoso, se continuar sempre cheio de si; ao invejoso, se permanecer sempre ciumento? Todos os homens poderiam crer nas manifestações, e a humanidade continuaria estacionária. Mas não são esses os desígnios de Deus. É com um fim providencial que devem agir todas as sociedades espíritas sérias, agrupando em torno de si todos aqueles que têm os mesmos sentimentos. Então, haverá entre elas união, simpatia e fraternidade, e nunca um vão e pueril antagonismo de amor-próprio, antes de palavras que de atos; então elas serão fortes, pois se apoiarão numa base inabalável: o bem para todos; então elas serão respeitadas e vão impor silêncio às tolas zombarias, porque falarão em nome da moral evangélica respeitada por todos.

Essa é a via pela qual temos nos esforçado para levar o espiritismo. A bandeira que arvoramos bem alto é a do *espiritismo cristão e humanitário,* em torno da qual somos felizes de ver desde já tantos homens se reunirem em todos os pontos da Terra, porque compreendem que está nela a âncora de salvação, a salvaguarda da ordem pública, o signo de uma nova era para a humanidade. Convidamos todas as sociedades espíritas a participarem dessa grande obra. Que de um extremo do mundo ao outro elas se estendam a mão fraterna, e assim enlaçarão o mal em uma malha de fios inseparáveis.

Capítulo XXX

REGULAMENTO
DA SOCIEDADE PARISIENSE DE ESTUDOS ESPÍRITAS

Fundada em 1º de abril de 1858, e autorizada por decreto do senhor Secretário de Polícia, na data de 13 de abril de 1858, conforme parecer do excelentíssimo senhor Ministro do Interior e da Segurança Pública.

Nota. Embora este regulamento seja fruto da experiência, não o apresentamos como lei absoluta, mas unicamente como facilidade às sociedades que queiram se formar, e que poderão retirar dela as disposições que acreditarem úteis e aplicáveis às circunstâncias que lhes sejam próprias. Por mais simplificada que seja sua organização, pode ser ainda mais quando não se trata de sociedades regularmente constituídas, mas de simples reuniões íntimas que só têm necessidade de estabelecer medidas de ordem, de precaução e regularidade dos seus trabalhos.

Nós o oferecemos também para o conhecimento das pessoas que queiram pôr-se em contato com a Sociedade Parisiense, seja como correspondentes, seja a título de membros da Sociedade.

CAPÍTULO PRIMEIRO – OBJETIVO E FORMAÇÃO DA SOCIEDADE

Artigo 1. A Sociedade tem por objeto o estudo de todos os fenômenos relativos às manifestações espíritas e sua aplicação às ciências morais, físicas, históricas e psicológicas. As questões políticas, de controvérsia religiosa e de economia social lhe são interditadas.

Ela toma por nome: *Sociedade Parisiense de Estudos Espíritas.*

Artigo 2. A sociedade se compõe de membros titulares, de livres-associados e de membros correspondentes.

Ela pode conferir o título de membro honorário a pessoas residentes na França ou no exterior que, por sua posição ou trabalhos, possam prestar-lhe serviços designados.

Os membros honorários são submetidos a reeleição a cada ano.

Artigo 3. A Sociedade só admite pessoas que simpatizem com seus princípios e com o objetivo de seus trabalhos, aquelas que já são iniciadas nos princípios fundamentais da ciência espírita ou que estejam seriamente animadas do desejo de se instruir. Em consequência, exclui qualquer pessoa que possa trazer motivos de perturbação ao seio das reuniões, seja por um espírito de hostilidade ou de oposição sistemática, seja por qualquer outra causa, fazendo com que se perca tempo em discussões inúteis.

Todos os membros devem benevolência e bom tratamento recíprocos; devem, em todas as circunstâncias, colocar o bem geral acima das questões pessoais e do amor-próprio.

Artigo 4. Para ser admitido como livre-associado, é preciso dirigir um pedido escrito ao presidente, assinado por dois membros titulares, que se tornam fiadores das intenções do postulante.

A carta de pedido deve relatar sumariamente: 1º) se o postulante já possui conhecimentos em matéria de espiritismo; 2º) a situação de suas convicções sobre os pontos fundamentais da ciência espírita; 3º) o compromisso de submeter-se em tudo ao regulamento.

O pedido é submetido à comissão, que o examina e propõe, se for o caso, a admissão, o adiamento ou a rejeição.

O adiamento é de praxe para todo candidato que ainda não possua conhecimento de nenhum dos elementos da ciência espírita, e que não simpatize com os princípios da Sociedade.

Os livres-associados têm o direito de assistir a todas as sessões, de participar dos trabalhos e das discussões que tenham por objeto o estudo; porém, em caso algum têm voto deliberativo no que concerne aos assuntos da Sociedade.

Os livres-associados estão inscritos apenas para o ano de sua admissão, e sua permanência na Sociedade deve ser ratificada ao fim desse primeiro ano.

Artigo 5. Para ser membro titular, é preciso ter sido livre-associado pelo menos durante um ano, ter assistido a mais da metade das sessões e ter dado, durante esse tempo, provas notórias de seus conhecimentos e de suas convicções em relação ao espiritismo, de sua adesão aos princípios da Sociedade e de sua vontade de agir, em todas as circunstâncias, em relação aos seus colegas, segundo os princípios da caridade e da moral espírita.

Os livres-associados que tiverem assistido regularmente durante seis meses às sessões da Sociedade poderão ser admitidos como membros titulares se, além disso, preencherem outras condições.

A admissão é proposta *ex officio* pela comissão, com assentimento do associado, se, em acréscimo a isso, for apoiada por outros três membros titulares. A admissão é em seguida pronunciada, se for o caso, pela Sociedade, em votação secreta, após um relatório verbal da comissão.

Somente os membros titulares têm o direito ao voto deliberativo e só eles gozam da faculdade concedida pelo artigo 25.

Artigo 6. A Sociedade limitará, se julgar conveniente, o número de livres-associados e de membros titulares.

Artigo 7. Os membros correspondentes são os que, não residindo em Paris, mantenham relações com a sociedade e lhe forneçam documentos úteis para seus estudos. Eles podem ser nomeados com a apresentação de um único membro titular.

CAPÍTULO II – ADMINISTRAÇÃO

Artigo 8. A Sociedade é administrada por um diretor-presidente, assistido pelos membros da diretoria e de uma comissão.

Artigo 9. A diretoria se compõe de: um presidente – um vice-presidente – um secretário-geral – dois secretários-adjuntos – um tesoureiro.

Além disso, poderão ser nomeados um ou vários presidentes honorários.

Na falta do presidente e do vice-presidente, as sessões poderão ser presididas por um dos membros da comissão.

Artigo 10. O diretor-presidente deve todo zelo aos interesses da Sociedade e da ciência espírita. Tem a direção geral e a superintendência da administração, assim como a conservação dos arquivos.

O presidente é nomeado por três anos, e os outros membros da diretoria por um ano, sendo indefinidamente reelegíveis.

Artigo 11. A comissão é composta pelos membros da diretoria e por cinco outros membros titulares, escolhidos de preferência entre os que tiverem uma participação ativa nos trabalhos da Sociedade, que tiverem prestado serviços à causa do espiritismo ou dado provas de seu espírito benevolente e conciliador. Esses cinco membros são, como os membros da diretoria, nomeados por um ano e reeligíveis.

A comissão é presidida de direito pelo diretor-presidente, ou, na sua falta, pelo vice-presidente ou por aquele de seus membros que for designado para esse fim.

A comissão é encarregada do exame prévio de todas as questões e proposições administrativas, e de outras a serem submetidas à Sociedade; controla as receitas e despesas da Sociedade e as contas do tesoureiro; autoriza as despesas correntes e determina todas as medidas de ordem julgadas necessárias.

Examina, também, os trabalhos e temas de estudo propostos pelos diversos membros, prepara-os ela mesma e fixa a ordem das sessões, de acordo com o presidente.

O presidente sempre pode se opor a que certos assuntos sejam tratados e colocados na ordem do dia, sendo-lhe garantido recorrer à Sociedade, que decidirá.

A comissão se reúne regularmente antes da abertura das sessões, para o exame dos assuntos correntes, e, além disso, em qualquer outro momento que julgar conveniente.

Os membros da diretoria e da comissão que se ausentarem durante três meses consecutivos, sem ter avisado, serão considerados como tendo renunciado a suas funções, e será providenciada sua substituição.

Artigo 12. As decisões, seja da Sociedade, seja da Comissão, são tomadas pela maioria absoluta dos membros presentes; em caso de empate, o voto do presidente decidirá.

A comissão pode deliberar desde que quatro de seus membros estejam presentes.

A votação secreta é de direito se solicitada por cinco membros.

Artigo 13. A cada três meses, seis membros escolhidos entre os titulares ou livres-associados são designados para preencher as funções de *comissários*.

Os comissários são encarregados de velar pela ordem e bom andamento das sessões, e para verificar o direito de entrada de qualquer pessoa estranha que se apresente para assistir.

Com esse fim, os membros designados providenciarão para que um deles esteja presente na abertura das sessões.

Artigo 14. O ano social começa em 1º de abril.

As nomeações para a diretoria e para a comissão serão feitas na primeira sessão do mês de maio. Os membros em exercício continuarão em suas funções até essa data.

Artigo 15. Para prover as despesas da Sociedade é cobrada uma cota anual de 24 francos dos titulares e de 20 francos dos livres-associados.

Os membros titulares, quando de sua admissão, pagam também um direito de entrada de 10 francos, uma vez.

A cotização é paga integralmente para o ano em curso.

Os membros admitidos no decorrer do ano só pagarão, nesse primeiro ano, os trimestres que faltarem, aí incluído o de sua admissão.

Quando marido e mulher são aceitos como livres-associados ou titulares, não se exige senão uma cota e meia para os dois.

A cada seis meses, a 1º de abril e 1º de outubro, o tesoureiro presta contas à comissão do emprego dos fundos e de sua situação.

As despesas decorrentes de aluguéis e outros encargos estando pagas, se houver excedente, a Sociedade determinará seu uso.

Artigo 16. É entregue a todos os membros admitidos, livres-associados ou titulares, um cartão de admissão constando seu título. Esse cartão fica depositado na tesouraria, onde o novo membro pode retirá-lo, pagando sua cota e o direito de entrada. O novo membro não pode assistir às sessões antes de retirar seu cartão. Se não retirá-lo um mês após sua admissão, é considerado demissionário.

Será igualmente considerado demissionário todo membro que não tiver pago sua cota anual no primeiro mês de renovação do ano social, após um aviso da tesouraria ficar sem resposta.

CAPÍTULO III – DAS SESSÕES

Artigo 17. As sessões da Sociedade realizam-se às sextas-feiras, às oito horas da noite, salvo se ocorrer modificação.

As sessões são particulares ou gerais; elas jamais são públicas.

Toda pessoa que fizer parte da Sociedade, com qualquer título, deve assinar em cada sessão uma lista de presença.

Artigo 18. O silêncio e o recolhimento são rigorosamente exigidos durante as sessões, e principalmente durante os estudos. Ninguém pode usar da palavra sem ter obtido permissão do presidente.

Todas as perguntas dirigidas aos espíritos devem ser feitas por intermédio do presidente, que pode recusar-se a fazê-las, dependendo das circunstâncias.

Não são permitidas todas as perguntas fúteis, de interesse pessoal, de pura curiosidade ou feitas com o propósito de submeter os espíritos à prova, assim como todas aquelas que não tiverem um objetivo de utilidade geral, do ponto de vista dos estudos.

Também não são permitidas discussões que se desviem do tema específico que esteja sendo tratado.

Artigo 19. Todo membro tem direito de pedir que se chame à ordem quem se afastar da conveniência durante o diálogo, ou quem perturbar as sessões de qualquer maneira. O pedido é imediatamente colocado em votação; se aprovado, será inscrito em ata.

Três advertências, no espaço de um ano, acarretam no direito de eliminação do membro que nelas tiverem incorrido, qualquer que seja seu título.

Artigo 20. Nenhuma comunicação espírita obtida fora da Sociedade pode ser lida antes de ser submetida, seja ao presidente, seja à comissão, que podem aprovar ou recusar sua leitura.

Uma cópia de cada comunicação externa, cuja leitura tenha sido autorizada, deve permanecer nos arquivos.

Todas as comunicações obtidas durante as sessões pertencem à Sociedade; os médiuns que as receberam podem tirar cópia.

Artigo 21. As sessões particulares são reservadas aos membros da Sociedade; são realizadas na primeira, terceira e, se houver espaço, na quinta sexta-feira de cada mês.

A Sociedade reserva para as sessões particulares todas as questões concernentes aos assuntos administrativos, assim como os temas de estudo que exijam maior tranquilidade e concentração, ou que ela julgue a propósito aprofundar antes de desenvolvê-las na presença de pessoas estranhas.

Têm o direito de assistir às sessões particulares, além dos membros titulares e dos livres-associados, os membros correspondentes temporariamente em Paris e os médiuns que prestem colaboração à Sociedade.

Nenhuma pessoa estranha à Sociedade é admitida nas sessões particulares, salvo casos excepcionais e com o assentimento prévio do presidente.

Artigo 22. As sessões gerais são realizadas nas segundas e nas quartas sextas-feiras de cada mês.

Nas sessões gerais, a Sociedade autoriza a admissão de ouvintes de fora, que podem assisti-las temporariamente, sem delas fazer parte. Ela pode suspender essa autorização quando julgar necessário.

Ninguém pode assistir às sessões como ouvinte sem ser apresentado ao presidente por um membro da Sociedade, que se torna responsável por seu compromisso de não causar perturbação nem interrupção.

A Sociedade só admite como ouvintes pessoas que desejam tornar-se membros ou que sejam simpáticas aos seus trabalhos e já suficientemente iniciadas na ciência espírita para compreendê-los. A admissão deve ser recusada, de maneira absoluta, a quem estiver atraído apenas pela curiosidade ou cujas opiniões sejam hostis.

A palavra é interditada aos ouvintes, salvo casos excepcionais, apreciados pelo presidente. Aquele que perturbar a ordem de qualquer maneira ou manifestar má vontade em relação aos trabalhos da Sociedade poderá ser convidado a se retirar e, em todo caso, será feita menção ao fato na lista de admissão, sendo-lhe impedida a entrada no futuro.

O número de ouvintes devendo limitar-se ao número de lugares disponíveis, os que poderão assistir às sessões deverão estar inscritos previamente num registro destinado a esse fim, fazendo mencionar seu endereço e a pessoa que os recomenda. Em consequência, todo pedido de entrada deverá ser feito vários dias antes da sessão, ao presidente, único a liberar as cartas de apresentação até o fechamento da lista.

As cartas de apresentação servem apenas para o dia indicado e para as pessoas designadas.

A entrada não pode ser concedida ao mesmo ouvinte por mais de duas sessões, salvo autorização do presidente e para casos excepcionais. O mesmo membro não pode apresentar mais de duas pessoas de cada vez. As entradas concedidas pelo presidente não são limitadas.

Os ouvintes não são mais admitidos após a abertura da sessão.

CAPÍTULO IV – DISPOSIÇÕES DIVERSAS

Artigo 23. Todos os membros da Sociedade lhe devem sua colaboração. Em consequência, são convidados a recolher em seu respectivo círculo de atuação os fatos antigos ou recentes que possam ter relação com o espiritismo, e informá-los. Eles poderão, ao mesmo tempo, informar-se, na medida de suas possibilidades, da notoriedade desses fatos.

São igualmente convidados a informar todas as publicações que possam ter uma relação mais ou menos direta com o objeto de seus trabalhos.

Artigo 24. A Sociedade fará um exame crítico das diversas obras publicadas sobre o espiritismo, quando julgá-lo necessário. Para isso, encarregará um de seus membros, livre-associado ou titular, de lhe fazer um relatório, que será impresso, se for o caso, na *Revista Espírita.*

Artigo 25. A sociedade criará uma biblioteca especial composta de obras que lhe sejam oferecidas e das que adquirir.

Os membros titulares poderão vir à sede da Sociedade consultar, seja a biblioteca, sejam os arquivos, em dias e horas que serão fixados para esse fim.

Artigo 26. Considerando que a responsabilidade da Sociedade pode estar moralmente comprometida por publicações particulares de seus membros, ninguém poderá usar, em nenhum texto, o título de *membro da Sociedade,* sem estar autorizado por ela para isso, e sem que ela tenha tomado conhecimento prévio do manuscrito. A comissão será encarregada de lhe fazer um relatório a esse respeito. Se a Sociedade julgar o texto incompatível com seus princípios, o autor, após ter sido ouvido, será convidado seja a modificá-lo, seja a renunciar à sua publicação, seja, enfim, a não se apresentar com o título de membro da Sociedade. Se não quiser submeter-se à decisão que for tomada, sua expulsão poderá ser pronunciada.

Todo texto publicado por um membro da Sociedade sob o véu do anonimato, e sem nenhuma menção que possa fazê-lo conhecer como tal, entra na categoria das publicações ordinárias, das quais a Sociedade se reserva o direito de apreciar. Entretanto, sem querer impedir a livre emissão de opiniões pessoais, a Sociedade convida aqueles de seus membros que tiverem a intenção de fazer publicações desse tipo a pedir previamente sua orientação oficial, no interesse da ciência.

Artigo 27. A Sociedade, querendo manter em seu seio a unidade dos princípios e o espírito da boa vontade recíproca, poderá pronunciar o desligamento de qualquer membro que seja causa de perturbação ou que se ponha em hostilidade aberta contra ela por causa de textos comprometedores para a doutrina, por opiniões subversivas ou por uma forma de agir que ela não poderia aprovar. A expulsão não será pronunciada, entretanto, senão depois de uma prévia advertência oficial, que fique sem resultado, e após ter ouvido o membro inculpado, se este julgar que deve se explicar. A decisão será tomada em votação secreta e por maioria de três quartos dos membros presentes.

Artigo 28. Todo membro que se retira voluntariamente no decorrer do ano não pode reclamar a diferença das cotas pagas por ele; essa diferença será reembolsada no caso de desligamento pronunciado pela Sociedade.

Artigo 29. O presente regulamento poderá ser modificado se necessário. As propostas de modificação só poderão ser feitas à Sociedade por intermédio de seu presidente, ao qual deverão ser transmitidas, e no caso de serem aceitas pela comissão.

A Sociedade pode, sem modificar seu regulamento nos pontos essenciais, adotar todas as medidas complementares que julgar úteis.

Capítulo XXXI

DISSERTAÇÕES ESPÍRITAS

Sobre o espiritismo – Sobre os médiuns – Sobre as reuniões espíritas – Comunicações apócrifas

Reunimos neste capítulo alguns ditados espontâneos que podem completar e confirmar os princípios contidos nesta obra. Poderíamos citar um número muito maior, mas nos limitamos àqueles que mais particularmente se relacionam com o futuro do espiritismo, com os médiuns e com as reuniões. Nós os oferecemos ao mesmo tempo como instrução e como modelos de comunicações realmente sérias. Finalizamos com algumas comunicações apócrifas, acompanhadas de observações apropriadas a fazê-las reconhecer.

SOBRE O ESPIRITISMO

I

"Tenham confiança na bondade de Deus e estejam suficientemente esclarecidos para compreender os preparativos da nova vida que Ele lhes destina. Não lhes será dado, é verdade, desfrutá-la nesta existência. Mas vocês não ficam felizes de, mesmo que não a revivam neste globo, poderem apreciar do alto a obra que começaram e que se desenvolverá sob seus olhos? Estejam encouraçados com uma fé sólida, e não hesitem diante dos obstáculos que parecem se erguer contra o edifício cujos fundamentos vocês estão assentando. As bases sobre as quais ele se apoia são sólidas: o Cristo aí assentou a primeira pedra. Coragem, pois, arquitetos do divino Mestre! Trabalhem, construam, e Deus coroará sua obra. Mas lembrem-se de que Cristo renega como seus discípulos os que só têm a caridade nos lábios. Não basta crer, é necessário sobretudo dar o exemplo da bondade, da boa vontade e do desinteresse. Sem isso, sua fé será estéril para vocês." (Santo Agostinho)

II

"O próprio Cristo preside os trabalhos de toda natureza que estão em vias de se realizar para lhes abrir a era da renovação e do aperfeiçoamento que lhes predizem os seus guias espirituais. E realmente, se vocês lançarem os olhos para além das manifestações espíritas, sobre os acontecimentos contemporâneos, reconhecerão decididamente os sinais prenunciadores que lhes provarão de maneira irrefutável que os tempos preditos chegaram. As comunicações se estabelecem entre todos os povos; as barreiras materiais são derrubadas, os obstáculos morais que se opõem à sua união, os preconceitos políticos e religiosos, se apagarão rapidamente, e o reino da fraternidade se estabelecerá enfim de maneira sólida e duradoura. Observem desde agora que os próprios soberanos, impelidos por uma mão invisível, tomam, coisa inaudita a vocês, a iniciativa das reformas. E as reformas que partem do alto, espontaneamente, são bem mais rápidas e duradouras do que as que procedem de baixo e que são arrancadas à força. Malgrado os preconceitos de infância e de educação, malgrado o culto da recordação, eu havia pressentido a época atual. Sou feliz por isso e mais feliz ainda por vir lhes dizer: Irmãos, coragem! Trabalhem por vocês e pelo futuro dos seus; trabalhem, sobretudo, para sua melhoria pessoal, e irão usufruir em sua primeira existência de uma felicidade da qual é tão difícil vocês fazerem uma ideia quanto é para mim lhes fazer compreendê-la." (Chateaubriand)

III

"Penso que o espiritismo é um estudo inteiramente filosófico das causas secretas, dos movimentos interiores da alma, pouco ou nada definidos até agora. Explica mais do que desvenda novos horizontes. A reencarnação e as provações sofridas antes de chegar ao objetivo supremo não são revelações, mas uma confirmação importante. Fico tocado com as verdades que esse *meio* traz à luz. Digo *meio* intencionalmente, pois, em meu entender, o espiritismo é uma alavanca que afasta as barreiras da cegueira. A atenção às questões morais ainda está para ser criada: discute-se a política que move os interesses gerais, discutem-se os interesses privados, apaixona-se pelo ataque ou pela defesa de personalidades, os sistemas têm seus partidários e detratores, mas as verdades morais, que são o pão da alma, o pão da vida, são deixadas na poeira acumulada dos séculos. Todos os aperfeiçoamentos são úteis aos olhos da massa, menos os da alma. Sua educação, sua elevação são quimeras que servem apenas para ocupar o tempo livre dos padres, dos poetas, das mulheres, seja como moda, seja como ensinamento.

"Se o *espiritismo* ressuscitar o *espiritualismo,* dará à sociedade o impulso que oferece a uns a dignidade interior, a outros a resignação, e a todos a necessidade de elevar-se para o Ser Supremo, esquecido e desconhecido por suas ingratas criaturas." (J.-J. Rousseau)

IV

"Se Deus envia os espíritos para instruir os homens, é com o fim de esclarecê-los sobre seus deveres, mostrar-lhes a estrada que pode abreviar suas provações, e dessa forma apressar seu progresso. Ora, assim como o fruto fica maduro, o homem também chegará à perfeição. Mas, ao lado dos espíritos bons que querem o bem de vocês, há também os espíritos imperfeitos que desejam seu mal. Enquanto uns os impelem para a frente, outros lhes puxam para trás. É em distingui-los que vocês devem concentrar toda sua atenção. O modo para isso é fácil: tratem simplesmente de compreender que nada do que vem de um espírito bom pode prejudicar a quem quer que seja, e que tudo o que for mau só pode vir de um espírito mau. Se não escutarem os sábios conselhos dos espíritos que querem seu bem, se vocês ferirem uns aos outros com as verdades que eles podem lhes dizer, é evidente que são espíritos maus que os aconselham. Só o orgulho pode impedir vocês de se verem como são; mas se não se veem por si mesmos, outros veem por vocês, de maneira que serão censurados por homens que rirão de vocês pelas costas, e pelos espíritos." (Um espírito familiar)

V

"A doutrina de vocês é bela e santa; o primeiro marco está plantado e solidamente plantado. Agora vocês só têm que marchar; o caminho que lhes foi aberto é grande e majestoso. Bem-aventurado é aquele que chegar ao porto, e quanto mais adeptos conquistar, mais lhe será computado. Mas, para isso, não se pode abraçar a doutrina com frieza; é preciso colocar ardor nesse compromisso, e esse ardor será duplicado, porque Deus está sempre com vocês, quando fazem o bem. Todos os que lhes conduzirem serão como ovelhas que voltam ao aprisco, pobres ovelhas que tinham se desgarrado! Acreditem, o mais cético, o mais ateu, o mais incrédulo, enfim, tem sempre um cantinho no coração que desejaria poder ocultar de si próprio. Pois bem: é nesse cantinho que se deve procurar, que se deve encontrar; é esse lado vulnerável que é preciso atacar; é uma pequena brecha deixada aberta expressamente por Deus para facilitar à sua criatura o meio de retornar ao Seu seio." (São Benedito)

VI

"Não se assustem com certos obstáculos, com certas controvérsias.

"Não atormentem ninguém com sua insistência; o convencimento só chegará aos incrédulos pelo desprendimento que vocês demontrarem, e por sua tolerância e sua caridade para com todos, sem exceção.

"Guardem-se, sobretudo, de violentar a opinião alheia com suas palavras ou com demonstrações públicas. Quanto mais modestos forem, mais farão com que o apreciem. Que nenhuma motivação pessoal os faça agir, e encontrarão em suas consciências uma força de atração que só o bem proporciona.

"Os espíritos, por ordem de Deus, trabalham para o progresso de todos, sem exceção. Vocês, espíritas, façam o mesmo." (São Luís)

VII

"Qual a instituição humana, ou mesmo divina, que não teve obstáculos a superar, cismas contra os quais foi preciso lutar? Se vocês só tivessem uma existência triste e moribunda, ninguém os atacaria, sabendo que devem sucumbir de um momento para outro; mas como sua vitalidade é forte e ativa, assim como a árvore espírita tem fortes raízes, supõem que ela poderá viver longo tempo, e tentam golpeá-la a machadadas. Que farão esses invejosos? Cortarão, quando muito, alguns ramos, que renascerão com nova seiva e serão mais fortes do que nunca." (Channing)

VIII

"Quero lhes falar sobre a firmeza que devem ter em seus trabalhos espíritas. Uma citação sobre esse assunto já lhes foi feita; eu os aconselho a estudá-la de todo coração, e aplicar seu espírito nela, pois, da mesma forma que São Paulo, vocês serão perseguidos, não em carne e osso, mas em espírito. Os incrédulos, os fariseus desta época hão de criticá-los, hão de escarnecer de vocês, mas nada temam – isso será uma provação que os fortalecerá se souberem entregar-se a Deus, e mais tarde verão seus esforços coroados de sucesso. Esse será um grande triunfo para vocês no dia da eternidade, sem esquecer que, já neste mundo, é um consolo para as pessoas que perderam parentes e amigos. Saber que eles são felizes, que podemos nos comunicar com eles, é uma felicidade. Marchem, pois, avante, cumpram a missão que Deus lhes dá, e ela será contada no dia em que aparecerem diante do Todo-Poderoso." (Channing)

IX

"Venho, eu, seu salvador e seu juiz; venho, como outrora entre os filhos desgarrados de Israel – venho trazer a verdade e dissipar as trevas. Escutem-me. O espiritismo, como outrora minha palavra, deve lembrar aos materialistas que acima deles reina a verdade imutável: o Deus bom, o Deus grande, que faz germinar as plantas e que agita as ondas. Eu revelei a divina doutrina; eu, como um ceifeiro, atei em feixes o bem disperso pela humanidade, e disse: 'Venham a mim todos os que sofrem!'.

"Mas os homens ingratos se desviaram do caminho reto e largo que conduz ao reino de meu Pai, e se perderam nos ásperos atalhos da impiedade. Meu pai não quer aniquilar a raça humana; Ele quer, não mais por meio de profetas, não mais por apóstolos, quer que se ajudem uns aos outros, mortos e vivos, quer dizer, mortos segundo a carne, pois a morte não existe, e que se socorram, e que a voz dos que não estão mais entre vocês se faça ouvir para clamar: 'Orem e creiam!', porque a morte é a ressurreição, e a vida, a provação escolhida durante a qual suas virtudes cultivadas devem crescer e se desenvolver como o cedro.

"Creiam nas vozes que lhes respondem: são mesmo as almas daqueles que vocês evocam. Eu só me comunico raramente. Meus amigos, os que assistiram minha vida e minha morte, são os intérpretes divinos dos desígnios de meu Pai.

"Homens fracos, que acreditam no erro de suas obscuras inteligências, não apaguem a chama que a clemência divina coloca em suas mãos para iluminar sua estrada e conduzi-los, filhos perdidos, ao colo de seu Pai.

"Eu lhes digo, em verdade, creiam na diversidade, na *multiplicidade* dos espíritos que os cercam. Estou muito tocado, com muita compaixão por suas misérias, por sua imensa fraqueza, para não estender uma mão protetora aos infelizes desgarrados que, vendo o céu, caem no abismo do erro. Creiam, amem, compreendam as verdades que lhes são reveladas; não misturem o joio com o trigo, as suposições com as verdades.

"Espíritas!, amem-se, eis o primeiro ensinamento; instruam-se, eis o segundo. Todas as verdades se encontram no cristianismo; os erros que nele fizeram raízes são de origem humana; e eis que, do além-túmulo que julgavam ser o nada, as vozes lhes clamam: Irmãos!, nada perece; Jesus Cristo é o vencedor do mal, sejam os vencedores da impiedade."

Observação. Essa comunicação, obtida por um dos melhores médiuns da Sociedade Espírita de Paris, é assinada por um nome que o respeito não nos permite reproduzir senão com muitas reservas, tão grande seria o insigne favor de sua autenticidade, e porque já se abusou muito desse nome em comunicações evidentemente apócrifas. Esse nome é o de Jesus de Nazaré. Não duvidamos absolutamente que ele possa se manifestar, mas se os espíritos verdadeiramente superiores só o fazem em circunstâncias excepcionais, a razão nos impede de aceitar que o espírito puro por excelência responda ao primeiro chamado; haveria, em todo caso, profanação em atribuir-lhe uma linguagem indigna dele.

É por essas considerações que sempre nos abstivemos de publicar qualquer coisa que trouxesse seu nome; e acreditamos que nunca é demais a prudência em relação a publicações desse tipo, que só têm autenticidade para o amor-próprio, e cujo menor inconveniente é fornecer armas aos adversários do espiritismo.

Como dissemos, quanto mais elevados são os espíritos na hierarquia, mais seu nome deve ser recebido com desconfiança; seria preciso uma grande dose de orgulho para se vangloriar do privilégio de suas comunicações, e para se acreditar digno de conversar com eles como se fossem seus iguais. Na comunicação acima, constatamos somente uma coisa: a superioridade incontestável da linguagem e dos pensamentos, deixando a cada um o cuidado de apreciar se aquele de quem ela traz o nome a rejeitaria ou não.

SOBRE OS MÉDIUNS

X

"Todos os homens são médiuns, todos têm um espírito que os dirige para o bem, quando sabem escutá-lo. Agora, que alguns se comuniquem diretamente com ele, através de uma mediunidade especial e outros só o escutem pela voz do coração e da inteligência, pouco importa – não deixa de ser seu espírito familiar que os aconselha. Chamem-no espírito, razão, inteligência, é sempre uma voz que responde à sua alma e lhes diz boas palavras. Acontece que nem sempre vocês as compreendem. Nem todos sabem agir de acordo com os conselhos da razão, essa razão que se arrasta e se enreda mais do que avança, essa razão que se perde em meio a interesses materiais e grosseiros, mas que eleva o homem acima de si mesmo, que o transporta para regiões desconhecidas; chama sagrada que inspira o artista e o poeta, pensamento divino que eleva o filósofo, impulso que arrebata os indivíduos e os povos, razão que o vulgo não pode compreender, mas que eleva o homem e o aproxima de Deus, mais que qualquer outra criatura, entendimento que sabe conduzi-lo do conhecido ao desconhecido, e o faz realizar os coisas mais sublimes. Escutem, pois, essa voz interior, esse bom gênio que lhes fala sem cessar, e progressivamente irão conseguindo ouvir o seu anjo guardião, que lhes estende a mão do alto do céu. Repito: a voz interior que fala ao coração é a dos espíritos bons, e é desse ponto de vista que todos os homens são médiuns." (Channing)

XI

"O dom da mediunidade é tão antigo quanto o mundo. Os profetas eram médiuns; os mistérios de Elêusis eram baseados na mediunidade; os caldeus, os assírios tinham médiuns; Sócrates era dirigido por um espírito que lhe inspirava os admiráveis princípios de sua filosofia; ele ouvia sua voz. Todos os povos tiveram seus médiuns, e as inspirações de Joana D'Arc não eram senão as vozes dos espíritos benfeitores que a dirigiam. Esse dom que hoje se expande tornou-se mais raro nos tempos medievais, mas jamais desapareceu. Swedenborg e seus adeptos tiveram uma escola numerosa. A França dos últimos séculos, sarcástica e ocupada por uma filosofia que, desejando destruir os abusos da intolerância religiosa, reduzia ao ridículo tudo quanto era ideal, a França iria afastar o espiritismo que não cessava de progredir no Norte. Deus permitiu essa luta de ideias positivas contra ideias espiritualistas, porque o fanatismo fez destas últimas sua arma. Agora que os progressos da indústria e das ciências desenvolveram a arte de bem viver a tal ponto que as tendências materiais se tornaram dominantes, Deus quer que os espíritos sejam reconduzidos aos interesses da alma. Ele quer que o aperfeiçoamento do homem moral se transforme naquilo que deve ser, isto é, na finalidade e no objetivo da vida. O espírito humano segue uma marcha necessária, à imagem da graduação pela qual passa tudo o que povoa o universo visível e invisível. Todo progresso chega a seu tempo: o da elevação moral chegou para a humanidade. Ela não alcançará sua plena realização em seus dias, mas agradeçam ao Senhor por assistirem à sua aurora bendita." (Pierre Jouty, pai do médium)

XII

"Deus me encarregou de uma missão a cumprir com os crentes que Ele favoreceu com o mediunato. Quanto mais graças eles recebem do Todo Altíssimo, mais correm perigos, e esses perigos são tanto maiores quanto surgem dos próprios favores que Deus lhes concede. As faculdades de que os médiuns usufruem atraem para eles os elogios dos homens, as felicitações, as adulações: eis seu obstáculo. Esses mesmos médiuns que deveriam ter sempre presente na memória sua incapacidade primitiva a esquecem. Fazem mais: isso que não devem senão a Deus, atribuem ao seu próprio mérito. O que acontece, então? Os espíritos bons os abandonam, eles se tornam joguetes dos maus, e não têm mais bússola para se guiar. Quanto mais capazes se tornam, mais são levados a se atribuir um mérito que não lhes pertence, até que Deus os puna, retirando-lhes uma faculdade que só pode lhes ser fatal.

"Nunca é demais lembrá-los de se recomendarem ao seu anjo guardião, para que ele os ajude a estar sempre vigilantes contra seu mais cruel inimigo, que é o orgulho. Lembrem-se bem, vocês que têm a felicidade de ser intérpretes entre os espíritos e os homens, que sem o apoio de nosso divino Mestre vocês serão punidos mais severamente, porque foram mais favorecidos.

"Espero que esta comunicação traga seus frutos, e desejo que possa ajudar os médiuns a se manterem em guarda para o obstáculo contra o qual poderiam se partir. Esse obstáculo, já lhes disse, é o orgulho." (Joana D'Arc)

XIII

"Quando quiserem receber comunicações de espíritos bons, preparem-se para essa graça através do recolhimento, das boas intenções e do desejo de fazer o bem em vista do progresso geral; lembrem-se de que o egoísmo é uma causa de retardo para qualquer avanço. Lembrem-se de que, se Deus permite a alguns de vocês receber o sopro de certos filhos Seus que, por sua conduta, souberam merecer a ventura de compreender Sua infinita bondade, é porque deseja, por solicitação nossa e em vista das boas intenções de vocês, dar-lhes os meios de avançarem nesse caminho. Assim, pois, médiuns, aproveitem essa faculdade que Deus quis por bem lhes conceder! Tenham fé na mansuetude de nosso Mestre; ponham a caridade sempre em prática; nunca deixem de praticar essa virtude sublime, bem como a tolerância. Ter suas ações sempre em harmonia com sua consciência é um meio certo de centuplicar sua felicidade nesta vida passageira, e de preparar uma existência mil vezes mais doce ainda.

"O médium entre vocês que não se sinta com forças para perseverar no ensinamento espírita, que se abstenha. Não tornando proveitosa a luz que o ilumina, será menos desculpado do que um outro, e deverá expiar sua cegueira." (Pascal)

XIV

"Hoje lhes falarei do despreendimento, que deve ser uma das qualidades essenciais dos médiuns, assim como a modéstia e a abnegação. Deus lhes deu essa faculdade a fim de que ajudem a propagar a verdade, e não para fazerem dela um comércio; e com isso não penso somente nos que desejariam explorá-la como fariam com um talento comum, como outros fazem com a dança ou o canto, mas penso em todos os que pretendessem se servir dela com quaisquer fins interesseiros. É racional imaginar que espíritos bons, e mais ainda espíritos superiores que condenam a cupidez, consintam em participar de espetáculos e, como comparsas, se ponham à disposição de um empresário de manifestações espíritas? É tão irracional quanto supor que espíritos bons possam favorecer as intenções de orgulho e de ambição. Deus lhes permite comunicarem-se com os homens para tirá-los do lamaçal terreno, e não para servirem de instrumento às paixões mundanas. Ele não pode, pois, ver com prazer os que desviam de seu verdadeiro objetivo o dom que Ele lhes concedeu, e eu lhes asseguro que serão punidos por isso, mesmo neste mundo, com as mais amargas decepções." (Delphine de Girardin)

XV

"Todos os médiuns, incontestavelmente, são chamados a servir à causa do espiritismo, na medida de sua faculdade, mas são poucos os que não se deixam apanhar pela armadilha do amor-próprio; é uma pedra de toque que raramente falha: entre cem médiuns, apenas se encontrará um, quando muito, que não tenha julgado, nos primeiros tempos de sua mediunidade, ser chamado a obter resultados superiores, e ser predestinado a grandes missões. Os que sucumbem a essa vaidosa esperança, e seu número também é grande, tornam-se presa inevitável de espíritos obsessores, que não tardam a subjugá-los, adulando-lhes o orgulho e apanhando-os pelo seu lado fraco. Quanto mais eles pretendem se elevar, mais sua queda é ridícula, quando não for desastrosa para eles. As grandes missões são confiadas somente aos homens de elite, e é Deus que os coloca, Ele próprio e sem que eles o procurem, no meio e na posição em que sua participação possa ser eficaz. Nunca será demais recomendar aos médiuns inexperientes que desconfiem daquilo que certos espíritos poderão lhes dizer, no tocante ao pretenso papel que são chamados a exercer; porque, se os levarem a sério, só recolherão desapontamento neste mundo, e um severo castigo no outro. Que se convençam bem de que, mesmo na esfera modesta e obscura onde estão colocados, podem prestar grandes serviços ajudando a converter os incrédulos ou dando consolo aos aflitos. Se tiverem que sair disso, serão conduzidos por uma mão invisível, que preparará seus caminhos, colocando-os em evidência a despeito de si mesmos, por assim dizer. Que se lembrem destas palavras: 'Quem se elevar será rebaixado, e quem se rebaixar será elevado'." (O Espírito de Verdade)

SOBRE AS REUNIÕES ESPÍRITAS

Nota. Entre as comunicações que seguem, algumas foram dadas na Sociedade Parisiense de Estudos Espíritas ou em sua intenção, outras, que nos foram transmitidas por médiuns diversos, contêm conselhos gerais sobre as reuniões, sua organização e as dificuldades que podem enfrentar.

XVI

"Por que vocês não começam suas sessões com uma invocação geral, uma espécie de prece que iria predispor ao recolhimento? Pois saibam que, sem recolhimento, só terão comunicações levianas; os espíritos bons só vão aonde são chamados com fervor e sinceridade; isso não é compreendido devidamente; cabe, pois, a vocês dar o exemplo – vocês que, se quiserem, podem se tornar uma das colunas do novo edifício. Vemos seus trabalhos com prazer e os ajudamos, mas com a condição de nos ajudarem de sua parte, e que se mostrem à altura da missão que foram chamados a cumprir. Formem, pois, um feixe, e serão fortes, e os espíritos maus não prevalecerão contra vocês. Deus ama os simples de espírito, o que não quer dizer os néscios, mas os que renunciam a si mesmos e vêm a Ele sem orgulho. Vocês podem se tornar um farol para a humanidade. Saibam, então, distinguir o joio do trigo. Semeiem apenas o trigo e evitem espalhar o joio, porque o joio impedirá que o trigo germine, e vocês serão responsáveis por todo mal que aquele fizer; da mesma forma, serão responsáveis pelas más doutrinas que possam ter propagado. Lembrem-se de que um dia o mundo pode voltar os olhos para vocês; então, façam com que nada manche o brilho das boas coisas que sairão de seu seio; é por isso que lhes recomendamos orar a Deus para assisti-los." (Santo Agostinho)

Santo Agostinho, solicitado a ditar uma fórmula de invocação geral, respondeu:

"Vocês sabem que não há fórmula absoluta: Deus é muito grande para dar mais importância às palavras do que ao pensamento. Ora, não acreditem que basta pronunciar algumas palavras para afastar os espíritos maus; guardem-se sobretudo de usar essas fórmulas banais que se recitam por desencargo de consciência; a eficácia da invocação está na sinceridade do sentimento que a dita; está sobretudo na unanimidade da intenção, pois aqueles que não se unirem de coração não serão beneficiados nem beneficiarão aos outros. Redijam-na, pois, vocês mesmos, e submetam-na a mim, se quiserem. Eu os ajudarei."

Nota. A fórmula de invocação geral a seguir foi redigida com o concurso do espírito, que a completou em vários pontos:

"Rogamos a Deus todo-poderoso que nos envie espíritos bons para nos assistir e que afaste os que poderiam nos induzir ao erro. Dê-nos a luz necessária para distinguir a verdade da falsidade.

"Afaste também os espíritos maléficos que poderiam lançar a desunião entre nós, suscitando a inveja, o orgulho e o ciúme. Se alguns tentarem introduzir-se aqui, em nome de Deus suplicamos que se retirem.

"Espíritos bons que presidem os nossos trabalhos, rogamos que venham nos instruir e nos tornar dóceis aos seus conselhos. Façam com que todo sentimento pessoal desapareça em nós, ante o pensamento do bem geral.

"Rogamos especialmente a..., nosso protetor particular, para nos dar sua ajuda no dia de hoje."

XVII

"Meus amigos, deixem-me lhes dar um conselho, pois estão marchando sobre um terreno novo e, se seguirem o caminho que lhes indicamos, não se perderão. Disseram-lhes uma coisa muito verdadeira e que queremos lembrar: é que o espiritismo é somente uma moral e que não deve sair dos limites da filosofia, nada ou pouco, se não quiser cair no domínio da curiosidade. Deixem de lado as questões científicas: a missão dos espíritos não é resolvê-las, poupando-lhes o trabalho das pesquisas; mas antes tratem de se tornar melhores, pois é assim que realmente avançarão." (São Luís)

XVIII

"Zombaram das mesas girantes, mas jamais zombarão da filosofia, da sabedoria e da caridade que reluzem nas comunicações sérias. Aquelas foram o vestíbulo da ciência; ao entrar aí, devemos deixar os preconceitos, como se deixa um casaco. Mas nunca é demais engajá-los a fazerem de suas reuniões um centro sério. Que em outros lugares se façam demonstrações físicas, que em outros lugares se observe, que em outros lugares se ouça – *que entre vocês se compreenda e se ame.* O que vocês pensam ser aos olhos dos espíritos superiores quando fizeram girar ou erguer uma mesa? Colegiais. O sábio passa seu tempo a repetir o abecê da ciência? Ao passo que, vendo-os procurar comunicações sérias, eles os consideram como homens sérios, em busca da verdade." (São Luís)

Tendo-se perguntado a São Luís se ele queria com isso censurar as manifestações físicas, ele respondeu:

"Eu não poderia censurar as manifestações físicas, posto que, se ocorrem, é com a permissão de Deus e com um objetivo útil. Ao dizer que foram o vestíbulo da ciência, assinalei seu verdadeiro lugar, e constato sua utilidade. Não censuro senão os que fazem delas objeto de divertimento e curiosidade, sem delas tirar o ensinamento consequente. Elas são para a filosofia espírita o que a gramática é para a literatura, e aquele que chegou a certo grau numa ciência não perde mais tempo em repassar suas partes elementares."

XIX

"Meus amigos e crentes fiéis, sinto-me sempre feliz em poder dirigi-los na senda do bem. É uma doce missão que Deus me dá e da qual me orgulho, porque ser útil é sempre uma recompensa. Que o espírito de caridade os reúna, tanto a caridade que dá como aquela que ama. Mostrem-se pacientes com as injúrias de seus detratores, sejam firmes no bem e, sobretudo, humildes perante Deus. Somente a humildade eleva: ela é a única grandeza que Deus reconhece. Somente assim os espíritos bons virão a vocês; do contrário, os do mal se apoderarão de suas almas. Sejam benignos em nome do Criador e crescerão aos olhos dos homens, ao mesmo tempo que aos de Deus." (São Luís)

XX

"A união faz a força; sejam unidos para serem fortes. O espiritismo germinou, lançou raízes profundas e vai estender sobre a terra sua ramagem benfazeja. É preciso que vocês se tornem invulneráveis contra os dardos envenenados da calúnia e da falange obscura de espíritos ignorantes, egoístas e hipócritas. Para chegar a isso, que uma indulgência e uma boa vontade recíprocas presidam suas relações; que os defeitos dos outros passem despercebidos, e que somente suas qualidades sejam notadas. Que a chama da santa amizade reúna, ilumine e aqueça seus corações. Assim resistirão aos ataques impotentes do mal, como o rochedo inabalável resiste às ondas furiosas." (São Vicente de Paulo)

XXI

"Meus amigos, vocês querem formar uma reunião espírita, e eu os aprovo, porque os espíritos não podem ver com prazer os médiuns que permanecem no isolamento. Deus não lhes concedeu essa faculdade sublime para eles somente, mas para o bem geral. Comunicando-se com outros, eles têm mil ocasiões de se esclarecer quanto ao mérito das comunicações que recebem, ao passo que sozinhos estão mais sujeitos ao domínio dos espíritos mentirosos, que ficam radiantes por não sofrer nenhum controle. Eis o que tenho a dizer para vocês, e, se não estiverem dominados pelo orgulho, compreenderão e aproveitarão. Eis agora para os outros.

"Vocês se dão conta do que é uma reunião espírita? Não, porque em seu zelo, pensam que o melhor a fazer é reunir o maior número de pessoas, a fim de convencê-las. Desenganem-se disso; quanto menos pessoas, mais obterão. É sobretudo pela ascendência moral que vocês exercem que reconduzirão junto a si os incrédulos, muito mais do que através dos fenômenos que obtiverem. Se apenas os atraírem por meio de fenômenos, eles virão assistir por curiosidade, e vocês encontrarão curiosos que não acreditarão e ainda rirão de vocês; agora, se entre vocês só houver pessoas dignas de estima, talvez não acreditem imediatamente, mas os respeitarão, e o respeito sempre inspira confiança. Se estão convencidos de que o espiritismo deve levar a uma reforma moral, que sua reunião seja a primeira a dar o exemplo das virtudes cristãs, pois, nestes tempos de egoísmo, é nas sociedades espíritas que a verdadeira caridade deve encontrar refúgio[57]. Assim deve ser, meus amigos, uma reunião de verdadeiros espíritas. Uma outra vez, eu lhes darei outros conselhos." (Fénelon)

XXII

"Vocês me perguntaram se a multiplicidade dos grupos numa mesma localidade não poderia provocar rivalidades prejudiciais à doutrina. A isso lhes responderei que aqueles que estiverem imbuídos dos verdadeiros princípios dessa doutrina verão irmãos em todos os espíritas, e não rivais. Aqueles que vissem outras reuniões com olhos invejosos provariam ter segundas intenções, de interesse ou de amor-próprio, e não serem guiados pelo amor à verdade. Eu lhes asseguro que, se pessoas assim estivessem entre vocês, semeariam logo a perturbação e a desunião. O verdadeiro espiritismo tem por divisa *boa vontade e caridade*. Ele exclui toda rivalidade que não seja a do bem que se pode fazer. Todos os grupos que inscreverem essa sentença em sua bandeira poderão dar-se as mãos como bons vizinhos, que não são menos amigos por não morarem na mesma casa. Os que pretendessem ter os melhores espíritos como guia deveriam comprovar isso mostrando os melhores sentimentos. Que haja luta, pois, entre eles, mas uma luta de grandeza de alma, de abnegação, de bondade e humildade. Aquele que atirasse uma pedra no outro provaria, só com isso, estar sendo instigado por espíritos maus. A natureza dos sentimentos que dois homens manifestam um pelo outro é a pedra de toque que faz conhecer a natureza dos espíritos que os assistem." (Fénelon)

XXIII

"O silêncio e o recolhimento são as condições essenciais para todas as comunicações sérias. Vocês jamais as obterão daqueles que se sentem atraídos para suas reuniões somente por curiosidade; devem se engajar, portanto, em que os curiosos procurem outro lugar para se entreter, porque sua diversão seria causa de perturbação.

"Vocês não devem tolerar nenhuma conversa quando os espíritos são questionados. Às vezes há comunicações que exigem réplicas sérias de sua parte e

57 Conhecemos um senhor que foi aceito num emprego de confiança, em uma casa importante, porque era um espírita sincero, pois acreditaram ter uma garantia de moralidade em sua crença. (Nota de Kardec)

respostas não menos sérias por parte dos espíritos evocados, os quais se sentem, acreditem, aborrecidos com os contínuos cochichos de certos assistentes. Assim, nada virá de completo nem de realmente sério. O médium que escreve sente, também ele, as distrações como bastante nocivas ao seu trabalho." (São Luís)

XXIV

"Eu lhes falarei sobre a necessidade de manter a maior harmonia em suas sessões, isto é, evitar qualquer confusão, qualquer divergência de ideias. A divergência favorece a substituição dos bons espíritos pelos maus e, então, quase sempre são estes últimos que respondem às perguntas propostas. Por outro lado, numa reunião composta de indivíduos diversos e desconhecidos uns dos outros, como evitar as ideias contraditórias, a distração ou, pior ainda, uma vaga e zombeteira indiferença? O meio de conseguir isso, eu desejaria encontrá-lo, eficaz e garantido. Talvez seja encontrado na concentração dos fluidos dispersos em torno dos médiuns. Somente eles, e sobretudo os que são estimados, retêm os espíritos bons na assembleia, mas sua influência basta apenas para dissipar a turba de espíritos levianos. O trabalho de exame das comunicações é muito recomendado; nunca é demais se aprofundar nas perguntas e, sobretudo, nas respostas. O erro é fácil, mesmo para os espíritos animados das melhores intenções; a lentidão da escrita, durante a qual o espírito se desvia do assunto (que ele consome tão logo o concebe), a inconstância, a indiferença por certas formas convencionais, todas essas razões e muitas outras tornam obrigatório, para vocês, ter uma confiança restritiva nas comunicações que recebem, sempre sujeitas a exame, mesmo quando se tratar das comunicações mais autênticas." (George, espírito familiar)

XXV

"Com que objetivo, na maior parte do tempo, vocês pedem comunicações aos espíritos? Para ter belas peças que exibirão aos seus conhecidos como amostras de nosso talento, e que conservarão zelosamente em seus álbuns, mas que não têm lugar em seus corações? Creem que ficamos lisonjeados por comparecer a suas assembleias como a um concurso, realizando embates de eloquência para que possam dizer que a sessão foi 'muito interessante'? É o que acontece quando recebem uma comunicação admirável? Acreditam que viemos procurar seus aplausos? Desenganem-se: não gostamos de agradá-los nem de uma nem de outra forma. De sua parte, é ainda a curiosidade que os impele, e procuram dissimulá-la em vão; já nosso objetivo é torná-los melhores. Ora, quando vemos que nossas falas não causam efeito e que tudo se reduz, de sua parte, a um teste estéril, vamos procurar almas mais brandas; deixamos, então, que venham em nosso lugar espíritos que gostam muito de falar, e eles não faltam. Vocês então se admiram por deixarmos que tomem nosso nome; mas o que lhes importa, se tanto faz para vocês? Saibam, contudo, que não permitiríamos isso com aqueles que realmente nos interessam, isto é, com quem não perdemos nosso tempo. Esses são nossos preferidos e os preservamos da mentira. Não se queixem, pois, senão de si mesmos se são tão frequentemente enganados. Para nós, o homem sério não é aquele que se abstém de rir, mas aquele cujo coração é tocado por nossas palavras, aquele que medita sobre elas e que as aproveita." (Massillon)

(Ver também nº 268, questões 19 e 20.)

XXVI

"O espiritismo deveria ser um escudo contra o gênio de discórdia e dissensão; mas essa mentalidade, em todos os tempos, tem agitado sua tocha sobre os seres humanos, porque inveja a bem-aventurança dos que buscam a paz e a união. Espíritas!, esse gênio poderá penetrar em suas assembleias e, não duvidem, procurará semear nelas o desafeto, mas serão impotentes contra aqueles animados pela verdadeira caridade. Ponham-se, portanto, em guarda e vigiem sem cessar a porta de seu coração, bem como a de suas reuniões, para aí não deixar penetrar o inimigo. Se seus esforços são insuficientes contra aqueles de fora, sempre dependerá de vocês impedir-lhes o acesso à sua alma. Se as dissensões aumentam entre vocês, só poderiam ser suscitadas por espíritos maus, pois os que têm em mais alto grau o sentimento dos deveres impostos pela civilidade, assim como pelo verdadeiro espiritismo, se mostrarão os mais pacientes, os mais dignos e os mais convenientes. Os espíritos bons podem, às vezes, permitir essas lutas para oferecer aos sentimentos bons e ruins a ocasião de se revelar, a fim de separar o joio do trigo. Eles estarão sempre ao lado dos que tiverem mais humildade e verdadeira caridade." (São Vicente de Paulo)

XXVII

"Rejeitem impiedosamente todos esses espíritos que querem se fazer seus conselheiros exclusivos, pregando a divisão e o isolamento. São quase sempre espíritos vaidosos e medíocres, que procuram se impor aos homens fracos e crédulos, prodigalizando-lhes louvores exagerados a fim de fasciná-los e mantê-los sob seu domínio. São geralmente espíritos famintos de poder, que, tendo sido déspotas políticos ou privados quando vivos, querem ainda vítimas para tiranizar após sua morte. Desconfiem das comunicações que revelam um caráter de misticismo e estranheza, ou que prescrevam cerimônias e ritos bizarros. Nisso há sempre um motivo legítimo de suspeita.

"Por outro lado, podem acreditar que, quando uma verdade deve ser revelada à humanidade, ela é comunicada instantaneamente em todos os grupos sérios, por assim dizer, aqueles que possuem médiuns sérios, e não a este ou àquele em particular, com exclusão de todos os demais. Ninguém é médium perfeito se estiver obsidiado, e há obsessão manifesta quando um médium só pode receber comunicações de um espírito específico, por mais alto que este tente colocar a si mesmo. Em consequência, todo médium e todo grupo que se acreditem privilegiados por comunicações que só eles podem receber, e que, por outro lado, estão submetidos a práticas que beiram a superstição, estão inegavelmente sob uma obsessão bem caracterizada, sobretudo quando o espírito dominador se vangloria de um nome que todos, espíritos e encarnados, devem honrar e respeitar, e não deixar que abusem dele por qualquer motivo.

"É incontestável que, submetendo ao crivo da razão e da lógica todos os dados e todas as comunicações dos espíritos, será fácil repelir o absurdo e o erro. Um médium pode estar fascinado, um grupo, enganado, mas o controle severo de outros grupos, o conhecimento adquirido, a elevada autoridade moral dos líderes de grupos e as comunicações dos médiuns que recebem o selo da lógica e da autenticidade de nossos melhores espíritos farão rapidamente justiça a esses ditados mentirosos e astuciosos provenientes de uma turba de espíritos enganadores e maléficos." (Erasto, discípulo de São Paulo)

Observação. Uma das características distintivas desses espíritos que querem se impor e fazer com que se aceitem suas ideias bizarras e sistemáticas é pretenderem ter razão contra todo mundo, como se fossem os únicos a poder aconselhar. Sua tática é evitar a discussão, e quando se veem combatidos vitoriosamente pelas armas irresistíveis da lógica, recusam-se desdenhosamente a responder e orientam seus médiuns a afastar-se dos centros onde suas ideias não sejam acolhidas. Esse isolamento é o que há de mais fatal para os médiuns, porque então sofrerão, sem contrapeso, o jugo desses espíritos obsessores que frequentemente os conduzem, como a cegos, para caminhos perniciosos.

XXVIII

"Os falsos profetas não estão somente entre os encarnados. Estão também, e em número muito maior, entre os espíritos orgulhosos que, sob a falsa aparência do amor e da caridade, semeiam a desunião e retardam a obra de emancipação da humanidade, lançando a torto e direito seus sistemas absurdos, que antes fazem com que seus médiuns aceitem. Para melhor fascinar aqueles de quem querem se aproveitar, para dar mais peso a suas teorias, envolvem sem escrúpulos nomes que os homens só pronunciam com respeito, como os de santos venerados com justiça, o de Jesus, de Maria e do próprio Deus.

"São eles que semeiam os fermentos do antagonismo entre os grupos, que os impelem a se isolar uns dos outros e a se ver com maus olhos. Só isso já bastaria para desmascará-los, pois, agindo assim, eles mesmos dão o mais formal desmentido ao que pretendem ser. Cegos, pois, são os homens que se deixam apanhar em uma armadilha tão grosseira.

"Mas há muitos outros meios de reconhecê-los. Os espíritos da ordem à qual dizem pertencer devem ser não só muito bons, mas, além disso, eminentemente lógicos e racionais. Pois bem: passem os sistemas deles na peneira da razão e do bom-senso, e verão o que restará. Assim, vocês hão de concordar comigo que toda vez que um espírito indica como remédio para os males da humanidade, ou como meio de atingir sua transformação, medidas utópicas e impraticáveis, medidas pueris e ridículas, ou quando formula um sistema que contradiz as noções mais elementares da ciência, não pode ser senão um espírito ignorante e mentiroso.

"Por outro lado, lembrem-se de que, se a verdade nem sempre é apreciada pelos indivíduos, sempre o será pelo bom-senso das massas, e esse é também um critério. Se dois princípios se contradizem, vocês terão a medida de seu valor intrínseco vendo qual deles encontra mais eco e simpatia. Seria lógico admitir que uma doutrina que vê diminuir o número de seus adeptos é mais verdadeira que outra cujo número aumenta? Deus, querendo que a verdade chegue a todos, não a confina a um círculo estreito e restrito: Ele a faz surgir de diferentes pontos, a fim de que, por toda parte, a luz esteja ao lado das trevas." (Erasto)

Observação. A melhor garantia de que um princípio é a expressão da verdade se dá quando é ensinado por diferentes espíritos, através de médiuns desconhecidos uns dos outros, em diferentes lugares, e quando, além disso, é confirmado pela razão e sancionado pela adesão do maior número. Só a verdade pode fazer uma doutrina criar raízes. Um sistema errôneo pode muito bem recrutar alguns adeptos, mas, como lhe falta a primeira condição que o faria duradouro, não tem senão uma existência efêmera. Por isso não há motivo para se inquietar: ele se acaba com seus próprios erros, e cairá inevitavelmente diante da poderosa arma da lógica.

COMUNICAÇÕES APÓCRIFAS

Frequentemente há comunicações tão absurdas, embora assinadas pelos nomes mais respeitáveis, que mesmo o mais vulgar bom-senso demonstra sua falsidade. Mas há aquelas em que o erro é dissimulado por coisas boas que às vezes iludem e impedem de percebê-lo à primeira vista; no entanto, não conseguiriam resistir a um exame sério. Citaremos apenas algumas como amostra.

XXIX

[Comunicação apócrifa]

"A criação perpétua e incessante dos mundos é para Deus como um prazer perpétuo, porque Ele vê sem cessar seus raios se tornarem cada dia mais luminosos em felicidade. Não há número para Deus, como não há tempo. Eis porque centenas ou milhões não são mais nem menos para Ele, tanto um que o outro. É um pai, cuja felicidade é formada da felicidade coletiva de seus filhos, e a cada segundo da criação, vê uma nova felicidade vir se fundir na felicidade geral. Não há parada nem suspensão nesse movimento perpétuo, essa grande felicidade incessante que fecunda a terra e o céu. Do mundo, não conhecemos senão uma fraca fração, e vocês têm irmãos que vivem sob latitudes onde o homem ainda não conseguiu penetrar. Que significam esses calores torreficantes [*sic*] e esses frios [*sic*] mortais que param os esforços dos mais audaciosos? Vocês acreditam simplesmente que ali seja o limite de seu mundo, quando vocês não podem mais avançar com seus pequenos meios? Vocês poderiam então medir precisamente seu planeta? Não acreditem nisso. Existem em seu planeta mais lugares ignorados que lugares conhecidos. Mas como é inútil propagar ainda mais todas as suas instituições más, as suas leis más, ações e existências, há um limite que os detém aqui e aí, e que os deterá até que tenham transportado as boas sementes que fizeram [*sic*] seu livre-arbítrio. Oh, não, vocês não conhecem este mundo que chamam de Terra. Verão em sua existência um grande começo de provas desta comunicação. Eis que a hora vai soar onde haverá outra descoberta que a última que foi feita; eis que vai se alargar o círculo da sua Terra conhecida, e quando toda a imprensa cantará essa hosana em todas as línguas, vocês, pobres crianças, que amam a Deus e procuram sua voz, vocês terão sabido antes aqueles que darão seu nome à nova Terra." (Vicente de Paulo)

Observação. Do ponto de vista do estilo, essa comunicação não suporta um exame: as incorreções, os pleonasmos, os volteios viciosos saltam aos olhos de quem quer que seja um pouco letrado; mas isso não provaria nada contra o nome com que é assinada, tendo em vista que essas imperfeições poderiam provir de insuficiência do médium, como já demonstramos. O que é do espírito é a ideia. Ora, quando ele diz que há em nosso planeta mais lugares ignorados do que lugares conhecidos, e que um novo continente vai ser descoberto, isso, para um espírito que se diz superior, é dar prova da mais profunda ignorância. Não há dúvida de que se podem descobrir, para além das regiões geladas, alguns rincões de terra ainda desconhecidos, mas dizer que essas terras são povoadas e que Deus as ocultou dos homens para que aí não levassem suas más instituições é ter demasiada fé na confiança cega daqueles para quem matraqueiam semelhantes absurdos.

XXX

"Meus filhos, nosso mundo material e o mundo espiritual, que ainda tão poucos conhecem, formam como dois pratos da balança perpétua. Até aqui nossas religiões, nossas leis, nossos costumes e nossas paixões fizeram de tal forma pender o prato do mal, levantando o do bem, que temos visto o mal reinar soberano sobre a Terra. Há séculos é sempre o mesmo lamento que exala da boca do homem, e a conclusão fatal é a injustiça de Deus. Há até os que chegam à negação da existência de Deus. Vocês veem tudo aqui e nada lá; veem o supérfluo que choca a necessidade, o ouro que brilha junto à lama, todos os contrastes mais chocantes, que deveriam lhes provar sua dupla natureza. De onde vem isso? De quem é a culpa? Eis o que é preciso procurar com tranquilidade e imparcialidade; quando se deseja sinceramente encontrar um bom remédio, ele é encontrado.

Então: malgrado esse domínio do mal sobre o bem, por culpa de vocês mesmos, não veem o resto seguir reto a linha traçada por Deus? Vocês veem as estações sair de lugar? O calor e o frio se chocarem extemporaneamente? A luz do sol esquecer-se de iluminar a Terra? A Terra esquecer em seu seio os grãos que o homem ali depositou? Veem cessar os mil milagres perpétuos que se produzem sob nossos olhos, desde o nascimento do broto de erva até o nascimento da criança, futuro homem? Mas tudo vai bem do lado de Deus, tudo vai mal do lado do homem. Qual o remédio para isso? É bem simples: reaproximar-se de Deus, amar-se, unir-se, entender-se e seguir tranquilamente a estrada cujos marcos se veem com os olhos da fé e da consciência." (Vicente de Paulo)

Observação. Esta comunicação foi obtida no mesmo círculo da anterior, mas que diferença da precedente! Não somente pelos pensamentos, mas ainda pelo estilo. Tudo aí é justo, profundo, sensato, e certamente São Vicente de Paulo não a desaprovaria; eis porque se pode sem receio atribuí-la a ele.

XXXI

[Comunicação apócrifa:]

"Vamos, filhos, cerrem suas fileiras! Quer dizer: que sua firme união faça a sua força. Vocês que trabalham na fundação do grande edifício, velem e trabalhem sempre para consolidar sua base, e então poderão subi-lo bem alto, bem alto! A progressão é imensa em todo o nosso globo. Uma quantidade inumerável de prosélitos se postam sob nossa bandeira. Muitos céticos e mesmo os mais incrédulos se aproximam, se aproximam também.

"Avante, filhos, marchem com o coração erguido, cheio de fé. A estrada que seguem é bela; não afrouxem. Sigam sempre a linha reta, sirvam de guias aos que vêm atrás de vocês. Eles serão felizes, muito felizes!

"Marchem, filhos! Vocês não precisam da força das baionetas para sustentar sua causa, precisam apenas da fé. A crença, a fraternidade e a união: eis suas armas. Com elas vocês são fortes, mais poderosos do que todos os potentados do universo reunidos, não obstante seus exércitos, suas frotas, seus canhões e suas metralhadoras!

"Vocês que combatem pela liberdade dos povos e pela regeneração da grande família humana, avante, filhos, coragem e perseverança, Deus os ajudará. Boa noite, até logo." (Napoleão)

Observação. Napoleão foi, em vida, um homem grave e sério como poucos o foram. Todos conhecem seu estilo breve e conciso. Ele teria se degenerado estranhamente após sua morte se tivesse se tornado verborrágico e burlesco. Esta comunicação talvez seja do espírito de algum soldado que se deu o nome de Napoleão.

XXXII

[Comunicação apócrifa:]

"Não, não se pode mudar de religião quando não se tem uma que possa ao mesmo tempo satisfazer o senso comum e a inteligência que se tem, e sobretudo que possa dar ao homem consolações presentes. Não, não se muda de religião, cai-se da inépcia e da dominação na sabedoria e na liberdade. Avante, avante, nosso pequeno exército! Avante, e não temam as balas inimigas: aquelas que devem matá-los não foram feitas ainda, se vocês estiverem sempre do fundo do coração no caminho de Deus, isto é, se quiserem sempre combater pacífica e vitoriosamente pelo conforto e pela liberdade." (Vicente de Paulo)

Observação. Quem reconheceria São Vicente de Paulo com essa linguagem, com esses pensamentos desconexos e desprovidos de sentido? O que significam estas palavras: "Não, não se muda de religião, cai-se da inépcia e da dominação na sabedoria e na liberdade. Com suas balas que ainda não foram feitas"? Suspeitamos muito que esse espírito é o mesmo que antes assinou *Napoleão*.

XXXIII

[Comunicação apócrifa]

"Filhos de minha fé, cristãos de minha doutrina esquecida pelos interesses das ondas de filosofia dos materialistas, sigam-me pelo caminho da Judeia, sigam a paixão de minha vida, contemplem meus inimigos agora, vejam meus sofrimentos, meus tormentos e meu sangue derramado pela minha fé.

"Filhos, espiritualistas da minha nova doutrina, estejam prontos para suportar, para enfrentar as ondas da adversidade, os sarcasmos de seus inimigos. A fé caminhará sem cessar, seguindo sua estrela, que os levará ao caminho da felicidade eterna, como a estrela conduziu pela fé os magos do Oriente à manjedoura. Quaisquer que sejam suas adversidades, quaisquer que sejam seus sofrimentos e as lágrimas que terão derramado nessa esfera de exílio, tenham coragem, estejam persuadidos de que a alegria que os inundará no mundo dos espíritos estará muito acima dos tormentos de sua existência passageira. O vale de lágrimas é um vale que deve desaparecer para dar lugar ao brilhante salão da alegria, da fraternidade e da união, onde, por sua obediência à santa revelação, vocês chegarão. A vida, meus caros irmãos desta esfera terrestre, inteiramente preparatória, não pode durar senão o tempo necessário para viver bem preparado para esta vida que não poderá jamais terminar. Amem-se, amem-se como eu os amei e amo ainda. Irmãos, coragem, irmãos! Eu os abençôo; no céu os espero." (Jesus)

"Destas brilhantes e luminosas regiões onde o pensamento humano pode com dificuldade chegar, o eco de suas palavras e das minhas veio atingir meu coração.

"Oh!, de que alegria me sinto inundado ao vê-los, a vocês, continuadores de minha doutrina. Não, nada se aproxima do testemunho de seus bons pensamentos! Vocês a veem, filhos, a ideia regeneradora lançada por mim outrora no mundo, perseguida, retida um momento sob a pressão dos tiranos, indo agora, sem obstáculos, iluminar os caminhos da humanidade tão longo tempo mergulhada nas trevas.

"Todo sacrifício grande e desinteressado, meus filhos, cedo ou tarde produz seus frutos. Meu martírio o provou a vocês; meu sangue derramado por minha doutrina salvará a humanidade e apagará as faltas dos grandes culpados!

"Sejam benditos, vocês que hoje tomam lugar na família regenerada! Avante! Coragem, filhos!" (Jesus)

Observação. Sem dúvida não há nada de mau nessas duas comunicações, mas o Cristo alguma vez teve essa linguagem pretensiosa, afetada e empolada? Que a comparemos com aquela que citamos antes e que traz o mesmo nome, e se verá de que lado está o selo da autenticidade. [Mensagem IX, anteriormente.]

Todas essas comunicações foram obtidas no mesmo círculo. Observa-se, no estilo, um ar familiar, perfis de frases idênticas, as mesmas expressões frequentemente repetidas, por exemplo: *avante, avante, filhos*, etc., de onde se pode concluir que é o mesmo espírito que ditou todas sob nomes diferentes. Nesse círculo, entretanto, muito consciencioso de resto, mas um tanto crédulo demais, não se faziam evocações nem perguntas; esperava-se tudo das comunicações espontâneas, e vemos que isso certamente não é uma garantia de identidade. Com perguntas um pouco mais persistentes e logicamente circunscritas, facilmente teriam colocado esse espírito em seu lugar. Mas ele sabia não ter nada a temer, já que não lhe perguntavam nada e que se aceitava sem controle e de olhos fechados tudo o que dizia. (Ver nº 269.)

XXXIV

[Comunicação apócrifa:]

"Como a natureza é bela! Como a Providência é prudente em Sua previdência! Mas sua cegueira e suas paixões humanas os impedem de ser pacientes na prudência e na bondade de Deus. Vocês lamentam a menor nuvem, o menor atraso em suas previsões. Saibam, pois, céticos impacientes, que nada acontece sem um motivo sempre previsto, sempre premeditado em benefício de todos. A razão disso é reduzir a nada, homens de temor hipócrita, todas as suas previsões de um ano mau para suas colheitas.

"Deus frequentemente inspira aos homens a inquietação sobre o futuro para os impelir à previdência. E vejam como são grandes os meios para superar seus temores propositadamente semeados, e que, no mais das vezes, ocultam pensamentos ávidos, mais do que a ideia de um sábio provisionamento, inspirada por um sentimento de humanidade em benefício dos pequenos. Vejam as relações de nações para nações que daí resultarão, vejam quantas transações deverão realizar-se, quantos meios virão concorrer para combater seus temores! Porque, como vocês sabem, tudo se encadeia; e grandes e pequenos também virão à obra.

"Então vocês já não veem em todo esse movimento uma fonte de certo bem-estar para a classe mais trabalhadora dos estados, a classe realmente produtiva, que vocês, os grandes, vocês, os onipotentes desta Terra, consideram como gente moldável à sua vontade, criada para suas satisfações?

"E depois, o que acontece após todo esse vaivém de um polo a outro? Que, uma vez bem providos, frequentemente esse tempo muda. O sol, obedecendo ao pensamento de seu Criador, amadurece em alguns dias suas colheitas. Deus põe abundância onde sua cobiça meditava sobre a escassez. E, malgrado vocês, os pequenos poderão viver, e vocês, sem desconfiarem, foram à sua revelia a causa da abundância.

"Entretanto, acontece – Deus o permite, algumas vezes – que os maus vençam em seus projetos cobiçosos, mas nesse caso é um ensinamento que Deus quer dar a todos. É a previdência humana que Ele quer estimular, é a ordem infinita que reina na natureza, é a coragem contra os acontecimentos que os homens devem imitar, e aos quais devem suportar com resignação.

"Quanto aos que calculadamente se aproveitam dos desastres, creiam-no, eles serão punidos. Deus quer que todos os seus seres vivam. O homem não deve jogar com a necessidade, nem traficar com o supérfluo. Justo em Seus benefícios, grande em Sua clemência, muito bondoso perante nossa ingratidão, Deus, em Seus desígnios, é impenetrável." (Bossuet. Alfred de Marignac)

Observação. Essa comunicação certamente não contém nada de mau. Há mesmo ideias filosóficas profundas e conselhos muito sábios, que poderiam enganar, quanto à identidade do autor, pessoas pouco versadas em literatura. O médium que a obteve a submeteu ao exame da Sociedade Espírita de Paris, e houve apenas uma voz para declarar que ela não podia ser de Bossuet. São Luís, consultado a respeito, respondeu: "Essa comunicação é boa em si, mas não acreditem que seja Bossuet quem a ditou. Um espírito a escreveu, talvez um pouco sob sua inspiração, e pôs o nome do grande bispo embaixo para que fosse aceita mais facilmente, mas pela linguagem vocês devem reconhecer a substituição. Ela é do espírito que colocou seu nome após o de Bossuet". Esse espírito, interrogado sobre o motivo que o levou a agir dessa maneira, disse: "Eu tinha o desejo de escrever alguma coisa para ser recordado na lembrança dos homens; vendo que seria algo frágil, quis colocar aí o prestígio de um grande nome". "Mas você não pensou que se reconheceria não ser de Bossuet?" "Quem sempre sabe com certeza? Vocês poderiam se enganar. Outros, menos esclarecidos, a teriam aceito."

Com efeito, a facilidade com que certas pessoas aceitam tudo o que vem do mundo invisível sob a cobertura de um grande nome é o que encoraja os espíritos enganadores. É em desmanchar esses artifícios que devemos aplicar toda nossa atenção, e só podemos chegar a isso com auxílio da experiência adquirida por um estudo sério. Também repetimos sem cessar: estudem antes de praticar, pois esse é o único meio de não adquirir experiência às suas próprias custas.

Capítulo XXXII

VOCABULÁRIO ESPÍRITA

Agênere (do grego; *a*, privação, negação, e *geine*, *geínomai*, engendrar; que não foi engendrado). Variedade da aparição tangível; estado de certos espíritos que podem momentaneamente assumir as formas de uma pessoa viva, a ponto de produzir uma completa ilusão.

Batedor. Característica de certos espíritos. Os espíritos batedores são os que revelam sua presença por pancadas e ruídos de diversas naturezas.

Erraticidade. Estado dos espíritos errantes, isto é, não encarnados, durante os intervalos de suas existências corporais.

Espírita. Que tem relação com o espiritismo; partidário do espiritismo; aquele que acredita nas manifestações dos espíritos. *Um bom ou mau espírita; a doutrina espírita.*

Espiritismo. Doutrina fundada na crença da existência dos espíritos e de suas manifestações.

Espiritista. Esta palavra, empregada no início para designar os adeptos do espiritismo, não foi consagrada pelo uso; prevaleceu a palavra *espírita.*

Espírito. No sentido específico da doutrina espírita, *espíritos são seres inteligentes da criação que povoam o Universo além do mundo material e que constituem o mundo invisível.* Não são seres de uma criação especial, mas as almas dos que viveram na Terra ou em outras esferas, e que deixaram seu envoltório corporal.

Espiritualismo. Diz-se em sentido oposto a *materialismo* (uso acadêmico); crença na existência da alma espiritual e imaterial. *O espiritualismo é a base de todas as religiões.*

Espiritualista. Que tem relação com o espiritualismo; partidário do espiritualismo. Todos aqueles que acreditam que nem tudo em nós é matéria são *espiritualistas*, o que absolutamente não implica a crença nas manifestações dos espíritos. Todo *espírita* é necessariamente *espiritualista,* mas pode-se ser *espiritualista* sem ser *espírita*; o *materialista* não é nem um nem outro. Diz-se: a filosofia *espiritualista*; uma obra escrita com ideias *espiritualistas*; as manifestações *espíritas* são produzidas pela ação dos espíritos sobre a matéria; a moral *espírita* decorre do ensinamento dado pelos espíritos; há *espiritualistas* que ironizam as crenças *espíritas*.

Nesses exemplos, a substituição da palavra *espiritualista* pela palavra *espírita* evidentemente produziria confusão.

Medianímico. Qualidade(s) da mediunidade. *Faculdade medianímica.*

Medianimidade. Faculdade dos médiuns. Sinônimo de *mediunidade.* Essas duas palavras são muitas vezes empregadas indiferentemente; se se quisesse fazer uma distinção, poder-se-ia dizer que *mediunidade* tem um sentido mais geral, e *medianimidade*, um sentido mais restrito: Ele tem o dom da *mediunidade*. A *medianimidade mecânica.*

Médium (do latim *medium,* meio, intermediário). Pessoa que pode servir de intermediário entre os espíritos e os homens.

Mediunato. Missão providencial dos médiuns. Essa palavra foi criada pelos espíritos. (Ver capítulo XXXI, comunicação XII.)

Mediunidade. (Ver *Medianimidade*.)

Perispírito (do grego *perí*, em torno). Envoltório semimaterial do espírito. Entre os encarnados, serve de elo ou intermediário entre o espírito e a matéria; entre os espíritos errantes, constitui o corpo fluídico do espírito.

Pneumatofonia (do grego *pneûma*, sopro, vento, ar, sopro divino, espírito, e *phônê*, som ou voz). Voz dos espíritos; comunicação oral dos espíritos sem o auxílio da voz humana.

Pneumatografia (do grego *pneûma*, e *gráphê*, escrita). Escrita direta dos espíritos, sem o auxílio da mão do médium.

Psicofonia (do grego *psukê,* sopro de vida, alma, e *phônê*, som ou voz). Comunicação dos espíritos por intermédio da voz de um médium falando.

Psicógrafo (do grego *psukê,* sopro de vida, alma, e *gráphô*, escrever). Aquele que faz psicografia; médium escrevente.

Psicografia. Escrita dos espíritos pela mão de um médium.

Reencarnação. Retorno do espírito à vida corporal; pluralidade de existências.

Sematologia (do grego *sêma*, sinal, e *lógos,* discurso). Linguagem de sinais. Comunicação dos espíritos pelo movimento dos corpos inertes.

Tiptologia (do grego *tuptô*, bater). Linguagem por meio de pancadas; modo de comunicação dos espíritos. *Tiptologia alfabética.*

Tiptólogo. Variedade de médiuns aptos à tiptologia. *Médium tiptólogo.*